中华人民共和国团体标准

市域铁路设计规范

Code for Design of Suburban Railway

T/CRS C0101—2017

主编单位：中铁第四勘察设计院集团有限公司

批准部门：中国铁道学会

发布日期：2017年3月31日

中国铁道出版社有限公司

2020年·北　京

图书在版编目（CIP）数据

市域铁路设计规范：中国铁道学会标准：T/CRS C0101—2017/中国铁道学会编．—北京：中国铁道出版社，2017.4（2020.9 重印）
ISBN 978-7-113-23005-0

Ⅰ.①市…　Ⅱ.①中…　Ⅲ.①城市铁路－设计规范　Ⅳ.①U239.5-65

中国版本图书馆 CIP 数据核字（2017）第 076552 号

书　　名：市域铁路设计规范
作　　者：中国铁道学会

责任编辑：熊安春　陈若伟　　　　**编辑部电话：**010-51873698
封面设计：崔　欣
责任校对：王　杰
责任印制：郭向伟

出版发行：中国铁道出版社有限公司（100054，北京市西城区右安门西街 8 号）
网　　址：http：//www. tdpress. com
印　　刷：中煤（北京）印务有限公司
版　　次：2017 年 4 月第 1 版　2020 年 9 月第 4 次印刷
开　　本：787 mm×1 092 mm　1/16　印张：21　字数：460 千
书　　号：ISBN 978-7-113-23005-0
定　　价：128.00 元

中国铁道学会关于发布铁道行业团体标准的公告

学秘〔2017〕7号

现公布中国铁道学会标准《市域铁路设计规范》（T/CRS C0101—2017)，自2017年4月1日起实施。

本标准由中国铁道出版社出版发行。

中国铁道学会

2017年3月31日

前　言

为适应我国社会经济和新型城镇化发展，满足市域铁路建设和发展需要，充分体现市域铁路的功能需求和技术特点，统一市域铁路建设标准，建立完善的客运专线铁路技术标准体系，编制本规范。本规范是在认真总结我国都市圈市域铁路和国外同类功能轨道交通项目建设、运营、管理实践经验及科研成果的基础上编制而成。

本规范是在贯彻落实国务院《深化标准化工作改革方案》(国发〔2015〕13 号)以及中共中央办公厅、国务院办公厅《中国科协所属学会有序承接政府转移职能扩大试点工作实施方案》(厅发〔2015〕15 号)所提出的培育和发展团体标准的背景下，中国铁道学会作为中国科学技术协会和国家标准化管理委员会的试点学会，开展团体标准研制的成果。

本规范贯彻落实了安全优先的原则，强化了质量安全，节约能源资源、环境保护以及综合交通运输等技术要求，注重了便捷服务旅客功能，借鉴了城际铁路和城市轨道交通的成熟经验，合理确定了不同速度等级市域铁路的技术标准，突出了标准的系统性、先进性、经济性和适用性，体现了市域铁路高密度、小编组、方便快捷的特点。

本规范由 25 章组成，内容包括：总则，术语和符号，总体设计，运营组织，车辆，荷载和限界，线路和站场，轨道，路基，桥涵，隧道，车站结构，电力牵引供电，电力，通信，信号，信息，灾害监测，车辆基地，综合维修，给水与排水，房屋建筑，供暖、通风与空调，综合接地，环境保护等。

本规范的主要技术内容如下：

1. 规定了编制目的、适用范围、服务范围、服务时间目标、运输组织和运营管理方式、设计年度、车辆型式、荷载及限界等内容，明确了本规范适用于新建设计速度 100～160 km/h，采用单相工频交流 25 kV 牵引供电制式，运行市域铁路车辆的标准轨距客运专线铁路。

2. 明确了市域铁路是服务于市域范围内中、长距离客运的轨道交通系统，是快速、高密度、公交化的客运专线铁路。

3. 明确了主要技术标准、综合选线、系统设计、综合开发、安全设计等方面的原则性要求。

4. 规定了市域铁路系统能力、列车编组、行车交路、列车数量配置、行车计划等行车组织要求，提出了运营配线的设置原则和可能采用的运输组织模式。

5. 明确了市域铁路车辆类型、主要技术规格与主要性能参数等方面的一般规定。

6. 明确了市域铁路荷载(作用)的分类及主要荷载取值与计算方法，规定了市域铁路车辆限界和建筑限界。

7. 规定了线路正(站)线平面曲线半径、缓和曲线长度、纵断面最大坡度、竖曲线半径等平纵断面主要技术标准及站场布置的相关要求。

8. 明确了轨道结构选型原则及正线轨道、站线轨道设计标准。提出了钢轨、扣件、轨枕及道床，轨道结构过渡段，无缝线路，轨道附属设备，接口设计等技术要求。

9. 规定了路基基床结构、填料及压实标准、稳定及沉降控制标准；明确了路基地段列车和轨道荷载取值、路基断面布置、过渡段结构形式、路基防排水、路基加固防护、路基支挡等技术要求。

10. 规定了桥梁设计荷载和结构变形、变位、梁端转角、墩台刚度、基础沉降的限值标准，提出了桥涵结构型式选择、结构计算及构造的原则性要求。

11. 明确了隧道净空尺寸需要考虑的因素，规定了隧道设计荷载、隧道结构、洞口、防排水、附属构筑物及接口设计等技术标准，明确了隧道防灾疏散救援原则性技术要求。

12. 明确了车站结构设计荷载、结构设计、构造要求、车站结构防水等技术要求。

13. 明确了牵引负荷等级、牵引网供电方式、外部电源电压等级、所亭分布原则、牵引变压器及设备选择、保护配置、供电调度、电分相设置、电能质量、接触网悬挂方案、电磁干扰防护等技术要求。

14. 规定了电力供配电系统、变配电所、电力线路、电力远动、火灾自动报警系统、环境与设备监控系统、动力照明及接口设计等设计标准，明确了电力供配电系统构成、供电方案等技术要求。

15. 规定了传输及通信线路、数据通信网、专用移动通信、公务电话、专用电话、视频监控、集中告警、时钟时间同步、公安通信等系统的设计原则、技术制式、系统功能、组网结构、设置原则及系统或设备关键配置要求。

16. 明确了信号系统选型原则，规定了地面信号机、轨道占用检查装置、道岔转辙装置、行车调度、列控、联锁、集中监测、信号电源、信号网络、道岔融雪、光电缆线路与防护、防雷与接地等信号设备配置标准。

17. 明确了信息系统的设置原则，规定了自动售检票、旅客服务信息、综合监控、门禁、办公信息、入侵报警等系统的系统构成、功能和主要设备配置标准。

18. 明确了灾害监测系统的构成和设置原则，规定了灾害监测设备的配置标准。

19. 明确了车辆运用检修设施设置等级，总平面布置原则和要求，集中检修、分散存放运用检修模式，车辆基地(段、场)规模、功能确定，检修库厂房组合和主要设施设置标准，以及主要工艺设备配置标准等方面规定。

20. 明确了基础设施养护维修的综合维修模式，综合维修需求、设置等级、总平面布置原则和要求，以及设施设备配置标准等规定。

21. 明确了给水排水设计的思路和原则，规定了给水、排水、消防给水及灭火设施等的设置标准。

22. 明确了站房、其他生产房屋及附属房屋、建筑设备的设计原则及标准，提出了站房、车辆基地建筑宜结合物业开发设计的原则。

23. 明确了站房、区间隧道的供暖、通风、空调和防排烟的设计原则，规定了供暖、通风、空调和防排烟的设置标准。

24. 明确了综合接地系统的构成，规定了综合接地系统接入范围、接地电阻、接地装置、等电位连接及贯通地线敷设方式等标准。

25. 明确了环保选线、生态保护和水土保持、噪声和振动控制、污水治理、电磁防护处置的设计原则和保护要求。

在执行本规范过程中，希望各单位结合工程实践，认真总结经验，积累材料。如发现需要修改和补充之处，请及时将意见和有关资料寄交中铁第四勘察设计院集团有限公司(武汉市和平大道745号，邮政编码：430063)，并抄送中国铁道学会(北京市复兴路10号，邮政编码100844)，供今后修订时参考。

本规范由中国铁道学会标准化委员会负责解释。

技术总负责人：卢春房、何华武、赵国堂

主编单位：中铁第四勘察设计院集团有限公司

参编单位：铁道第三勘察设计院集团有限公司

中铁二院工程集团有限责任公司

中国铁道科学研究院

中国铁路通信信号集团公司

中国中车股份有限公司

中铁工程设计咨询集团有限公司

中铁第六勘察设计院集团有限公司

中铁第五勘察设计院集团有限公司

中铁第一勘察设计院集团有限公司

西南交通大学

北京交通大学

温州市铁路与轨道交通投资集团有限公司

主要起草人：

章　节	主要起草人
第 1 章　总则	何志工、邱文展、邱绍峰、王华成
第 2 章　术语和符号	邱文展、邱绍峰、孙海富
第 3 章　总体设计	何志工、邱文展、邱绍峰、孙海富、王华成
第 4 章　运营组织	苏　枚、邢二平、闵国水、边　涛
第 5 章　车辆	何丹炉、梁君海、杨　辉、刘长青、李加祺
第 6 章　荷载和限界	胡所亭、蔡超勋、王　丽、陈　波、林　飞、常崇义、孙海富、王　建、杜宝军
第 7 章　线路和站场	白宝英、孙海富、冯慧淼、李荣华、王志新
第 8 章　轨道	朱　彬、孙　立、韩志刚、罗宏伟
第 9 章　路基	丁光文、周宏元、卞友艳、张华莹
第 10 章　桥涵	苏　伟、杜宝军、乔晋飞、王俊杰、柯朝辉、苏永华、班新林、蔡超勋、李　辉
第 11 章　隧道	曹　彧、吴　林、胖　涛、王明年、唐思聪
第 12 章　车站结构	赵卫荣、王雪亮、霍　琪、李敬学、周　磊、纪万金、杨开屏
第 13 章　电力牵引供电	丁为民、沈　菊、皋金龙、汪自成、蒋锡健、杨建兴
第 14 章　电力	陈　凯、孙建明、徐　凯、戚广枫
第 15 章　通信	周宇晖、谢衡元、邱　萍、潘　皓、余　超、宁　娟、林思雨
第 16 章　信号	张　波、李兆龄、程光红、唐　涛、武长海、蔡　亮
第 17 章　信息	袁　莉、郝　刚、徐余明、周　锋
第 18 章　灾害监测	吕华伟、李乾社、李　伟、石先明、杨长卫
第 19 章　车辆基地	李加祺、邱绍峰、杨　辉、殷　勤、熊　盛
第 20 章　综合维修	刘　辉、张　琨、张　浩、郑　燕、耿　明、王　峻
第 21 章　给水与排水	温智勇、蒋金辉、史义雄、陈　巍、郭旭晖、王海潮
第 22 章　房屋建筑	栗　焱、黄咏梅、刘　辉、盛　晖
第 23 章　供暖、通风与空调	陈　巍、郭旭晖
第 24 章　综合接地	刘立峰、杨　岗、谢宝军、张敏慧
第 25 章　环境保护	张良涛、王忠合、胡　喆、柯　宁

主要审定人（按章节顺序排序）：蔡申夫、徐鹤寿、周诗广、秦永平、韩志伟、吴明友、钱征宇、马　芳、霍保世、王哲浩、杜心言、冯爱军、李江莉、项宝余、钟文文、李良生、朱开伟、周立新、杜运国、田长海、梁建英、王曰凡、江　成、高　亮、付建斌、吴永芳、魏周春、李海光、苏　谦、李　成、郭绍影、姚裕春、杨常所、陈良江、徐升桥、王应良、李　辉、陈唯一、李庆民、龚彦峰、焦齐柱、杨庆山、赵建华、郭　明、蒋先国、景德炎、廖　宇、温建民、赵武元、汪吉健、钟章队、沈志凌、莫志松、张　健、袁俊喜、张守利、樊　艳、邓红元、朱　亮、周南骏、桑翠江、张国兴、刘志勇、薄海青、任建旭、吴国华、朱建章、李耀增、苏卫青

目　　次

1　总　　则 ……………………………………………………………………… 1
2　术语和符号 …………………………………………………………………… 3
2.1　术　　语 …………………………………………………………………… 3
2.2　缩 略 语 …………………………………………………………………… 4
2.3　符　　号 …………………………………………………………………… 5
3　总体设计 ……………………………………………………………………… 6
3.1　一般规定 …………………………………………………………………… 6
3.2　主要技术标准 ……………………………………………………………… 6
3.3　综合选线 …………………………………………………………………… 7
3.4　系统设计 …………………………………………………………………… 8
4　运营组织……………………………………………………………………… 11
4.1　一般规定…………………………………………………………………… 11
4.2　运营模式…………………………………………………………………… 11
4.3　运营规模…………………………………………………………………… 11
4.4　运营配线…………………………………………………………………… 12
5　车　　辆……………………………………………………………………… 13
5.1　一般规定…………………………………………………………………… 13
5.2　主要系统…………………………………………………………………… 15
5.3　安全与应急设施…………………………………………………………… 16
6　荷载和限界…………………………………………………………………… 17
6.1　一般规定…………………………………………………………………… 17
6.2　荷载(作用)………………………………………………………………… 19
6.3　限　　界…………………………………………………………………… 21
7　线路和站场…………………………………………………………………… 26

7.1 一般规定…… 26
7.2 平　面…… 27
7.3 纵 断 面…… 34
7.4 站场布置…… 35
7.5 交叉和安全设施…… 36
7.6 接口设计…… 36
8 轨　道…… 37
8.1 一般规定…… 37
8.2 设计参数…… 37
8.3 轨道部件…… 39
8.4 有砟道床…… 40
8.5 无砟道床…… 41
8.6 轨道结构过渡段…… 41
8.7 无缝线路…… 41
8.8 站线轨道…… 42
8.9 轨道附属设备及常备材料…… 44
8.10 接口设计 …… 45
9 路　基…… 46
9.1 一般规定…… 46
9.2 路基断面布置…… 48
9.3 基　床…… 52
9.4 路　堤…… 54
9.5 路　堑…… 55
9.6 过 渡 段…… 56
9.7 路基防排水…… 59
9.8 路基防护…… 60
9.9 路基支挡…… 61
9.10 接口设计 …… 61
10 桥　涵 …… 62
10.1 一般规定 …… 62

10.2 设计荷载 …… 62
10.3 结构变形、变位的限值 …… 66
10.4 结构计算与构造 …… 69
10.5 桥面布置及附属设施 …… 70
10.6 高架车站桥梁结构 …… 71
10.7 接口设计 …… 72
11 隧　　道 …… 73
11.1 一般规定 …… 73
11.2 设计荷载 …… 74
11.3 结构设计 …… 74
11.4 隧道洞口 …… 76
11.5 防 排 水 …… 77
11.6 附属构筑物 …… 77
11.7 防灾疏散救援工程 …… 78
11.8 接口设计 …… 78
12 车站结构 …… 80
12.1 一般规定 …… 80
12.2 荷载和工程材料 …… 81
12.3 高架和地面车站结构设计 …… 82
12.4 地下车站结构设计 …… 82
12.5 车站结构防水 …… 84
12.6 接口设计 …… 85
13 电力牵引供电 …… 86
13.1 一般规定 …… 86
13.2 牵引供电 …… 86
13.3 牵引变电所 …… 87
13.4 供电调度 …… 90
13.5 接 触 网 …… 92
13.6 电磁干扰防护 …… 96
13.7 接口设计 …… 97

14 电　　力 …… 98
14.1 一般规定 …… 98
14.2 供配电系统 …… 98
14.3 变、配电所 …… 100
14.4 电力线路 …… 100
14.5 电力远动 …… 101
14.6 火灾自动报警系统 …… 101
14.7 机电设备监控系统 …… 102
14.8 动力照明 …… 103
14.9 接口设计 …… 103
15 通　　信 …… 105
15.1 一般规定 …… 105
15.2 传输系统及通信线路 …… 106
15.3 数据通信网 …… 107
15.4 专用移动通信系统 …… 108
15.5 公务电话系统 …… 109
15.6 专用电话系统 …… 109
15.7 视频监控系统 …… 110
15.8 集中告警系统 …… 111
15.9 公安通信系统 …… 111
15.10 通信电源 …… 112
15.11 通信设备用房 …… 112
15.12 接口设计 …… 112
16 信　　号 …… 114
16.1 一般规定 …… 114
16.2 地面固定信号 …… 115
16.3 轨道占用检查装置 …… 116
16.4 列车运行调度指挥 …… 116
16.5 列车运行控制 …… 117
16.6 联　　锁 …… 119

16.7　信号检测和监测……………………………………………………………… 120
16.8　数据传输网络……………………………………………………………… 120
16.9　信号电源………………………………………………………………… 121
16.10　道岔融雪 ……………………………………………………………… 121
16.11　光电缆线路和防护 …………………………………………………… 121
16.12　防雷和接地 …………………………………………………………… 122
16.13　信号房屋 ……………………………………………………………… 123
16.14　接口设计 ……………………………………………………………… 123
17　信　　息……………………………………………………………………… 126
17.1　一般规定…………………………………………………………………… 126
17.2　自动售检票系统…………………………………………………………… 126
17.3　旅客服务信息系统………………………………………………………… 127
17.4　综合监控系统……………………………………………………………… 129
17.5　门禁系统…………………………………………………………………… 129
17.6　其他信息系统……………………………………………………………… 130
17.7　信息安全…………………………………………………………………… 131
17.8　信息设备用房……………………………………………………………… 131
17.9　接口设计…………………………………………………………………… 131
18　灾害监测……………………………………………………………………… 132
19　车辆基地……………………………………………………………………… 134
19.1　一般规定…………………………………………………………………… 134
19.2　总平面布置………………………………………………………………… 135
19.3　运用整备设备……………………………………………………………… 136
19.4　检修设备…………………………………………………………………… 138
19.5　其他设施…………………………………………………………………… 140
20　综合维修……………………………………………………………………… 141
20.1　一般规定…………………………………………………………………… 141
20.2　维修设施…………………………………………………………………… 141
20.3　物资总库…………………………………………………………………… 142
20.4　接口设计…………………………………………………………………… 143

21　给水排水……………………………………………………………………… 144
21.1　一般规定………………………………………………………………… 144
21.2　给　　水………………………………………………………………… 144
21.3　排　　水………………………………………………………………… 145
21.4　消防给水及灭火装置…………………………………………………… 145
21.5　接口设计………………………………………………………………… 146
22　房屋建筑……………………………………………………………………… 147
22.1　一般规定………………………………………………………………… 147
22.2　站　　房………………………………………………………………… 148
22.3　建筑设备………………………………………………………………… 151
22.4　接口设计………………………………………………………………… 153
23　供暖、通风与空调 ………………………………………………………… 154
23.1　一般规定………………………………………………………………… 154
23.2　设计标准………………………………………………………………… 154
23.3　站房的通风、空调与供暖 ……………………………………………… 156
23.4　防烟、排烟与事故通风 ………………………………………………… 156
23.5　接口设计………………………………………………………………… 157
24　综合接地……………………………………………………………………… 158
24.1　一般规定………………………………………………………………… 158
24.2　贯通地线………………………………………………………………… 158
24.3　接地体和接地端子……………………………………………………… 159
24.4　接地及等电位连接……………………………………………………… 161
24.5　接口设计………………………………………………………………… 162
25　环境保护……………………………………………………………………… 163
25.1　一般规定………………………………………………………………… 163
25.2　噪声治理………………………………………………………………… 163
25.3　振动控制………………………………………………………………… 165
25.4　其　　他………………………………………………………………… 165
本规范用词说明………………………………………………………………… 166
《市域铁路设计规范》条文说明……………………………………………… 169

1 总　　则

1.0.1　为服务国家新型城镇化建设战略，满足市域铁路建设和发展需要，统一市域铁路设计技术标准，使工程设计符合安全可靠、先进成熟、经济适用、方便快捷等要求，制定本规范。

1.0.2　本规范适用于新建设计速度 100～160 km/h，采用单相工频交流 25 kV 牵引供电制式，运行市域铁路车辆的标准轨距客运专线铁路。设计速度分为 100 km/h、120 km/h、140 km/h、160 km/h 四级。

1.0.3　市域铁路服务于与中心城经济、人口交流紧密的地区，以及组团城市联系密切的各城镇地区，其服务范围可不完全受限于行政区划。

1.0.4　市域铁路应以实现区域中心城市与周边新城、城镇地区及组团城市各城镇地区间 1 小时交通为基本目标，根据时间目标确定相应的设计速度。

1.0.5　市域铁路宜采用高密度、小编组、公交化的运输组织方式。

1.0.6　市域铁路可自成体系独立运营，结合客流需求与国家铁路和城市轨道交通可采用换乘方式衔接。与国家铁路或城市轨道交通有贯通运营要求时，应考虑供电制式、车辆类型、荷载限界、列控等系统兼容的可行性。

1.0.7　市域铁路设计年度宜分为初、近、远三期。初期为交付运营后第三年，近期为交付运营后第十年，远期为交付运营后第二十年。

基础设施及不易改、扩建的建筑物和设备，应按远期运量和运输性质设计。

易改、扩建的建筑物和设备，可按近期运量的运输性质设计，并预留远期发展条件。

随运输需求变化而增减的市域车辆及其他运营设备数量，可按初期运量进行设计。

1.0.8　市域铁路应采用与设计速度相匹配的市域铁路车辆。

1.0.9　市域铁路列车竖向静荷载应采用 ZS 荷载。

1.0.10　市域铁路应根据车辆限界确定建筑限界。

1.0.11　市域铁路路基、桥涵、隧道、地下车站及“桥－建”合一高架车站主体结构和使用期间不可更换的结构构件设计使用年限为 100 年，无砟轨道主体结构设计使用年限不应小于

60年。

1.0.12 市域铁路结构物的抗震设计应符合《铁路工程抗震设计规范》GB 50111及国家现行有关标准的规定。

1.0.13 市域铁路线路应按全封闭、全立交设计。

1.0.14 市域铁路应针对自然灾害及次生灾害采取风险防范措施。

1.0.15 市域铁路设计应根据项目运营需求，合理制定系统的可靠性、可用性、可维修性和安全性指标，并采取相应措施。

1.0.16 市域铁路设计应执行国家节能、节地、节水、节材和环境保护等有关法律法规。

1.0.17 市域铁路设计应采用成熟可靠技术，采用新技术、新工艺、新材料、新设备时，应符合国家现行标准的有关规定。

1.0.18 市域铁路设计除应符合本规范外，尚应符合《中华人民共和国铁路法》、《铁路安全管理条例》等国家有关法律、法规和有关铁路标准的规定。

2 术语和符号

2.1 术 语

2.1.1 市域铁路 Suburban Railway

位于中心城区与其他组团间、组团式城镇之间或与大中城市具有同城化需求的城镇间，服务通勤、通学、通商等规律性客流，设计速度 100～160 km/h，快速、高密度、公交化的客运专线铁路。

2.1.2 国家铁路 National Railway

国家铁路网中的骨干铁路，包括高速铁路、城际铁路和客货共线铁路等。

2.1.3 总体设计 General Design

指完成工程建设项目的总体目标和实现目标的技术路径的设计过程，包含合理选定主要技术标准、线路走向和建设方案，明确系统构成并选定系统集成方案，明确工期、投资和其他控制目标以及系统可靠性与内部控制设计等工作内容。

2.1.4 市域铁路线网 Suburban Railway network

多条市域铁路线路通过车站衔接组合而形成的轨道网络系统。

2.1.5 市域铁路车辆 Suburban Railway Vehicle

运用于市域范围，速度等级覆盖 100～160 km/h，服务于市域交通客流的车辆，分为宽体车和窄体车两种类型。

2.1.6 市域铁路车辆限界 Suburban Railway Vehicle Gauge

一个与线路中心线垂直的极限横断面轮廓。车辆无论是空车或重车，无论是具有最大标准公差的新车，或是具有最大标准公差和磨耗限度的旧车，停放在水平直线上，无侧向倾斜与偏移，除车辆升起的受电弓和其他仅停车时需要探出的部件外，其他任何部分容纳在此极限横断面轮廓内。

2.1.7 ZS 荷载 ZS load

中华人民共和国市域铁路列车竖向静荷载的简称。

2.1.8 工后沉降 Settlement after Civil Works

铺轨工程完成后，基础设施产生的沉降量。

2.1.9 中国列车运行控制系统 Chinese Train Control System(CTCS)

保证列车安全运行，并以分级形式满足不同线路运输需求的列车运行控制系统的总称。

2.1.10 列车自动控制 Automatic Train Control(ATC)

信号系统自动实现列车监控、安全防护和运行控制技术的总称。

2.1.11 列车自动运行 Automatic Train Operation(ATO)

自动实现列车加速、调速、停车和车门开闭、提示等控制技术的总称。

2.1.12 列车自动防护 Automatic Train Protection(ATP)

自动实现列车运行间隔、超速防护、进路安全和车门等监控技术的总称。

2.1.13 站台门 Platform Edge Door

安装在车站站台，将行车的轨道区与站台候车区隔开，设有与列车门相对应、可多极控制开启与关闭滑动门的连续屏障。

2.1.14 防淹门 Flood Gate

防止洪水涌入地下车站与区间隧道的密闭设施。

2.1.15 综合接地系统 Integrated Earthing System

将铁路沿线的房屋、道床、站台、桥梁、隧道、声屏障等建筑物构筑物的接地装置，以及牵引供电、电力、通信、信号、信息、灾害监测等电气设备和金属结构物，通过共用地线实现等电位连接的接地系统。

2.2 缩略语

ATS Automatic Train Supervision 列车自动监控

BAS Building Automation System 机电设备监控系统

CCS Communication Control Server 通信控制服务器

CTC Centralized Traffic Control 调度集中

EMS Element Management System 网元级管理系统

FAS Fire Alarm System 火灾自动报警系统

IBP Integrated Backup Panel 综合后备盘

LCT Local Craft Terminal 本地维护终端

LEU Lineside Electronic Unit 地面电子单元

MPLS Multiprotocol Label Switching 多协议标记交换

NMS Network Management System 网络级管理系统

NTP Network Time Protocol 网络时间协议

OTN Optical Transport Network 光传送网

PTN Packet Transport Network 分组传送网

QoS Quality of Service 服务质量

SCADA Supervisory Control And Data Acquisition 数据采集与控制系统

SDH Synchronous Digital Hierarchy 同步数字系列

SMS Subnet Management System 子网级管理系统

TCP/IP Transmission Control Protocol 传输控制协议/Internet Protocol 互联网协议

TCC Train Control Center 列控中心

TBM Tunnel Boring Machine 隧道掘进机

TSRS Temporary Speed Restriction Server 临时限速服务器

UPS Uninterruptible Power Supply 不间断电源

VPN Virtual Private Network 虚拟专用网

ZC Zone Controller 区域控制器

2.3 符 号

v——设计速度,km/h;

R——平面曲线半径,m;

R_{sh}——竖曲线半径,m;

K_{30}——地基系数,MPa/m;

E_{vd}——动态变形模量,MPa;

K——压实系数;

P_s——静力触探比贯入阻力值,MPa;

σ_0——基本承载力,MPa;

μ——动力系数。

3 总 体 设 计

3.1 一 般 规 定

3.1.1 市域铁路设计应符合市域铁路线网和建设规划，系统设计、逐步深化，以总体设计统筹专业设计，科学合理地实现建设意图。

3.1.2 市域铁路总体设计应充分研究项目客运需求、城市总体规划、线网规划和综合交通规划等相关因素，合理选定运营管理模式、主要技术标准、线路走向和建设方案，明确工期、投资和其他控制目标。

3.1.3 市域铁路应将安全设计和风险管理贯穿于设计全过程。

3.1.4 市域铁路投资控制应按照科学合理、节省投资的原则，从技术标准、设计方案、系统设备选型、工程措施和施工组织设计等多方面进行比选。

3.2 主要技术标准

3.2.1 市域铁路主要技术标准应根据其在市域铁路线网中的作用、运输需求、输送能力及沿线地形、地质条件等综合比选确定。市域铁路主要技术标准应包含以下内容：

——设计速度；

——正线数目；

——正线线间距；

——最小平面曲线半径；

——最大坡度；

——车辆类型及列车编组；

——到发线有效长度；

——列车运行控制方式；

——调度指挥方式；

——最小行车间隔。

3.2.2 市域铁路设计速度应根据乘客在途时间目标要求，结合线路长度、车站分布、运输组织模式需求、工程条件等因素研究确定。

3.2.3 市域铁路宜按双线电气化铁路设计，可采用左侧或右侧行车并具备反向行车条件；与国铁或城市轨道交通线路互通运营时，行车方向应与其一致。

3.2.4 市域铁路正线线间距、最小平面曲线半径、最大坡度应根据设计速度、建筑限界、运输组织模式、列车运行安全和乘客舒适度要求等因素确定。

3.2.5 市域铁路车辆类型和列车编组应根据各年度预测客流量、车辆定员、行车组织方案、运输能力需求，经技术经济比选后确定，编组辆数不宜大于 8 辆。

3.2.6 市域铁路到发线有效长度应按满足线路通过能力、远期列车编组长度和列控系统要求计算确定。

3.2.7 市域铁路应根据设计速度、行车间隔、站间距、停车精度等因素，选用列控系统，宜具备列车自动运行功能。

3.2.8 市域铁路调度指挥方式宜采用调度集中。

3.2.9 市域铁路最小行车间隔应根据客运需求、列车编组及定员、服务水平等综合研究确定，宜采用 2.5 min。

3.3 综 合 选 线

3.3.1 市域铁路选线设计应遵循下列原则：

1 符合城市总体规划、市域铁路线网规划，并与城市轨道交通线网规划、综合交通运输体系规划相协调。

2 结合市域铁路线网各线路间及其与铁路网、城市轨道交通线网间的客流交换特征及运营需求，以及关联线路的技术条件，确定市域铁路线网各线路与铁路网、城市轨道交通线路的衔接要求和方式。

3 线路走向应结合城市中、长距离出行客流走廊，方便乘客出行。

4 线路敷设方式应重视与城市规划环境的融合，根据城市总体规划、地理环境条件及工程经济等合理确定，宜采用地面线或高架线。城市中心区线路经环境、技术经济比选后可采用地下线。

5 符合安全优先原则，宜绕避不良地质；考虑既有交通走廊、高压电力线、重要地下管线、军事设施及易燃、易爆或放射性物品等危险物品的影响；减少房屋和管线拆改，保护重要建、构筑物和地下资源。

6 符合环境保护、水土保持、文物保护、节约土地的要求。

7 平纵断面设计应重视平顺性，符合乘客舒适度要求。

8 位于建筑物密集的城区、车站两端加减速地段的正线以及载客列车运行的联络线应采用与列车运行速度相适应的技术标准。

3.3.2 市域铁路车站分布应遵循下列原则：

1 应以市域线路和城市轨道交通线网规划的换乘节点、既有或规划铁路客站和城市交通枢纽为基本站点，结合城市道路布局、客流集散点分布以及站点周边土地综合开发等因素确定，有条件时宜与城市轨道交通形成多点换乘。

2 应根据重点功能区和沿线客流分布、设计速度、运输组织及工程条件等因素综合确定，做到疏密有致，体现与速度、时间、运输能力的协调匹配。

3 中心城外的线路起、终点车站宜与城市用地规划相结合，靠近客流集中区域，方便接驳换乘。中心城内的线路起、终点车站宜设在综合交通枢纽、铁路客站、轨道交通站点附近。

3.3.3 市域铁路地上线路与建(构)筑物的距离，应符合减振、降噪、景观等城市环境保护要求。线路路肩边缘和高架结构外缘与建、构筑物的距离应符合《铁路工程设计防火规范》TB 10063 的规定。

3.3.4 市域铁路与其他铁路、轨道交通、公(道)路的距离应结合技术要求、安全防护和养护维修等因素综合确定。市域铁路与油气管线交叉时的设计应符合《油气输送管道与铁路交汇工程技术及管理规定》(国能油气〔2015〕392 号)。

3.4 系统设计

3.4.1 市域铁路设计应以实现系统功能优化为目的，固定和移动设施、各专业的系统标准和接口设计应匹配协调。

3.4.2 市域铁路车站与区间的通过能力应协调匹配。

3.4.3 市域铁路应考虑提供不同服务水平的运输组织模式，根据客运需求、线路长度和设站条件等确定采用站站停单一运行模式或快车越行模式。

3.4.4 市域铁路组织快车运行时，应设置快车越行时待避列车停车的到发线。到发线的设置应根据沿线客流特性、行车组织方案、设计能力、车站工程条件等因素确定。

3.4.5 在车站站台计算长度范围内，列车越站最高速度应结合旅客乘车时间的目标要求，考虑设计速度、车站分布、运输组织模式、候车方式等因素进行技术经济比较后确定。

3.4.6 市域铁路应根据车辆、线路、轨道、敷设方式等技术条件，确定不同工况条件下的建筑限界要求，满足安全、经济的要求。

3.4.7 市域铁路铺设无砟轨道地段宜采用精密测量控制。

3.4.8 市域铁路路基、桥梁、隧道和轨道等线下基础设施设计应采用与设计速度相匹配的技术标准，工程类型的选择应结合工程所处环境、地形地质、工程技术和土地利用等因素综合比选确定。

3.4.9 市域铁路设计应考虑可预见的区域地面沉降以及邻近线路抽取地下水、地基开挖和堆载等因素对线路沉降的影响。

3.4.10 市域铁路宜设置疏散通道。隧道地段宜设置纵向疏散通道，桥梁、路基地段可利用两侧人行道和路肩进行疏散。

3.4.11 市域铁路选线、桥梁和轨道设计应统筹考虑，减少钢轨伸缩调节器的设置。

3.4.12 市域铁路牵引网供电方式宜采用带回流线直接供电方式，供电电源应采用110 kV及以上电压等级。

3.4.13 市域铁路接触网应结合牵引供电设施、线路坡度条件、行车组织要求选择合理的电分相型式和设置位置。

3.4.14 市域铁路应根据调度管理模式及应用需求，选择适用的无线通信制式。

3.4.15 市域铁路信号系统设计应符合双线、双方向运行的要求。正方向运行应采用自动闭塞，反方向运行宜采用自动站间闭塞。

3.4.16 市域铁路应采用目标距离连续速度控制模式控车。

3.4.17 市域铁路自动售检票系统应选用方便快捷、经济适用的票制，并与所在线网票制兼容。

3.4.18 市域铁路可独立设置运营控制中心，也可由国家铁路或城市轨道交通运营控制管理。

3.4.19 市域铁路车辆基地应根据市域铁路线网规划、建设时序、运营交路、城市规划和用地条件合理配置，满足运营服务和资源共享的要求。

3.4.20 市域铁路固定设施养护维修宜采用综合维修模式，根据基础设施养护维修工作需求，合理设置综合维修机构及设施，满足运营维护要求。综合维修中心宜与车辆基地同址建设。

3.4.21 市域铁路车站的总体布局应与城市规划整体协调，注重与城市其他交通方式的衔接，注重车站土建工程、系统设施、机电设备、管线等的接口。

3.4.22 市域铁路站房建筑规模应根据预测客流量、车站功能布置、交通设施衔接方式、站房型式、建筑构成等因素综合分析确定。

3.4.23 市域铁路候车模式应以站台候车为主、宜设置站台门。站台门的设置应根据车站建筑形式、通风与空调制式、车辆类型、运输组织模式、列车运行速度、限界要求、风荷载、噪声以及旅客安全等因素综合确定。

3.4.24 市域铁路宜对车站及车辆基地毗邻地区特定范围内的土地实施综合开发，充分利用地上、地下空间进行一体化设计。

3.4.25 市域铁路生产及附属房屋规模应根据生产需要集中配置，选址应考虑地形地质、道路及用地条件、洪涝水位以及拆迁工程要求等因素。

3.4.26 市域铁路地下车站及相邻区间隧道防灾设计除符合本规范规定外，还应符合《地铁设计规范》GB 50157 有关规定。

3.4.27 市域铁路下穿河流和湖泊等水域的隧道工程，当水体可能危及使用安全时，应在隧道穿过水域两端适当位置，设置防淹门或采取其他防水淹措施。

3.4.28 市域铁路工程应针对火灾、水害、风灾、地震、冰雪和雷击等灾害采取预防、报警、疏散、救援等综合安全措施。

3.4.29 市域铁路环保设计应遵循保护优先、预防为主的原则。污染物排放应符合国家和地方现行排放标准的要求，污染防治及生态保护与恢复工程设计应满足环境影响报告书及其批复意见的要求。

4 运营组织

4.1 一般规定

4.1.1 市域铁路运营组织设计应根据市域铁路线网规划、预测客流量和乘客出行需求，满足正常运营和非正常运营的要求，以提高运营效率和服务水平、降低建设成本和运营成本为目标，合理确定系统的运营模式和运输规模。

4.1.2 运营模式应根据预测客流量和客流特征，结合工程条件，确定运输组织模式、列车运行交路、列车运营速度等。

4.1.3 运营规模应根据客流需求，确定系统能力、列车编组及车辆配置数量、列车运行间隔等内容。

4.1.4 运营配线应满足运营模式、系统能力、运营安全等要求，结合工程条件综合设置。

4.2 运营模式

4.2.1 运输组织模式应根据客流特征、线路长度、车站分布等因素综合分析确定，可采用站站停单一运行模式，也可采用大站停越行模式。

4.2.2 市域铁路间组织跨线列车应依据跨线客流强度确定，并应考虑列车运行调整要求等因素。

4.2.3 列车运行交路应根据客流特征，并结合工程条件和运营组织综合确定。

4.2.4 正常运营状态下，列车运营速度应根据线路条件、列车加减速性能合理确定，计算制动减速度不宜大于最大常用制动减速度的 90%。

4.2.5 列车停站时间应根据车站上下车客流量、列车车门数量、车门开关时间、列车运行间隔需求等因素综合确定。

4.2.6 综合维修应安排在夜间非运营时段，时间不宜小于 4 h。

4.3 运营规模

4.3.1 市域铁路设计运输能力应在分析预测客流数据的基础上，根据乘客出行特征、客流断面分布特征综合确定，满足各设计年度预测的单向高峰小时最大断面客流量的需要。

4.3.2 在确定市域铁路设计运输能力时，车厢内有效空余地板面积上站立乘客标准宜按4人/m^2计算。

4.3.3 系统设计能力应满足相应年度设计运输能力的需要，最大设计能力宜为24对/h。

4.3.4 市域铁路列车的旅行速度应根据列车性能、线路条件、车站分布和列车开行方案综合确定，并留有一定余量，不宜低于50 km/h。

4.3.5 市域铁路各设计年度的列车运行间隔，应根据预测客流量、列车编组及定员、系统服务水平、系统运输效率等因素综合确定。高峰时段初期列车平均运行间隔不宜大于10 min，远期不宜大于3 min；平峰时段平均运行间隔不宜大于15 min。

4.3.6 市域铁路每条线路的系统定员宜控制在40人/km左右。

4.4 运营配线

4.4.1 市域铁路运营配线包括折返线、渡线、到发线、停车线、出入线、联络线、安全线等。

4.4.2 列车折返站应设置折返线或渡线。

4.4.3 车站到发线应综合考虑运输组织模式和列车运行图等因素设置。

4.4.4 故障列车的停车线宜按不大于15 km的间距分布，并与折返线、到发线分开设置，其间6～9 km应设渡线，并结合出入线、到发线等统筹考虑。

4.4.5 不同线路间的联络线应根据资源共享、跨线运营等需求确定。

5 车　　辆

5.1 一般规定

5.1.1 车辆应满足市域铁路中长距离通勤客流公交化服务的需求，符合运行速度高、起停频繁的特点，宜采用动力分散型编组型式。

5.1.2 车辆应确保在寿命周期内正常运营时的行车安全和人身安全，并具备故障、事故和灾难状态下对人员和车辆实施救助的条件。

5.1.3 车辆类型应根据功能定位、预测客流量、线路条件、衔接条件、环境条件以及运输能力需求等因素综合确定。车辆主要技术规格应符合表 5.1.3 的规定。

表 5.1.3　车辆主要技术规格

规格参数 \ 车辆类型		窄体车	宽体车	
		市域 A 型	市域 D 型	CRH 市域型
车体基本长度(mm)	无司机室车辆	22 000	22 000	24 500
	单司机室车辆	22 000+Δ	22 000+Δ	24 500+Δ
车体基本宽度(mm)		3 000	3 300	
车辆落弓高度(mm)		≤4 450	≤4 640	
车内净高(mm)		≥2 100	≥2 150	
地板面高(mm)		1 130	1 260～1 280	
固定轴距(mm)		2 500	2 500	
转向架中心距(mm)		15 700	15 700	17 500
每侧车门数(对)		2～4	2～4	2～3
车门宽度(mm)		≥1 300	≥1 300	
车轮直径(mm,新轮)		840	860	
轴重(t)		≤17	≤17	
最高运行速度(km/h)		100～140	120～160	

注:Δ 为司机室加长量。

5.1.4 车辆应采取减振和降噪措施，减小车辆振动和噪声对环境的影响。

5.1.5 列车牵引动力配置应根据列车编组、加减速性能、旅行速度、故障运行能力、运用维修、能耗等因素综合确定。

5.1.6 定员载荷、额定供电电压下，车轮半磨耗状态时，在平直干燥轨道上，列车加速性能应符合表5.1.6的规定。不论何种载荷工况，在平直干燥轨道上，列车减速性能应符合表5.1.6的规定。

表5.1.6 车辆加减速性能要求

最高运行速度(km/h)	加速度(m/s²)		制动减速度(m/s²)	
	起动平均加速度	平均加速度	常用	紧急
100	0～40 km/h时≥0.8 m/s²	0～100 km/h时≥0.45 m/s²	1.0	1.2
120		0～120 km/h时≥0.45 m/s²		
140	0～40 km/h时≥0.8 m/s²	0～140 km/h时≥0.4 m/s²	0.9～1.0	1.1～1.2
160	0～40 km/h时≥0.7 m/s²	0～160 km/h时≥0.35 m/s²	0.8～1.0	1.0～1.1

5.1.7 车辆动力学性能应符合表5.1.7的规定。

表5.1.7 车辆动力学性能

脱轨系数 Q/P	≤0.8
轮重减载率 $\Delta P/P$	≤0.8
客室平稳性指标 W	≤2.5
司机室平稳性指标 W	≤2.75

5.1.8 车辆密封性能应符合表5.1.8的规定。

表5.1.8 车辆密封性能要求

等　级	动态密封指数	静态密封性能
密封性车辆	τ>5 s	160 km/h等级车辆：在整备状态下，单节车辆关闭门窗及空调设备的对外开口时，车厢内空气压力由2 600 Pa降至1 000 Pa的时间应不小于15 s。 120～140 km/h等级车辆：在整备状态下，单节车辆关闭门窗及空调设备的对外开口时，车厢内空气压力由2 100 Pa降至1 000 Pa的时间应不小于12 s
非密封性车辆	τ<0.5 s	—

注：非密封性车辆适用于速度等级不高、并以地面及高架为主的线路上运营。

5.1.9 故障运营状态下，列车救援应符合下列规定：

1 超员载荷工况下，当列车损失1/4动力时，列车应具备维持运行至线路终点的能力。

2　超员载荷工况下，当列车损失 1/2 动力时，列车应具有在正线最大坡度上起动并运行至最近车站的能力。

3　一列空载列车应具有在正线线路的最大坡道上牵引另一列相同编组、超员载荷的无动力列车运行到下一车站的能力。

5.1.10　列车外部噪声应符合下列规定：

1　车辆以最高运行速度通过空旷平直线路时，等效连续噪声应符合表 5.1.10 的规定。

表 5.1.10　等效连续噪声限值表

速度等级(km/h)	100	120	140	160
噪声限值〔dB(A)〕	83	85	87	89

2　车辆起动状态，最大噪声不应高于 82 dB(A)。

3　车辆停止状态，当空调工作、牵引系统不工作时，等效连续噪声不应高于 71 dB(A)。

5.1.11　车辆应满足自动过分相要求，宜采用地面装置感应、车上自动切换的断电过分相方式。

5.2　主 要 系 统

5.2.1　车辆应采用铝合金或不锈钢车体材料的整体承载结构。车体结构应满足压缩载荷不低于 1 200 kN，拉伸载荷不低于 960 kN 的要求。

5.2.2　根据市域铁路舒适度要求和旅客平均旅行距离较长的情况，车辆客室可采用全横向或横纵结合的型式布置座席。客室内有效空余地板面积站立人数标准宜按定员 4 人/m^2、超员 6 人/m^2 计算。

5.2.3　车辆转向架的性能、主要结构尺寸应与车体、线路相互匹配，并在允许磨耗限度内，确保车辆以最高运行速度安全地平稳运行。当悬挂或减振系统损坏时，也应能确保车辆安全地运行到线路终点。

5.2.4　牵引系统应采用交-直-交的交流传动系统，具有牵引和电制动的基本功能。

5.2.5　牵引系统应具备充分利用轮轨黏着条件，可根据车辆载荷重量自动调整牵引力或电制动力的能力，具有空转、滑行保护和防冲动控制功能。

5.2.6　列车牵引计算黏着系数应按起动和低速时不大于 0.2、正常运行时 0.16～0.18

计算。

5.2.7 制动系统应采用微机控制的直通式电空制动系统。优先采用电制动，电制动力不足时由空气制动补充。

5.3 安全与应急设施

5.3.1 车辆可采用端门或侧门疏散方式。车厢间贯通道的宽度应不小于 1 200 mm，高度应不小于 1 900 mm。

5.3.2 车体应进行相应的防撞性设计，具有一定的被动安全保护性能。

6 荷载和限界

6.1 一 般 规 定

6.1.1 市域铁路工程结构上作用的荷载可分为永久作用、可变作用和偶然作用。

6.1.2 永久作用指在设计使用基准期内其量值不随时间变化，或变化与平均值相比可以忽略不计的荷载，或其变化是单调的并能趋于某个限值的荷载。

6.1.3 可变作用指在设计使用基准期内其量值随时间变化，且变化与平均值相比不可忽略不计的荷载。

6.1.4 偶然作用指在设计使用基准期内不一定出现，而一旦出现其量值很大，且持续期在多数情况下很短的荷载。

6.1.5 市域铁路工程结构的荷载(作用)分类应符合表 6.1.5 的规定。

表 6.1.5 荷载(作用)分类

<table>
<tr><th>序号</th><th colspan="2">荷载分类</th><th>荷载(作用)名称</th><th>作用分类</th></tr>
<tr><td>1</td><td rowspan="15">主力</td><td rowspan="9">恒载</td><td>结构自重</td><td rowspan="9">永久作用</td></tr>
<tr><td>2</td><td>结构附加恒载</td></tr>
<tr><td>3</td><td>土压力</td></tr>
<tr><td>4</td><td>静水压力及浮力</td></tr>
<tr><td>5</td><td>预加力</td></tr>
<tr><td>6</td><td>基础变位和地基沉降的影响</td></tr>
<tr><td>7</td><td>混凝土收缩和徐变的影响</td></tr>
<tr><td>8</td><td>围岩压力</td></tr>
<tr><td>9</td><td>滑坡推力</td></tr>
<tr><td>10</td><td rowspan="6">活载</td><td>列车竖向静荷载及其动力作用</td><td rowspan="6">可变作用</td></tr>
<tr><td>11</td><td>汽车荷载及其动力作用</td></tr>
<tr><td>12</td><td>列车离心力</td></tr>
<tr><td>13</td><td>列车横向摇摆力</td></tr>
<tr><td>14</td><td>列车(公路汽车)荷载产生的土压力</td></tr>
<tr><td>15</td><td>气动力</td></tr>
</table>

续表 6.1.5

序号	荷载分类		荷载(作用)名称	作用分类
16	主力	活载	人群荷载	可变作用
17			长钢轨伸缩力、挠曲力	
18			屋面活载	
19	附加力		列车制动力或牵引力	可变作用
20			支座摩阻力	
21			风荷载	
22			雪荷载	
23			温度作用	
24			流水压力	
25			波浪力	
26			水位退落时的渗透力	
27			冰压力	
28			冻胀力	
29			隧道灌浆压力	
30	特殊荷载		施工荷载	偶然作用
31			地震力	
32			长钢轨断轨力	
33			列车脱轨荷载	
34			船舶或汽车撞击力	
35			泥石流、落石等冲击力	
36			人防荷载	

注:设计中要求考虑的其他荷载(作用),可根据其性质分别列入上述三类中;如结构或杆件主要用途为承受某种附加力,该附加力应按主力考虑。

6.1.6 市域铁路工程结构设计应考虑施工期间及设计使用年限内的荷载(作用),并根据工程结构类型和设计状况,结合容许应力或极限状态设计法原则,选择相应的荷载(作用)和荷载(作用)组合。

6.1.7 市域铁路车辆限界应根据市域铁路车辆的轮廓尺寸、最大标准公差和磨耗限度确定。

6.1.8 市域铁路建筑限界应根据市域铁路车辆按规定速度在平直线轨道上运行时,受轨道不平顺和侧风激扰产生振动,车辆静态轮廓可能达到的最大动态偏移位置,增加适当的安全间隙确定。

6.2 荷载(作用)

6.2.1 工程结构自重和附加恒载的取值应根据设计尺寸及材料标准容重计算确定。

6.2.2 土压力应根据结构具体情况分别采用静止土压力、主动土压力和被动土压力,并选择相应的计算方法。

6.2.3 静水压力及浮力、流水压力,应根据结构类型选择相应的计算方法。

6.2.4 市域铁路列车竖向静荷载应采用 ZS 荷载图式,如图 6.2.4 所示。

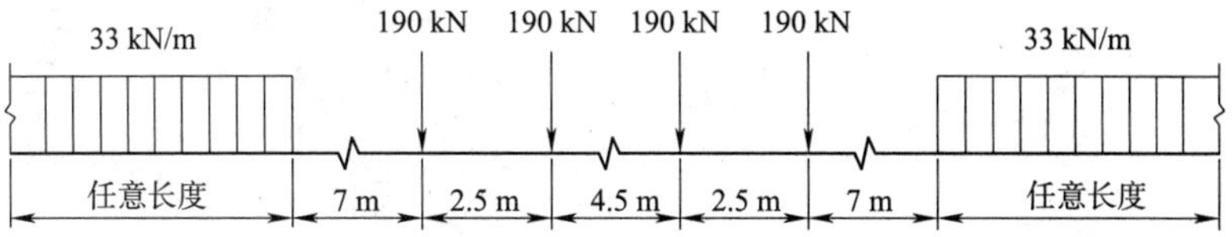

图 6.2.4 ZS 荷载

6.2.5 列车荷载竖向动力作用应按列车竖向静荷载乘以动力系数$(1+\mu)$确定,动力系数应按下列公式计算:

1 简支或连续的钢桥跨结构和钢墩台:

$$1+\mu=1+\frac{28}{40+L} \tag{6.2.5-1}$$

2 钢与钢筋混凝土板的结合梁:

$$1+\mu=1+\frac{22}{40+L} \tag{6.2.5-2}$$

3 钢筋混凝土、素混凝土、石砌的桥跨结构及涵洞、刚架桥,其顶上填土厚度 $h\geqslant 3$ m(从轨底算起)时,不计列车竖向动力作用。当 $h<3$ m 时:

$$1+\mu=1+\alpha\left(\frac{6}{30+L}\right) \tag{6.2.5-3}$$

式中,$\alpha=0.32\times(3-h)^2$,$h<0.5$ m 时取 0.5 m。式(6.2.5−1)~(6.2.5−3)中的 L 以 m 计,除承受局部荷载杆件为影响线加载长度外,其余均为桥梁跨度。

6.2.6 汽车荷载及其动力作用应符合《公路桥涵设计通用规范》JBJ 021 或《城市桥梁设计规范》CJJ 11 的相关规定。

6.2.7 列车引起气动力的计算应符合下列规定:

1 由驶过列车引起的气动压力和气动吸力,应由一个 5 m 长的移动面荷载$+q$ 及一个5 m长的移动面荷载$-q$ 组成。

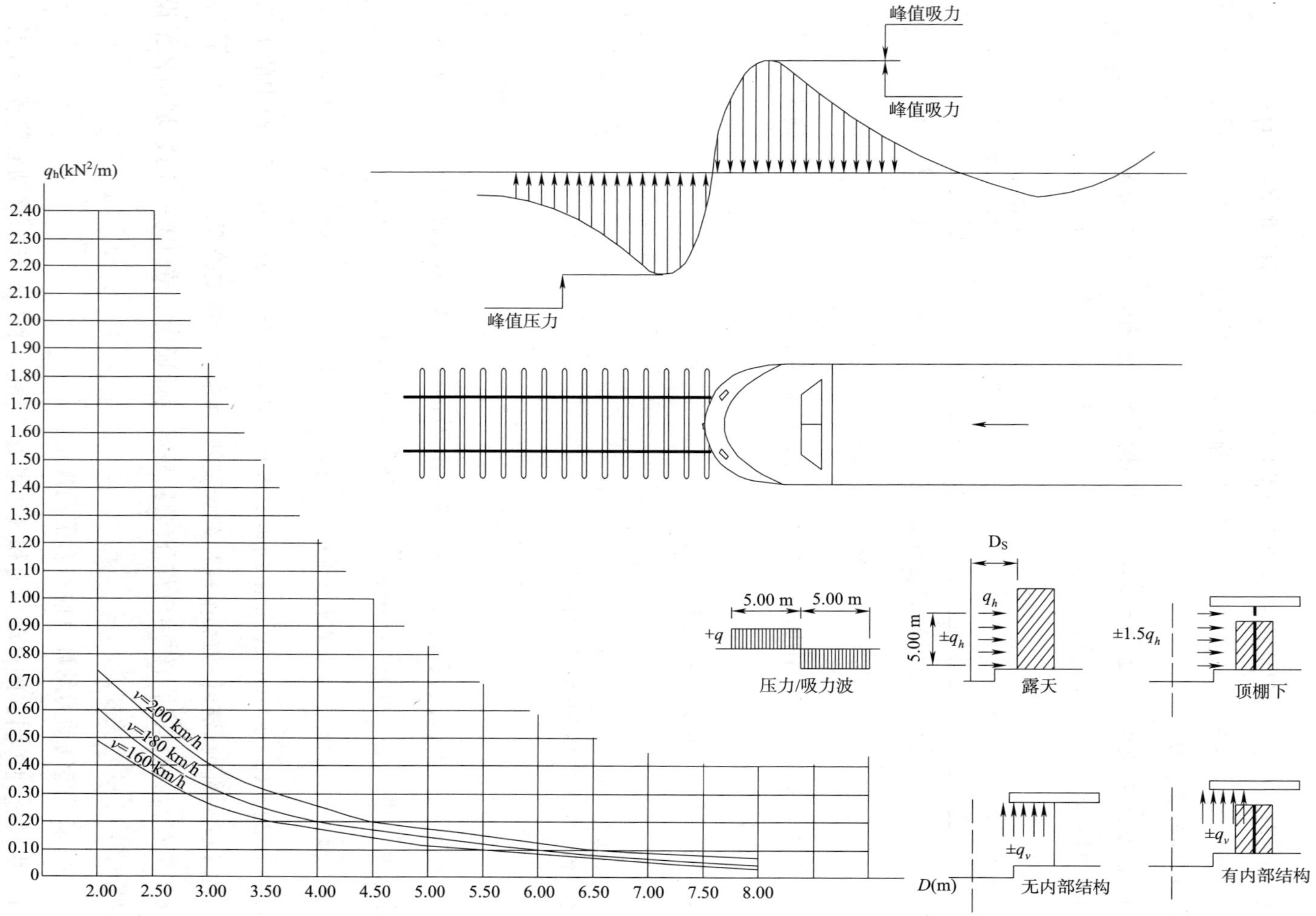

图 6.2.7 驶过的列车对建筑物或构件的气动力

2　气动力应分为水平气动力 q_h 和垂直气动力 q_v。水平气动力作用在轨顶之上的最大高度为 5 m。水平气动力 q_h 可由图 6.2.7 的曲线查取。垂直气动力 q_v 应按下式计算：

$$q_v = 2q_h \cdot \frac{7D+30}{100} (\mathrm{kN/m^2}) \quad (6.2.7)$$

式中　q_h——水平气动力，$\mathrm{kN/m^2}$；

D——作用线至线路中心距离，m。

3　顶盖下的建筑物或构件，q_h 与 q_v 应乘以 1.5 的阻挡系数。声屏障设计时面荷载 q_h 和 q_v 应与有车的风荷载叠加。

4　气动力可能引起自振的结构，其气动力还应考虑动力放大系数，该系数通过研究确定。

6.2.8　列车制动力和牵引力应根据结构类型选择相应的计算方法。

6.2.9　人群荷载应根据结构类型选择相应的计算方法。

6.2.10　风荷载应根据结构类型选择相应的计算方法。作用于桥涵结构的风荷载应根据《铁路桥涵设计规范》TB 10002 的规定进行计算；作用于车站及其他房屋结构的风荷载应根据《建筑结构荷载规范》GB 50009 的规定进行计算。

6.2.11　雪荷载按《建筑结构荷载规范》GB 50009 的规定计算。

6.2.12　温度作用应根据工程结构类型、环境条件、构件尺寸、检算内容确定。

6.2.13　施工荷载应根据工程结构类型、施工方式等选择相应的荷载及加载方式进行计算。

6.2.14　船舶或汽车撞击力应按《铁路桥涵设计规范》TB 10002 的规定计算。

6.2.15　地震力应符合《铁路工程抗震设计规范》GB 50111 或《建筑抗震规范》GB 50011 等的相关规定。

6.2.16　人防荷载可参照《人民防空工程设计规范》GB 50038 等的相关规定进行计算。

6.3　限　　界

6.3.1　市域铁路宽体车车辆限界轮廓及基本尺寸应符合图 6.3.1-1 和图 6.3.1-2 的规定；市域铁路窄体车车辆限界轮廓及基本尺寸应符合图 6.3.1-3 和图 6.3.1-4 的规定。

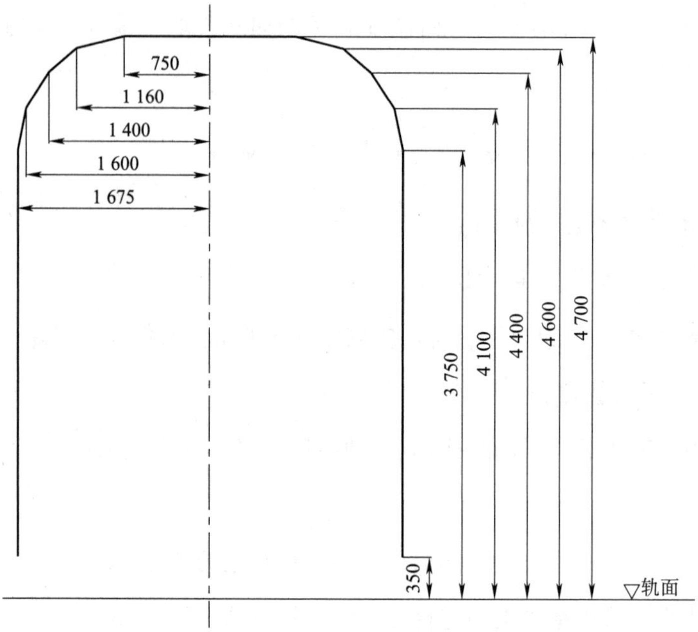

图 6.3.1-1　市域铁路宽体车车辆上部限界轮廓及基本尺寸（单位：mm）

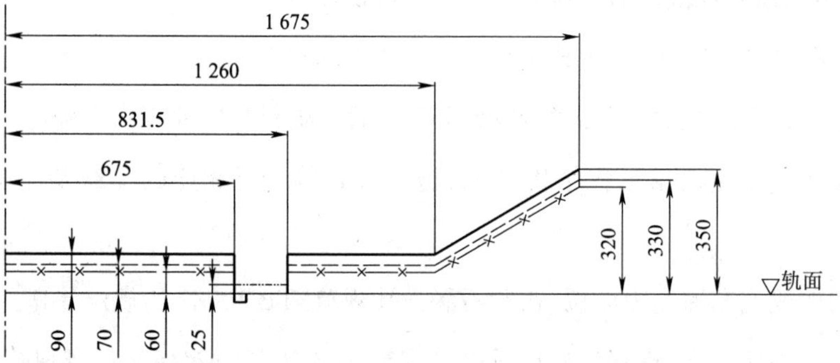

图 6.3.1-2　市域铁路宽体车车辆下部限界轮廓及基本尺寸（单位：mm）

——————— 车体的弹簧承载部分。

— — — — — — — 转向架上的弹簧承载部分。

—×——×——×— 非弹簧承载部分。

-·-·—·-·—·-·- 闸瓦、撒砂管、喷油管最低轮廓。

6.3.2　市域铁路宽体车建筑限界轮廓及基本尺寸应符合图 6.3.2-1 的规定；市域铁路窄体车筑限界轮廓及基本尺寸应符合图 6.3.2-2 的规定。

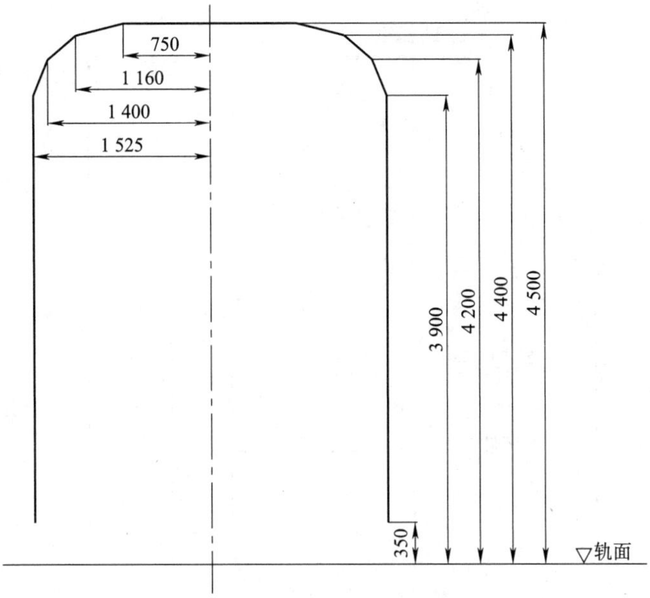

图 6.3.1-3　市域铁路窄体车车辆上部限界轮廓及基本尺寸(单位:mm)

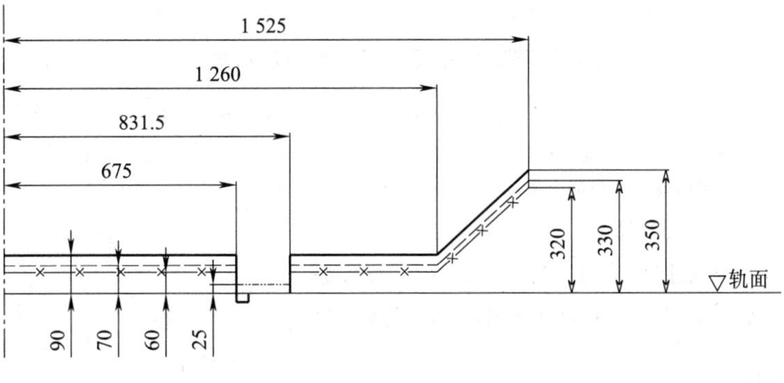

图 6.3.1-4　市域铁路窄体车车辆下部限界轮廓及基本尺寸(单位:mm)

———————— 车体的弹簧承载部分。

— — — — — — — — 转向架上的弹簧承载部分。

—×——×——×— 非弹簧承载部分。

-·-—-·-—-·— 闸瓦、撒砂管、喷油管最低轮廓。

6.3.3　曲线地段的建筑限界应考虑曲线内、外侧的限界加宽。加宽办法如下:

曲线内侧加宽(mm):

$$W_1=\frac{l^2}{8R}\times 1\ 000+\frac{H}{1\ 500}h$$

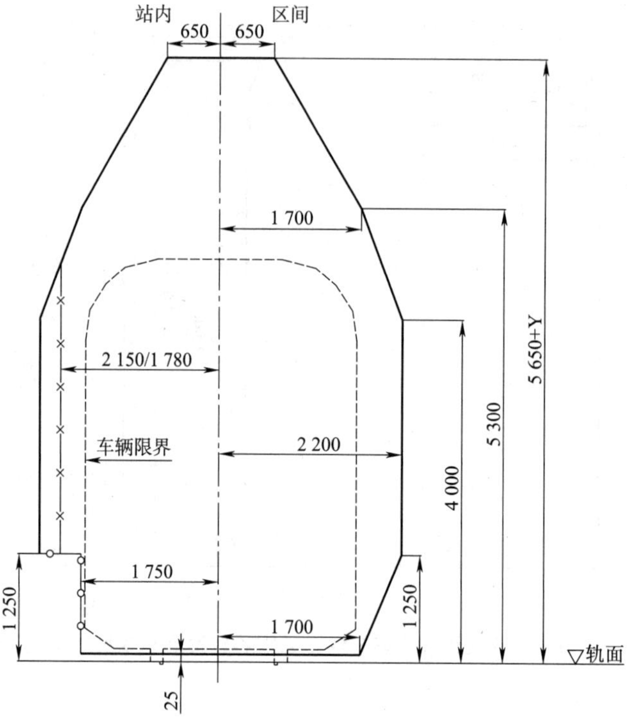

图 6.3.2-1　市域铁路宽体车建筑限界轮廓及基本尺寸(单位：mm)

—×—×—×— ①信号机、高架候车室结构柱和接触网、跨线桥、天桥、电力照明、雨棚等杆柱的建筑限界为 2 150 mm(正线不适用)。

②站台门的建筑限界为 1 780 mm(正线不适用)。

—○—○—○— 站台建筑限界。

———————— 各种建筑物的基本限界，也适用于桥梁和隧道。

Y 为柔性接触网结构高度。采用刚性悬挂时，为接触网安装高度。

曲线外侧加宽(mm)：

$$W_2=\frac{(L^2-l^2)}{8R}\times 1\ 000$$

曲线内、外侧加宽共计(mm)：

$$W=W_1+W_2=\frac{L^2}{8R}\times 1\ 000+\frac{H}{1\ 500}h$$

式中　l——转向架中心距，m；

R——曲线半径，m；

H——计算点自轨面算起的高度，mm；

h——外轨超高，mm；

L——车体长度，m。

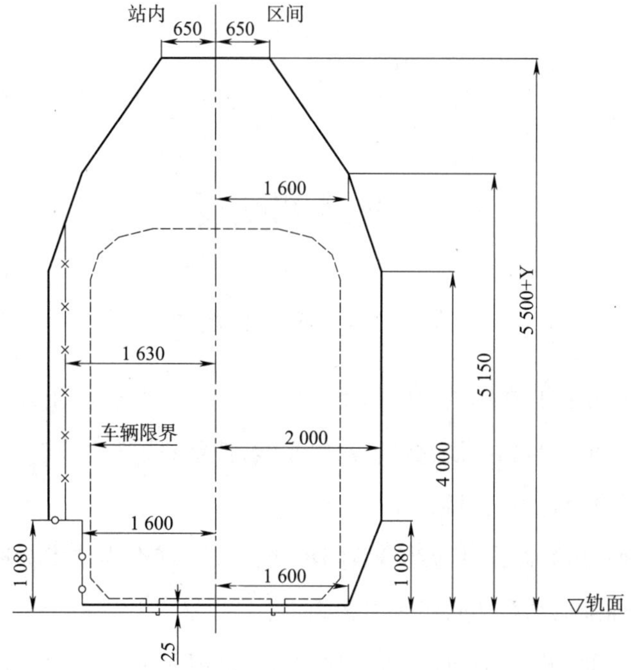

图 6.3.2-2　市域铁路窄体车建筑限界轮廓及基本尺寸(单位:mm)

—×—×—×— 站台门的建筑限界(正线不适用)。

—○—○—○— 站台建筑限界。

———————— 各种建筑物的基本限界,也适用于桥梁和隧道。

Y 为柔性接触网结构高度。采用刚性悬挂时,为接触网安装高度。

$\frac{H}{1\,500}h$ 的值也可以用内侧轨顶为轴,将有关限界旋转 θ 角($\theta=\arctan\frac{h}{1\,500}$)求得。

加宽范围应包括全部圆曲线、缓和曲线和部分直线。加宽方法可采用图 6.3.3 阶梯形方式,或采用曲线圆顺方式。

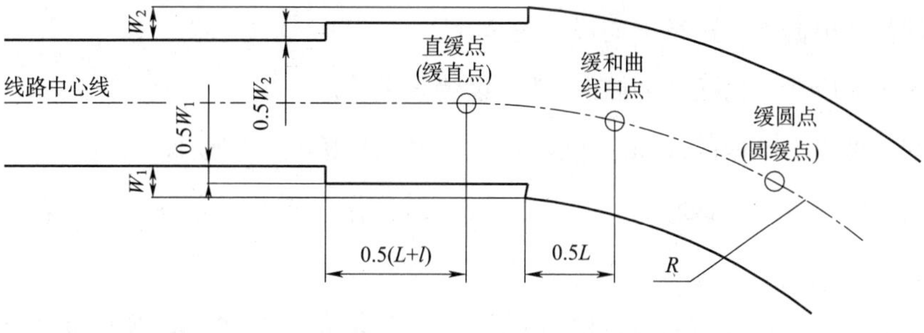

图 6.3.3　曲线地段建筑限界加宽示意图

7 线路和站场

7.1 一 般 规 定

7.1.1 市域铁路线路按其在运营中的作用，可分为正线、联络线、出入线、站线、段管线、安全线；站线按用途可分为到发线、折返线、停车线、渡线；段管线按属性可分为车辆基地内的线路和综合维修设施内的线路。

7.1.2 正线的平面、纵断面设计应结合线路沿线条件合理选用技术标准，车站两端正线平面、纵断面设计标准应结合运营组织方案确定。

7.1.3 联络线的平面、纵断面设计标准应根据联络线功能定位及设计速度，按照正线的相应速度等级标准合理选用。

7.1.4 出入线宜设置双线；车辆基地规模较小、工程实施困难时，在不影响功能和通过能力的前提下，可采用单线。按行车办理时，其平面、纵断面设计标准应采用行车速度不大于 120 km/h 的正线标准；按调车办理时，其平面、纵断面设计标准宜采用站线标准。

7.1.5 站线的设置应满足运输组织的要求。

7.1.6 段管线的配置应满足工艺的要求。

7.1.7 线路接轨及安全线的设置应符合下列规定：

1 联络线、出入线应在站内接轨。与站内正线接轨时应根据列车运行方向设置安全线，与站内到发线接轨时可不设安全线。困难条件下在区间内与正线接轨时，应在接轨处设置线路所，并根据列车运行方向设置安全线。

2 停车线应在站内接轨，并在接轨处设置安全线。

3 综合维修工区内的线路在车辆基地内接轨时，接轨处应设置安全线。

4 接车线末端、接轨处能利用其他站线及道岔作为隔开设备并有联锁装置时，可不设安全线。

7.1.8 线路敷设方式应结合沿线地形地质条件、环境条件及建(构)筑物拆迁情况，遵循安全优先、技术经济合理的原则确定，宜采用地面线或高架线，必要时可采用地下线。

7.1.9 车站设计应满足运输需要，便于运营管理，方便旅客乘降，并应根据需要预留进一步发展条件。

7.1.10 车站到发线、出入线应按双方向进路设计。到发线有效长度内不应设置道岔。

7.1.11 车站内线路直线地段主要建筑物和设备至线路中心线的距离应符合表 7.1.11 的规定。

表 7.1.11 主要建筑物和设备至线路中心线的距离

<table>
<tr><th rowspan="2">序号</th><th rowspan="2" colspan="3">建筑物和设备名称</th><th colspan="2">至线路中心线的距离(mm)</th></tr>
<tr><th>窄体车</th><th>宽体车</th></tr>
<tr><td>1</td><td colspan="3">旅客站台边缘</td><td>1 600</td><td>1 750</td></tr>
<tr><td rowspan="3">2</td><td rowspan="3">跨线桥柱、天桥柱、雨棚柱和电力照明杆等杆柱边缘</td><td colspan="2">位于正线一侧</td><td>≥2 000</td><td>≥2 200</td></tr>
<tr><td colspan="2">位于站线一侧</td><td>≥2 000</td><td>≥2 150</td></tr>
<tr><td colspan="2">位于站场路基地段最外线路的外侧</td><td>≥3 100</td><td>≥3 100</td></tr>
<tr><td rowspan="3">3</td><td rowspan="3">接触网支柱边缘</td><td rowspan="2">路基地段位于正线一侧或站场最外线路的外侧</td><td>无砟</td><td>≥2 500</td><td>≥2 500</td></tr>
<tr><td>有砟</td><td>≥3 100</td><td>≥3 100</td></tr>
<tr><td colspan="2">位于站线一侧</td><td>≥2 150</td><td>≥2 150</td></tr>
<tr><td>4</td><td>连续墙体、栅栏、声屏障边缘</td><td colspan="2">位于正线或站线外侧(无人员通行)</td><td>路基面外</td><td>路基面外</td></tr>
</table>

注：1 序号 2 有砟轨道线路考虑大型养路机械作业时，路基地段杆柱内侧边缘至正线线路中心的距离不应小于 3 100 mm。

2 序号 3 接触网支柱内侧边缘至线路中心的距离，困难条件下，位于有砟轨道正线一侧不应小于 2 500 mm。

3 序号 4 栅栏边缘至线路中心的距离尚应不小于栅栏距地面的高度加 2 200 mm(窄体车为 2 000 mm)之和。

7.1.12 车站内曲线地段各类建筑物和设备(包括站台)至线路中心线的距离应按有关规定加宽。位于线路曲线内侧并有外轨超高的站台应降低站台高度，降低的数值为 0.6 倍外轨超高度。

7.2 平 面

7.2.1 正线线路平面曲线半径应因地制宜，合理选用。与设计速度匹配的最小曲线半径可按表 7.2.1 选用，当高低速速差较大时需根据速差情况计算确定。最大曲线半径不宜大于12 000 m。

表 7.2.1 最小曲线半径(m)

设计速度(km/h)	160	140	120	100
一般条件	1 400	1 100	800	600
困难条件	1 300	1 000	700	500

7.2.2 正线不应设计为复曲线。特殊困难地段经技术经济比较设计为复曲线时，两圆曲线最大曲率差应满足不设中间缓和曲线的要求。复曲线最大曲率差应符合表 7.2.2 的规定。

表 7.2.2 不设中间缓和曲线的复曲线最大曲率差

设计速度	单位:km/h	160	140	120	100
$1/\frac{1}{R_1}-1/\frac{1}{R_2}$	一般	1/1 2000	1/8 000	1/6 000	1/4 000
	困难	1/10 000	1/6 000	1/5 000	1/3 000

7.2.3 区间正线并行地段宜以线路左线中心线为基准，曲线地段右线宜设计为左线的同心圆。

7.2.4 区间直线地段最小线间距应根据车辆技术条件按表 7.2.4-1 合理选用。宽体车曲线地段加宽按表 7.2.4-2 选用。窄体车在曲线地段不考虑加宽。

表 7.2.4-1 区间正线直线地段最小线间距

车辆类型	宽体车	窄体车
最小线间距(m)	4.0	3.8

表 7.2.4-2 曲线地段线间距加宽值

曲线半径(m)	加宽值(mm)
800 及以上	0
700	10
600	25
500	55

注:1 当外侧线路曲线超高大于内侧线路曲线超高时线间距加宽值应另行计算。
2 当线间有其他建(构)筑物或其他技术要求时加宽值应按相关要求计算确定。

7.2.5 区间正线与其他线路并行地段的线间距根据相邻线路的行车速度、高程、线间各种建(构)筑物以及养护维修等条件确定。

7.2.6 车站内两相邻线路的线间距应符合下列规定：

1 正线间无渡线时，线间距应与区间正线相同。当正线间设置反向出站信号机时，线间距应计算确定。

2 正线间设置渡线时，线间距宜采用 5.0 m，困难条件下或采用地下线时可根据道岔选型确定。

3 正线与到发线间、到发线间、到发线与其他线间无建筑物或设备时，线间距结合敷设方式确定。高架和地面线宜不小于 5.0 m，曲线地段可不加宽；工程条件困难或采用地下线时可根据限界要求计算确定。

4 相邻两线路间设有建筑物或设备时，线间距应根据限界规定、建筑物和设备的结构宽度计算确定，但不应小于5.0 m，曲线地段应按有关规定加宽。

7.2.7 车辆基地、综合维修工区内两相邻线路的线间距应根据工艺要求确定。

7.2.8 区间正线圆曲线和夹直线最小长度根据下列公式计算确定，并符合表7.2.8的规定。

$$一般条件下：L \geqslant 0.6v \qquad (7.2.8\text{-}1)$$

$$困难条件下：L \geqslant 0.4v \qquad (7.2.8\text{-}2)$$

式中 L——圆曲线或夹直线长度，m；

v——设计速度，km/h。

表7.2.8 圆曲线或夹直线最小长度

设计速度(km/h)		160	140	120	100
圆曲线或夹直线最小长度(m)	一般条件	100	85	75	60
	困难条件	65	60	50	40

7.2.9 区间正线直线与圆曲线间应采用三次抛物线型缓和曲线连接。缓和曲线长度可按表7.2.9选用。

表7.2.9 缓和曲线长度(m)

设计速度	160 km/h		140 km/h		120 km/h		100 km/h	
半径(m)	一般	困难	一般	困难	一般	困难	一般	困难
12 000	20	20	20	20	—	—	—	—
11 500	20	20	20	20	—	—	—	—
11 000	20	20	20	20	—	—	—	—
10 500	20	20	20	20	—	—	—	—
10 000	20	20	20	20	20	20	—	—
9 500	25	20	20	20	20	20	—	—
9 000	25	20	20	20	20	20	—	—
8 500	30	25	20	20	20	20	—	—
8 000	30	25	30	20	20	20	—	—
7 500	40	30	30	20	20	20	—	—
7 000	40	30	35	25	20	20	—	—
6 500	45	35	35	25	20	20	—	—
6 000	45	35	35	25	20	20	20	20

续表 7.2.9

设计速度	160 km/h		140 km/h		120 km/h		100 km/h	
半径(m)	一般	困难	一般	困难	一般	困难	一般	困难
5 500	55	40	40	30	20	20	20	20
5 000	55	40	40	30	25	20	20	20
4 500	55	40	40	30	25	20	20	20
4 000	60	45	50	35	25	20	20	20
3 800	70	55	50	35	30	25	20	20
3 600	75	60	50	35	30	25	25	20
3 500	85	65	55	40	30	25	25	20
3 400	85	65	55	40	35	30	25	20
3 300	85	65	55	40	35	30	25	20
3 200	90	70	55	40	35	30	30	25
3 100	90	70	60	45	35	30	30	25
3 000	90	70	60	45	35	30	30	25
2 900	100	75	60	45	35	30	30	25
2 800	100	75	65	50	40	30	30	25
2 700	100	75	65	50	40	30	30	25
2 600	105	80	65	50	40	30	30	25
2 500	105	80	75	55	45	35	30	25
2 400	105	80	75	55	45	35	30	25
2 300	115	85	80	60	45	35	30	25
2 200	115	85	80	60	55	40	30	25
2 100	120	90	85	65	55	40	30	25
2 000	130	95	85	65	55	40	40	30
1 900	135	105	95	70	60	45	40	30
1 800	150	115	95	70	60	45	40	30
1 700	165	125	100	75	60	45	40	30
1 600	180	135	105	80	65	50	40	30
1 500	205	155	120	90	70	55	45	35
1 400	215	165	125	95	75	55	45	35
1 300	225	170	140	105	80	60	45	35
1 200			160	120	80	60	50	35
1 100			185	140	95	75	60	45
1 000			195	150	115	85	65	50
900					135	105	75	60

续表 7.2.9

设计速度	160 km/h		140 km/h		120 km/h		100 km/h	
半径(m)	一般	困难	一般	困难	一般	困难	一般	困难
800					160	120	85	65
700					170	130	95	70
600							120	90
550							130	95
500							140	105

7.2.10 按行车办理的出入线平面设计应符合下列规定：

1 最小平面曲线半径宜采用 800 m,困难条件下不应小于 300 m。

2 双线直线地段最小线间距应按表 7.2.4-1 选用,曲线地段加宽宜按表 7.2.4-2 选用。

3 最小缓和曲线长度宜按表 7.2.9 合理选用,困难条件下可计算确定并满足超高顺坡率不大于 2‰的要求。

4 最小圆曲线及夹直线长度不宜小于 50 m,困难条件下不应小于 25 m。

7.2.11 按调车办理的出入线,其曲线半径不宜小于 300 m,困难条件下不应小于250 m;曲线地段可不设缓和曲线和曲线超高;其曲线长度和夹直线长度不应小于 20 m。

7.2.12 车站宜设在直线上。困难条件下车站设在曲线上时,曲线宜采用较小的偏角,最小曲线半径应符合下列规定,并不宜小于 1 000 m,困难条件不应小于 600 m。

1 正线不临靠站台时,曲线半径不应小于相应路段设计速度的最小曲线半径。

2 正线临靠站台且有不停站列车通过时,最小曲线半径应根据通过列车与停站列车的速度差计算确定。

7.2.13 站线宜设在直线上,困难条件设在曲线上时,曲线半径应符合下列规定：

1 到发线宜与正线按同心圆设计。

2 折返线的曲线半径不应小于 600 m。

3 停车线的曲线半径不应小于 400 m。

4 道岔前后的连接曲线,其半径应与相邻道岔规定的侧向通过速度相匹配,并不小于道岔导曲线半径。

7.2.14 段管线宜设在直线上,困难条件下设在曲线上时,曲线半径应满足工艺要求。道岔前后的连接曲线,其半径应与相邻道岔规定的侧向通过速度相匹配,并不小于道岔导曲线半径。

7.2.15 到发线上的曲线地段和连接曲线宜设曲线超高，曲线地段超高宜采用 20 mm，连接曲线超高宜采用 15 mm。超高顺坡率不应大于 2‰。车辆基地内的动态试验线曲线地段宜设曲线超高，曲线地段超高值应根据平面曲线半径以及列车最高试验速度计算确定。其余站线和段管线不设曲线超高。

7.2.16 到发线上的曲线地段应设缓和曲线，缓和曲线长度不应小于 20 m。动态试验线的曲线地段应设缓和曲线，缓和曲线长度应根据列车最高试验速度、曲线设计超高、超高或欠超高时变率、超高顺坡率计算确定，且不小于 20 m。到发线的岔后连接曲线及其余站线和段管线的曲线可不设缓和曲线。

7.2.17 到发线上的曲线设缓和曲线时，圆曲线和两曲线间夹直线长度不应小于 25 m，不设缓和曲线时，两曲线间无超高直线段长度不应小于 20 m，困难条件下不应小于10 m；动态试验线上的曲线设缓和曲线时，圆曲线和两曲线间夹直线长度不宜小于 $0.4v$，困难条件下不应小于 25 m。其他站线和段管线圆曲线和两曲线间夹直线长度不应小于20 m，困难条件下不应小于 15 m。

7.2.18 安全线的设计应符合下列规定：

1 安全线的有效长度不应小于 50 m。

2 安全线的纵坡应设计为平道或面向车挡的上坡道。

3 临靠正线和到发线的安全线应设置双侧护轮轨。

4 安全线尾部应设置车挡和缓冲装置，路基地段安全线尾部还应设置止轮土基。

7.2.19 正线上的道岔与缓和曲线间的直线段长度不宜小于 $0.4v$，困难条件下不应小于 25 m。

7.2.20 站线道岔前后至曲线的直线段长度应满足下列规定：

1 到发线和动态试验线上的道岔前后至曲线超高顺坡终点之间的直线段长度不应小于 20 m，困难条件下岔后直线段不应小于道岔跟端至末根岔枕的距离(特别困难时为至末根长岔枕的距离)与超高顺坡所需长度之和。

2 其余站线、段管线上的道岔前后至圆曲线最小直线段长度应符合表 7.2.20 的规定。

7.2.21 正线道岔两端与竖曲线起、终点或变坡点的距离不宜小于 20 m。站线、段管线道岔不应与竖曲线或变坡点重叠。

7.2.22 相邻道岔间插入短轨的最小长度应符合表 7.2.22-1 和 7.2.22-2 的规定，同时应满足道岔结构的要求。

表 7.2.20　其余站线、段管线道岔前后至圆曲线最小直线段长度

序号	道岔前后圆曲线半径 R（m）	轨距加宽（mm）	最小直线长度（m）			
			一般		困难	
			轨距加宽或曲线超高递减率 2‰		轨距加宽递减率 3‰	
			岔前	岔后	岔前	岔后
1	$R\geqslant 295$	0	2	$0+L'$	0	$0+L'$
2	$295>R\geqslant 245$	5	2.5	$2.5+L'$	2	$2+L'$
3	$245>R\geqslant 195$	10	5	$5+L'$	4	$4+L'$
4	$R<195$	15	7.5	$7.5+L'$	5	$5+L'$

注：L'为道岔根端至末根岔枕的距离，在困难条件下可采用道岔跟端至末根长岔枕的距离 $L'_{长}$。

表 7.2.22-1　两对向单开道岔间插入钢轨的最小长度（m）

道岔布置	线别		有列车同时通过两侧线时（f）		无列车同时通过两侧线时（f）
			一般情况	特殊情况	
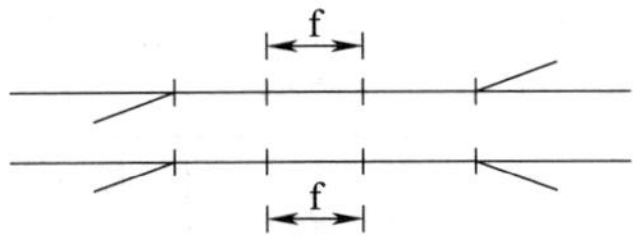	正线	直向通过速度 $v>120$ km/h	12.5	12.5	12.5
		直向通过速度 $v\leqslant 120$ km/h	12.5	12.5	6.25
	到发线、动态试验线		12.5	12.5	6.25
	其余站线、段管线		12.5	12.5	6.25

注：1. 正线、到发线、动态试验线采用无缝线路时，道岔间插入钢轨的最小长度不应小于 12.5 m。

2. 正线上两对向单开道岔有列车同时通过两侧线时，18 号单开道岔插入钢轨长度不应小于 25 m。

表 7.2.22-2　两顺向单开道岔间插入钢轨的最小长度（m）

道岔布置	线别		混凝土道岔	
			一般	困难
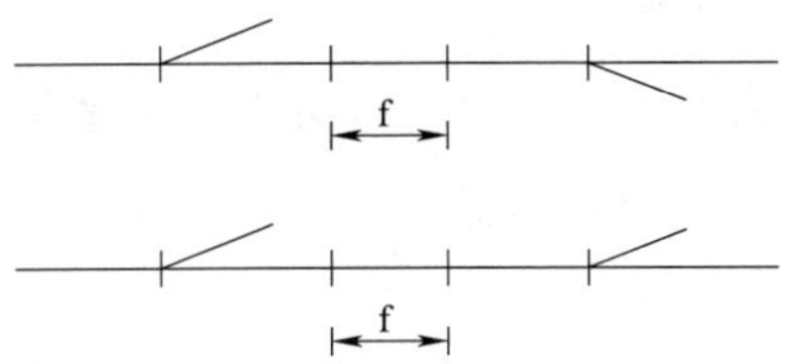	正线	直向通过速度 $v>120$ km/h	12.5	12.5
		直向通过速度 $v\leqslant 120$ km/h		
	到发线、动态试验线		12.5	12.5
	其余站线、段管线		12.5	12.5
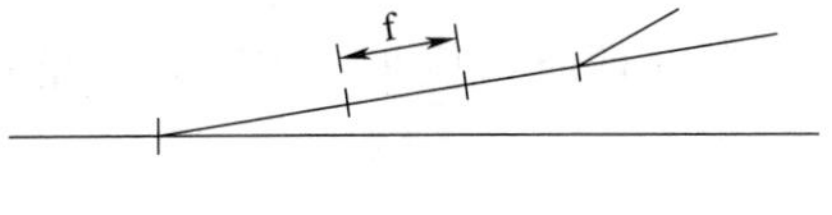	到发线、动态试验线		12.5	12.5
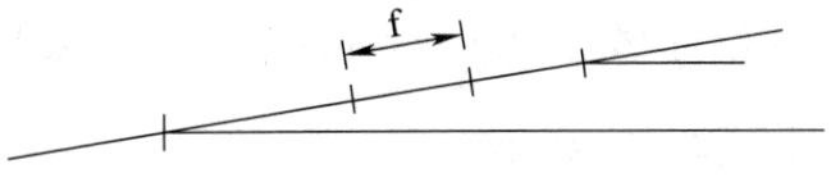	其余站线、段管线		12.5	8

7.3 纵 断 面

7.3.1 区间正线的最大坡度不宜大于20‰，困难条件下不应大于35‰。

7.3.2 区间正线宜设计为较长的坡段。最小坡段长度不应小于200 m且相邻竖曲线不重叠。

7.3.3 区间正线一般条件下坡度20‰及以下的坡段长度不做限制。长大坡道设置应进行行车检算，以满足线路能力、行车间隔、行车速度等设计要求。坡度25‰的坡段长度不宜大于8 km，坡度30‰的坡段长度不宜大于3 km，坡度35‰的坡段长度不宜大于1 km。车站两端结合 v-S 曲线及相关专业要求合理设置大于20‰的坡段。

7.3.4 区间正线当相邻坡段的坡度差大于或等于3‰时，应采用圆曲线型竖曲线连接。

7.3.5 区间正线最小竖曲线半径应按表7.3.5选用，最大竖曲线半径不应大于20 000 m。竖曲线长度不应小于25 m。

表7.3.5 最小竖曲线半径(m)

设计速度(km/h)	160	140	120	100及以下
一般条件	10 000	8 000	6 000	5 000
困难条件	8 000	6 000	5 000	3 000

7.3.6 区间正线竖曲线或变坡点起终点与平面曲线起终点间的最小距离不宜小于20 m。竖曲线或变坡点不应与道岔重叠设置。竖曲线不应与缓和曲线重叠设置，困难条件下无砟轨道地段可与缓和曲线重叠设置，但竖曲线半径不应采用困难值。

7.3.7 区间正线两线并行时轨面高程宜按等高(曲线地段为内轨面等高)设计。正线与其他线路并行时，其轨面设计高程应结合路基横断面设计确定。

7.3.8 区间正线隧道内的坡道可设置为单面坡道或人字坡道。地下水发育的长隧道宜采用人字坡，其坡度不应小于3‰。路堑地段线路坡度不宜小于2‰。

7.3.9 出入线纵断面设计应符合下列规定：

1 最大坡度不宜大于30‰，困难条件下不应大于35‰。

2 最小坡段长度，行车办理时不宜小于200 m，调车办理时不应小于50 m，且竖曲线不得重叠。

3 相邻坡段坡度差大于3‰时，应采用圆曲线型竖曲线连接。竖曲线半径宜采用5 000 m，困难条件下不应小于3 000 m。竖曲线长度不应小于20 m。

7.3.10 站坪坡度设计应符合下列规定：

1 到发线有效长度范围内应设在平道上，当设在坡道上时，不大于1‰，地下车站可设在不大于2‰的坡道上；困难条件下无配线车站可设在不大于6‰的坡道上。

2 车站咽喉区的正线坡度宜与到发线有效长度范围内坡度一致，困难条件下不宜大于6‰。

3 到发线有效长度范围内应采用一个坡段。

7.3.11 折返线和动态试验线宜设在平道上，困难条件下可设在不大于6‰的坡道上。

7.3.12 停车线、段管线应设在平坡道上，困难条件下咽喉区可设在不大于6‰的坡道上。

7.3.13 动态试验线的坡段长度不宜小于200 m，困难条件下不应小于50 m且相邻竖曲线不重叠；到发线顺坡地段及其他站线和段管线坡段长度不应小于50 m且相邻竖曲线不重叠。

7.3.14 到发线和动态试验线相邻两坡段坡度代数差大于等于4‰时应设置圆曲线型竖曲线。竖曲线半径不宜小于5 000 m，困难条件下不应小于3 000 m。其他站线和段管线相邻两坡段坡度代数差大于5‰时应设置圆曲线型竖曲线，竖曲线半径不应小于2 000 m。竖曲线长度不应小于20 m。

7.3.15 正线与到发线、到发线与到发线的轨面宜按等高设计。咽喉区线路的轨面有高差时，轨面高差的顺接应根据路基面横向坡度和道床厚度等因素设计。到发线的顺接坡道范围应为道岔前后普通轨枕至出站信号机。顺接坡道的坡度不宜大于6‰，且相邻坡段的坡度代数差不宜大于4‰，坡段长度不应小于50 m。

7.4 站场布置

7.4.1 车站平面布置应根据运输组织模式、运营管理方式、车站作业量及列车开行方案等因素确定，宜采用横列式布置图形。

7.4.2 折返线应结合车站站台形式，可采用站前折返或站后折返布置形式，并应满足列车折返能力要求。

7.4.3 渡线应结合行车组织、段场布置、运营灵活性以及防灾安全等要求设置，并应符合下列规定：

1 单渡线应设在车站端部，宜按顺岔方向布置。

2 单渡线与其他站线的道岔组合布置时，根据功能需要可按逆向布置。

3 采用站后折返的车站，宜增设站前单渡线，并宜按逆向布置。

7.4.4 道岔号数选择应符合下列规定：

1 正线道岔的直向通过速度不应小于路段设计速度。

2 正线与跨线列车联络线连接的道岔应根据联络线的设计速度确定。联络线接轨于车站且列车均停站时，可采用12号道岔。

3 正线上及侧向接发列车的到发线上的道岔应采用12号，困难条件下地下车站正线间渡线道岔可采用9号。

4 与出入线连接的到发线上道岔宜采用12号，困难条件下可采用9号。

5 折返线上的道岔宜采用12号，困难条件下可采用9号。

6 车辆基地内到发停车场到达（出发）端的道岔宜采用12号道岔，困难条件下可采用9号道岔；动态试验线上的道岔宜采用12号道岔，困难条件可采用9号道岔；其他道岔宜采用9号道岔。

7.4.5 道岔不应设在路堤与桥台连接处；正线道岔不宜设在路桥（涵）、路隧、路堤（堑）的过渡段范围内，在困难条件下必需设置时，路基应采取加强措施或适当调整桥跨。道岔布置应满足道岔转换设备安装及有砟与无砟轨道、有缝与无缝线路设置过渡段的要求。

7.5 交叉和安全设施

7.5.1 市域铁路与其他铁路、公（道）路交叉时应按立体交叉设计。立交净空应符合相关技术标准规定。

7.5.2 区间线路为地面线时，应采用防护栅栏或其他方式进行贯通封闭。

7.5.3 市域铁路与公路并行时，根据间距及相对高程关系，合理选择防护措施。

7.6 接口设计

7.6.1 车站范围内的柱、网及管线布局应根据站场布置进行系统设计。

7.6.2 车站内基础为金属结构的站台面、雨棚、栅栏等应根据有关技术要求，接入综合贯通地线。

8 轨　　道

8.1 一般规定

8.1.1 轨道结构应具有足够的强度、稳定性、耐久性、适量弹性及较高平顺性。

8.1.2 正线应根据线下工程类型、环境条件及养护维修条件等因素，经技术经济比选后选择轨道结构形式。有砟轨道与无砟轨道应集中成段铺设，有砟轨道和无砟轨道间以及不同无砟轨道结构间宜设置过渡段。

8.1.3 正线轨道宜按一次铺设跨区间无缝线路设计。

8.1.4 轨道结构应根据工程的环境影响评估报告书等要求，确定减振地段位置及减振等级，并采用对应的分级减振措施；同一种减振轨道结构的铺设长度不宜小于列车长度。

8.1.5 轨道结构设计应配备运营养护维修的设备和备品。

8.1.6 轨道结构设计应满足相关工程的接口技术要求。

8.2 设计参数

8.2.1 轨枕或扣件宜设置 1∶40 轨底坡。

8.2.2 曲线地段超高宜采取外轨抬高的方式设置，并在缓和曲线内递减。

8.2.3 无砟轨道结构设计荷载应包括列车荷载、温度荷载、牵引或制动荷载等，同时应考虑下部基础变形对轨道结构的影响，并应符合下列规定：

1 竖向设计荷载应按下式计算：

$$P_d = \alpha \cdot P_j$$

式中 P_d——竖向设计荷载；

P_j——静轮载；

α——动载系数，取 2.0。

2 横向设计荷载应按下式计算：

$$Q=0.8 \cdot P_j$$

式中　Q——横向设计荷载。

3　结构竖向疲劳检算荷载应按下式计算：

$$P_f=1.5 \cdot P_j$$

式中　P_f——竖向疲劳检算荷载。

4　结构横向疲劳检算荷载应按下式计算：

$$Q_f=0.4 \cdot P_j$$

式中　Q_f——横向疲劳检算荷载。

5　温度荷载及混凝土收缩影响：露天区间（包括隧道洞口 200m 范围）年温差根据当地气象条件取值；正温度梯度宜取 90℃/m、负温度梯度宜取 45℃/m；混凝土收缩以等效降温 10℃取值。

8.2.4　正线轨道静态铺设精度标准应符合表 8.2.4-1～8.2.4-4 的规定。

表 8.2.4-1　正线有砟轨道静态铺设精度标准（mm）

序　号	项　　目		容许偏差		备　　注
			v=100、120 km/h	v=140、160 km/h	
1	轨距	相对于标准轨距	+6	+4	
			−2	−2	
2	轨向	弦长 10 m	4	4	
3	高低	弦长 10 m	4	4	
4	水平		4	4	不含超高值
5	扭曲	基线长 3 m	3	3	含超高顺坡

表 8.2.4-2　正线无砟轨道静态铺设精度标准（mm）

序　号	项　　目		容许偏差		备　　注
			v=100、120 km/h	v=140、160 km/h	
1	轨距	相对于标准轨距	+3	±2	
			−2		
2	轨向	弦长 10 m	4	2	
3	高低	弦长 10 m	4	2	
4	水平		4	2	不含超高值
5	扭曲	基线长 3 m	3	2	含超高顺坡

表 8.2.4-3　正线道岔(直向)有砟轨道静态铺设精度标准(mm)

设计速度	高低	轨向		水平	轨距		扭曲(基线长 3m)
		直线	支距		尖轨尖端	其他	
v=100、120 km/h	4	4	2	4	±1	+3 −2	3
v=140、160 km/h	4	4	2	4	±1	+3 −2	3
测量弦长	10 m		—				

表 8.2.4-4　正线道岔(直向)无砟轨道静态铺设精度标准(mm)

速度	高低设计	轨向		水平	轨距		扭曲(基线长 3 m)
		直线	支距		尖轨尖端	其他	
v=100、120 km/h	4	4	2	4	±1	+3 −2	3
v=140、160 km/h	2	2	2	2	±1	±2	2
测量弦长	10 m		—				

8.3　轨 道 部 件

8.3.1　钢轨及配件应符合下列规定：

1　正线钢轨宜采用 60 kg/m 钢轨。正线半径小于等于 800 m 的曲线地段，应采用全长淬火钢轨或高强度钢轨。

2　正线无缝线路钢轨焊接宜采用闪光焊，道岔内及两端与区间线路连接的接头可采用铝热焊。

8.3.2　扣件系统应符合下列规定：

1　扣件结构应力求简单，并应具有足够的强度和扣压力、适量的弹性和调整量，并应满足绝缘和防锈防腐要求。

2　无砟轨道应采用调高量较大的弹性扣件。

3　有砟轨道扣件弹性垫层静刚度宜为 50～70 kN/mm；无砟轨道非减振地段扣件弹性垫层静刚度宜为 20～30 kN/mm。

8.3.3　轨枕型式应符合下列规定：

1　正线有砟轨道地段宜采用Ⅲ型或新Ⅱ型预应力混凝土轨枕。

2　无砟道床地段采用轨枕的混凝土强度等级不应低于 C50。

3　每公里轨枕铺设数量应符合表 8.3.3 的规定。

表 8.3.3　轨枕铺设数量(根或对/km)

序号	道床型式	正线	
		直线、$R>400$ m 且坡度 $i<20‰$	$R\leqslant400$ m 或坡度 $i\geqslant20‰$
1	无砟轨道	1 600	1 600～1 680
2	有砟轨道	1 667～1 760	1 760～1 840

8.3.4　道岔钢轨及扣件应符合下列规定:

1　正线道岔钢轨类型应与相邻区间钢轨类型一致,并不应低于相邻区间钢轨强度等级及材质要求。

2　道岔区应采用弹性分开式扣件。

8.4　有 砟 道 床

8.4.1　有砟道床应符合下列规定:

1　道砟应采用一级道砟。

2　正线无缝线路地段道床的道砟肩宽不应小于 400 mm,曲线半径小于 800 m 地段,曲线外侧道砟肩宽应加宽 100 mm。道床边坡均应采用 1∶1.75。无缝线路砟肩应堆高 150 mm。

3　道床厚度应符合表 8.4.1 的规定。

表 8.4.1　道床厚度(mm)

下部结构类型		设计速度	
		v=100、120 km/h	v=140、160 km/h
非渗水土路基	双层	面砟 250	面砟 300
		底砟 200	底砟 200
岩石、渗水土路基、混凝土结构	单层	300	

4　有砟道床顶面应与混凝土轨枕中部顶面平齐。

8.4.2　道床状态参数指标应符合下列规定:

线路稳定后,道床状态参数指标不应低于表 8.4.2 的规定。

表 8.4.2　道床状态参数指标

项　　目	新Ⅱ型混凝土轨枕	Ⅲ型混凝土轨枕
道床横向阻力	9 kN/枕	10 kN/枕
道床纵向阻力	10 kN/枕	12 kN/枕
道床支承刚度	70 kN/mm	100 kN/mm
道床密度	1.7 g/cm^3	1.7 g/cm^3

8.5 无 砟 道 床

8.5.1 无砟道床的结构型式应根据线下基础、环境条件、环评要求等具体情况，经技术经济比选后合理选择。

8.5.2 无砟轨道地段宜设置平面和高程精密测量控制网，且线下工程的工后沉降和变形应满足无砟轨道的铺设要求。

8.5.3 无砟道床应符合下列规定：

1 无砟道床混凝土强度等级：隧道内不应低于C35，高架线、隧道U形结构和地面线地段不应低于C40。

2 无砟道床宜按单元结构设计，根据线下基础情况和环境条件设置伸缩缝。

3 无砟轨道应根据线下基础和环境条件设置性能良好的防排水系统，严寒地区应考虑防冻融要求。

8.6 轨道结构过渡段

8.6.1 轨道结构过渡段应符合下列规定：

1 不同轨道结构宜在相同线下基础上进行过渡。

2 过渡段区域不宜设置钢轨现场焊接接头及绝缘接头。

8.6.2 减振地段与普通地段过渡段范围的轨道刚度应按分级过渡设计，过渡段长度不宜小于一节车辆长度。

8.6.3 有砟轨道地段与无砟轨道过渡段宜设置辅助轨及配套部件，有砟地段辅助轨的设置不应影响大型养路机械维修作业。

8.7 无 缝 线 路

8.7.1 无缝线路设计锁定轨温应符合下列规定：

1 无缝线路设计应根据线路条件、运营条件、气候条件及轨道类型等因素进行轨道强度、稳定性、断缝安全性等检算，并确定设计锁定轨温。

2 无缝线路应在设计锁定轨温范围内锁定，且相邻单元轨节间的锁定轨温差不应大于5℃，左右股锁定轨温差不应大于5℃，同一区间内单元轨节的最高与最低锁定轨温差不应大于10℃。

8.7.2 单元轨节布置应根据线路条件、工点情况、施工工艺及养护维修等因素综合确定。

单元轨节长度宜为 1 000～2 000 m，最短不应小于 200 m。

8.7.3 桥上无缝线路应符合下列规定：

1 桥上铺设无缝线路时，轨道和桥梁设计应考虑无缝线路纵向力。

2 桥上无缝线路的设计锁定轨温宜与桥梁两端的无缝线路设计锁定轨温一致。

8.7.4 无缝道岔应符合下列规定：

1 无缝道岔设计应满足跨区间无缝线路的允许温升和允许温降要求，各联结件应牢固、耐久、可靠。

2 无缝道岔的设计锁定轨温与区间无缝线路的设计锁定轨温一致。

3 无缝道岔尖轨尖端与基本轨、可动心轨尖端与翼轨的相对位移等应满足道岔结构及转辙机械性能的要求。

8.7.5 道岔布置应符合下列规定：

1 单组无缝道岔、渡线无缝道岔不应设在隧道变形缝或过渡段上。

2 桥上道岔布置应符合下列规定：道岔梁宜采用连续梁结构，孔跨宜采用等跨布置，最大跨度不宜大于 48 m，困难条件下跨度大于 48 m 时应进行车岔桥动力仿真分析；正线道岔不应跨越梁缝，道岔始端、终端至梁缝距离不应小于 18 m；铺设无缝道岔的相邻两联连续梁之间应设置一孔及以上简支梁。

8.7.6 钢轨伸缩调节器设置应符合下列规定：

1 钢轨伸缩调节器不应设置在平面曲线及竖曲线地段。

2 钢轨伸缩调节器不应设置在不同线下基础过渡段和轨道结构过渡段范围内。

3 钢轨伸缩调节器基本轨始端和尖轨跟端焊接接头距离梁缝、钢梁横梁、支座中心不应小于 2 m。

8.7.7 隧道内距隧道洞口 200 m 范围内无缝线路的设计锁定轨温宜与洞外区间无缝线路的设计锁定轨温一致，隧道内相邻单元轨节的设计锁定轨温应逐渐过渡到洞内实际锁定轨温。

8.7.8 线路区间、钢轨伸缩调节器和道岔均应按单元轨节设置位移观测桩。位移观测桩必须预先埋设牢固，在单元轨节两端锁定后立即进行标记，标记应明显、耐久、可靠。

8.8 站线轨道

8.8.1 出入段线、动态试验线及与正线紧邻的到发线轨道类型宜与正线轨道类型保持一致。

8.8.2 窄体车在半径小于 250 m 的曲线地段，轨距应加宽，加宽值应符合表 8.8.2-1 的规定；宽体车在半径小于 300 m 的曲线地段，轨距应加宽，加宽值应符合表 8.8.2-2 的规定。

表 8.8.2-1 窄体车曲线地段轨距加宽值

曲线半径 R(m)	加宽值(mm)
$200 \leqslant R < 250$	5
$150 \leqslant R < 200$	10
$100 \leqslant R < 150$	15

表 8.8.2-2 宽体车曲线地段轨距加宽值

曲线半径 R(m)	加宽值(mm)
$245 \leqslant R < 295$	5
$195 \leqslant R < 245$	10
$R < 195$	15

轨距加宽值应在缓和曲线范围内递减，无缓和曲线时，应在直线地段递减。递减率不宜大于 2‰。

8.8.3 到发线、动态试验线、联络线及出入段线宜按一次铺设无缝线路设计。

8.8.4 站线轨道结构设计应符合下列规定：

1 到发线、动态试验线宜采用 60 kg/m 钢轨。

2 半径小于等于 200 m 的曲线地段，钢轨接头应采用错接，错接距离不应小于 3 m。

3 不同轨型钢轨连接时应采用长度不小于 6.25 m 的异型轨连接。

4 站线、段管线有砟道床地段宜采用新Ⅱ型预应力混凝土枕，每公里轨枕铺设数量应符合表 8.8.4 的规定。

表 8.8.4 轨枕铺设数量(根或对/km)

序号	道床型式		站线(不含到发线、出入线)	段管线(不含动态试验线)
1	无砟轨道		1 600	1 440
2	有砟轨道	有缝线路	1 520	1 440
3		无缝线路	1 760	—

5 扣件类型：无砟轨道应采用弹性扣件。有砟道床当铺设 60 kg/m 钢轨时，宜采用弹条Ⅱ型扣件，当铺设 50 kg/m 钢轨时，宜采用弹条Ⅰ型扣件。

8.8.5 站线道岔选用需满足列车侧向通过速度要求。

8.8.6 站线有砟道床应符合下列规定：

1 站线有砟道床应采用一级碎石道砟。

2 有砟道床应符合表 8.8.6 规定的数值。

表 8.8.6 有砟道床参数

站线类型	无缝线路（联络线、到发线、出入段线、动态试验线）	有缝线路	
		联络线、到发线、出入段线、动态试验线	其余站线和段管线
道床顶面宽度（m）	3.3	2.9	
道床厚度（m）	0.3	0.3	0.25
砟肩堆高（m）	0.15	—	
道床边坡	1∶1.5		

8.9 轨道附属设备及常备材料

8.9.1 护轨设置应符合下列规定：

1 护轨设置条件应符合《铁路桥涵设计规范》TB 10002 和《铁路路基支挡结构设计规范》TB 10025 的规定。

2 护轨应采用与基本轨同类型或低一级的钢轨。钢桥明桥面上护轨应采用与基本轨同类型的钢轨，混合桥上明桥面护轨可采用比基本轨低一级的钢轨。

3 护轨与基本轨头部间净距应符合下列规定：

1）有砟桥上和路肩挡土墙地段，其净距应为 500 mm。

2）钢梁明桥面上，其净距应为 220 mm。

3）混合桥上明桥面长度等于或小于 50 m 时，其净距在明桥面与有砟桥面上均应为 500 mm；明桥面长度大于 50 m 时，在明桥面和有砟桥面上各自采用自身的净距，并在明桥面上采用不大于 1.5％的斜率完成间距变化的过渡。

4 护轨顶面不应高于基本轨顶面 5 mm，也不应低于基本轨顶面 25 mm。

5 桥梁上护轨伸出桥台挡砟墙以外不应小于 6 m，路肩挡土墙地段护轨应向两端各延长 5 m，护轨弯曲交会于线路中心。弯轨部分沿线路中心线长度不应小于 1.9 m，梭头尖端超出台尾的长度不应小于 2 m，其顶部应切成不陡于 1∶1 的斜面并联结密贴，梭头尖端悬出轨枕的长度不应大于 5 mm。

6 桥上铺设护轨地段设置应答器时应满足相关要求。

8.9.2 正线、到发线及动态试验线动态试验线的末端应采用缓冲滑动式车挡，段管线末端应采用固定式车挡。

8.9.3 线路信号标志的设置应符合相关标准的规定。

8.9.4 轨道常备材料配置应符合确保安全、抢修必备、资源共享的原则。

8.10 接口设计

8.10.1 轨道设计应考虑相关专业的接口技术要求，统筹规划，系统设计。

8.10.2 路基、桥梁、隧道和信号等专业设计应满足轨道设计要求，并符合下列规定：

1 路基、桥梁和隧道等土建工程在设计中应满足轨道结构的排水要求。

2 信号设备的安装应满足轨道结构承载力、耐久性和正常使用的要求。

3 桥梁等土建工程在设计中应满足道岔、钢轨伸缩调节器等轨道部件设置和无缝线路设计要求。

8.10.3 轨道结构与信号、综合接地系统的接口设计应符合下列规定：

1 轨道结构设计应考虑信号室外设备及综合接地系统的安装要求。

2 轨道结构设计应满足轨道电路相关技术要求。

3 信号、供电等相关专业应明确区间及道岔上钢轨钻孔位置及数量。道岔钢轨应在道岔生产厂内钻孔；区间钢轨在无缝线路放散锁定后钻孔，钻孔应按规定倒棱处理。

9 路　　基

9.1 一般规定

9.1.1 路基工程应在取得可靠地质资料的基础上开展设计。路基主体工程应按土工结构物进行设计。

9.1.2 路基受洪水位、潮水位控制或受地下水位、地面积水影响时，路肩高程的确定应符合《铁路路基设计规范》TB 10001 的规定。

9.1.3 路基最小稳定安全系数应符合下列规定：

1 路堤的稳定安全系数运营期应不小于 1.15～1.25；施工期应不小于 1.05～1.10；考虑运架梁车等施工临时荷载时，路堤稳定安全系数不宜小于 1.10。

2 路堑边坡的稳定安全系数一般工况应不小于 1.15～1.25，临时边坡应不小于 1.05～1.15。

3 路基支挡结构稳定安全系数应符合《铁路路基支挡结构设计规范》TB 10025 的规定。

4 路基稳定性应分别检算施工期及运营期的稳定系数，以运营期的稳定安全系数作为设计指标，以施工期的稳定安全系数作为验算指标。

9.1.4 路基工后沉降控制标准应符合下列规定：

1 有砟轨道路基工后沉降控制标准：一般地段不应大于 200 mm，路桥过渡段不应大于 100 mm，年沉降速率不应大于 50 mm；

2 无砟轨道路基工后沉降：应满足扣件调整能力和线路竖曲线圆顺的要求。工后沉降不宜超过 15 mm；沉降比较均匀并且调整轨面高程后的竖曲线半径符合下式的要求时，允许的工后沉降为 30 mm；

$$R_{sh} \geqslant 0.4 v_{sj}^2$$

式中　R_{sh}——轨面圆顺的竖曲线半径，m；

v_{sj}——设计最高速度，km/h。

3　路桥或路隧交界处的差异沉降不应大于 5 mm，过渡段沉降造成的路基与桥梁或隧道的折角不应大于 1/1 000。

9.1.5　列车和轨道荷载应根据采用的轨道结构及列车轴重、轴距等参数计算确定，路基面上的轨道及列车荷载分布应采用如图 9.1.5 所示的均布荷载，采用 ZS 荷载时，取值可按表 9.1.5 选用。

9.1.6　路基工程设计应遵循因地制宜、环境保护、景观协调等原则，采取技术可靠、经济合理、方便可行的工程措施，避免高填、深挖、长路堑和高大支挡结构。

9.1.7　路基工程填料设计时，应根据地质特征、路基类型及分布特点、场地及环境条件等因素，对移挖作填、集中取（弃）土或填料改良等进行技术经济比较，合理确定填料及土石方调配方案，满足路基各部位填料应用条件和环境保护等要求。采用填料改良或轻质材料时，应通过室内外试验，提出相关的技术参数和施工工艺要求。填料分类应符合《铁路路基设计规范》TB 10001 的规定。

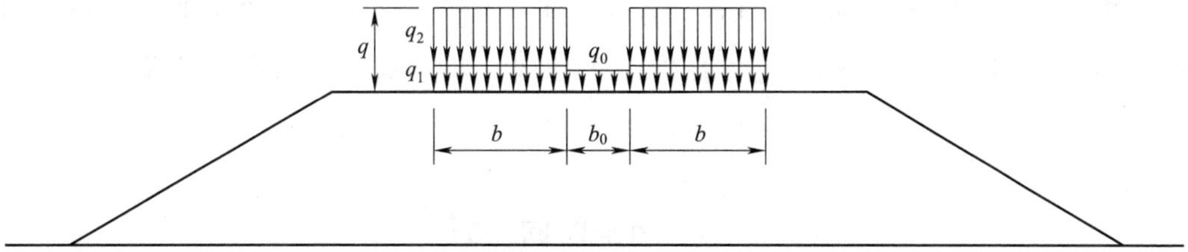

图 9.1.5　路基面上的轨道及列车荷载分布示意图

注：图中，q_1——轨道结构自重均布荷载强度，kN/m^2；

q_2——列车荷载均布荷载强度，kN/m^2；

q——轨道结构自重与列车荷载均布荷载强度之和，kN/m^2；

b——每股道均布荷载分布宽度，m；

q_0——线间回填均布荷载强度，kN/m^2；

b_0——线间回填均布荷载分布宽度，m。

表 9.1.5　路基面上的轨道和列车荷载

轨道类型	设计速度（km/h）	道砟厚度（m）	分布宽度 b（m）	轨道结构荷载强度 q_1（kN/m^2）	列车荷载强度 q_2（kN/m^2）	荷载强度合计 q（kN/m^2）
有砟轨道	160、140	0.30	3.3	19.3	23.0	42.3
	160、140	0.50	3.7	23.4	20.5	43.9
	120、100	0.30	3.3	19.3	23.0	42.3
	120、100	0.45	3.6	22.4	21.1	43.5
无砟轨道			3.4	15.5	22.4	37.9

注：表中未包含的轨道型式应另行计算确定。

9.1.8 地基处理措施应充分考虑环境条件及地区经验等因素，采取适宜的处理方法，满足路基稳定、沉降控制和环境安全友好等要求。

9.1.9 路基加固防护设计应充分考虑水土保持、土地节约及环境保护等因素，积极采用工程加固与绿色防护相结合的处理措施，尽量减少对自然植被和山体的破坏，防止诱发地质灾害，满足边坡稳定、环境安全及景观协调等要求。

9.1.10 路基防排水工程应系统规划，设施完整、通畅，满足路基防排水要求，并与铁路桥涵、隧道、站场或地方排水设施等合理衔接。

9.1.11 无砟轨道路基和有砟轨道软弱土地段路基应进行沉降变形观测；在铺设轨道前，无砟轨道和深厚层软土、湿陷性黄土等重大地基处理地段的有砟轨道，应对路基变形作系统的评估，预测工后沉降满足要求后方可进行轨道铺设。变形观测与评估应符合《铁路路基设计规范》TB 10001 的规定。

9.1.12 路基主体工程设计使用年限应为 100 年，路基边坡防护结构设计使用年限应为 60 年，电缆槽、防护砌块、栏杆等可更换的小型构件及路基排水结构设计使用年限为 30 年。

9.2 路基断面布置

9.2.1 正线及到发线有砟轨道地段路基面应为三角形路拱，自线路中心向两侧设 4%的横向排水坡，曲线地段的路基加宽时，路基面仍应保持三角形；其余站线和段管线路基面排水横坡应结合各地区年平均降雨量具体确定，且不宜小于 2%。

9.2.2 无砟轨道支承层(或底座)底部范围内路基面可水平设置，支承层(或底座)以外两侧路基面设置不小于 4%的向外横向排水坡。

9.2.3 正线路基面宽度应根据正线数目、线间距、轨道结构型式、曲线加宽、路肩宽度、电缆槽布置、接触网支柱基础位置等因素综合确定。

9.2.4 正线路肩宽度不宜小于 0.8 m。

9.2.5 正线直线地段路基面宽度可根据路肩上接触网支柱基础、电缆槽及声屏障基础等附属工程设置情况，按表 9.2.5 采用。条件不符时，应另行计算确定。

9.2.6 正线路基横断面布置可按图 9.2.6-1～9.2.6-6 等代表性图式确定。

表 9.2.5　正线直线地段路基面宽度

项目		设计速度(km/h)	道床厚度(m)	路基面宽度(m)									
				单线					双线				
				a(m)	b(m)	c(m)	路基面宽度(m)		a(m)	b(m)	c(m)	路基面宽度(m)	
							路肩上不设电缆槽	路肩上设电缆槽				路肩上不设电缆槽	路肩上设电缆槽
有砟轨道	非大型机械养护	160、140	0.3	0.4	1.0	0.8	7.0	7.0	0.4	1.1	0.8(1.0)	11.2	11.6
			0.5	0.4	1.4	0.8	7.8	7.8	0.4	1.5	0.8(0.8)	12.0	12.0
		120、100	0.3	0.4	1.0	0.8	7.0	7.0	0.4	1.1	0.8(1.0)	11.2	11.6
			0.45	0.4	1.3	0.8	7.6	7.6	0.4	1.4	0.8(0.8)	11.8	11.8
	大型机械养护	160、140	0.3	0.4	1.0	0.95	7.3	7.3	0.4	1.1	0.85(1.6)	11.3	12.8
			0.5	0.4	1.4	0.8	7.8	7.8	0.4	1.5	0.8(1.2)	12.0	12.8
		120、100	0.3	0.4	1.0	0.95	7.3	7.3	0.4	1.1	0.85(1.6)	11.3	12.8
			0.45	0.4	1.3	0.8	7.6	7.6	0.4	1.4	0.8(1.3)	11.8	12.8
无砟轨道							6.1	6.1				10.1	11.6

注：1. a 为砟肩宽度，b 为砟肩至砟脚水平距离，c 为路肩宽度，双线时括号外为路肩上不设电缆槽的路肩宽度、括号内为路肩上设电缆槽的路肩宽度。

2. 接触网支柱内侧至线路中心距按如下标准考虑：有砟轨道大型机械养护时为 3.1 m，非大型机械养护时为 2.5 m；无砟轨道为 2.5 m。

3. 双线路基，线间距按 4.0 m 考虑，线间距变化时，路基面宽度应相应调整。

4. 单线路基按电缆槽与接触网支柱对侧布置考虑。

5. 双线无砟轨道电缆槽设置于触网支柱内侧时，路基面宽度可按表中路肩上不设电缆槽取值。

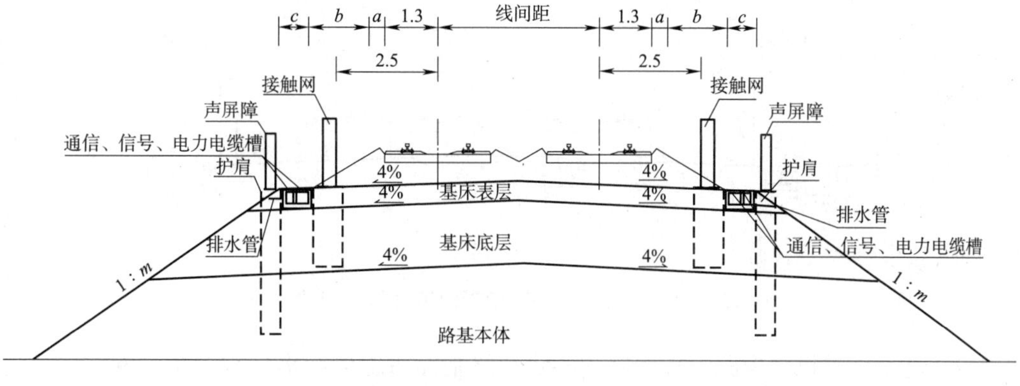

图 9.2.6-1　有砟轨道双线路堤横断面示意图(非大型机械养护)(单位：m)

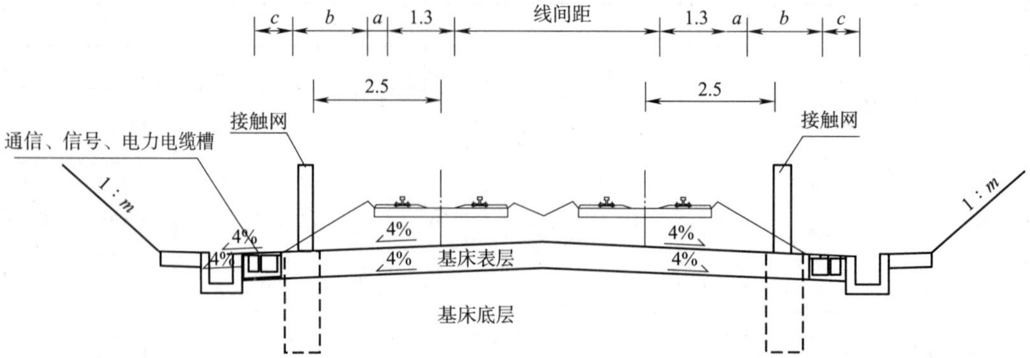

图 9.2.6-2　有砟轨道双线非硬质岩路堑横断面示意图(非大型机械养护)(单位:m)

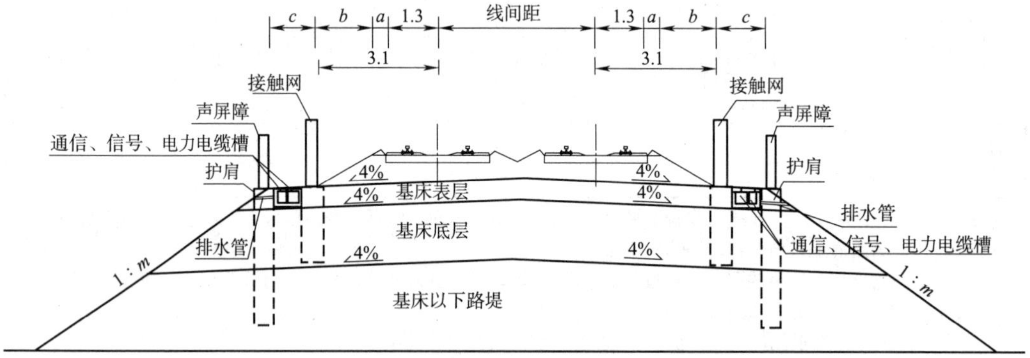

图 9.2.6-3　有砟轨道双线路堤横断面示意图(大型机械养护)(单位:m)

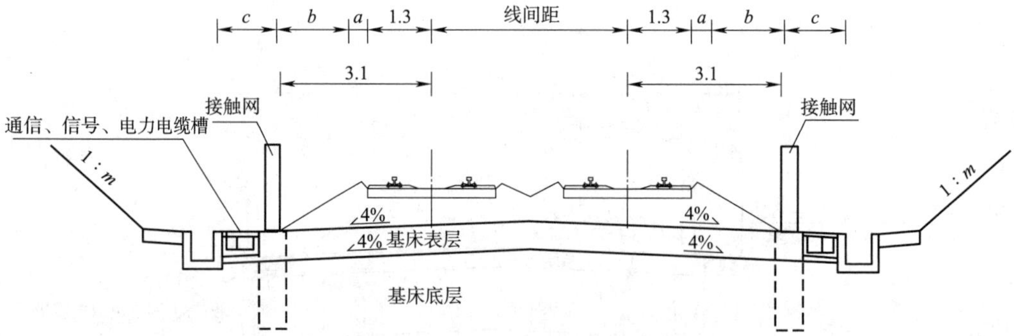

图 9.2.6-4　有砟轨道双线非硬质岩路堑横断面示意图(大型机械养护)(单位:m)

9.2.7　进站信号机以内到发线线路中心线至路基面边缘的距离应根据接触网柱的位置及基础宽度、电缆槽位置及宽度等因素计算确定;其他站线和段管线不应小于 3.0 m。

9.2.8　按表 9.2.5 的规定确定的路基面宽度,应按下列规定考虑曲线加宽:

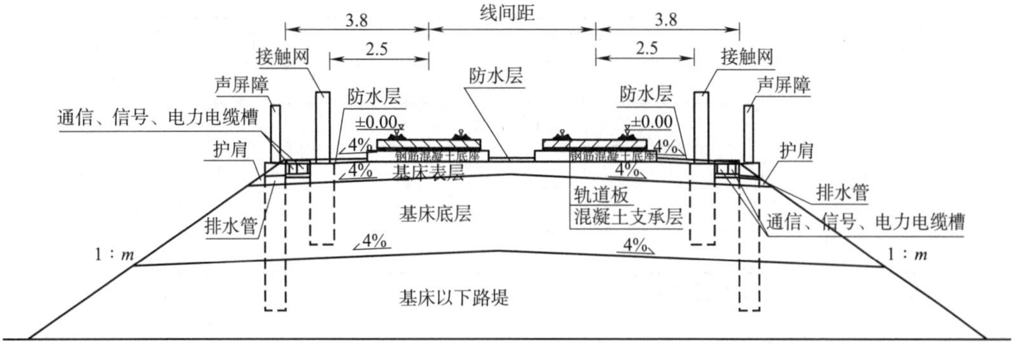

图 9.2.6-5　无砟轨道双线路堤横断面示意图(单位:m)

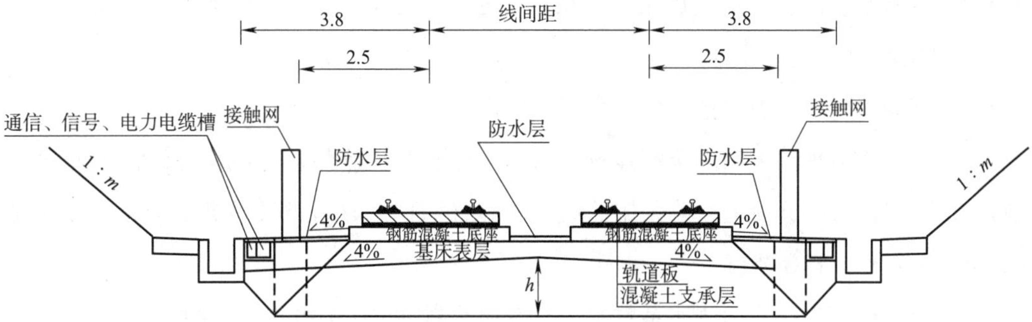

图 9.2.6-6　无砟轨道双线硬质岩路堑横断面示意图(单位:m)

1　有砟轨道路基,路基面应在曲线外侧按表 9.2.8 确定加宽值,路基外侧加宽计算值小于等于 0 时,加宽值为 0;计算值大于 0 时,按 0.1 的倍数取整,确定加宽值,并应在缓和曲线内渐变。

2　无砟轨道曲线内侧路基面加宽应根据建筑限界要求,按本规范 6.3.5 条考虑。

3　当轨道结构和接触网支柱等设施的设置有特殊要求或路肩宽度不满足要求时,应根据具体情况分析确定。

表 9.2.8　有砟轨道曲线地段路基面加宽值

设计速度(km/h)	曲线半径 R(m)	路基外侧加宽计算值(m)
160、140	$R \geqslant 7\,500$	0.1—(c—0.8)
	$3\,800 \leqslant R < 7\,500$	0.2—(c—0.8)
	$2\,700 \leqslant R < 3\,800$	0.3—(c—0.8)
	$1\,900 \leqslant R < 2\,700$	0.4—(c—0.8)
	$R < 1\,900$	0.5—(c—0.8)

续表 9.2.8

设计速度(km/h)	曲线半径 R(m)	路基外侧加宽计算值(m)
120、100	$R \geqslant 5\ 000$	0.1—(c—0.8)
	$2\ 200 \leqslant R < 5\ 000$	0.2—(c—0.8)
	$1\ 500 \leqslant R < 2\ 200$	0.3—(c—0.8)
	$1\ 200 \leqslant R < 1\ 500$	0.4—(c—0.8)
	$R < 1\ 200$	0.5—(c—0.8)

注：c 为路肩宽度，按表 9.2.5 取值。

9.3 基　　床

9.3.1 路基基床由表层与底层组成。根据轨道类型及设计速度，路基基床结构可按表 9.3.1 采用。

9.3.2 基床填料压实控制指标应符合下列规定：

1 无砟轨道铁路采用的级配碎石、砾石类、碎石类及砂类土应采用压实系数、地基系数作为控制指标；有砟轨道铁路采用的级配碎石、砾石类、碎石类及砂类土应采用压实系数、地基系数作为控制指标。

2 化学改良土应采用压实系数及 7 d 饱和无侧限抗压强度作为控制指标。

表 9.3.1　基床结构

轨道类型		基床厚度(m)	基床表层厚度(m)	基床底层厚度(m)
有砟轨道	正线	2.0	0.5	1.5
	与正线处于同一路基的站线、动态试验线	2.0	0.5	1.5
	与正线路基分开设置的站线、动态试验线	1.5	0.5	1.0
	其他站线、段管线	1.2	0.3	0.9
无砟轨道		1.8	0.3	1.5

9.3.3 基床表层的填料应符合表 9.3.3-1 的要求，压实标准应符合表 9.3.3-2 的要求；

9.3.4 基床表层级配碎石技术要求应符合《铁路路基设计规范》TB 10001 的规定。

9.3.5 基床底层的填料应符合表 9.3.5-1 的要求，压实标准应符合表 9.3.5-2 的要求。

9.3.6 与正线处于同一路基的站线、动态试验线基床填料、压实标准应符合 9.3.3、9.3.5 条的规定。与正线路基分开设置的站线和段管线路基填料及压实标准按 9.3.3、9.3.5 条中设计速度 100 km/h 的标准执行。

表 9.3.3-1　基床表层的填料要求

轨道类型	设计速度(km/h)	填料要求	
		最大粒径	组别要求
有砟轨道	160、140	≤100 mm	宜选用砾石类、碎石类中的 A1、A2 组填料，当缺乏 A1、A2 组填料时，经经济比选后可选用级配碎石
	120、100	≤100 mm	优先选用砾石类、碎石类中的 A1、A2 组填料，其次为砾石类、碎石类及砂类土中的 B1、B2 组填料，有经验时可采用化学改良土
无砟轨道	—	≤60 mm	级配碎石

注：1. 有砟轨道及非冻土地区无砟轨道基床表层采用Ⅰ型级配碎石；
2. 冻结深度大于 0.5 m 的冻土地区以及多雨地区无砟轨道基床表层采用Ⅱ型级配碎石。

表 9.3.3-2　基床表层填料的压实标准

轨道类型	设计速度(km/h)	填料		压实标准		
				压实系数 K	地基系数 K_{30}(MPa/m)	7 d 饱和无侧限抗压强度(kPa)
有砟轨道	160、140	级配碎石		≥0.95	≥150	—
		A1 组	砾石类、碎石类	≥0.95	≥150	—
	120、100	A1、A2 组	砾石类、碎石类	≥0.95	≥150	—
		B1、B2 组	砾石类、碎石类	≥0.95	≥150	—
			砂类土(粉细砂除外)	≥0.95	≥110	—
		化学改良土		≥0.95	—	≥500(700)
无砟轨道	—	级配碎石		≥0.97	≥190	

注：括号内数值为严寒地区化学改良土考虑冻融循环作用所需强度值。

表 9.3.5-1　基床底层的填料要求

轨道类型	设计速度(km/h)	填料要求	
		最大粒径	组别要求
有砟轨道	160、140	≤200 mm	砾石类、碎石类及砂类土中的 A、B 组填料或化学改良土
	120、100	≤200 mm	砾石类、碎石类及砂类土中的 A、B、C1、C2 组填料或化学改良土
无砟轨道	—	≤60 mm	砾石类、砂类土中的 A、B 组填料或化学改良土

注：1. 无砟轨道及严寒寒冷地区有砟轨道冻结深度影响范围内基床底层填料的细粒含量不应大于 5%，渗透系数应大于 5×10^{-5} m/s；
2. 在有可靠资料和工程经验的情况下，采取加固或封闭措施，160 km/h、140 km/h 铁路基床底层可采用 C 组填料。

表 9.3.5-2　基床底层填料的压实标准

轨道类型	设计速度(km/h)	填料		压实标准		
				压实系数 K	地基系数 K_{30}(MPa/m)	7 d 饱和无侧限抗压强度(kPa)
有砟轨道	160、140	A、B 组	砾石类、碎石类	≥0.93	≥130	—
有砟轨道	160、140	A、B 组	砂类土(粉细砂除外)	≥0.93	≥100	—
有砟轨道	160、140	化学改良土		≥0.93	—	≥350(550)
有砟轨道	120、100	A、B、C1、C2 组	砾石类、碎石类	≥0.93	≥130	—
有砟轨道	120、100	A、B、C1、C2 组	砂类土、细粒土	≥0.93	≥100	—
有砟轨道	120、100	化学改良土		≥0.93	—	≥350(550)
无砟轨道	—	A、B 组	粗砾土、碎石类	≥0.95	≥150	
无砟轨道	—	A、B 组	砂类土(粉细砂除外)、细砾土	≥0.95	≥130	
无砟轨道	—	化学改良土		≥0.95	—	≥350(550)

注:括号内数值为严寒地区化学改良土考虑冻融循环作用所需强度值。

9.4　路　　堤

9.4.1　路堤基床以下部位填料应符合下列规定:

1　有砟轨道铁路可采用 A、B、C 组填料或化学改良土;采用 D 组填料时应进行加固或改良。

2　无砟轨道铁路宜选用 A、B、C1、C2 组填料或化学改良土。

3　路堤浸水部位应结合铁路等级、轨道类型、浸水条件等采用渗水土、水稳性好的 A、B 组填料或采取封闭、隔水措施。

4　采用 C2 组中的砂类土及 C3 组填料,应采取加强防护措施。

5　寒冷地区有害冻胀深度范围内的路基,宜采用冻胀不敏感填料。

6　有砟轨道路基填料最大粒径不应大于摊铺厚度的 2/3 且不应大于 300 mm;无砟轨道路基填料的最大粒径不应大于 75 mm。

9.4.2　基床以下部位填料的压实标准应符合下列规定:

1　细粒土、砂类土、砾石类土、碎石类土、块石类土等应采用压实系数和地基系数作为控制指标。

2　改良土应采用压实系数和 7 d 饱和无侧限抗压强度作为控制指标。

3　基床以下部位填料的压实标准应符合表 9.4.2 的规定。

表 9.4.2　基床以下部位填料的压实标准

轨道类型	填料	压实标准		
		压实系数 K	地基系数 K_{30}(MPa/m)	7 d 饱和无侧限抗压强度(kPa)
有砟轨道	细粒土、砂类土	≥0.90	≥80	—
	砾石类、碎石土	≥0.90	≥110	—
	块石类	≥0.90	≥130	—
	化学改良土	≥0.90	—	≥200
无砟轨道	砂类土及细砾土	≥0.92	≥110	
	碎石类及粗砾土	≥0.92	≥130	
	化学改良土	≥0.92	—	≥250

注:当碎石类填料的粒径大于 75 mm、小于 150 mm 时,地基系数可采用 K_{60},取 $K_{60}=1.8K_{30}$。

9.4.3　高度小于基床厚度的路堤,基床表层应符合第 9.3.3 条的要求。无砟轨道地段基床底层厚度范围的土质和压实标准应符合第 9.3.5 条的要求,否则应作处理;有砟轨道地段基床底层厚度范围内天然地基土的静力触探比贯入阻力 P_s 值不应小于 1.2 MPa,或基本承载力 σ_0 不应小于 0.15 MPa,否则应进行换填、改良或加固处理。

9.4.4　路堤边坡形式和坡率应根据填料的物理力学性质、边坡高度和基底地质条件、水文气候条件、抗震设防烈度等因素综合分析,按《铁路路基设计规范》TB 10001 要求确定。

9.4.5　季节冻土地区路基设计应考虑最大冻结深度、降雨量、地下水位等影响,合理选择路基填料、加强路基防排水、防冻胀措施。

9.4.6　在场地受限、填筑碾压困难地段或当需减少路堤荷载时,可采用轻质材料填筑或浇筑。

9.4.7　软弱土路基地基条件复杂或缺少工程经验时,宜选择代表性地段提前修筑试验路基,以检验设计、指导施工。

9.5　路　　堑

9.5.1　软质岩及土质基床应符合表 9.3.3-2、表 9.3.5-2 的要求;基床范围内的地基土 $P_s<1.2$ MPa 或 $\sigma_0<0.15$ MPa 时,应进行换填或加固处理。

9.5.2　路堑边坡形式及坡率应根据工程地质、水文地质、气象条件、施工方法、边坡高度,自然山坡和人工边坡状况,结合力学分析等按《铁路路基设计规范》TB 10001 要求确定。

9.5.3　土质、软质岩及强风化的硬质岩路堑应设置侧沟平台,岩质路堑侧沟平台宽度不宜小于 0.5 m、土质路堑不宜小于 1.0 m;较深路堑宜在边坡中部或在土石分界、透水和不透水层交界面处设置边坡平台，宽度不宜小于 2 m。边坡平台应设置向坡脚方向不小于 4%的排水横坡。

9.6 过 渡 段

9.6.1 路基与桥隧等其他线下结构物、不同路基结构、不同地基处理形式连接处可能导致轨道基础沉降变形及刚度差异时，均应设置过渡段，保证刚度及变形在线路纵向的均匀变化。

9.6.2 桥梁、涵洞及隧道等结构工程之间路基，有砟轨道路基长度小于 20 m，无砟轨道路基长度小于 40 m 时，应按过渡段进行特殊设计。

9.6.3 路基与桥台过渡段宜采用沿线路纵向倒梯形过渡形式，如图 9.6.3-1 所示；过渡段施工先于邻近路基时，可采用沿线路纵向正梯形过渡形式，如图 9.6.3-2 所示。并应符合下列规定：

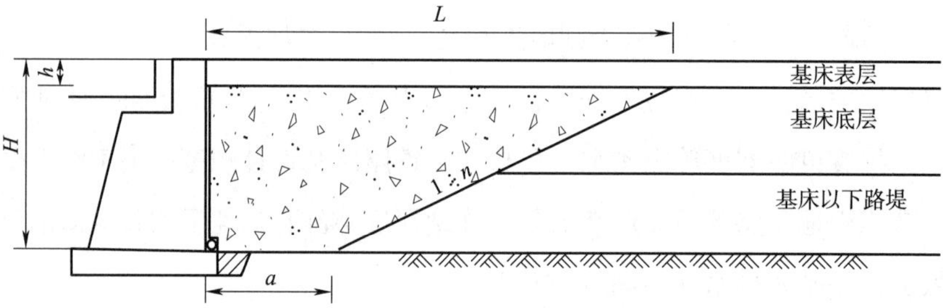

图 9.6.3-1 台尾倒梯形过渡段设置示意图

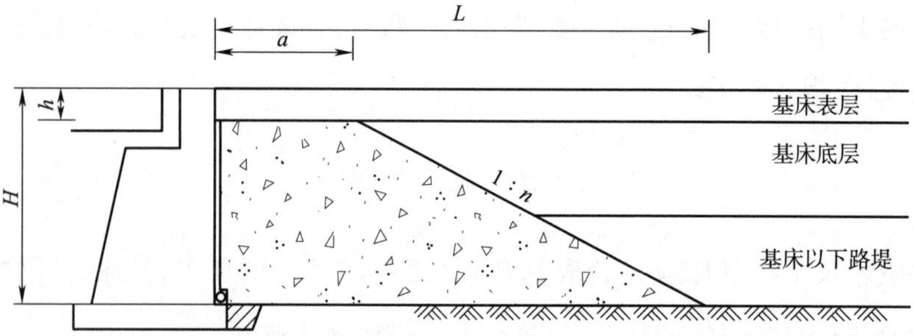

图 9.6.3-2 台尾正梯形过渡段设置示意图

1 过渡段长度按式 9.6.3 确定，无砟轨道铁路过渡段长度不应小于 20 m；

$$L=a+(H-h)\times n \tag{9.6.3}$$

式中 L——过渡段长度，m；

H——台后路堤高度，m；

h——基床表层厚度，m；

a——过渡段梯形底部(或顶部)沿线路方向长度，无砟轨道铁路取 3～5 m，有砟轨道铁路取 3 m；

n——常数，无砟轨道铁路取 2～5，有砟轨道铁路取 2。

2 过渡段路基基床表层应符合本规范第 9.3.3 条的要求。

3 过渡段基床表层以下梯形部分的填料及填筑压实应符合下列规定：

1）无砟轨道铁路应分层填筑掺入不小于 3％水泥的级配碎石，压实标准应符合压实系数 $K \geqslant 0.95$、地基系数 $K_{30} \geqslant 150$ MPa/m。

2）有砟轨道铁路应填筑 A 组填料，其压实标准应符合本规范第 9.3.5 条中基床底层的相关规定。

3）级配碎石的级配范围应符合《铁路路基设计规范》TB 10001 的规定。

4）过渡段浸水部分的填料除级配碎石外均应符合渗水土填料的技术要求。

4 无砟轨道铁路过渡段桥台基坑应以混凝土回填或以碎石、改良土分层填筑，有砟轨道铁路的过渡段桥台基坑应以碎石、改良土分层填筑。混凝土应满足设计强度要求，碎石、改良土填筑应满足地基系数 $K_{30} \geqslant 130$ MPa/m。

5 过渡段地基加固措施应满足工后沉降控制要求，并应考虑与桥台及相邻路基地段变形协调，必要时可在台后设置钢筋混凝土搭板。

9.6.4 路基与横向结构物(立交框构、箱涵等)连接处，根据地形、地质条件设置过渡段，宜采用沿线路纵向倒梯形过渡形式，如图 9.6.4-1 所示；过渡段施工先于邻近路基时，可采用沿线路纵向正梯形过渡形式，如图 9.6.4-2 所示。并应符合下列规定：

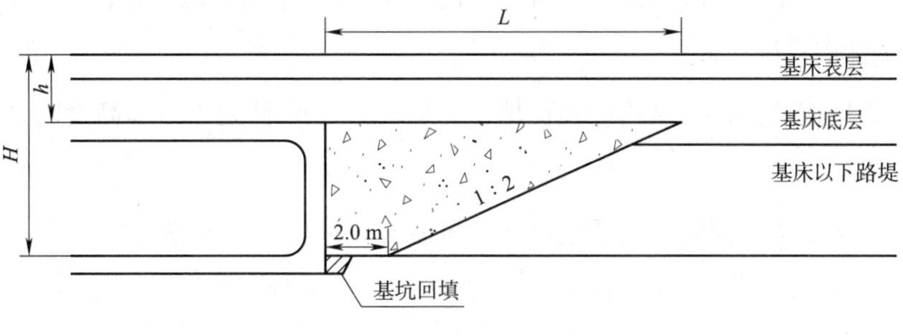

图 9.6.4-1　路基与横向结构物倒梯形过渡段示意图

1 横向结构物顶部及过渡段路基基床表层应符合本规范第 9.3.3 条的要求。

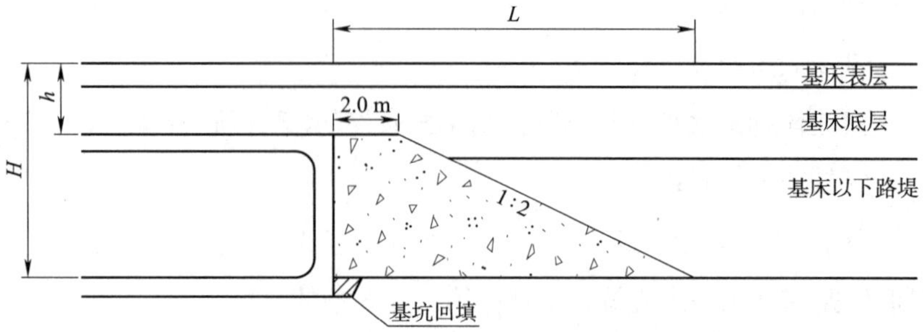

图 9.6.4-2　路基与横向结构物正梯形过渡段示意图

2　寒冷、严寒地区过渡段与横向结构物接触区冻结影响范围应填筑防冻胀性能较好的填料，如图 9.6.4-3 所示。

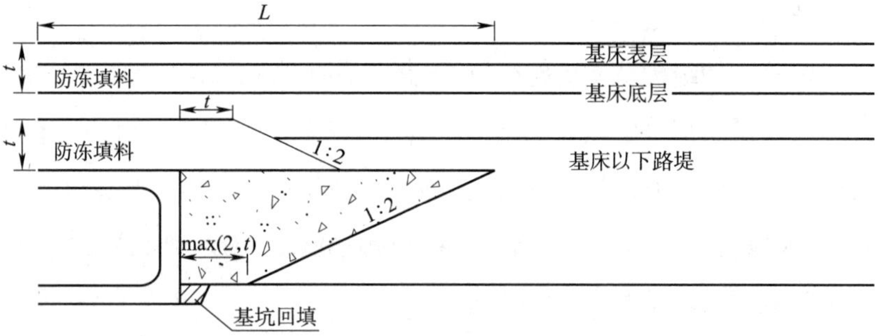

图 9.6.4-3　寒冷、严寒地区路基与横向结构物过渡段示意图（单位：m）

注：图中 t 为冻胀设防厚度。

3　路基与横向结构物过渡段填料、压实标准、基坑回填及施工应符合本规范第 9.6.3 条的规定。

4　过渡段地基加固应满足工后沉降控制要求，横向结构物地基加固措施应与相邻路基地段地基加固措施协调。

5　有砟轨道铁路横向结构物顶面填土高度大于 3 m 且大于路堤高度的 2/3 时可不设过渡段。

9.6.5　路堤与路堑连接处应设置过渡段。过渡段可采用下列设置方式：

1　当路堤与硬质岩石路堑连接时，在路堑一侧顺原地面纵向开挖台阶，每级台阶宽度不应小于 1.0 m，并在路堤一侧设置过渡段，如图 9.6.5-1 所示。过渡段填筑要求应符合本规范第 9.6.3 条的规定。

2　当路堤与软质岩石或土质路堑连接时，应顺原地面纵向开挖台阶，每级台阶宽度

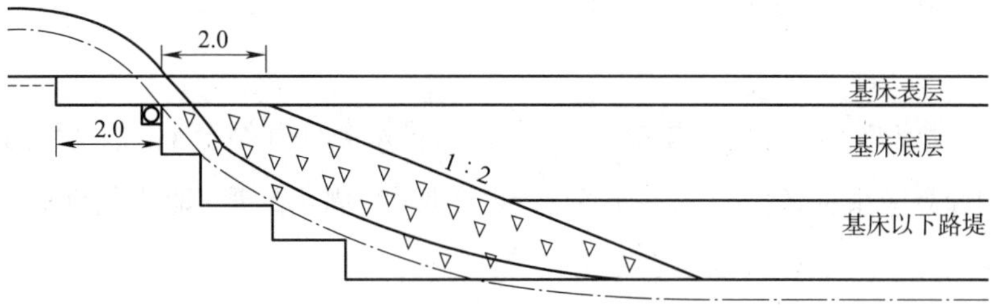

图 9.6.5-1 硬质岩石堤堑过渡段示意图

不小于 1.0 m,如图 9.6.5-2 所示。开挖部分填筑要求应与路堤相应位置相同。

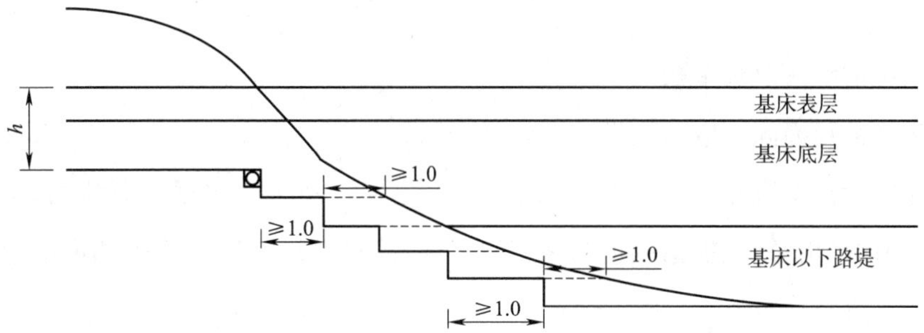

图 9.6.5-2 软质岩石或土质堤堑过渡段示意图

9.6.6 无砟轨道铁路土质、软质岩路堑与隧道连接处,应设置过渡段,宜采用沿线路纵向倒梯形过渡形式,如图 9.6.6 所示。过渡段路基填料、压实标准应符合本规范第 9.6.3 条的规定。

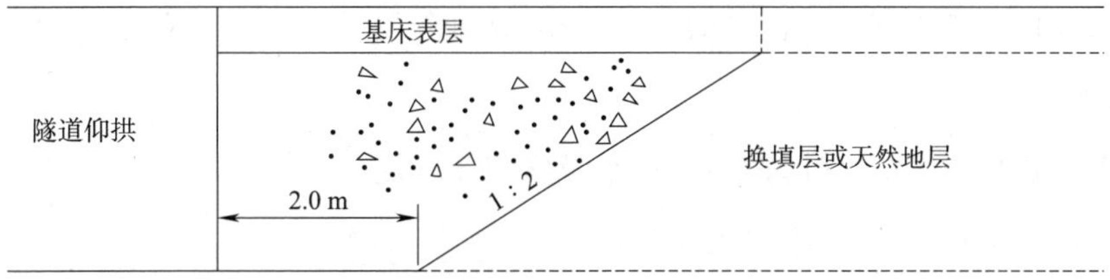

图 9.6.6 路堑与隧道过渡段示意图

9.6.7 无砟轨道与有砟轨道连接处路基应设置过渡段,满足轨道形式过渡要求。

9.7 路基防排水

9.7.1 路基排水设施设计降雨量的重现期宜采用 50 年。接入城市排水管网时,应与城市排水设施相配套。

9.7.2 路基面应结合轨道结构、电缆槽、接触网支柱、声屏障等具体工程作好防水和横向排水设计。

9.7.3 排水设施结构尺寸应根据排水水文计算、排水条件并结合地区工程经验确定。路基排水水文计算应根据各段落的汇水面积、表面形状、周边地形、地质条件、气候特点，结合当地的地区经验选取合理的参数和方法。

9.7.4 地面排水设施的设计应符合下列规定：

1 地质或土质条件差、有可能产生渗漏或变形时，应采取适宜的加固防护措施。

2 沟底纵坡不宜小于2‰。单面排水坡坡段长度大于400 m时应在适宜位置增设出水口。

3 沟渠的线形要求平顺。

4 沟槽的顶面高度应高出设计水位至少0.2 m。

9.7.5 路堑天沟不应向侧沟排水；当受地形限制，需要将天沟水通过急流槽（吊沟）或急流管引入侧沟排出时，应根据流量调整侧沟尺寸，并对进出口进行加固和消能等处理，设置拦水墙。

9.7.6 客运车场排水槽的设置应符合下列规定：

1 站台范围内纵向排水槽宜设于到发线与到发线、到发线与站台之间。困难条件下，也可设于到发线与正线之间。

2 横向排水槽不宜穿越正线。

3 一个坡面上的线路数量不宜超过2条；咽喉区困难条件下不宜超过3条。

4 车场排水设施不应与接触网柱、雨棚柱基础等交叉。困难条件下可绕行，但不得降低排水能力。

5 各种管线应系统设计，避免与排水设施相互干扰。

6 无砟道岔区，应采取措施避免积水。

9.7.7 站场排水设备的断面尺寸，应按1/50洪水频率的流量检算。当有充分依据时，可按当地采用的洪水频率进行检算。站场纵、横向排水槽的底部宽度不应小于0.4 m，深度不宜大于1.2 m；当深度大于1.2 m时，其底部宽度应适当加宽。

9.8 路基防护

9.8.1 路堤边坡应根据周围环境、填料性质、气候条件、边坡高度、浸水及冲刷等具体情况因地制宜设置坡面防护工程，宜采用植物防护或植物防护与工程防护相结合的措施。

9.8.2 一般地段路堤边坡应视填料性质、边坡高度等具体情况因地制宜采取植物防护或空心砖护坡、骨架护坡、锚杆框架梁护坡、孔窗式护坡、土工合成材料结合植物防护的绿色防护措施。

9.8.3 浸水地段，受洪水或河流冲刷及受水浸泡的路堤边坡，应根据流速、流向及冲刷深度，采取放缓边坡坡率、设置边坡平台及抗冲刷能力强的防护措施，加强边坡防护。

9.8.4 路堑边坡应视工程地质、水文地质、气象条件、边坡高度等具体情况采取植物防护或空心砖护坡、骨架护坡、孔窗式护坡、框架锚杆护坡结合植物防护的绿色防护措施。

9.9 路基支挡

9.9.1 根据地形、环境因素或节约用地的需要，可结合地质条件设置适宜的路基支挡工程。在陡坡路基、深路堑、临近城镇等地段，宜设置支挡结构，以保证路基边坡稳定，降低边坡高度，减少拆迁和占地。

9.9.2 路基支挡工程应根据地形地质条件、周围环境、征地拆迁、工程投资等因素经综合分析，合理确定设置位置和结构形式。

9.9.3 支挡结构物设计检算时，应考虑列车及轨道荷载。支挡结构顶部设置接触网立柱、声屏障及挡风结构时，支挡结构荷载应增加相应结构的重力荷载及风荷载；当有运架梁车通过时，路堤及路肩支挡结构应考虑运架梁车等特殊荷载的影响。

9.9.4 在城市及风景区周边支挡结构物宜根据现场条件，采用框架锚杆挡墙、悬臂式、扶壁式、桩板式及加筋土挡墙等支挡结构，墙面结构及外观宜与当地景观、人文环境相协调。

9.9.5 地震区宜采用加筋土挡土墙、桩板墙、预应力锚索等柔性、轻型支挡结构。

9.9.6 支挡结构物设计应符合《混凝土结构设计规范》GB 50010、《铁路路基支挡结构设计规范》TB 10025 的要求。

9.10 接口设计

9.10.1 路基工程应加强接口设计，合理设置电缆槽、电缆过轨、接触网支柱基础、声屏障基础及综合接地等相关工程，避免因相关工程破坏路基排水系统、影响路基强度及稳定。

9.10.2 路基上的各种预埋设备及基础应与路基填筑统筹规划、系统设计，分步实施，避免二次开挖破坏路基强度、稳定性及防排水性能。

9.10.3 电缆槽设置于路肩时，应与桥梁、隧道地段电缆槽平顺连接。

9.10.4 声屏障基础应设置于路肩外侧，并与路基面排水系统协调。

10 桥　　涵

10.1 一般规定

10.1.1 桥涵结构应简洁、美观、力求标准化、便于施工和养护维修。

10.1.2 桥涵主体结构的设计使用年限应为100年。

10.1.3 桥梁结构的刚度应满足列车安全运行和乘客乘坐舒适的要求。

10.1.4 桥涵结构的工程材料应根据结构类型、受力状态、使用要求和环境条件等选用。

10.1.5 桥梁结构型式应综合考虑桥梁的使用功能、环境条件、城市景观及减振降噪的要求，同时考虑轨道类型及施工方法等因素确定。

10.1.6 桥梁下部结构宜采用混凝土或钢筋混凝土结构。桥墩类型宜结合桥梁所处的地域、地形、水文、立交条件及景观要求等成段统一。

10.1.7 桥梁结构宜设计为正交。当斜交不可避免时，桥梁纵向轴线与横向支承线夹角不宜小于60°，桥台的台尾边线应与线路中线垂直。

10.1.8 涵洞可采用框架涵、圆涵、盖板箱涵或其他适宜的结构型式。

10.1.9 相邻桥涵之间距离应综合考虑列车运行的平顺性、路桥(涵)过渡段的施工工艺以及工程造价等因素确定。

10.1.10 桥涵应满足排洪、灌溉和铁路系统排水要求，不宜改变天然排水系统。

10.1.11 上跨市域铁路的新建公(道)路立交桥应合理选用技术标准和防护措施。下穿既有公(铁)桥梁时，宜在既有桥梁上设置防抛网等防护措施。

10.1.12 桥涵设计洪水频率、结构抗震和耐久性要求应符合有关标准的规定。

10.2 设计荷载

10.2.1 桥涵结构应按表6.1.5所列荷载的最不利组合进行设计。

1 当主力与附加力组合时，应仅考虑主力与一个方向(顺桥或横桥方向)的附加力组合。

2 当杆件主要承受某种附加力时，该附加力应按主力考虑。

3 无缝线路纵向作用力不参与常规组合，与其他荷载的组合规定见详见10.2.14条。

4 流水压力不宜与冰压力组合，两者也不与制动力或牵引力组合。

5 船只或排筏的撞击力、汽车撞击力，只计算其中的一种荷载与主力相组合，不与其他附加力组合。

6 列车脱轨荷载只与主力中恒载组合，不与主力中活载和其他附加力组合。

7 地震力与其他荷载的组合应符合《铁路工程抗震设计规范》(GB 50111)的规定。

10.2.2 材料基本容许应力和地基容许承载力应根据不同荷载组合乘以不同的提高系数。

10.2.3 结构构件及附属设备自重的计算应符合《铁路桥涵设计规范》TB 10002的规定。

10.2.4 土压力的计算应符合《铁路桥涵设计规范》TB 10002的规定。台后填土的内摩擦角应根据台后过渡段设计情况确定。

10.2.5 桥涵列车竖向静荷载应采用ZS荷载，并符合下列规定：

1 单线、双线的桥涵结构，各线均应计入100%ZS荷载作用。

2 多于两线的桥涵结构应按以下最不利情况考虑：

1）按两条线路在最不利位置承受ZS荷载，其余线路不承受列车ZS荷载。

2）所有线路在最不利位置承受75%的ZS荷载。

3 设计加载时，ZS荷载图式可任意截取。对多符号影响线，可在同符号影响线各区段进行加载，异符号影响线区段长度不大于15 m时可不加ZS荷载；异符号影响线区段长度大于15 m时，可按空车静荷载10 kN/m加载。

4 用空车检算桥涵各部分构件时，竖向静荷载应按10 kN/m计算。

5 疲劳加载时，两线及以下按照90%ZS荷载加载，两线以上按照双线加载。

10.2.6 列车竖向荷载动力作用可按竖向静荷载乘以动力系数$(1+\mu)$确定。其动力系数按6.2.5取用。实体墩台、基础、土压力计算可不考虑动力作用。支座动力系数可采用桥梁结构的动力系数。

10.2.7 列车在曲线上产生的离心力计算应符合下列规定：

1 离心力应按下列公式计算：

集中活载：

$$F_N=\frac{v^2}{127R}\cdot N \tag{10.2.7-1}$$

分布活载：
$$F_q=\frac{v^2}{127R}\cdot q \tag{10.2.7-2}$$

式中 N——ZS 荷载图式中的集中荷载，kN。

q——ZS 荷载图式中的分布荷载，kN/m。

v——设计速度，km/h。

R——曲线半径，m。

2 离心力作用位置可按水平向外作用于轨顶以上 1.8 m 处考虑。

10.2.8 横向摇摆力应按 60 kN 水平作用于钢轨顶面计算。多线桥梁只计算任一线上的横向摇摆力。

10.2.9 列车制动力或牵引力应按列车竖向静荷载的 15%计算，当与离心力同时计算时，可按列车竖向静荷载 10%计算。

1 区间双线桥应采用一条线的制动力或牵引力；三线或三线以上的桥应采用二条线的制动力或牵引力。

2 高架车站及与车站相邻两侧 100 m 范围内的区间双线桥应按双线制动力或牵引力计，每条线制动力或牵引力值为列车竖向静荷载的 10%。

3 制动力或牵引力作用于车辆重心处，但计算墩台时移至支座中心处，计算台顶活载的制动力或牵引力时移至轨底，计算刚架结构移至横梁中线处，均不计移动作用点所产生的力矩。

10.2.10 列车竖向荷载在桥台后破坏棱体上引起的侧向土压力可换算为当量均布土层厚度计算。列车荷载换算当量均布土层厚度 h_0 可按下式计算：

$$h_0=\frac{q}{\gamma} \tag{10.2.10}$$

式中 q——轨底平面上列车竖向静荷载压力强度，kPa。荷载横向分布宽度按 3.0 m 计。

γ——土的重度，kN/m³。

10.2.11 长度大于 15 m 的桥梁应考虑列车脱轨荷载。列车脱轨荷载不计动力系数。多线桥上，只考虑单线脱轨荷载，且其他线路上无列车活载。列车脱轨荷载计算应符合《铁路桥涵设计规范》TB 10002。

10.2.12 桥涵结构检算应考虑施工和养护维修荷载。

10.2.13 当桥面上布置有作业通道时，作业通道设计应符合下列规定：

1 人群荷载应采用 4 kN/m²。主梁设计时作业通道的人群荷载不应与列车荷载同时计算。

2　桥上走行检查小车时应考虑检查小车的竖向荷载，主梁设计时应与列车荷载同时计算。

3　检算栏杆立柱及扶手时，水平推力应按 0.75 kN/m 考虑。水平推力作用于立柱顶面处。立柱和扶手还应按 1.0 kN 的集中荷载检算。

10.2.14　铺设无缝线路的桥梁应考虑无缝线路纵向力（伸缩力、挠曲力、断轨力）作用。无缝线路纵向力计算应符合下列规定：

1　无缝线路纵向作用力的取值按《铁路无缝线路设计规范》（TB 10015）相关规定计算。

2　检算墩台时，纵向力作用点应为墩台支座铰中心，检算支座时应为支座顶中心；桥台顶断轨力作用点为台顶。

3　桥梁位于无缝线路区段时，墩台设计无缝线路纵向力组合应符合下列规定：

1）同一股钢轨的伸缩力、挠曲力、断轨力不得叠加。

2）伸缩力、挠曲力、断轨力不得与同线列车活载引起的作用力组合。

3）墩台设计时增加的长钢轨纵向作用力荷载组合应符合表 10.2.14 的规定。

表 10.2.14　长钢轨纵向作用力组合表

墩台类型	组合情况	桥上行车状况	纵向力组合	容许值提高系数参照
单线墩台	1	无车	恒载＋两股钢轨伸缩力或挠曲力（取较大值）	主力
	2	无车	恒载＋一股钢轨伸缩力或挠曲力（取较大值）＋另一股钢轨断轨力	主力＋特殊荷载
双线墩台	3	双线无车	恒载＋四股钢轨伸缩力或挠曲力（取较大值）	主力
	4	一线有车 另一线无车	恒载＋一线活载＋一线列车制动力或牵引力＋另一线两股钢轨伸缩力或挠曲力（取较大值）＋其他纵向附加力	主力＋纵向附加力
	5	双线无车	恒载＋一股钢轨断轨力＋三股钢轨伸缩力或挠曲力（取较大值）	主力＋特殊荷载
	6	一线无车 一线有车	恒载＋一线一股钢轨断轨力＋一股钢轨伸缩力＋另一线活载（制动力或牵引力）	主力＋特殊荷载
三线及以上墩台	7	n 线无车	恒载＋$2n$ 股钢轨伸缩力或挠曲力（取较大值）	主力
	8	两线有车 （$n-2$）线无车	恒载＋两线活载＋两线列车制动力或牵引力＋（$n-2$）×2 股钢轨伸缩力或挠曲力（取较大值）＋其他纵向附加力	主力＋纵向附加力
	9	两线有车 （$n-2$）线无车	恒载＋两线活载＋两线列车制动力或牵引力＋一股钢轨断轨力＋（$n-2$）×2－1 股钢轨伸缩力	主力＋特殊荷载

注：n 为桥上股道数。

10.2.15 流水压力、波浪力、静水压力及水浮力、冰压力、冻胀力、施工荷载等应按《铁路桥涵设计规范》TB 10002 的规定计算。

10.2.16 地震力应按《铁路工程抗震设计规范》GB 50111 的规定计算。

10.3 结构变形、变位的限值

10.3.1 跨度 128 m 及以下混凝土桥梁的梁部及墩台刚度限值应按本节规定设计。

10.3.2 梁体竖向变形、变位限值应符合下列规定：

1 在列车竖向静荷载作用下，梁体的竖向挠度不应大于表 10.3.2 规定的限值。

表 10.3.2 梁体的竖向挠度限值

设计速度 \ 跨度	$L \leqslant 40$ m	40 m$<L\leqslant 80$ m	$L>80$ m
140～160 km/h	L/2 300	L/2 000	L/1 600
100～120 km/h	L/2 000	L/1 600	L/1 600

注：1. 表中限值适用于 3 跨及以上的双线简支梁；对于 3 跨及以上一联的连续梁，梁体竖向挠度限值应按表中数值的 1.1 倍取用；对于 2 跨一联的连续梁、2 跨及以下的双线简支梁，梁体竖向挠度限值应按表中数值的 1.4 倍取用。

2. 对于单线简支或连续梁，梁体竖向挠度限值应按相应双线桥限值的 0.6 倍取用。

2 拱桥、刚架及连续梁桥的竖向挠度应考虑温度的影响。梁体竖向挠度按下列最不利情况取值，并应满足表 10.3.2 规定的限值。

1）列车竖向静荷载作用下产生的挠度值与 0.5 倍温度引起的挠度值之和。

2）0.63 倍列车竖向静荷载作用下产生的挠度值与全部温度引起的挠度值之和。

3 无砟桥面预应力混凝土梁，在轨道铺设完成后竖向残余徐变变形应符合下列规定：

1）当跨度小于等于 50 m 时，竖向变形不应大于 10 mm。

2）当跨度大于 50 m 时，竖向变形不应大于 L/5 000 且不应大于 20 mm。

10.3.3 梁体横向变形的限值应符合下列规定：

1 在列车横向摇摆力、离心力、风力和温度的作用下，梁体的水平挠度不应大于梁体计算跨度的 1/4 000。

2 无砟轨道桥梁相邻梁端两侧的钢轨支点处横向相对位移不应大于 1 mm。

10.3.4 列车竖向静荷载作用下梁体扭转引起的轨面不平顺限值，在 3 m 长的线路范围一线两根钢轨的竖向相对变形量限值应符合下列规定：

1 当设计速度为 140～160 km/h 时，竖向相对变形量不应大于 3.7 mm。

2 当设计速度为 100～120 km/h 时，竖向相对变形量不应大于 4.5 mm。

10.3.5 在列车竖向静荷载作用下，桥梁梁端竖向转角限值应符合表 10.3.5 的规定。梁端竖向转角如图 10.3.5 所示。无砟轨道桥梁，当梁端转角限值不满足表中限值要求时，应对梁端轨道结构和扣件系统受力进行检算。

表 10.3.5　梁端转角限值

桥上轨道类型	位置	限值(rad)	适用条件
有砟轨道	桥台与桥梁之间	$\theta \leqslant 3.0‰$	—
	相邻两孔梁之间	$\theta_1+\theta_2 \leqslant 6.0‰$	—
无砟轨道	桥台与桥梁之间	$\theta \leqslant 2.1‰$	梁端悬出长度≤0.30 m
		$\theta \leqslant 1.5‰$	0.30 m<梁端悬出长度≤0.55 m
		$\theta \leqslant 1.0‰$	0.55 m<梁端悬出长度≤0.75 m
	相邻两孔梁之间	$\theta_1+\theta_2 \leqslant 4.2‰$	梁端悬出长度≤0.30 m
		$\theta_1+\theta_2 \leqslant 3.0‰$	0.30 m<梁端悬出长度≤0.55 m
		$\theta_1+\theta_2 \leqslant 2.0‰$	0.55 m<梁端悬出长度≤0.75 m

注：相邻两孔梁的转角之和($\theta_1+\theta_2$)除应满足本条规定的限值外，每孔梁的转角尚应满足本条中“桥台与桥梁间转角限值”规定。

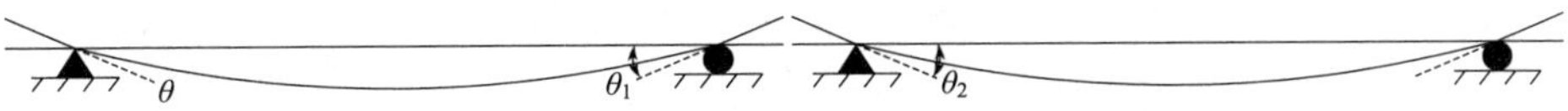

图 10.3.5　梁端转角示意图

10.3.6 墩台顶部纵向水平线刚度应满足桥上无缝线路的要求，无缝线路固定区的混凝土简支梁桥可采用表 10.3.6 规定的限值。

表 10.3.6　墩台顶纵向水平线刚度限值

桥墩/桥台	跨度(m)	最小水平线刚度(kN/cm)	
		双　线	单　线
桥墩	≤12	75	45
	16	120	75
	20	145	90
	24	210	130
	32	265	165
	40	415	255
	48	550	350
桥台		3 000	1 500

注：1. 高架车站到发线有效长度范围内，双线桥梁墩台最小水平线刚度限值可按表中单线桥梁墩台最小水平线刚度限值 2.0 倍取值。
2. 当实际跨度介于表列跨度之间时，刚度限值可内插计算。

10.3.7 墩台的横向水平线刚度应满足列车运行安全性和旅客乘车舒适度要求，并对最不利荷载作用下墩台顶横向弹性水平位移进行计算。在列车竖向静活载、横向摇摆力、离心力、风力和温度的作用下，墩顶横向水平位移引起的桥面处梁端水平折角（或水平位移）限值应符合下列规定：

1 当设计速度为 140～160 km/h 时，跨度小于 40 m 的梁端水平折角不应大于 1.5‰，跨度大于等于 40 m 的梁端水平折角不应大于 1.0‰。

2 当设计速度为 100～120 km/h 时，墩顶顺桥向及横向水平位移不应大于 $4\sqrt{L}$ mm。跨度小于 24 m 时按 24 m 计算，不等跨时按小跨梁跨度计算。

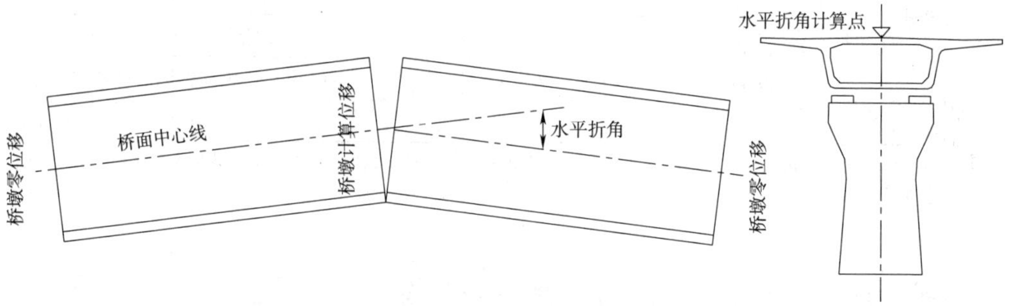

图 10.3.7　梁端水平折角示意图

10.3.8 墩台顶顺桥向弹性水平位移不应大于 $5\sqrt{L}$ mm。跨度小于 24 m 时按 24 m 计算，不等跨时按小跨梁跨度计算。

10.3.9 墩台基础的沉降应按恒载计算，静定结构墩台基础工后沉降量不宜大于表 10.3.9 规定的限值。特殊条件下，无砟轨道桥梁无法满足沉降限值要求时，可采取预留调整措施的方式满足轨道平顺要求。

表 10.3.9　静定结构墩台基础工后沉降限值

桥上轨道类型	沉降类型	限　值
有砟轨道	墩台均匀沉降	80 mm
	相邻墩台沉降差	40 mm
无砟轨道	墩台均匀沉降	20 mm
	相邻墩台沉降差	10 mm

注：超静定结构相邻墩台沉降量之差除应满足上述规定外，尚应考虑沉降差对结构产生的附加应力的影响。

10.3.10 涵洞工后沉降限值应与相邻路基工后沉降限值一致。

10.4 结构计算与构造

10.4.1 桥涵结构计算及构造要求除应满足本规范的规定外，尚应符合铁路桥涵相关设计规范的规定。

10.4.2 混凝土T梁的构造要求应符合下列规定：

1 端隔板底部应高于梁底不小于10 cm。

2 多片式T梁在分片架设后应将横隔板、桥面连成整体。

3 多片式T梁的湿接缝宽度不宜小于300 mm，湿接缝处钢筋应满足整体截面受力要求。

10.4.3 混凝土箱梁的构造要求应符合下列规定：

1 箱梁应根据需要设置进人孔，进人孔宜设置在梁端附近的底板上。

2 梁端伸过支点的纵向预应力筋数量应不少于1/2。

3 对箱梁梁端倒角部位、吊点部位、顶板与梗肋交界部位、梁端底板、进人孔等部位应进行预加应力、存梁、运架梁等施工阶段的局部应力分析，并在构造上应予以加强。

4 箱梁设计应考虑有砟轨道铺砟或无砟轨道铺设前等阶段及成桥后温度梯度的影响。

5 箱梁应考虑运架设备的影响。

10.4.4 预应力筋管道的净距及保护层厚度应符合下列规定：

1 预应力筋管道间的净距，当管道直径小于或等于55 mm时，不应小于40 mm；当管道直径大于55 mm时，不应小于0.8倍管道外径。

2 预应力筋管道与结构表面之间的保护层厚度，在结构的顶面和侧面不应小于1.0倍的管道外径，并不小于50 mm，在结构底面不应小于60 mm。

10.4.5 预应力混凝土梁的封锚及接缝处应在构造上采取防水措施。

10.4.6 支座设计应符合下列规定：

1 桥梁支座宜采用盆式橡胶支座或钢支座，橡胶支座应水平设置。

2 斜交梁支座的纵向位移方向应与梁轴线一致。

3 支座设置应满足检查、维修和更换的要求。

4 同一座桥梁中线路一侧的支座横向位移约束条件宜相同。

10.4.7 墩台顶帽设计应符合下列规定：

1 顶帽应采用钢筋混凝土结构，混凝土强度等级不应低于C30，厚度不应小于

0.40 m。

2 顶帽上应设置钢筋混凝土的支承垫石。支承垫石顶面应高出顶帽排水坡的上棱。

3 支承垫石到墩台边缘距离及垫石高度应考虑顶梁的空间。

4 顶帽除满足构造要求，还应满足局部承压及抗剪检算的要求。

5 墩台顶帽尺寸应满足架设、检查、养护、维修和支座更换及顶梁的要求，并应设3%排水坡。

10.4.8 墩台及基础设计应符合下列规定：

1 混凝土实体桥墩应设置护面钢筋。

2 承台桩基布置在满足刚性角的情况下，承台底部应布置一层钢筋网。

10.4.9 北方地区设于路边或路中的桥墩，宜按除冰盐溅射的腐蚀环境设计，遭雨水导致混凝土水饱和的部位应按冻融危害环境设计。

10.4.10 涵洞设计应符合下列规定：

1 涵洞控制路肩高程时涵洞顶可与路肩平，但不应高于路肩且斜交涵洞的斜交角度不宜大于45°。

2 涵洞沉降缝不应设在无砟轨道板下方。

3 软弱地基上的涵洞，地基处理方式应与两侧路基地基处理方式相协调。

10.5 桥面布置及附属设施

10.5.1 桥面的布置应符合下列规定：

1 桥面宽度应按照建筑限界、应急疏散、电缆槽、接触网立柱、声屏障结构及养护维修方式等要求确定。

2 桥上设置防护墙时，防护墙顶面不应低于相邻钢轨顶面。线路中心线至防护墙内侧净距应满足养护维修要求。

3 桥上栏杆在踏面以上的高度不宜小于1.1 m。

10.5.2 当桥下无检修通道或桥梁高度超过20 m时，宜设置便于检查和养护的设施。

10.5.3 桥梁应设置性能良好的防、排水设施并应符合下列规定：

1 桥梁顶面宜设置不小于2%的横向排水坡；当采用桥面集中排水时，尚应设置不小于3‰的纵向排水坡；桥梁集中排水管宜接入市政排水管沟，当不具备接入条件时，应设置散水等构造。

2 桥面应设置连续、整体密封、耐久的防水层，防水层上要覆盖致密、耐磨和耐冲击的保

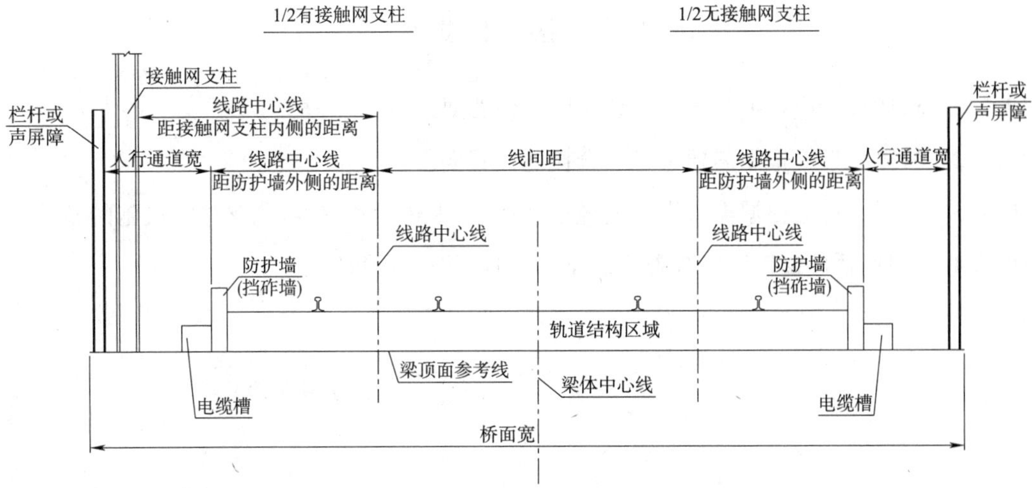

图 10.5.1　双线桥面布置示意图

护层。

3　桥梁端部应设伸缩缝,伸缩缝除保证梁部能自由伸缩外,还应能有效防止桥面水渗漏、污染梁体和支座,并且应便于更换。

10.5.4　地面桥梁位于机动车道边缘、有可能受机动车撞击的桥墩应设置防撞设施。净空低于 5 m 的桥梁应设置限高设施。

10.5.5　区间桥梁长度超过 3 km 时,应结合地面道路条件,每隔 3 km(单侧 6 km)左右,在线路两侧交错设置一处可上下桥的救援疏散通道,并符合下列规定:

1　救援疏散通道应满足抗震设防的要求。

2　桥上应设置疏散导向标志,救援疏散通道侧对应的桥上栏杆或声屏障位置应预留出口。

3　桥梁救援疏散通道应与地面道路顺接。

10.6　高架车站桥梁结构

10.6.1　高架车站桥梁结构除满足使用功能要求外,应与高架车站设计相协调。

10.6.2　道岔区桥梁结构应满足道岔对结构的相对变形、变位的要求。

10.6.3　当高架车站结构与桥梁结构分离形成独立的轨道梁桥时,桥梁结构设计应与区间桥梁相同。当高架车站结构与桥梁结构合建时,整体的高架结构应统筹考虑结构的受力及变形。

10.7 接口设计

10.7.1 桥梁设计应根据需要考虑防护屏障设置要求。

10.7.2 桥梁设计应根据需要考虑综合接地设置要求。

10.7.3 桥梁设计应根据需要设置电缆槽、电缆上下桥设备、接触网支柱等设施的条件。

10.7.4 桥隧、桥路接口段应统筹考虑排水、边坡防护等设计。

11 隧　　道

11.1 一 般 规 定

11.1.1 隧道设计应满足市域铁路功能性要求，与城市规划、环境保护相协调。隧道结构应满足安全可靠、先进成熟、经济适用等要求，并应与施工方法相适应。

11.1.2 隧道结构应满足耐久性要求，洞门及其挡(翼)墙、衬砌等结构使用年限应为100年；边仰坡防护结构、洞内外排水结构、电缆沟槽设计使用年限应为60年。

11.1.3 隧道分合修方案应考虑工程地质条件、隧道长度、施工方法、施工组织、通风与防灾疏散救援等因素，结合车站布置型式，进行技术经济比较。

11.1.4 隧道净空尺寸应考虑建筑限界、隧道内股道数和线间距、空气动力学效应、列车密封性、救援疏散、轨道结构型式及其维护方式、接触网悬挂方式、设备空间等因素。隧道轨面以上最小净空面积应符合表11.1.4的规定，曲线地段加宽按本规范第6.3.5条规定执行。

表 11.1.4 隧道轨面以上最小净空面积

车辆类型	隧道类型	设计行车速度(km/h)	面积(m^2)
窄体车	单线	120及以下	28
	单线	140	35
	双线	—	60
宽体车	单线	120及以下	35
	单线	140/160	39
	双线	—	64

注：列车动态密封指数大于5 s。

11.1.5 隧道防水应按《地下工程防水技术规范》GB 50108规定执行，除抗冻设防段衬砌及有防潮要求的设备洞室为一级防水标准外，其余隧道结构为二级防水标准。

11.1.6 隧道辅助坑道设计应根据隧道长度、施工工期、地形、地质、环境保护等，结合通风、排水、防灾救援及弃渣等需要进行技术经济比较确定。

11.1.7 隧道与地下车站相连时,防灾救援工程应结合车站合理统筹设置,使旅客能够快速安全疏散。

11.1.8 隧道设计应根据施工过程中的超前地质预报和现场揭示地质、监测信息开展信息化设计。

11.2 设计荷载

11.2.1 荷载应根据地形、地质、水文条件、埋置深度、施工方法、相邻隧道间距等因素确定。与工程实际情况不符时及时修正,必要时通过实地量测确定。

11.2.2 隧道设计荷载按本规范荷载分类表 6.1.5 选取。

11.2.3 在隧道结构上可能同时出现的永久荷载、可变荷载和偶然荷载,应分别按承载能力和满足正常使用要求进行组合,并按最不利组合进行荷载计算与结构设计。

11.2.4 矿山法或 TBM 隧道围岩(地层)压力可根据围岩分级,按《铁路隧道设计规范》TB 10003中相关公式计算。

11.2.5 盾构隧道除水土压力外,还应考虑井口地面堆载、管片拼装荷载、千斤顶推力、注浆压力、盾构机及其配套设备自重等施工附加荷载。

11.3 结构设计

11.3.1 隧道结构型式与衬砌支护参数应考虑荷载、环境、施工、运营及防灾要求、经济合理性等因素,通过数值计算、工程类比等方法确定。

11.3.2 矿山法隧道衬砌应符合下列规定:

1 应采用复合式衬砌。

2 复合式衬砌可根据地质条件采用曲墙加底板或曲墙带仰拱的形式。设置仰拱时,衬砌边墙与仰拱宜圆顺连接。

3 衬砌素混凝土强度等级不低于 C30,钢筋混凝土强度等级不低于 C35,仰拱填充处混凝土强度等级宜采用 C20。底板应采用钢筋混凝土且厚度不小于 30 cm。

11.3.3 明挖法隧道衬砌应符合下列规定:

1 主体结构可采用矩形或拱形结构。

2 主体结构宜采用钢筋混凝土,其强度等级不低于 C35。

11.3.4 明挖法隧道基坑工程设计应符合下列规定:

1 基坑工程应根据地质条件、基坑深度、沉降和变形控制要求对支护形式、地下水处理方法及保护措施等进行技术经济比选。

2 基坑工程应根据工程特点和环境条件确定基坑安全等级、地面最大允许沉降量、围护结构的水平位移允许值等控制要求。

3 基坑工程应保证周边建(构)筑物、地下管线、道路的安全和正常使用。

4 基坑工程应进行抗滑移和倾覆的整体稳定性、基坑底部地层抗隆起和抗渗流稳定性及抗坑底以下承压水的稳定性检算。各类稳定性安全系数的取值应根据环境保护要求按工程属地经验和实际情况确定。各类基坑支护工程应按表11.3.4的规定进行检算。

表 11.3.4 基坑工程稳定性检算内容

支护类型	整体失稳	抗滑移	抗倾覆	内部失稳	抗隆起	抗管涌或渗流	抗承压水突涌
放坡	△	—	—	—	—	—	○
土钉支护	△	△	△	△	—	—	○
重力式围护结构	△	△	△	—	△	—	○
桩、墙式围护结构	○	—	△	—	△	△	○

注：△为应检算，○为必要时检算。

11.3.5 盾构法隧道衬砌应符合下列规定：

1 可采用单层管片衬砌或管片内侧现浇钢筋混凝土内衬的双层衬砌。

2 采用单层管片衬砌时，其强度等级不低于C50。

11.3.6 TBM法隧道衬砌应符合下列规定：

1 可采用管片衬砌或现浇衬砌。

2 采用管片衬砌时，混凝土强度等级不低于C50；采用现浇衬砌时，素混凝土强度等级不低于C30；钢筋混凝土强度等级不低于C35。

11.3.7 盾构(TBM)隧道管片拼装、排版、管片接头、联络通道与正洞连接区段的构造要求等按《地铁设计规范》GB 50157相关规定执行。

11.3.8 沉管法隧道结构设计应符合下列规定：

1 可采用钢筋混凝土或钢壳混凝土结构。

2 采用预制钢筋混凝土管节(预应力构件)衬砌时，其强度等级不低于C40；其余型式的衬砌混凝土强度等级不低于C35。

3 设计应考虑沉管在预制、系泊、浮运、沉放、对接、基础处理等阶段可能出现的不利影响。

4 接头剪力键和止水构造设计应考虑基础刚度、混凝土收缩徐变、温度变化、地震等因素。

11.3.9 结构设计应按最不利情况进行抗浮稳定性检算，施工阶段的抗浮安全系数不应小于1.05，运营阶段不应小于1.10。当抗浮检算计入地层侧摩阻力时，抗浮安全系数不应小于1.15。

11.3.10 隧道结构抗震设计应符合下列规定：

1 隧道位于地震动峰值加速度0.1g及以上地区时，应综合考虑设防要求、场地条件、结构类型和埋深等因素选用合适的地震工况计算分析方法。

2 隧道抗震设防类别应按《铁路工程抗震设计规范》GB 50111中工程分类执行，除进行抗震设防等级条件下的结构抗震分析外，还应进行罕遇地震工况下的结构抗震验算。在结构抗震构造措施方面，应采取能提高结构和接头位置整体抗震能力的构造措施。

3 隧道应根据其工程类别、使用条件和重要性程度确定抗震设防措施等级。隧道工程的抗震设防措施等级按《铁路工程抗震设计规范》GB 50111的相关规定执行。

4 施工工况结构检算时不考虑地震作用。

11.4 隧 道 洞 口

11.4.1 隧道洞口应结合地形和地质条件，综合考虑自然环境、人文景观及地方特色进行洞门设计，遵循“早进晚出、保护环境”的原则。

11.4.2 隧道洞口位于危岩落石区宜接长明(棚)洞，同时采取清除、加固、支挡、拦截、遮蔽危石等措施。

11.4.3 隧道及辅助坑道洞口、风井井口等应满足防洪、防淹要求。

11.4.4 隧道洞口上方有公路跨越时，公路应在靠近铁路侧设置防撞、防抛、人行护栏，护栏等级按《公路交通安全设施设计规范》JTG D—81相关规定执行。

11.4.5 隧道洞口结构抗震设计应符合下列规定：

1 地震峰值加速度0.1g及以上地区的隧道洞口应控制边仰坡开挖高度并采取柔性防护措施。

2 地震峰值加速度0.1g及以上地区的隧道洞口段抗震设防长度可根据地形、地质条件及设防烈度确定，并不小于2.5倍的结构跨度。

3 隧道洞口结构抗震设计具体要求与构造措施按《地铁设计规范》GB 50157、《铁路工程抗震设计规范》GB 50111、《城市轨道交通结构抗震设计规范》GB 50909的有关规定执行。

11.5 防　排　水

11.5.1 隧道防排水应遵循“防堵截排、因地制宜、综合治理”的原则，采取与其相适宜的防排水措施。防排水设计应定级准确、方案可靠、施工简便、经济合理。

11.5.2 隧道应以结构自防水为主体，以接缝防水为重点进行防水设计。

11.5.3 隧道衬砌应采用防水混凝土，抗渗等级根据使用功能要求和埋置深度确定并不低于P8；地下水发育段、抗冻设防段隧道抗渗等级不低于P10。

11.5.4 隧道采用复合式衬砌时，应在初期支护（围护结构）和二次衬砌（主体结构）间设置防水层，防水层宜采用柔性防水材料。防水层的种类和敷设方式应根据工程环境条件、结构型式、防水等级、施工方法等确定。

11.5.5 地下水环境保护要求高的隧道可采用全断面封闭防水。

11.5.6 防水混凝土结构厚度应不小于300 mm；衬砌结构为素混凝土时，应满足防裂要求；当为钢筋混凝土时，计算裂缝宽度不大于0.2 mm，并不得贯通，迎水面主筋保护层厚度不小于50 mm。

11.5.7 隧道内宜设置双侧水沟，双线隧道可设中心水沟，并与侧沟相联通。地下水发育地区，隧道仰拱或底板下宜设置排水系统。

11.5.8 隧道内宜采用自然排水，不能自然排水的隧道应采用机械排水。

11.5.9 矿山法隧道衬砌背后应设置环向排水盲管（板）及纵向排水盲管。

11.5.10 隧道洞外路堑水不宜流入隧道。隧道洞内排水系统应与洞外排水系统顺接，宜设置具有检修、维护功能的汇水井（池）。

11.5.11 寒冷及严寒地区的隧道防排水应根据气候、地质及环境条件等进行防冻设计。

11.6 附属构筑物

11.6.1 隧道内可不设置避车洞、绝缘梯车洞，其他设备洞室应根据相关专业要求和维修需要设置；设备洞室宜合并设置。

11.6.2 洞室宜设于地质条件较好地段，避开衬砌断面变化处、变形缝处。

11.6.3 隧道内管线可采用挂墙或沟槽敷设方式。

11.6.4 隧道应按照相关专业要求预埋综合接地系统设施。电缆过轨通道宜采用预埋过轨管方式。

11.6.5 隧道内附属构筑物及安装件设计应考虑列车通过隧道时所产生附加荷载。

11.7 防灾疏散救援工程

11.7.1 市域铁路隧道防灾疏散救援工程设计应遵循“以人为本、安全疏散、自救为主、方便救援”的原则。当列车在隧道中发生灾情、险情时，应优先考虑洞外和邻近车站疏散救援。

11.7.2 隧道内应设置贯通疏散通道。设有侧向沟槽的隧道宜利用其盖板顶面作为疏散通道；未设有侧向沟槽的隧道宜单独设置低于车厢底板 150～200 mm 的贯通疏散平台作为疏散通道。疏散通道通行宽度一般情况下不小于 0.75 m，困难条件下不小于 0.55 m，高度不小于 2.2 m。

11.7.3 长度 5 km 及以上区间隧道的防灾疏散救援工程按《铁路隧道防灾疏散救援工程设计规范》TB 10020 相关规定执行。

11.7.4 两隧道间利用相互联络的横通道进行疏散救援时，横通道间距不宜大于 500 m。

11.7.5 作为疏散救援使用的盾构隧道轨下空间内应设置通风、应急照明、应急通信等设施。

11.7.6 隧道防灾通风应结合运营通风设计，按本规范第 23 章有关条文执行。

11.7.7 隧道内的疏散路径上应设置醒目的诱导标识、标牌，注明距隧道口、紧急出口的方向和距离以及应急设施的位置。

11.7.8 隧道内应设置预防和报警等监控系统。应急照明、应急通信、应急供电等机电设施应按照安全可靠、方便实用的原则配备且能满足火灾条件下人员疏散、救援期间的正常使用。

11.8 接 口 设 计

11.8.1 隧道应结合相关专业要求按综合利用原则统筹考虑各类设施设备。

11.8.2 隧道与路基、桥梁接口设计应符合下列规定：

1 隧道洞口边坡应与路基边坡协调设计；

2 隧道洞内排水沟与路基排水沟应顺畅衔接；

3 隧道内的电缆槽向路基、桥梁范围的电缆槽过渡时其转弯半径应满足电缆铺设要求；

4 桥隧相连段应统筹考虑隧道洞口与桥台结构型式，合理设计桥隧连接方式及施工工序。

5 桥梁与隧道相连时,隧道内的救援通道与桥梁人行道应平顺连接。

11.8.3 隧道与接触网、通信、信号等专业的接口设计应符合下列规定:

1 隧道衬砌应考虑接触网下锚、综合接地等设施设备的安装要求。设备安装不应对隧道结构安全和防水效果产生不良影响;

2 隧道内过轨管应采取有效防护措施,避免受力变形或损坏;

3 有岔隧道内轮廓应考虑信号专业相关设备安装空间。

11.8.4 隧道与轨道工程接口设计应符合下列规定:

1 隧道内采用无砟轨道时,无砟轨道底座应设置在牢固的基础之上。隧道底板、仰拱填充应与无砟轨道底座结合设置。

2 隧道内铺设有砟轨道时,轨枕端头与沟槽侧壁间的宽度不应小于 20 cm。

12 车站结构

12.1 一般规定

12.1.1 本章适用于市域铁路高架车站、地面车站及地下车站的结构设计。

12.1.2 车站结构设计应根据车站建筑的特点及其所在场地的具体情况，通过对技术经济、建设工期、环境影响和使用效果等多方面的综合评价，选择合理的结构形式和施工方法。

12.1.3 车站结构应根据结构形式、施工方法、使用条件及荷载特性等，采用与实际工况条件相符的设计方法，满足强度、刚度、稳定性和耐久性等要求。

12.1.4 车站结构应符合市域铁路建筑限界要求，满足使用功能及施工工艺要求，并考虑结构变形、施工误差及位移沉降等影响因素。

12.1.5 车站结构设计应根据国家、地方有关规定及标准，结合结构类型、所处地质条件和周边环境等，合理确定车站结构设计所采用的抗震设防标准。结构设计时采取相应的构造处理措施，以提高结构的整体抗震能力。

12.1.6 高架车站、地下车站主体结构抗震设防类别为重点设防类(乙类)。

12.1.7 车站结构的耐久性设计应符合下列规定：

1 地下车站及"桥-建"合一高架车站主体结构和使用期间不可更换的结构构件设计，应根据使用环境类别，按设计使用年限为100年的要求进行耐久性设计。

2 地面车站及"桥-建"分离高架车站和使用期间可以更换且不影响运营的次要结构构件，按设计使用年限50年的要求进行耐久性设计。

12.1.8 车站结构构件安全等级应根据车站客流及规模确定，结构安全等级不宜低于二级。

12.1.9 高架车站、地面车站及站房金属屋面结构风荷载宜取100年重现期的风压值。

12.1.10 体型复杂的高架车站及地面车站结构宜由风洞试验确定设计风荷载。

12.1.11 站房结构中处于恶劣环境下易受腐蚀或长期承受交变荷载作用的重要构件，以及地质条件复杂或者在高地震烈度区的地下车站结构宜开展结构健康监测。

12.1.12 车站结构中的梁、柱、板、墙等混凝土构件的构造应满足《混凝土结构设计规范》GB 50010 的有关规定。地下结构按规定的人防抗力等级设防时，还应满足国家现行相关标准的规定。

12.2 荷载和工程材料

12.2.1 作用在车站结构上的荷载，按本规范第 6 章表 6.1.5 进行分类。

1 采用极限状态法设计车站结构时，荷载应考虑施工过程和使用年限内发生的变化，根据《建筑结构荷载规范》GB 50009 及其他相关规范的规定取值。永久荷载、可变荷载、偶然荷载按照本规范第 6 章表 6.1.5 分为永久作用、可变作用及偶然作用。

2 “桥-建”合一高架车站设计轨道梁与其支承结构，其主力、附加力、偶然荷载应按本规范第 10 章第 10.2 节设计荷载取值。

12.2.2 车站结构应按永久荷载、可变荷载和偶然荷载对结构整体或局部作用可能出现的最不利组合进行设计；“桥-建”合一高架车站轨道梁及其支承结构应按主力、附加力和偶然荷载对结构整体或局部作用可能出现的最不利组合进行设计。

12.2.3 直接承受列车荷载的柱、梁等结构构件，应按本规范第 6 章 ZS 荷载图 6.2.4 要求计算其产生的竖向荷载作用，并计入车辆的动力作用，同时还应按线路通过的重型设备运输车辆的荷载进行验算。

12.2.4 车辆的动力作用应考虑驶过的列车对车站结构构件的气动力，其作用应按本规范第 6 章第 6.2.7 条的规定取值。

12.2.5 车站站台和站厅公共区楼板、楼梯、通道、出入口等部位的人群均布荷载的标准值应采用 4.0 kN/m^2。

12.2.6 设备区的计算荷载标准值应根据设备重量、安装运输要求、检修和正常使用的实际情况(包括动力效应)确定，其标准值地下车站不小于 8.0 kN/m^2。其他用房的计算荷载标准值应按《建筑结构荷载规范》GB 50009 的有关规定确定。

12.2.7 车站结构混凝土应符合下列规定：

1 车站主体结构混凝土强度等级不应低于 C35，预应力混凝土强度等级不宜低于 C40。

2 作为永久结构的地下连续墙和灌注桩混凝土强度等级不应低于 C35。

3 地下车站应采用自防水混凝土，抗渗等级应根据开挖深度确定，并不应小于 P8。

12.2.8 车站结构钢筋宜采用 HRB400、HRB500、HRBF400、HRBF500 和 HPB300 钢筋。预应力筋宜采用钢丝、钢绞线和精轧螺纹钢筋。

12.2.9 车站结构钢材宜采用 Q235(q)、Q345(q)和 Q370(q),并应符合相关要求。

12.3 高架和地面车站结构设计

12.3.1 "桥-建"分离高架车站轨道梁桥的结构设计应与区间桥梁相同;车站结构应按照现行建筑结构设计规范进行设计。

12.3.2 "桥-建"合一高架车站轨道梁及其支承结构构件的内力计算,应进行荷载最不利组合,采用与区间桥梁相同的方法进行结构设计,轨道梁及其支承结构的刚度限值应与区间桥梁相同;车站其余构件应按现行建筑结构设计规范进行结构设计。

12.3.3 高架车站和地面车站结构体系宜采用钢筋混凝土或预应力钢筋混凝土框架结构。不宜采用独柱结构。

12.3.4 横向三柱及以上的"桥-建"合一高架车站结构,应按《建筑抗震设计规范》GB 50011 的有关规定进行抗震设计及设防,抗震设防类别划为重点设防类。计算时应计入一条线路 100%竖向静活载和 50%站台人群荷载。

12.3.5 横向双柱的"桥-建"合一高架车站墩柱结构,应按《地铁设计规范》GB 50157、《铁路工程抗震设计规范》GB 50111 和《城市轨道交通结构抗震设计规范》GB 50909 进行抗震设计和设防,抗震设防类别应为重点设防类。

12.3.6 横向双柱的"桥-建"合一高架车站结构,宜采用不少于两个不同力学模型的软件进行计算。

12.3.7 "桥-建"合一高架车站结构中轨道梁及其支承结构的构造要求应与区间桥梁相同,其他构件的构造要求应按《混凝土结构设计规范》GB 50010 和有关建筑结构设计标准的规定执行。

12.4 地下车站结构设计

12.4.1 地下结构的设计应根据施工方法、结构或构件类型、使用条件或荷载特性等,选用符合其特点的结构设计规范和设计方法。

12.4.2 地下车站结构施工方法的选择应遵循以下原则:

1 位于土层中的车站宜优先选用明挖法施工;当受环境或其他因素制约,可以采用盖挖法施工;必要时也可采用暗挖法施工。

2　位于岩石地层中的车站，当围岩稳定性好和覆盖层厚度适宜时，可选择矿山法施工。

12.4.3　地下车站的结构形式应满足市域铁路使用功能的需求，并应与采用的施工方法相适应。

12.4.4　地下车站基坑的支护设计应根据工程特点和工程环境保护要求等确定支护结构的安全等级，且不宜低于二级。

12.4.5　明挖法施工的地下车站基坑的支护结构形式应根据基坑的安全等级，结合基坑深度、平面尺寸及形状、环境条件、土类及地下水条件等因素综合考虑，应能满足下列规定：

1　保证基坑的开挖安全，并应满足基坑周边建构筑物、地下管线等周边环境的变形控制要求。

2　保证衬砌结构的施工空间。

12.4.6　明挖法施工的地下车站结构设计应符合下列规定：

1　结构分析宜按底板支承在弹性地基上的结构模型计算；对长条形的结构，可沿结构物纵向取单位长度，按平面框架分析；结构形式复杂、空间受力作用明显的地下结构，宜按空间结构分析。

2　当结构的荷载形式、受力体系随施工顺序、开挖方式和工程措施发生变化时，计算时宜按结构的实际受载过程以及施工阶段和运营阶段受力和变形的连续性考虑。

3　桩墙支护结构宜作为内衬墙的一部分与内衬墙共同受力，墙体的结合方式应根据结构形式、受力特点、地层状况、使用及防水要求等因素综合比较，可选用复合式或叠合式构造。

12.4.7　矿山法施工的结构设计应符合本规范第11章的相关规定。

12.4.8　地下结构的变形缝可分为伸缩缝和沉降缝，变形缝的设置应符合下列规定：

1　伸缩缝的形式和间距可根据施工工艺、围岩条件、使用要求以及运营期间车站内部温度相对于结构施工时的变化等，按类似工程的经验确定。

2　车站结构中不宜设置沉降缝，当结构、荷载、地基和基础发生变化，可能引起较大的差异沉降时，宜通过地基处理、结构措施或设置后浇带等方法将结构的纵向沉降曲率和沉降差控制在允许变形范围内。

3　在车站结构与出入口通道、风道等附属结构的结合部宜设置变形缝。

4　应采取可靠措施，确保变形缝两边的结构不产生影响行车安全和正常使用的差异沉降。

12.4.9 钢筋的混凝土保护层厚度应符合现行标准《铁路混凝土结构耐久性设计规范》TB 10005 的规定。

12.4.10 钢筋混凝土结构的计算裂缝宽度允许值应根据结构类型、功能要求、所处环境和防水措施等因素确定。

12.4.11 地下结构应根据周围环境保护和施工安全的要求，按工程和水文地质条件、结构特征、支护类型和施工方法，进行监控量测，并应结合施工监测的反馈内容逐步实现信息化设计。

12.5 车站结构防水

12.5.1 地下车站结构防水应遵循“以防为主，刚柔结合，多道设防，因地制宜，综合治理”的原则，采取与结构形式、施工方法相适应的防水措施，同时应考虑对地下水资源的保护。

12.5.2 地下车站的防水等级应为一级，不得渗水、结构表面应无湿渍。

12.5.3 地下车站应根据气候条件、工程地质和水文地质情况、环保要求、结构特点、使用要求、施工方法等因素进行防水设计。

12.5.4 地下工程应以混凝土结构自防水为主，以混凝土结构施工缝、变形缝、诱导缝、后浇带、外部预埋管件防水为重点，并辅以加强防水层，满足结构使用要求。

12.5.5 地下结构防水混凝土应满足抗渗等级要求，并应根据所处的环境和工作条件，满足抗压、抗裂、抗侵蚀性等耐久性要求。

1 结构厚度不应小于 300 mm。

2 防水混凝土抗渗等级应根据结构埋置深度及防水等级确定，防水混凝土抗渗等级不应小于 P 8。

12.5.6 地下车站结构的防水层应根据环境条件、结构构造型式、施工工法、防水等级要求选用，地下车站当处于腐蚀性介质地层或地下水丰富的地层中，宜采用全包柔性附加防水层。

12.5.7 地下车站与区间隧道选用的不同防水材料应能相容，或可通过搭接材料过渡，形成连续整体密封体系。车站与地下区间隧道的结合部宜采用刚柔结合的密封区，并应根据结构构造形式选择与其匹配的防水措施。

12.6 接口设计

12.6.1 车站结构设计应以结构安全、可靠、经济、合理的原则，满足建筑限界、系统使用功能及施工工艺等要求，并做好与其他各专业之间的接口设计。

12.6.2 车站结构应满足自动扶梯、垂直电梯及站台门等安装要求。

12.6.3 车站结构宜预留与周边商业综合开发的接口条件。

12.6.4 车站结构应满足设备运输、安装及检修等需要。

12.6.5 车站结构应根据工艺要求预留供暖通风与空调设备的安装条件。

12.6.6 车站结构应满足接触网、电力、通信、信号、综合接地等安装要求。

12.6.7 车站结构应满足排水泵房的设置要求。

12.6.8 地下车站结构宜与无砟轨道结构结合设计。

12.6.9 地下车站结构应满足人防设备的安装要求。

13 电力牵引供电

13.1 一 般 规 定

13.1.1 牵引供电系统能力应与本线及相关市域铁路的需求相匹配，牵引供电系统设计应与电力部门商定外部电源供电方案。

13.1.2 牵引供电设施的布点方案，应考虑近、远期供电的合理性和供电需要，并可结合相关线路的电气化工程统筹设计、分期实施。

13.1.3 牵引供电系统应结合所在地区和线路设置特点，采取合理的设计方案、材料和设备选型，保证牵引供电系统具备一定的抗风、雨、雪、冰、雷等自然灾害的能力。

13.1.4 本规范未涉及的内容应符合《铁路电力牵引供电设计规范》TB 10009 的规定。

13.2 牵 引 供 电

13.2.1 牵引负荷应为一级负荷，牵引变电所应采用两回进线电源，并互为热备用。供电电源应采用 110 kV 及以上电压等级，电力系统供电质量应符合国家相关标准的规定。

13.2.2 接触网的标称电压应为 25 kV，长期最高电压应为 27.5 kV，短时(5 min)最高电压应为 29 kV，最低电压应为 20 kV。

13.2.3 牵引网供电方式宜采用带回流线的直接供电方式。

13.2.4 牵引变电所的分布应按本线设计速度、车辆类型、行车组织确定的列车编组以及最小行车间隔进行设计。

13.2.5 接触网应采用同相单边供电，供电臂末端应设分区所，实现上、下行接触网并联供电及相邻牵引变电所间的越区供电。

13.2.6 车辆基地应采用两回电源供电，其中至少应有一回为独立电源。不宜在车辆基地内设置电分相。

13.2.7 牵引变压器可采用单相结线、三相 V/v(x)结线或三相—二相平衡结线等结线型式。

13.2.8 牵引变压器应采用固定备用方式。正常运行时，牵引变压器一台运行，另一台备用。

13.2.9 牵引变压器安装容量应按近期运量确定，并应按远期运量预留条件，牵引变压器安装容量的选择应充分利用牵引变压器的过负荷能力。

13.2.10 牵引变电所的越区供电能力应结合运输需求确定，并至少应保证该区间有最小行车间隔所对应30%的列车按设计速度均衡运行。

13.2.11 牵引变电所一次侧平均功率因数应按不低于0.9设计。

13.3 牵引变电所

13.3.1 牵引变电所电源侧主接线应结合外部电源条件确定，宜采用线路变压器组接线或分支接线。当有穿越功率时，可采用桥型接线(固定备用时采用外桥接线)。

13.3.2 27.5 kV馈线断路器的备用方式应结合线路运营管理模式、断路器的类型、检修周期要求等因素确定。

13.3.3 分区所同一供电臂应满足上下行分别供电、并联供电的运行方式以及非正常供电运行的越区供电。上下行并联供电应采用断路器方式，越区供电宜采用电动隔离开关方式。

13.3.4 牵引变电所、开闭所、分区所的设计应执行国家环境保护和节约用地等有关规定，配电装置宜采用室内布置。高压设备间连接及27.5 kV馈出线可采用电缆方式。

13.3.5 牵引变电所、开闭所、分区所平面设计应充分考虑安装、检修、试验和运行维护等需要，保证正常运行、检修、短路和过电压情况下人身和周围设备安全，还应做到近远期结合。

13.3.6 所内道路布置除满足设备运行、检修、安装要求外，还应符合安全、消防等有关规定。所内道路路面应采用混凝土或沥青路面，所内主干道最小宽度不应小于4 m。

13.3.7 室内配电装置的空间布置和相关要求除应符合《铁路电力牵引供电设计规范》TB 10009的有关规定外，还应符合下列规定：

1 110 kV及以上全封闭组合电器室内布置的空间布局，应综合考虑设备型式、进出线方式、安装、检修、试验空间需求等因素。室内应设置通道，主通道宜靠近断路器侧，宽度宜为2 000 mm，巡视通道宽度不应小于1 000 mm。

2 室内油浸牵引变压器应装设在单独的防爆间内。

3 27.5 kV气体绝缘金属封闭式开关柜室下方宜设电缆夹层，净高不应小于1.9 m，夹层应设检修维护通道，并宜设固定式楼梯。

4 牵引变压器、110 kV 及以上全封闭组合电器室顶部应设置供安装检修使用的吊装设施，其承重应满足最大检修单元的起吊要求。

5 六氟化硫（以下简称 SF_6）电气设备室的所有孔洞应采取隔离密封措施，低位区应设置事故排风装置，并配置 SF_6 气体泄漏监测及报警装置。

13.3.8 牵引变电所、开闭所、分区所应采用具有远动终端功能的综合自动化系统。综合自动化系统应由当地监控及通信处理单元、保护测控单元组成，并应有与交直流系统监控等其他设备的接口功能，通过远动通道实现远程监控。

13.3.9 继电保护的配置应满足铁路行业特定要求，除应符合《继电保护和安全自动装置技术规程》GB/T 14285 的有关规定外，还应符合下列规定：

1 牵引变电所的电源进线设置失压保护。

2 牵引变压器设置纵联差动保护、高压侧和低压侧带低电压闭锁的过电流保护、过负荷或热过负荷保护等电量保护；油面降低、变压器温度升高和冷却系统故障、轻瓦斯和重瓦斯、压力释放等非电量保护。

3 牵引变电所馈线设置阻抗、过电流、电流增量等保护。

4 开闭所馈线设置失压、电流速断、过电流等保护。

5 分区所馈线设置失压、阻抗、过电流、电流增量等保护。

13.3.10 安全自动装置的设置应满足铁路行业特定要求，除应符合《继电保护和安全自动装置技术规程》GB/T 14285 的有关规定外，还应符合下列规定：

1 牵引变电所、开闭所的电源进线应设置备用电源自动投入装置。

2 互为备用的牵引变压器、所用电变压器应设置自动投入装置。

3 牵引变电所、分区所的馈线断路器应设置一次自动重合闸装置或具有一次自动重合闸的功能。

4 牵引变电所馈线应设置故障测距装置。

13.3.11 110 kV 及以上线路的保护配置宜结合电源供电方案，与电力部门协商确定。

13.3.12 牵引变电所、开闭所、分区所交直流系统的进线应能远程操作，重要馈线回路宜具有远程操作功能。

13.3.13 牵引变电所、开闭所、分区所宜采用避雷针作为室外电气设备防止直击雷的过电压保护装置。当牵引变电所、开闭所、分区所采用室内布置时，直击雷防护应纳入房屋建筑防雷统筹考虑。

13.3.14 牵引变电所的110 kV及以上进线侧、牵引变压器低压侧、27.5 kV馈线侧宜装设金属氧化物避雷器作为过电压保护装置。开闭所、分区所的27.5 kV进线、馈线侧宜装设金属氧化物避雷器作为过电压保护装置。

13.3.15 在一次电缆与架空线连接处，应设置金属氧化物避雷器作为雷电侵入波的过电压保护装置。

13.3.16 牵引变电所、开闭所、分区所的综合自动化系统和交直流辅助电源回路应采取内部防雷及过电压防护措施，与电传输通道的接口处、时钟同步天线、通信总线宜采取内部防雷及过电压防护措施。

13.3.17 接地装置除应符合《交流电气装置的接地设计规定》GB 50065的有关规定外，还应符合下列规定：

1 牵引变电所、开闭所、分区所应设置以水平接地体为主的网格式接地装置，且接地装置宜接入综合接地系统。

2 牵引变电所、开闭所、分区所设置在车站等大型建筑物内时，应利用建筑物结构钢筋等作为自然接地装置，并敷设以水平接地体为主的人工接地网。自然接地装置和人工接地网之间应采用不少于两根导体在不同点相连接方式。自然接地装置与人工接地网的接地电阻值应能分别测量。

3 牵引变电所、开闭所、分区所各设备和检修房间应设置接地母排，所内宜设置集中接地回流箱，屋内接地母排和箱内接地回流母排应分别与所内接地装置连接。

4 人工接地网的主接地体应采用铜材质。

13.3.18 变电所防火要求应符合《火力发电厂与变电站设计防火规范》GB 50229的有关规定。

13.3.19 27.5 kV专用电缆选型及敷设应符合下列规定：

1 27.5 kV专用电缆应采用单芯、铜导体电力电缆，外护层应采用非磁性金属铠装层。

2 地下线路敷设时，27.5 kV专用电缆应采用无卤、低烟阻燃电缆；地面或高架线路敷设时，可采用低卤、低烟阻燃电缆。

3 27.5 kV专用电缆与控制电缆同侧时应分别敷设在不同层电缆支架上，与电力电缆同侧敷设时应采取隔离措施。

4 27.5 kV专用电缆不同回路应敷设在不同支架上。

5 27.5 kV专用电缆电缆金属层宜结合工程实际适当划分为若干接地单元，每个接地单元应采用一端直接接地、另一端通过护层电压限制器接地的方式。

13.4 供电调度

13.4.1 供电调度应包括牵引供电调度和电力配电调度，其控制站应设在线网运营控制中心。供电调度系统应由远动系统（含供电调度管理系统）、安全监控系统、供电维修管理系统等子系统组成。当市域铁路设置综合监控系统时，根据需要远动系统可集成到综合监控系统或与综合监控系统互联。

13.4.2 供电调度系统作为运营调度系统的子系统，应综合考虑与运营调度等相关系统实现业务功能的衔接及信息共享。供电调度台（以下简称电调台）宜按线路划分情况、电调业务工作量、接触网停送电条件、“天窗”作业及事故抢修等因素进行设置。电调台位置宜与对应的行车调度台靠近。

13.4.3 远动系统的设计应符合下列规定：

1 牵引供电系统与电力配电系统宜合设远动系统。远动系统应满足对牵引供电系统、电力配电系统远程集中调度管理的需要。

2 远动系统由控制站、被控站、远动通道及复示终端组成，远动系统结构宜采用 1 对 N 的集中监控方式，其设置应符合下列规定：

1）控制站应设于线网运营控制中心。

2）被控站应设于牵引变电所、开闭所、分区所、接触网开关控制站、电力变（配）电所、箱变、电力开关站等地。

3）在综合维修基地宜设置复示终端。

3 远动系统设计应考虑安全性、可靠性、可用性、可维护性、可扩展性。

4 控制站系统应配置服务器、调度员工作站、系统维护工作站、打印机、网络设备，宜设置大屏幕显示设备。服务器、调度员工作站、网络设备等重要设备应冗余配置。

5 控制站应配置不间断电源设备，保证外部电源停电 30 min 系统不间断运行。

6 远动系统设备接地分为直流接地、交流工作接地、安全保护接地和防雷保护接地，其接地要求应符合下列规定：

1）远动系统设备及其电源设备应可靠接地。

2）直流接地电阻阻值应视设备要求确定。

3）交流工作接地和安全保护接地的电阻值不宜大于 1 Ω。

4）控制中心可共用一个接地网，引到接地网的接地线应按不同接地类型分别设置。

7 远动系统的功能配置应满足供电调度自动化的需要，应包括下列基本功能：

1）对断路器及开关等设备的遥控，分为单点控制和程序控制。

2）对设备运行状态的实时监视和事故报警。

3）对系统运行参数的遥测、统计及制表。

4）对接触网故障点参数的传送。

5）系统操作的权限管理。

6）与其他系统的接口和数据转发。

7）系统自检。

8）全系统自动校时。

8 远动系统通道宜采用专用数据通信网，控制站与被控站之间通道应冗余配置。

13.4.4 安全监控系统的设计应符合下列规定：

1 安全监控系统应对牵引变电所、开闭所、分区所、电力变(配)电所等进行安全监控。如线路设置综合视频系统，安全监控系统的视频部分可纳入综合视频系统。

2 安全监控系统由控制站、被控站、安全监控通道及复示终端组成。

3 控制站系统应配置网络设备、服务器、监控工作站，并宜与远动系统共用不间断电源设备。

4 安全监控系统应包括下列基本功能：

1）室内外视频图像监控功能。

2）非法闯入围禁报警功能。

3）门禁管理功能。

4）火灾报警功能。

5）环境参数监测功能。

6）与其他设备报警联动功能。

5 安全监控系统的传输通道宜采用专用数据通信网，通道传输速率不应低于2.048 Mbit/s。

6 在综合维修基地宜设置安全监控系统复示终端。

13.4.5 供电维修管理系统由设置在综合维修基地中的维修管理主站、设置在供电车间、供电工区、牵引变电所等地的终端设备及通信通道组成。按照分层设计和分级管理的方式构成计算机维护管理系统。

13.5 接 触 网

13.5.1 接触网设计的基础数据应符合下列规定：

1 接触网设计的气象条件，应根据最近记录年限不少于25年的沿线气象资料计算，并结合既有电气化铁路或高压架空送电线路的运营经验确定。

2 接触网的风偏设计风速，应采用空旷地区、离地面10 m高处的10 min自动记录30年发生一次的平均最大值，且不宜大于列车运行最大环境风速；接触网的结构设计风速，应采用空旷地区、离地面10 m高处的10 min自动记录50年发生一次的平均最大值，沿海地区还应按有记录以来的最大台风风速对接触网结构进行校核。气象台（站）的记录值不符合上述要求时，应按规定进行换算，同时设计风速还应根据地区、地形和高度进行修正。

3 隧道内接触网设计气温应依据隧道长度及该锚段在隧道内的长度确定。当2/3锚段长度及以上位于长度大于2 000 m的隧道内时，设计气温可按比隧道外设计气温最低值高5 ℃、最高值低10 ℃取值，其余情况可与隧道外接触网设计气温取为一致。

4 污秽等级的选用及划分应考虑地理环境和工程条件特点确定。

13.5.2 接触网系统设计应符合下列规定：

1 接触悬挂允许的行车速度不应小于线路的最高行车速度。接触网-受电弓间相互作用的动态性能指标应符合表13.5.2-1的规定。

2 隧道外接触网宜采用全补偿简单链形悬挂。隧道内接触悬挂类型应根据隧道净空高度、隧道内气象条件和各项空气绝缘间隙确定，并宜与隧道外悬挂类型一致，当经技术经济比较合理时，可采用刚性悬挂。

表13.5.2-1 接触网-受电弓间相互作用的动态性能指标

设计速度 v(km/h)	100	120	140	160
平均接触力 F_m(N)	$60<F_m\leqslant 0.000\,47\cdot v^2+90$			
最大接触力 F_{max}(N)	300			
最小接触力 F_{min}(N)	>0			
接触力最大标准偏差 σ_{max}(N)	$0.3F_m$			
最高运行速度下的燃弧率 N_Q(%)（燃弧的最小持续时间5 ms）	0.1			
定位点处接触线自由和不受限制的抬升空间	$1.5\cdot S_0$（采用限位定位器时） $2.0\cdot S_0$（采用不限位定位器时）			

注：S_0指在列车正常运行条件和设计最高行驶速度下，接触线在定位点处抬升量的理论计算值或实际测量值。

3 接触线应采用铜合金接触线。设计速度超过 120 km/h 简单链形悬挂的接触线宜设置预留弛度。

4 承力索应采用铜合金绞线。承力索的张力应根据接触网的跨距、结构高度、吊弦形式等因素综合确定。

5 接触线工作支悬挂点距轨面的高度应根据车辆高度、空气绝缘距离、冰雪附加荷载、工务维修、施工误差以及受电弓的工作范围等因素综合确定，接触线距轨面的最低高度不宜小于 5 150 mm。

6 柔性悬挂接触线工作支悬挂点的高度发生变化时，其最大坡度及坡度变化应符合表 13.5.2-2 的规定。刚性悬挂接触线工作支悬挂高度变化时，其坡度不宜大于 1‰。

表 13.5.2-2 接触线的最大坡度及坡度变化

设计速度(km/h)	接触线最大坡度(‰)	接触线最大坡度变化(‰)
100	6	3
120	4	2
140	3.3	1.7
160	3.3	1.7

7 接触网最短吊弦长度应符合表 13.5.2-3 的规定。

表 13.5.2-3 接触网最短吊弦长度

设计速度(km/h)	最短吊弦长度(mm)
100	300
120	300
140	400
160	400

注：隧道内及跨线建筑物下最短吊弦长度可根据净空情况酌情减小。

8 受电弓的动态包络线应符合表 13.5.2-4 的规定。

表 13.5.2-4 受电弓动态包络线摆动量及抬升量

受电弓动态包络线	设计速度(km/h)	
	$v<120$	$120\leqslant v\leqslant 160$
上下抬升量(mm)	100	120
水平摆动量(mm)	200	250

13.5.3 接触网的防雷设计应符合下列规定：

1　下列重点位置应设避雷器：

1）分相和站场端部绝缘锚段关节。

2）隧道洞口。

3）供电线上网点。

4）架空供电线转电缆安装处。

5）需要重点防护的设备。

2　年均雷暴日不小于40天地区的接触网宜设避雷线或将回流线/架空地线适当抬高兼起防雷功能。

13.5.4　接触网的平面布置应符合下列规定：

1　柔性悬挂

1）相邻跨距之比不宜大于1.5∶1，桥梁、隧道口、站场咽喉区等困难地段不宜大于2.0∶1。

2）接触网锚段长度应根据所补偿导线的张力差、导线高度等因素综合确定，接触线、承力索的张力差不宜大于其额定工作张力的±10%。

3）锚段关节宜采用四跨或五跨形式。

4）道岔处接触线宜采用交叉布置方式。

5）直线区段支柱侧面限界正线不应小于2 500 mm，侧线可不小于2 150 mm，曲线区段应按《标准轨距铁路建筑限界》的规定加宽。采用大型机械化养护的有砟轨道路基地段，接触网支柱侧面限界不应小于3 100 mm。

2　刚性悬挂

1）平面布置应综合考虑受电弓均匀磨耗原则，汇流排布置宜采用正弦波或V形布置方式。同一锚段范围内拉出值变化范围宜为0～±300 mm，汇流排坡度变化不得大于0.5‰。

2）连续中间跨相邻跨距之比不宜大于1∶1.25。

3）设计速度120 km/h及以下时，锚段衔接处宜采用锚段关节型式；设计速度120 km/h以上时，可采用与行车速度相适应的膨胀接头型式。

4）最大锚段长度应根据环境温度范围、汇流排的允许温升、拉出值最大允许变化量、汇流排终端结构型式或膨胀接头补偿量等因素综合确定。

5）刚柔过渡段不宜设置在曲线区段和变坡点。刚柔过渡段宜采用切槽式刚柔过渡元件。

13.5.5 接触网主要设备零部件的选型应符合下列规定：

1 接触网关键受力件及其构架的连接应满足弓网振动特性要求，接触网零部件应耐腐蚀、耐疲劳、强度高，紧固件应采用有效的防松措施。

2 腕臂用绝缘子宜采用瓷棒形绝缘子，污秽特别严重地区可采用复合绝缘子。下锚绝缘子、分段绝缘子宜采用复合绝缘子。

3 吊弦宜采用铜合金整体吊弦。

4 腕臂宜采用镀锌钢材质，正线定位器宜采用铝合金定位器。

5 分段绝缘器应具有消弧功能，且应适应所在线路双向行车的最高设计速度要求。

6 自动张力补偿装置宜采用具有断线制动功能的棘轮方式，补偿装置的补偿效率应不小于97%。受条件限制时可采用其他补偿方式下锚方式。

13.5.6 接触网电分相与电分段的设置应符合下列规定：

1 电分相位置应满足车辆运行、供电线径路合理及信号机布点等要求，并应进行行车检算。

2 接触网电分相宜采用带中性段的绝缘锚段关节形式，设计速度为120 km/h及以下区段，可采用器件式电分相。

3 接触网供电分段应能满足上下行分别停电、检修安全，实现V型天窗、反向行车的要求，按V型天窗的停电范围设绝缘锚段关节，装设电动隔离开关。

4 车辆基地应单独供电分段。车辆基地的停车线、检修作业线等应单独设电分段，并装设带接地刀闸的隔离开关。

13.5.7 接触网支柱及支持结构的选用应符合下列规定：

1 接触网支柱宜采用单腕臂柱形式；站台区宜结合站房型式选用线间立柱、与雨棚柱合柱、高架站房吊柱等方案；车辆基地以及车站咽喉区线间立柱困难时可采用硬横跨型式。

2 腕臂柱宜采用等径钢管柱或H型钢柱，硬横跨宜采用钢管硬横梁结构。

3 接触网支柱基础及拉线基础路基地段宜采用现浇钢筋混凝土基础，桥梁地段应采用法兰连接型基础。

4 腕臂装置宜采用绝缘旋转平腕臂结构。

5 刚性悬挂宜采用水平旋转腕臂结构型式。

13.5.8 接触网安全防护设计应采取下列措施：

1 跨线桥下、隧道（明洞）进出口、地面及高架车站雨棚进出口的承力索等高压线索应加装保护条。

2 接触网应根据需要设置断电标、合电标以及接触网终点标、安全作业标、安全警示标等。

3 在易受异物侵入的场所，应对接触网采取有效的防护措施。对易受其他机动车辆损伤的支柱及拉线，应采取可靠的防撞措施。

4 地面线路平交道口的通道两侧应设限界门。

5 为减少鸟巢搭建对接触网设施的影响，应采取结构优化设计、封堵、驱赶等技术措施，消除鸟巢搭建条件。对筑巢鸟类活动高发区段接触网设备应设计安装驱鸟、防鸟装置。

6 工程设计阶段，应对项目沿线的污染源进行调查和分析，并根据污染源的性质和危害，对结构和设备采取针对性措施，确保结构和设备安全可靠。

13.6 电磁干扰防护

13.6.1 牵引供电系统对有线通信设施的危险影响、杂音干扰影响计算方法及容许值，应符合《电信线路遭受强电线路危险影响的容许值》GB 6830 等技术标准的有关规定。杂音干扰影响的计算还应考虑列车产生的谐波特性。

13.6.2 市域铁路与机场、雷达站、地震台等无线电台站之间的净空、距离、信噪比或干扰电压等应符合《对空情报雷达站电磁环境防护要求》GB 13618、《地震台站观测环境技术要求》GB/T 19531.1～19531.4 及《轨道交通 电磁兼容 第 2 部分：整个轨道系统对外界的发射》GB/T 24338.2 等技术标准的有关规定。在计算分析时，还需整合考虑列车不同运行速度时的电磁辐射强度。

13.6.3 牵引供电系统对油气管道的电磁影响、交叉要求，与油库、液化气库等易燃易爆品库之间的安全距离，应符合《交流电气化铁道对油(气)管道(含油库)的影响容许值及防护措施》TB/T 2832 等技术标准的有关规定。

13.6.4 在分析、计算电磁感应影响时，应考虑高架桥梁、城市环境、隧道等屏蔽效果。

13.6.5 设置电磁干扰防护措施时，不得影响行车安全，不得改变、降低系统或设施的原功能及性能。

13.6.6 工程设计中，对于无法避绕被干扰的设施，应采取相应技术措施进行电磁干扰防护。经技术经济比选后，也可对其进行整体或部分搬迁。

13.7 接口设计

13.7.1 牵引供电专业应配合建设单位向电力部门提供牵引负荷情况、牵引变压器近远期安装容量、年用电量等资料，以便电力部门完成牵引变电所接入系统方案设计。电力部门应提供铁路部门归算至牵引变电所一次侧的系统短路容量等接口资料，以便完成保护整定计算。

13.7.2 牵引变电专业应与线路、站场、隧道、桥梁、路基、建筑、结构、通信、暖通、给排水、消防等专业协调确定下列接口内容：

1 各所场坪、通所道路、设备房屋、设备支架基础、电缆夹层、电缆沟槽、预埋管及预留孔洞等。

2 各所远动通信通道、综合视频监控系统的设置。

3 各所场地排水、消防和事故排风设施。

13.7.3 接触网专业应与土建专业协调完成有关预留接触网安装空间和预埋件的接口设计，主要包括：

1 路基地段接触网支柱基础及下锚拉线基础的预留。

2 桥梁梁上、墩上支柱基础及下锚拉线基础的预留。

3 隧道内锚段关节及下锚洞、设备安装洞、悬挂及下锚底座等的预留。

4 桥墩、隧道内接地极及接地端子的预留。

5 车站合架接触网的雨棚柱、高架站房底部等悬挂及下锚底座的预留。

6 各类跨线建筑物底部悬挂及下锚底座的预留。

7 接触网各类沟槽管洞的预留。

14 电　　力

14.1 一 般 规 定

14.1.1 市域铁路电力工程设计应保证供电安全、可靠、技术先进、节能、环保和经济合理。

14.1.2 电力供配电系统应能满足不同负荷的供电要求，并应具备一定的抗风、雨、雪、冰等自然灾害的能力。

14.1.3 电力供配电系统应遵循国家和行业标准，采用符合国家有关标准的高效节能、环保、安全、性能先进的电气设备。

14.1.4 市域铁路电力工程设计应根据工程特点、规模和发展规划，做到远、近期结合，并适当考虑沿线物业开发的用电需求，做到电力资源共享。

14.2 供配电系统

14.2.1 市域铁路用电负荷应根据供电可靠性要求及中断供电所造成影响或损失的程度分为一、二、三级，并符合下列规定：

1 一级负荷应包括：与行车相关的通信、信号系统；火灾自动报警系统、机电设备监控系统、供电调度系统、变电所操作电源；自动售检票系统、广播系统、综合监控系统、门禁系统；人防门、防淹门、站台门；地下站公共区照明、地下区间照明；地下车站或区间主要排水泵、事故疏散用自动扶梯及其他灾害时仍需使用的用电设备等。

2 二级负荷应包括：高架及地面站公共区照明；普通风机及相关阀门、污水泵、电梯、非消防疏散用自动扶梯；为通信、信号主要设备配置的专用空调；接触网远动开关操作电源；车辆检修设备、综合检测与维修、工务机械、视频监控设备、给排水设施等。

3 三级负荷应包括：车站广告照明、空调制冷及水系统、清洁设备、电热设备及附属房间的电源插座等。

4 立交桥(涵)雨水泵站的用电负荷应根据工程规模、重要性因素合理确定负荷等级。

5 消防用电设备负荷等级应按《建筑设计防火规范》GB 50016 及其他相关标准确定。

14.2.2 电力供电方案应根据负荷等级、用电容量、牵引变电所设置情况和地区供电条件等确定，并应符合下列规定：

1 宜采用集中供电方案，中压配电网络宜采用双环网或电力贯通线路供电方式；电压等级可分为 10 kV、20 kV、35 kV，应根据技术经济比较后确定；相邻变配电所宜具备越区供电能力。

2 市域铁路的控制中心、车辆段、停车场等宜由变配电所或中压配电网络集中供电；当其用电负荷较大或较远时，可另外接引地方电源供电。

3 经技术经济比较合理时，电力变配电所宜与牵引变电所共用外部电源。

14.2.3 电力变配电所宜由双重电源供电，其中至少一路电源为专线。

14.2.4 中压配电网络应按满足市域铁路远期用电负荷要求设计，对互为备用的线路，一路退出运行另一路应承担其一、二级负荷的供电，并符合下列规定：

1 正常运行时，35 kV 线路供电电压正负偏差绝对值之和不超过额定值的 10%；20 kV、10 kV 线路供电电压偏差不超过额定值的±7%。

2 非正常情况下，电压偏差允许值可为±10%。

14.2.5 无功补偿应符合下列规定：

1 变配电所无功补偿应以末端降压变压器低压侧集中补偿为主、高压补偿为辅的方式，补偿后变压器高压侧平均功率因数不宜低于 0.90。

2 长距离电缆线路无功补偿宜采用分散设置固定电抗器补偿和在变配电所集中自动补偿相结合的补偿方式。

14.2.6 中压配电网络中性点接地方式应符合下列规定：

1 当单相接地故障电容电流不大于 10 A 时，应采用不接地方式。

2 当单相接地故障电容电流不大于 150 A 时，可采用低电阻接地方式或消弧线圈接地方式；当电容电流大于 150 A 时，宜采用低电阻接地方式。

3 全电缆线路宜采用低电阻接地方式。

4 低电阻接地方式的接地电阻宜按单相接地电流不大于 400 A、接地故障瞬时跳闸的方式选择。

14.3 变、配电所

14.3.1 电力变配电所与牵引变电所共用电源时，电力变压器应独立设置。

14.3.2 具有双重电源供电的电力变配电所宜采用分段单母线接线。

14.3.3 出线回路较少、受场地限制，建设室内变电所困难的场所宜采用箱式变电所；当箱式变电所有两台变压器时，一台变压器供电单元故障不能影响另一台变压器供电。

14.4 电 力 线 路

14.4.1 中压配电网络线路和站场电力线路宜采用电缆线路。

14.4.2 变配电所电源电缆线路长度大于 3 km 时宜增加中间电缆接头箱，宜在其所内电源进线及上级变电站出线位置装设隔离开关装置。

14.4.3 交流系统单芯电缆应采用非磁性金属铠装层。交流单芯电缆以单根穿管时，不应采用未分隔磁路的钢管。

14.4.4 电力电缆与控制电缆沿车站、地下区间敷设时应采用低烟、无卤、阻燃电缆；沿地上区间明敷时宜采用防辐照电缆或采取防辐照措施；在−15 ℃以下的寒冷地区敷设时宜采用耐寒防冻电缆。

14.4.5 交流单芯电力电缆应根据计算采用“品”字形或三相全换位的敷设方式。

14.4.6 中压配电网络的电力电缆金属层宜采用在线路一端或中央部位单点直接接地，另一端采用经护层保护器接地方式，且电缆线路的金属层上任一点的正常感应电压最大值应符合下列规定：

1 未采取能有效防止人员任意接触金属护层的安全措施时，不应大于 60 V。

2 除上述情况外，不应大于 300 V。

3 其他电缆线路金属层的接地方式应符合《电力工程电缆设计规范》GB 50217 的有关规定。

14.4.7 电力电缆金属屏蔽层的有效截面，应满足在可能的短路电流作用下，温升值不超过绝缘与外护层允许的最高温度平均值。

14.4.8 地面路基段的电力电缆与控制电缆宜敷设在预制的电缆沟槽内。高架桥上或隧道内的电力电缆与控制电缆应敷设在电缆支架上或电缆沟槽内。电力电缆在地面线路或高架桥上采用支架明敷时，宜有罩、盖等遮阳措施。

14.5 电 力 远 动

14.5.1 电力远动系统应纳入铁路供电调度系统，应具备对供配电系统运行设备进行遥控、遥测、遥信及调度管理的功能。

14.5.2 电力远动监控范围应包括变配电所的高压电气设备、交直流操作电源，低压变电所的高、低压电气设备及中压配电环网分段开关等。

14.6 火灾自动报警系统

14.6.1 市域铁路应根据《火灾自动报警系统设计规范》GB 50116 及有关防火规范的规定设置火灾自动报警系统(以下简称 FAS)。

14.6.2 FAS 应具备火灾的自动报警、手动报警、通信和网络信息报警功能，并应实现火灾救灾设备的控制及与相关系统的联动控制。

14.6.3 FAS 宜由中心级监控管理系统、车站级监控管理系统、现场级设备及通信网络等组成；当全线设置综合监控系统时，中心级、车站级监控工作站等设备宜由综合监控系统集成。

14.6.4 FAS 通信主干网络宜利用市域铁路公共通信网络，FAS 现场级网络应独立配置。

14.6.5 中心监控管理级系统应由服务器、操作工作站、打印机、网络交换机等设备组成，并应具备显示全线火灾报警信息、对全线的消防设备实行消防控制、信息显示、存储、查询打印等功能；中心监控管理级工作站宜靠近行车调度，设置在控制中心的中央控制室内。

14.6.6 车站监控管理级系统应由火灾报警控制器、消防联动控制器、手动控制盘、图形显示终端、打印机等设备组成，并应具备对其所管辖范围独立执行消防监控管理、显示整个车站及相邻地下区间火灾报警信息、对本站及相邻地下区间实行消防控制、本站设备故障报警、信息显示、查询打印及信息上传控制中心等功能。

14.6.7 现场级设备应由输入输出模块、火灾探测器、手动报警按钮、消防电话及现场网络等组成，并应具备下列功能：

1 监视车站管辖范围内灾情，采集火灾信息。

2 消防泵的低频巡检信号、运行状态、设备故障、压力开关信号。

3 监视消防电源的运行状态。

4 监视车站所有消防救灾设备的工作状态。

14.6.8 市域铁路的下列建筑或场所的非消防用电负荷宜设置电气火灾监控系统：

1 车辆段、停车场内建筑高度大于 50 m 的乙、丙类厂房和丙类仓库，室外消防用水量大于 30 L/s 的厂房(仓库)。

2 控制中心大楼等一类高层民用建筑。

3 室外消防用水量大于 25 L/s 的站房等公共建筑。

14.6.9 FAS 中心级工作站应设置在控制中心调度大厅内，并宜靠近行车调度；车站消防控制室应与车站控制室结合设置。

14.7 机电设备监控系统

14.7.1 车站、控制中心、车辆段及设有应急照明、机械排水、通风的区间隧道等重要建(构)筑物宜设置机电设备监控系统(以下简称 BAS)。

14.7.2 BAS 的监控对象包括：通风、空调与供暖设备、照明及导向系统、隧道通风设备、给排水设备、自动扶梯及电梯、站台门及防淹门、车站环境参数等。

14.7.3 BAS 的设置应遵循分散控制、集中管理、资源共享的原则，应采用分层、分布式计算机控制系统，宜由中心管理级、车站监控级、现场控制级及相关通信网络组成；当全线设置综合监控系统时，中心级、车站级监控工作站等设备宜由综合监控系统集成。

14.7.4 车辆段、中小型地上车站的 BAS 设置宜根据管理、控制要求尽量简化。

14.7.5 存在正常及火灾双工况的机电设备时，BAS 和 FAS 之间应设置可靠的通信接口；火灾工况由 FAS 发布火灾模式指令，BAS 应优先执行相应的控制程序。

14.7.6 BAS 应具备机电设备监控、执行防灾及阻塞模式、环境监测、环境和设备的管理、系统用能计量、设备节能运行管理与控制、系统维护等功能。

14.7.7 BAS 设备应选择具有高可靠性、容错性、可维护性的工业级控制设备；地下车站及区间的事故通风与排烟系统设备的监控及供电应采取冗余措施，以保证其在灾害情况下可靠运行。

14.7.8 BAS 软件系统应在成熟、可靠、开放的监控系统软件平台的基础上，按运营需求开发应用软件。系统软件应提供良好、通用的开放性接口。系统软件应符合当前计算机软件、通信、自动化等技术发展趋势。

14.7.9 BAS 网络结构应满足区域级和车站级监控的实时性要求，系统应具有高可靠性、开放性和可扩展性。中心级与车站级之间的传输网络宜利用市域铁路公共通信网络。

14.8 动力照明

14.8.1 市域铁路的动力照明配电系统应满足安全、可靠、节能、环保和经济适用的要求。

14.8.2 负荷性质重要或用电负荷容量较大的设备宜采用放射式配电。

14.8.3 中小容量动力设备宜采用树干式配电；用电点集中且容量较小的次要用电设备可采用链式配电，链接的设备不宜超过5台。

14.8.4 配电变压器的二次侧至用电设备之间的低压配电级数不宜超过三级。

14.8.5 应急照明包括疏散照明、备用照明，并应符合下列要求：

1 车站站厅、站台、避难走道、疏散走道、楼梯间及前室等场所应设置疏散照明。其中，楼梯间、前室、避难走道的疏散照明照度不应低于5.0 lx；车站站厅、站台等人员密集场所疏散照明照度不应低于3.0 lx；疏散走道不应低于1.0 lx。

2 车站重要的设备及管理用房应设置备用照明。其中发生火灾时仍需正常工作的应急指挥及应急设备场所的备用照明照度值不应低于该场所正常照明的照度值；其他市域铁路场所的备用照明照度值除另有规定外，不应低于该场所一般照明照度标准值的10%。

3 市域铁路车站站厅、站台、出入口通道、楼梯间等公共场所应设置夜间值班照明，其照度值不应低于正常照明照度标准值的10%。

14.8.6 地下区间及长度大于500 m的山岭隧道应设置照明及检修电源；区间风机、水泵等动力用电负荷及照明负荷宜以区间中心为界，分别由两端相邻车站变电所供电，或经技术经济比较后设置降压变电所供电。

14.8.7 高架及地面区间无城市景观要求时，可不设置照明。

14.9 接口设计

14.9.1 市域铁路电力工程应充分考虑与土建工程、外部设施和相关系统之间的接口关系，总体设计应经济合理，利于施工、调试、管理、运行及维护。

14.9.2 市域铁路电力工程应考虑技术对接与兼容、产权划分、管理界面、施工工序和工艺等方面的需求，合理确定接口形式和界面。

14.9.3 电力变、配电所等电力房屋的选址，应在用地、场坪布置、通所道路、排水等方面实现总体性最优。

14.9.4 布置在房屋内、隧道内、桥梁上、路肩上的电力设备及电力电缆线路，应在主体工程设计中统筹考虑设备布置、安装基础以及沟、槽、管、洞、井等构筑物需求。

14.9.5 电力与通信、信号、信息、FAS、BAS、门禁、综合监控、电扶梯、站台门等系统的接口界面宜在最末一级电力配电箱处。

14.9.6 电力供配电系统共用牵引供电电源时，电力与牵引供电系统的接口界面在牵引变电所电力主变压器低压出线端子处。

14.9.7 电力供配电系统接引外部电源时，应与国家电力部门协调用电需求、外部电源方案、接口界面等工作。

14.9.8 FAS/BAS中心级设备、车站级监控工作站等由综合监控系统集成设置时，接口界面在FAS/BAS车站级主机设备的通信端口处。

14.9.10 设置综合接地系统时，电力与综合接地系统的接口界面在建(构)筑物自身接地装置接入综合接地系统的接地端子处。

15 通　　信

15.1 一 般 规 定

15.1.1 市域铁路通信网应适应运输效率、保证行车安全、提高现代化管理水平，为运输生产和经营管理提供稳定、可靠、畅通的语音、数据和图像通信业务，做到系统可靠、功能合理、设备成熟、技术先进、经济实用。

15.1.2 市域铁路通信系统根据需要设置传输及通信线路、数据通信网、专用移动通信、公务电话、专用电话、视频监控、集中告警、时钟时间同步、公安通信、通信电源等系统，市域铁路通信系统宜统一规划。

15.1.3 新建通信系统应满足新建线路运营和管理的要求，且宜与已建线路通信系统实现必要的互联互通，并为今后其他线路的接入预留条件。

15.1.4 市域铁路通信系统的设计应符合安全性、可靠性、可用性及可维护性的要求，并结合近期建设规模和远期发展规划，确定通信系统总体方案及系统容量。

15.1.5 市域铁路通信系统各子系统应设置网元级网管，网管终端的设置应符合设备维护管理的需要。

15.1.6 市域铁路通信系统应对有线及无线调度、中心广播等重要语音进行录音，录音设备宜集中设置。

15.1.7 公安通信系统应满足公安部门在市域铁路范围内的通信需求，并应在突发事件发生时，为公安部门在市域铁路内的应急调度指挥提供保证。

15.1.8 民用通信系统、公安通信系统和市域铁路其他通信系统宜同步进行建设，实现资源共享。

15.1.9 民用通信、公安通信系统在市域铁路内设置的设备设施，应满足市域铁路安全运营和养护维修要求。

15.1.10 市域铁路地下空间应预留民用通信引入条件，包括站外光电缆引入到站内机房的条件，预留站内线缆和设备的布设条件。

15.1.11 通信系统设备应符合电磁兼容性的要求，并具有抗电气干扰性能。

15.1.12 市域铁路通信系统工程设计中选用的电气装置、电子设备应满足国家及行业有关过电压、过电流指标及端口抗扰度试验标准的规定。通信系统设备应有全面的防雷措施。

15.1.13 市域铁路应设置时钟时间同步系统，为通信系统、信息各业务系统提供统一的标准时间信号，为传输、电话、专用移动通信等系统提供频率同步信号。

15.2 传输系统及通信线路

15.2.1 传输系统宜采用光纤数字传输技术，光纤数字传输系统可采用同步数字系列(SDH)、分组传送网(PTN)、光传送网(OTN)等技术制式。

15.2.2 传输系统应满足通信各子系统和信号、电力、牵引供电、信息、灾害监测等相关系统对通道类型、业务接口类型和带宽的需求。

15.2.3 传输系统容量应根据承载的业务量和网络保护方式确定，并应留有余量。

15.2.4 传输系统可采用两层网络结构，网络结构设计宜符合下列规定：

1 利用线路两侧的光缆组网。

2 采用 2.5 Gbit/s 及以上速率。

3 宜采用环型结构，径路条件不具备时可采用线型结构。

15.2.5 传输系统的保护宜符合下列规定：

1 网络保护方式应根据传输系统技术体制、网络结构进行选择和配置。

2 重要的传送业务宜利用不同物理径路的传输系统进行迂回保护。

3 重要节点的传输设备宜冗余设置。

15.2.6 采用基于光同步数字传输制式的传输系统宜利用网同步设备作为外同步时钟源，采用主从同步方式实现系统同步。

15.2.7 传输系统应设置网元级管理系统(EMS)、复示终端以及本地维护终端(LCT)。根据网络规模和维护管理需要，可设置网络级管理系统(NMS)、子网级管理系统(SMS)。

15.2.8 传输设备的主要配置应符合下列规定：

1 关键板卡应冗余备份。

2 每个传输系统的不同方向光线路口应设置于不同的板卡上。

3 各支路板应不少于 2 块且采取 $N+1$ 备用方式。

4 支路板配备宜符合关键业务分布在不同支路板上的要求。

5 业务接口板件应根据接口类型及用途配置，并预留不少于30%。

15.2.9 线路两侧宜各设置1条通信干线光缆。

15.2.10 干线光缆容量应满足通信业务及信号等相关系统的需要，并应结合远期发展预留余量。

15.2.11 区间隧道内宜设置电缆，容量应满足区间各类终端接入对线缆需求，并留有一定的备用量。

15.2.12 光电缆在区间隧道内可采用沿隧道壁架设方式或电缆槽敷设方式，进入车站宜采用隐蔽敷设方式。

15.2.13 高架区段光缆宜敷设在高架区间通信槽道内，地面光电缆的敷设宜采用管道或槽道敷设方式，条件不具备时可采用直埋方式敷设。

15.2.14 敷设光缆不设屏蔽地线，接头两侧的金属护套及金属加强件应相互绝缘；光缆引入室内应做绝缘处理并接地，并应做光缆终端。

15.2.15 通信电缆的金属护套设专用的屏蔽地线，屏蔽地线间距不应大于4 km，屏蔽地线宜接入贯通地线；电缆引入通信设备房屋时，室内、外的金属护套应绝缘，其室内部分的金属护套不得与接地的金属构件、机壳连通。

15.2.16 通信光电缆应采用无卤、阻燃、低烟、防腐蚀，并具有抗电气化干扰的防护层。

15.2.17 高架区间的通信主干电缆、光缆应具有防潮和抗阳光辐射能力。

15.2.18 车辆基地通信线路应符合站场内通信组网以及业务接入的要求。

15.2.19 光缆的光纤应采用单模光纤，宜选择G.652光纤，根据需要也可选择G.655光纤。光纤的性能指标符合《通信用单模光纤》GB/T 9771标准的有关规定。

15.3 数据通信网

15.3.1 根据承载业务的需要，宜独立设置数据通信网统一承载IP数据和视频图像信息。

15.3.2 数据通信网采用TCP/IP协议，宜采用MPLS VPN技术，符合业务系统QoS、安全性要求。

15.3.3 运营控制中心宜设置核心节点；根据业务需要，在车站、车辆基地等地点宜设置接入节点。

15.3.4 接入节点路由器宜采用2条及以上链路上联至核心节点。接入节点间宜利用分设在线路两侧的光缆组网，采用不小于1 000 Mbit/s单模光口直连。

15.3.5 节点设备间的链路带宽应根据网络流量确定，应符合业务近期需求，并预留一定余量。

15.3.6 业务接口板件应根据接口类型及用途配置，并考虑端口预留。

15.4 专用移动通信系统

15.4.1 专用移动通信系统应提供普通语音通信、调度通信、列车控制信息传送及其他车地间信息传送等业务。

15.4.2 专用移动通信系统根据需要可采用单独系统综合承载多业务，或采用多系统分别承载业务的方式。

15.4.3 专用移动通信系统制式应符合国家有关技术标准，工作频率应符合国家无线电管理部门的无线电频率规划，系统的频率配置应避免与相邻铁路产生相互干扰。根据需要，专用移动通信系统制式还应满足市域铁路与国家铁路或城市轨道交通互通运营的需求。

15.4.4 专用移动通信系统应包括核心网、无线网和终端设备等，其设计应符合相关标准的规定。

15.4.5 专用移动通信系统应采用有线、无线相结合的传输方式。核心网设备通过光数字传输系统或光纤与车站、车辆基地的基站连接，各基站通过天线空间波传播或经漏泄同轴电缆的辐射构成与移动台的通信。

15.4.6 调度通信业务应具有选呼、组呼、紧急呼叫、呼叫优先级权限等调度通信功能，并应具有语音存储、监测功能等。

15.4.7 无线场强覆盖应符合下列规定：

1 无线覆盖范围、场强、干扰保护比等应符合系统业务需求和设计有关标准的规定。

2 越区切换位置宜设置在传播条件较好地段，相邻无线小区的覆盖区宜满足车载通信设备完成2次越区切换的需要。

3 与既有线接轨的线路无线覆盖和频率配置应统筹考虑。

15.4.8 专用移动通信系统在列控信息传送区域宜采取冗余无线覆盖等系统可靠性措施。

15.4.9 专用移动通信系统根据所承载的业务，与相关业务系统互连，可设置相应的业务接口设备和接口监测设备。

15.5 公务电话系统

15.5.1 公务电话系统应由公务电话交换设备、自动电话及其附属设备组成。

15.5.2 公务电话系统应提供运营控制中心、车辆基地、车站等内部工作人员间，以及与外部人员间的公务联络电话业务。

15.5.3 公务电话业务宜新设电话交换机设备，也可利用专用电话网或运营商电话交换网。新设电话交换机设备宜采用软交换技术。

15.5.4 公务电话系统新设电话交换机设备宜设置在运营控制中心和车辆基地，与运营商电话交换网互联互通。

15.5.5 公务电话交换设备的容量应根据机构设置、新增定员、通信业务等因素确定，并应为发展预留余量。

15.6 专用电话系统

15.6.1 专用电话系统应由调度交换机、调度台、值班台、电话分机、录音设备及网络管理等设备组成。

15.6.2 专用电话系统可采用数字程控电话系统或 IP 调度电话系统，也可与公务电话系统合设。

15.6.3 专用电话系统应提供调度电话、站间行车电话以及其他专用电话业务。

15.6.4 专用电话系统应具备选呼、组呼和全呼，任何情况下均不应发生阻塞；可实现一般呼叫和紧急呼叫，以及电话会议。

15.6.5 调度交换机设备宜冗余设置，调度交换机间网络宜采用环型或星型结构，应设置迂回保护链路。

15.6.6 专用电话系统设备设置应符合下列规定：

1 调度交换机设备宜设置在运营控制中心或车辆基地。

2 调度交换机设备可通过数字接口外置集中式录音设备。

3 中心调度交换机设备的容量配置应考虑多条市域铁路线路的接入需求，应具有主、备用系统自动切换的功能。

4 调度中心的调度大厅或调度室应设置调度台。

5 车站、车辆基地等处的值班室、派班室应设置调度值班台和分机，调度电话分机也可设置在各专业值班人员所在的处所。

15.6.7 调度电话应为调度中心调度员与各车站和车辆基地值班员，以及办理行车业务直接有关的工作人员提供调度通信。

15.6.8 站间行车电话应提供相邻车站值班员间办理有关行车业务联系，保证行车安全。站间行车电话终端应设在车站值班员所在的处所。

15.6.9 车站专用直通电话应提供行车值班员或站长与本站内运营业务有关人员进行通话联系。站区管辖内的道岔处可设置与车站值班员间的直通电话。车辆基地专用直通电话可根据作业性质设置行车指挥电话、乘务运转电话、段内调度指挥电话、车辆检修电话等。

15.6.10 市域铁路地下线可根据运营需求设置区间电话，区间电话在一般区间宜每隔150～200 m设置一处。区间电话可纳入公务电话系统。

15.7 视频监控系统

15.7.1 视频监控系统按照运营需求宜由中心级监控和车站级监控组成。

15.7.2 视频监控系统应采用数字化、网络化的视频监控技术，并符合相关技术标准的规定。

15.7.3 中心级监控应在运营控制中心行车调度员、电力调度员、防灾环控调度员等处所设置控制、监视终端。各调度员应能任意地选择全线摄像机的图像，并切换至相应的监视终端上。中心级监控可由视频存储设备、视频分发及转发设备、接入网关设备、系统管理设备和网络设备组成。

15.7.4 车站级监控应在车站行车值班员、防灾环控值班员等处所设置控制、监视终端。车站值班员应能任意地选择本车站中任一组或任一个摄像机的图像，并切换至相应的监视终端上。

15.7.5 视频监控系统监视摄像设备设置应符合下列规定：

1 车站站厅、乘客集散厅、上下行站台、自动扶梯、换乘通道、安检处等公共场所。

2 车站变电设备用房以及票务室、售票处等场所。

3 设备机房、车站咽喉区、公跨铁地点、隧道洞口。

4 车辆基地。

5 地面线路、地面线与高架线过渡段、地面线与地下线过渡段。

6 其他需要监控的区域。

15.7.6 视频监控系统宜采用高清网络摄像机。

15.7.7 视频管理终端应设置在运营控制中心。

15.7.8 视频监控系统宜与门禁、入侵报警等系统联动。根据需要，与公安视频监视等系统互连。

15.7.9 视频监控系统应根据调度、运输及公安等业务部门视频监控需求，具有视频图像的实时监视、存储、回放、云镜控制、优先级控制、图像选择、字符叠加、远程电源控制等功能。

15.7.10 重点监视目标和重点治安防范区域等处，宜具有图像内容分析和报警功能。

15.8 集中告警系统

15.8.1 市域铁路通信系统宜设置集中告警系统。

15.8.2 集中告警系统由告警服务器、终端、与各通信子系统接口及附属网络设备组成。

15.8.3 集中告警系统应利用通信各子系统具有的自诊断功能，采集通信各子系统的设备故障信息，并应进行记录和告警。

15.8.4 集中告警系统设备宜设置于运营控制中心或维护中心，并可实现故障监测、安全管理等功能。

15.8.5 集中告警系统与通信各子系统的网络管理系统间应采用标准、通用的硬件接口和通信协议。

15.9 公安通信系统

15.9.1 市域铁路公安通信系统宜由公安视频监视系统、公安无线通信引入系统、公安数据网络、电源系统等组成。

15.9.2 公安视频监视系统应满足公安部门对车站范围监视的需要，可在市域铁路相关公安分局、派出所及车站公安值班室进行监视。

15.9.3 公安视频监视系统宜与市域铁路视频监控系统统一建设，共享视频资源。

15.9.4 公安无线通信引入系统应覆盖市域铁路范围内地下车站及隧道空间，对于地面线路及地上车站应结合公安部门无线通信系统覆盖情况具体确定覆盖范围。

15.9.5 公安无线通信引入系统应实现与市域铁路相关的既有公安管理部门无线通信系统的兼容及互连互通。

15.9.6 公安数据网络应能满足市域铁路相关公安分局、派出所及车站公安值班室间的数据传输需求，并可接入与市域铁路相关的公安管理部门的数据网络。

15.9.7 公安电源系统应能满足公安视频监视系统、公安无线通信引入系统、公安数据网络等设备的供电需求。

15.10 通 信 电 源

15.10.1 通信电源设备包括－48 V 直流电源和交流不间断电源(UPS)设备。

15.10.2 －48 V 直流电源应采用高频开关电源设备，其中整流模块采用 $N+1$ 备份。

15.10.3 －48 V 直流电源蓄电池按 2 组并联设置，运营控制中心及车站蓄电池后备时间按1 h 设置，区间通信设备电源蓄电池后备时间按 3 h 设置。

15.10.4 交流不间断电源(UPS)设备应采用在线式工作方式，UPS 蓄电池按 1 组设置，运营控制中心及车站蓄电池后备时间按 1 h 设置；区间通信设备蓄电池后备时间按 3 h 设置。

15.10.5 市域铁路宜设置电源及机房环境监控系统，对电源进行集中监控。

15.10.6 通信设备的接地系统设计，应满足人身安全要求和通信设备的正常运行。

15.10.7 车站、运营控制中心与车辆基地宜采用综合接地方式，车辆基地也可采用分设接地方式。

15.11 通信设备用房

15.11.1 通信设备用房应根据设备合理布置的原则确定机房及生产辅助用房的面积。通信设备房屋的设置应考虑温度、湿度、防振、防尘、防潮、防火、防鼠等需求。

15.11.2 通信设备用房的面积应按远期容量确定，并应根据需要提供民用通信引入、公安通信系统设备设置的用房。

15.11.3 通信设备用房的设计应根据通信设备及布线的合理要求预留沟、槽、管、孔、井等构筑物。

15.12 接 口 设 计

15.12.1 通信系统为相关业务系统提供光纤、通道，接口界面在通信机房配线架外侧。

15.12.2 通信与站前专业接口设计应符合下列规定：

1 路基、隧道、桥梁、站场、站台两侧根据需要可设置通信电缆槽(含盖板)。

2 根据通信光电缆过轨要求预留过轨条件，并符合通信光电缆敷设弯曲半径要求。

3 隧道专业的设备洞室设置应满足通信设备安装要求。

4 通信光电缆从路肩电缆槽引下时需预设通信光电缆引下槽道。

5 桥梁专业应预留通信光电缆从桥梁上引下时电缆槽安装条件。

6 在设有声屏障或风屏障的地段，通信电缆槽应设于声屏障或风屏障内侧。

7 当采用接触网杆安装漏泄同轴电缆时，接触网杆应预留漏泄同轴电缆架设条件。

15.12.3 相关专业应按通信系统要求设置机房、通风、空调、消防及电力设施，以及综合接地端子。

16 信　　号

16.1 一般规定

16.1.1 信号系统设计应符合本线设计速度的列车运行，并兼顾线网跨线列车运行的要求。

16.1.2 信号系统设计应符合本线最小行车间隔的要求。信号系统配置应符合列车正线运营能力、折返站折返能力和出入段能力的要求。

16.1.3 列车运行控制可采用中国列车运行控制系统（CTCS）制式，也可采用城市轨道列车自动控制（ATC）制式，宜具备列车自动运行（ATO）功能。

16.1.4 正线线路正、反向运行均应具有列车自动防护（ATP）功能。

16.1.5 轨旁应设置必要的信号机。正常情况下，列车运行以车载信号为行车凭证。

16.1.6 信号系统设计应采用安全、可靠、成熟、经济、适用的技术和设备，所采用的器材和设备应符合国家及行业相关标准。

16.1.7 涉及行车安全的信号系统及电路设计，应符合故障导向安全的要求。

16.1.8 信号系统应具备与车辆、通信、站台紧急关闭按钮、站台门、防淹门等其他系统的接口功能。

16.1.9 信号系统地面设备应采用统一的时间信息。

16.1.10 信号系统设计宜结合实际，考虑信号系统相关的必要的测试、维修工器具，建立培训环境提供运行环境模拟、故障设定及仿真功能，不应干扰或影响运营设备的运行。

16.1.11 信号系统设计应根据确保运营、科学合理、资源共享的原则，按照必备、易损、易耗的备用要求，结合运营维护机构及使用量按比例配置备品备件。

16.1.12 信号工区应根据线路长度、车站位置、信号设备数量等合理设置。

16.1.13 信号系统设计除应符合本规范外，采用 CTCS 制式应符合《城际铁路设计规范》TB 10623、采用 ATC 制式应符合《地铁设计规范》GB 50157 的有关规定。

16.2 地面固定信号

16.2.1 进站信号机的设置应符合下列规定：

1 采用 CTCS 制式时，车站应设置进站信号机。

2 采用 ATC 制式时车站可设置进站信号机，与 CTCS 制式列车跨线运行的衔接车站应设置进站信号机。

3 车辆基地设置进站信号机。

16.2.2 出站信号机的设置应符合下列规定：

1 车站的正线和到发线设置出站信号机。

2 车辆基地宜设置出站信号机。

16.2.3 调车信号机的设置应符合下列规定：

1 有调车作业的车站可设置调车信号机，车站正线不宜设置调车信号机。

2 车辆基地可根据需要设置调车信号机。

16.2.4 列车进路的尽头、折返进路终端应设置阻挡列车运行的信号机。

16.2.5 采用 ATC 制式时，ATC 控制区域的线路上应设置道岔防护信号机。

16.2.6 车辆基地的进站信号机、出站信号机、进路信号机应常态点灯，并以显示停车信号为定位。

16.2.7 以车载信号为列车行车凭证的 CTCS 区段，区间未设置通过信号机时，区间闭塞分区分界处应设置闭塞分区信号标志牌。

16.2.8 与其他轨道交通线路互通且区间距离较长时，可设置通过信号机。

16.2.9 CTCS 制式下，区间不设置通过信号机的线路，出站信号可不区分发车方向；区间设置通过信号机的线路，出站信号应按《铁路信号设计规范》TB 10007 的规定区分发车方向。

16.2.10 信号机设置地点应符合下列规定：

1 进站信号机应设置在距进站最外方道岔尖轨尖端（顺向为警冲标）不小于 50 m 的地点。

2 出站信号机、发车进路信号机及调车信号机应设置在距顺向道岔警冲标 5 m 或临近的对向道岔岔前轨缝处。

3 区间通过信号机（闭塞分区信号标志牌）设置地点应根据牵引计算确定，应设置在闭塞分区的分界处。

16.3 轨道占用检查装置

16.3.1 CTCS 制式下，轨道占用检查应采用轨道电路；ATC 制式下，轨道占用检查宜采用计轴轨道占用检查装置。

16.3.2 轨道电路设置应符合下列规定：

1 区间应采用 ZPW-2000 系列电气绝缘轨道电路。

2 CTCS 区段中间站站内宜采用与区间同制式的机械绝缘轨道电路；大站正线及到发线股道宜采用与区间同制式的机械绝缘轨道电路。

3 ZPW-2000 系列轨道电路的长度应区分路基地段、桥梁地段、隧道地段，并结合轨道结构类型(有砟或无砟)分别进行设计，同时符合列控车载设备可靠接收及邻线干扰防护的要求，用于站内时还应符合车站联锁系统可靠工作的要求。

4 相邻的两轨道电路区段间对绝缘破损应有可靠的占用检查防护。闭塞分区分界点处两侧应采用不同基准载频。上行正线、上行侧到发线采用 2 000 Hz、2 600 Hz，下行正线、下行侧到发线采用 1 700 Hz、2 300 Hz。

5 ZPW-2000 系列轨道电路发送器和接收器应冗余设置。

6 ZPW-2000 系列轨道电路传输电缆长度不宜大于 7.5 km，困难条件下不应大于 10 km，当超过时应设置区间信号中继站。

7 站内渡线、工区线路等区段轨道电路宜采取措施改善分路性能。

16.3.3 计轴设备应符合下列规定：

1 计轴设备故障或计轴数据错误时，应有安全和切实可行的恢复措施。

2 计轴设备的可靠性应满足正确计轴平均数不应小于 1×10^9 轴，平均故障间隔时间不应小于 1.75×10^5 h。

16.3.4 钢轨兼作牵引回流的通路时，装设的牵引均流线和回流线、站台门的等电位连接线等，不应影响轨道电路的正常工作。

16.4 列车运行调度指挥

16.4.1 采用 CTCS 制式时，列车运行调度指挥应采用调度集中(CTC)系统；采用 ATC 制式时，列车运行调度指挥应采用列车自动监控(ATS)系统。

16.4.2 列车运行调度指挥系统包括控制中心设备、车站级设备和通信网络。采用 ATC 制式时，还可包括车辆基地 ATS 设备。

16.4.3 列车运行调度指挥系统设备应冗余设计，通信网络应采用双网。

16.4.4 列车运行调度指挥系统应具备系统控制和人工控制两种模式。系统故障或车站作业需要时，经中心调度员与车站值班员办理手续后，可转为人工控制。

16.4.5 列车运行调度指挥系统宜根据规划在运营控制中心设置独立的调度中心，监控一条或多条运营线路，各条线路具有独立运营或混合运营的能力。

16.4.6 列车运行调度指挥系统应设置时间同步设备，为联锁、列控和信号监测等信号地面设备提供时间信息。

16.4.7 列车运行调度指挥系统应与联锁、列车运行控制相关系统接口，向广播、乘客信息等系统提供接口。

16.4.8 信号系统具备列车自动运行功能时，列车运行调度指挥系统应适应此需求。

16.5 列车运行控制

16.5.1 采用 CTCS 制式时，列车自动防护系统地面设备应包括列控中心（TCC）、ZPW-2000 系列轨道电路、应答器、地面电子单元（LEU）、临时限速服务器（TSRS）以及相关的网络设备等。采用列车自动运行时地面设备还应包括通信控制服务器（CCS）。

16.5.2 TSRS 及 CCS 管辖范围宜与调度台对应，宜集中设置于车站。

16.5.3 TCC 设计应符合下列规定：

1 有岔站、区间信号中继站应设置 TCC。

2 线路所、车辆基地以及与 CTCS 线路相衔接的转换区车站应设置 TCC，无配线站可设置 TCC。

3 ZPW-2000 系列轨道电路发送设备低频编码、载频控制、发送/接收端方向控制、区间逻辑检查，区间运行方向控制，区间信号机点灯控制及站间安全信息传输等应由 TCC 实现。

16.5.4 ATC 制式列控系统地面设备主要包括区域控制器（ZC）、联锁、轨道占用检查装置、应答器和 LEU，以及相关的网络设备等。

16.5.5 应答器设置应符合下列规定：

1 根据线路及信号设计要求设置应答器，同一区域不同功能的应答器组宜合并设置。

2 设置在车站的应答器组中的有源应答器宜靠近信号机侧。

3 根据需要设置应答器防护装置。

16.5.6 LEU设置应符合下列规定：

1 LEU宜集中设置在信号设备房屋内。控制进站及正线出站信号机、线路所通过信号机、中继站以及大号码道岔的有源应答器LEU应1+1冗余配置，控制到发线出站信号机、调车信号机的有源应答器LEU应$N+1$冗余配置。

2 LEU与有源应答器之间应采用电缆连接，电缆应符合《铁路数字信号电缆第6部分：应答器数据传输电缆》TB/T 3100.6的规定，电缆长度不应大于2.5 km；当超过时可将LEU设于轨旁，TCC与LEU之间采用独立光纤连接。

16.5.7 ATP系统包含地面设备和车载设备，应符合下列规定：

1 采用连续式列车控制方式时，车载设备和地面设备应相互适应，地面设备应能提供电分相信息。

2 采用连续式列车控制方式时，列车自动防护系统宜采用一次性速度—距离控制模式；ATP系统地面设备向车载设备传送的信息，应满足车载设备控制需要。

3 ATP系统应具备降级运行能力，降级运行模式的建立或退出应能自动或由人工操作完成，并应向行车管理人员提示操作结果，同时应具有明确表示。

16.5.8 ATP系统导致列车停车应为最高安全准则。车地连续通信中断、列车超速、列车的非预期移动、车载设备重要故障等均应导致列车制动。

16.5.9 车载设备执行紧急制动控制时应切断列车牵引，列车停车过程不得中途缓解。

16.5.10 运营列车首尾两端宜各设一套车载设备。

16.5.11 车载设备的测速误差应符合列车在站台停车的位置精度要求。

16.5.12 车载设备应能接收来自控制中心或车站的停车、临时限速等控制命令。

16.5.13 具有列车自动运行功能时，列车驾驶模式转换可采用人工方式或自动方式，并应予以记录。

16.5.14 CTCS制式下走行线宜采用列车作业方式，也可采用调车作业方式。ATC系统控制区域列车折返作业应采用ATP监控。

16.5.15 ATC制式列控系统采用区域控制方式，应根据车站配线、区域范围内线路长度、行车管理区域、系统设备控制能力、系统性能指标、故障影响范围及维修管理体制等因素合理划分，折返站、与车辆基地的衔接站等车站宜设置为区域控制站。

16.5.16 列车自动运行(ATO)系统构成应由地面设备和车载设备组成。ATO地面设备应包括轨旁定位、ATO接口等。ATO车载设备应包括ATO车载计算机及相关接口等。

16.5.17 ATO系统应具备列车站间自动运行、车站定点停车及车站通过、折返作业、运行自动调整、车门/站台门防护及联动控制、运行节能控制等自动运行的相关功能。

16.5.18 ATO系统应符合下列规定：

1 ATO系统可具有司机监控下的无人驾驶水平等级。

2 ATO定点停车精度应根据站台计算长度、列车性能和站台门的设置等因素选定。定点停车精度宜为±0.3 m，但不应超过0.5 m。

3 ATO应满足舒适度、快捷及正点的要求。

4 ATO应能控制列车实现车站通过作业。

5 ATO系统应根据ATP、列车运行调度指挥、列车运行控制等系统提供的线路条件、道岔状态、列车位置等信息及速度调整指令，实现列车的运行控制。

6 列车在区间停车应接近前方目的地。区间停车后，在允许信号的条件下列车应自动启动。车站发车时，列车启动应由司机控制。

16.6 联　　锁

16.6.1 有岔站、线路所、车辆基地应采用计算机联锁。无岔车站其联锁逻辑关系宜由邻近的车站联锁系统控制。

16.6.2 联锁设备应采用硬件安全冗余结构，应符合《铁路车站计算机联锁技术条件》TB/T 3027的有关规定。

16.6.3 工区内道岔根据需要纳入车站联锁系统集中控制。

16.6.4 有岔车站内列车均应设接近锁闭，列车进路接近锁闭设计除符合有关技术标准外，接近锁闭区段长度和延时解锁时间计算，应考虑ATO等控制系统余量等最不利因素。

16.6.5 联锁设备应能与CTCS制式下的CTC、TCC，ATC制式下的ATS，以及信号监测等设备接口。

16.6.6 车站站台及车站控制室应设置站台紧急关闭按钮，站台紧急关闭按钮电路应符合故障导向安全的原则。

16.6.7 设有站台紧急关闭按钮设备时，站台紧急关闭按钮设备应纳入联锁控制。

16.6.8 设有防淹门时，信号系统应采集其状态；当防淹门在非开启装态时，信号系统应关闭通向防护区域的信号，并提供人工紧急关闭信号手段。

16.6.9 ATC制式下联锁应采集站台门状态信息并与车载设备配合实现车门与站台门

的联动，CTCS 制式下联锁宜根据需要采集站台门状态信息并与车载设备配合实现车门与站台门的联动。

16.6.10 正线道岔宜采用交流转辙设备，车辆基地等其他线路可采用直流转辙设备。

16.6.11 列车直向通过速度大于 120 km/h 或其他有特殊要求的道岔，应采用外锁闭装置；可动心轨辙叉单开道岔，应采用外锁闭装置和不可挤型转辙机。

16.7 信号检测和监测

16.7.1 ATS、CTC、TCC、TSRS、CCS、计算机联锁、ZPW-2000 系列轨道电路、电源屏、ATP、ATO 等应具有自诊断、检测、报警、信息储存、状态再现等信号检测功能。

16.7.2 市域铁路宜设置信号监测系统，能对 CTC、TCC、计算机联锁、轨道电路、计轴设备、电源屏、灯丝断丝报警单元、转辙机、电缆、防淹门、站台门、站台紧急关闭按钮等进行监测。

16.7.3 信号监测系统应能与火灾自动报警、机电设备监控和灾害监测等系统接口。

16.7.4 监测设备与被测设备之间应电气隔离，不应影响被监测设备的正常工作。

16.7.5 信号设备维护机构可配置监测终端设备。

16.8 数据传输网络

16.8.1 信号系统数据传输网络分为有线及无线数据传输网络。

16.8.2 有线数据传输网络应包括信号安全数据传输网、列车运行调度指挥数据传输网络，根据需要设置信号检测和监测数据传输网络。

16.8.3 信号安全数据网应选用满足现场应用环境的标准、成熟、可靠的设备构成冗余双环网，与其他网络隔离。

16.8.4 列车运行调度指挥数据传输网络包括运营控制中心及车站网络节点，应采用双网结构，宜采用不同物理路径，提供必要的迂回通道。

16.8.5 信号检测和监测数据传输网络可采用单网结构。

16.8.6 无线数据传输网络应满足列车运行控制信息安全可靠传递的要求，宜采用冗余场强覆盖设计。

16.8.7 数据传输网络应具有网络管理功能。

16.8.8 列车运行调度指挥系统相关的数据传输网络，应符合国家对信息安全等级保护的要求。

16.9 信 号 电 源

16.9.1 运营控制中心、车站、线路所、区间信号中继站、车辆基地的信号设备应采用电源屏供电。

16.9.2 联锁、列控中心、TSRS、CCS、安全数据网交换机、CTC、ATS、区域控制器等设备应由电源屏提供不同模块输出的双回路电源。

16.9.3 电源屏应采用模块化、冗余结构并具有自检功能。电源屏应能提供信号监测系统所需的监测信息。

16.9.4 信号不间断电源(UPS)设置应符合下列规定：

1 运营控制中心、车站、线路所、区间信号中继站、车辆基地等处应设置双套在线式 UPS。

2 信号监测中心及终端设备可设置单套在线式 UPS。

3 UPS 容量应按照除转辙机外的其他所有信号设备负荷用电量计算。

4 UPS 蓄电池时间：

1) 信号集中监测中心及终端设备蓄电池供电时间不应小于 10 min。

2) 其他有维护人员值守处所蓄电池供电时间不应小于 30 min,无维护人员值守处所蓄电池供电时间不宜小于 2 h。

16.9.5 车载设备应由车辆提供直流电源或经变流设备供电。

16.10 道 岔 融 雪

16.10.1 市域铁路可设置道岔融雪系统。

16.10.2 道岔融雪系统宜采用电加热方式,并按寒冷等级配置加热条功率。

16.10.3 道岔融雪系统应具有手动和自动控制功能。

16.10.4 道岔融雪系统装置不得影响道岔和轨道电路的正常动作。

16.10.5 控制终端宜设置于车站,也可设置远程控制终端。

16.10.6 道岔融雪装置的供电电缆应采用电力电缆。

16.11 光电缆线路和防护

16.11.1 信号传输线路应采用与使用环境及设备需求相适应的电缆或光缆。

16.11.2 室外信号电缆芯线备用量应符合《铁路信号设计规范》TB 10007 的相关规定。

16.11.3 信号光电缆的防火性能应符合《铁路工程设计防火规范》TB 10063 等有关规定。

16.11.4 站内、高架线路及铁路用地范围内的区间信号光电缆宜敷设在电缆槽内，信号光电缆与 10 kV 贯通电力电缆并行敷设时，两者之间应设实体隔断。

16.11.5 区间隧道内光电缆受隧道断面影响或其他特殊情况可采用明敷方式。

16.11.6 信号、通信光电缆宜同槽敷设。

16.11.7 在铁路用地范围外敷设信号电缆时，应对电缆采取深埋及管槽防护措施。

16.11.8 电缆过轨应符合下列规定：

1 电缆过轨采用预埋管道方式并集中防护。

2 根据需要设置电缆井或手孔。站场范围内的电缆井宜设置在到发线或站台端部电缆集中过轨处，铁路正线线间不应设置电缆井。

16.11.9 室内光电缆线路应设置防护管槽，贯穿隔墙、楼板的孔洞处均应实施阻火封堵。

16.12 防雷和接地

16.12.1 信号设备接地系统应设保护地线、屏蔽地线和防雷地线等。

16.12.2 室外信号设备的金属箱、盒壳体应通过线缆接地，设备外缘距接触网带电部分的距离不得少于 2 m。

16.12.3 信号电缆的同一芯线上任何两点间的感应纵电动势（有效值）应符合下列规定：

1 接触网正常供电条件下不应大于 60 V。

2 接触网故障状态下不应大于电缆直流耐压试验的 60％或交流耐压试验的 85％。

16.12.4 车站的扼流变压器、横向连接线的设置应符合回流畅通的要求。在保证轨道电路正常工作的情况下，在绝缘节处应采用扼流变压器中点连接板的方式沟通牵引回流。尽量减少钢轨牵引回流的切断点，钢轨牵引回流切断点应设置在钢轨回流较小的位置。

16.12.5 室外电缆铝护套、钢带以及内屏蔽护套应分段单端接地。

16.12.6 出入信号设备室的电缆应采用屏蔽电缆，应在室内对电缆屏蔽层一端接地，并应在引入口设金属护套。

16.12.7 未设综合接地系统或局部未设时，信号设备可分散接地。分散接地电阻值不应大于 4 Ω。

16.12.8 信号设备、信号设备房屋的防雷及接地设计应符合《建筑物电子信息系统防雷技术规范》GB 50343、《铁路防雷及接地工程技术规范》TB 10180 及有关技术标准的规定。

16.13 信 号 房 屋

16.13.1 信号生产房屋应包括信号设备房屋和信号检修房屋。

16.13.2 区间信号中继站、线路所信号设备房屋可与通信基站等房屋合设。

16.13.3 信号设备房屋面积应根据设备制式、设备数量和远期预留发展等因素设计，信号楼及设有信号设备的综合房屋应考虑信号设备大修倒换的需要。

16.13.4 信号设备房屋的温度、湿度及防震、防尘、防潮、防火、防鼠等应符合铁路房屋建筑设计有关标准的规定。

16.13.5 信号设备室内内部净高及设备布置间距应符合设备安装及正常维护的需要，布置间距宜符合表 16.13.5 的规定：

表 16.13.5 信号设备室内布置间距(m)

名　　称	设备间隔对象	净距离要求
机柜间	走道	≥1.0
控制台、机拒与墙	主走道	≥1.2
	次走道	≥1.0
	尽端架	≥1.0
电源屏与电源屏或其他机柜	—	≥1.5
电源屏与墙	—	≥1.2

16.13.6 信号设备房屋的环境、电磁兼容应满足设备运用的要求，并应符合《电子信息系统机房设计规范》GB 50174 等有关规定。

16.13.7 根据运营维护要求配置相应的检修房屋。

16.14 接 口 设 计

16.14.1 信号与站场专业接口设计应符合下列规定：

1 信号与站场专业共同确定联锁道岔及非联锁道岔的范围。信号根据道岔类型配套转辙设备。

2 道岔布置设计应符合转辙设备安装要求。

3 车站股道有效长以及站台设置应符合列控系统设计要求。

4 站场专业应根据信号专业要求设置信号电缆槽，预埋过轨管材、手孔等。电缆手孔符合信号电缆弯曲半径要求。

16.14.2 信号与轨道专业接口设计应符合下列规定：

1 站内配轨、胶接绝缘、无砟轨道钢筋绝缘处理以及有砟区段轨道电路专用轨枕等应符合轨道电路设计要求。

2 道岔转辙设备安装处的无砟轨道板应预留固定过轨管线用的化学锚栓(含防松螺栓)、转辙设备接地用接地端子。

3 过渡段辅助轨的设置应避开应答器安装处。

16.14.3 信号与路基专业接口设计应符合下列规定：

1 路肩两侧根据需要设置信号电缆槽(含盖板)。

2 根据信号电缆过轨要求预埋电缆过轨管材。

3 在信号电缆过轨处路基两侧设置电缆手孔，电缆手孔符合信号电缆弯曲半径要求。

4 信号电缆需要从路肩电缆槽引下时需预设信号电缆引下槽道。

16.14.4 信号与隧道专业接口设计应符合下列规定：

1 隧道两侧应设置信号电缆槽(含盖板)、过轨管材等，并符合信号电缆弯曲半径要求。

2 设有道岔的隧道应预留安装转辙设备的条件。

16.14.5 信号与桥梁专业接口设计应符合下列规定：

1 桥梁两侧应设置信号电缆槽(含盖板)，信号电缆从桥梁上引下时应预留电缆安装的条件。

2 设有声屏障或者风屏障的地段，信号电缆槽应设于风屏障或声屏障内侧。

3 设有道岔的桥梁应预留安装转辙设备的条件。

4 设有护轮轨的桥梁应预留安装应答器的条件。

16.14.6 信号与房建专业接口设计应符合下列规定：

1 站台应设置信号电缆槽(或廊道)，并在设有信号设备的综合站房内设置电缆桥架。站场电缆槽至站台电缆槽间应平滑连接。

2 信号设备房屋设计应符合信号设备布置、使用等要求。

3 信号系统设计应考虑车门与站台门联动的要求。

16.14.7 信号设备房屋通风空调应符合信号设备运行要求。

16.14.8 通信设计应提供信号专用光纤和数据传输链路。

16.14.9 电力设计应符合信号设备负荷等级及负荷容量等要求。

16.14.10 信号与电力牵引供电、行车专业接口设计应符合下列规定：

1 桥梁及路基地段的区间信号标志牌应结合接触网支柱里程统筹设置。

2 轨道电路扼流变压器类型、规格应符合牵引供电方式、牵引电流的要求。

3 采用应答器提供过分相信息时，信号设计应根据电力牵引供电设计提供的分相区断电标位置，设置自动过分相应答器。受条件限制，应答器布置不能符合规定或分相区位置影响列车运行控制时，应与电力牵引供电设计协商调整分相区的设置位置。

4 高柱信号机设置位置应与接触网设计协调，确保信号机显示距离及信号机上方的信号机构外缘与接触网带电部分的距离不得小于规定的要求。

5 进站信号机及区间闭塞分区分界点应与接触网支柱位置、电分相设置统筹考虑。

6 轨道电路横向连接设置应与电力牵引供电协调设计。

16.14.11 信号与车辆专业接口设计应符合下列规定：

1 车辆基地信号用房及电缆管线的布置应在车辆专业的协调下统筹安排。

2 车辆基地停车线股道信号机布置应符合停车以及列控参数的要求。

17 信　　息

17.1 一 般 规 定

17.1.1 信息系统设计应遵循统一规划、统一标准、资源共享的原则，应符合安全、可靠、先进、可扩展的要求。

17.1.2 信息系统技术方案应与市域铁路线网规划及运营管理模式相适应。

17.1.3 信息系统设计应考虑与相关信息系统的衔接。

17.1.4 信息系统主要包括自动售检票、旅客服务信息、综合监控、门禁、办公信息、入侵报警等系统。

17.1.5 自动售检票系统应按近期超高峰小时客流量进行配置，并按远期超高峰小时客流量预留设备安装位置和条件。

17.2 自动售检票系统

17.2.1 自动售检票系统应选用方便快捷、经济适用的票制。当市域铁路与城市轨道交通或铁路网互通运营时，票制应与所属线网兼容，满足互联互通的条件。

17.2.2 车票可分为单程票、储值票，根据运营需要可以设置其他票种。

17.2.3 自动售检票系统宜支持现金、银行卡、储值卡或电子支付等多种支付方式。

17.2.4 自动售检票系统宜提供车站窗口、自动售票、互联网、代售点等多种售票方式。

17.2.5 自动售检票系统宜由清分系统、中心级系统和车站级系统构成，层级间宜采用通信传输通道互联。根据需要，可合并设置清分系统及中心级系统。

17.2.6 清分系统宜具备客流统计、收益清分、运营管理、票务管理、密钥管理，与城市公共交通卡清算系统之间交互数据等功能。

17.2.7 清分系统宜设置清分服务器、应用服务器、存储设备、操作终端、车票编码分拣设备、网络及安全设备、维护管理设备等。可根据需要设置灾备系统。

17.2.8 中心级自动售检票系统可具备票务管理、售票交易管理、业务管理、系统运行状态及客流数据监控等功能。

17.2.9 中心级自动售检票系统宜设置数据库服务器、应用服务器、存储设备、操作终端、网络及安全设备、维护管理设备等。

17.2.10 车站级自动售检票系统宜具有售票、检票、补票、退票、取票、充值、验票等功能。

17.2.11 车站级自动售检票系统宜设置服务器、自动售(取)票机、窗口售票机、自动充值机、自动检票机、验票机、管理终端及网络设备等。

17.2.12 车站售检票终端设备配置应综合考虑超高峰小时客流量、各种售票方式的比例、各票种的使用比例、检票模式、终端设备处理能力及建筑布局等因素，并符合下列规定：

1 每组自动售票机的数量不宜少于 2 台。

2 每组自动检票机的数量不宜少于 3 通道，且每组至少宜设置 1 台宽通道自动检票机，宽通道自动检票机通道净距宜为 900 mm。

3 在时段客流方向明显的车站，宜设置双向自动检票机。

17.2.13 自动检票机应与火灾自动报警系统进行联动，确保当车站处于紧急状态时，自动检票机实现通道自动释放、手动释放等紧急疏散功能。

17.3 旅客服务信息系统

17.3.1 旅客服务信息系统应为旅客在进站、购票、候车、检票、乘车、出站等环节提供引导及资讯信息，为工作人员提供作业信息。

17.3.2 旅客服务信息系统包括广播、综合显示、安检等子系统。

17.3.3 旅客服务信息系统根据需要可采用独立系统模式或系统集成模式，并符合下列规定：

1 采用独立系统模式时，广播、综合显示系统宜采用中心、车站二级架构，层级间可采用数据通信网或通信传输通道互联。广播、综合显示系统可与综合监控系统互联。

2 采用系统集成模式时，宜设置中心、车站二级旅客服务信息系统集成管理平台，集成广播、综合显示等系统，层级间宜采用数据通信网互联。中心级旅客服务信息系统集成管理平台宜与自动售检票、时间同步等相关系统互联。

17.3.4 旅客服务信息系统集成管理平台的功能及设备配置宜符合下列规定：

1 中心级集成管理平台应对基础信息进行维护及下发，对管辖范围内车站级旅客服务信息系统进行集中监控及管理。

2　中心级集成管理平台宜配置数据库服务器、应用服务器、接口服务器、存储、操作终端、管理终端、网络及安全等设备。

3　车站级集成管理平台应接受中心级集成管理平台下发的基础数据及时间信号等信息，并转发给本站相关子系统；采集本站网络及终端设备运行及状态数据，上传给中心级集成管理平台。

4　车站级集成管理平台宜配置数据库服务器、应用服务器、接口服务器，根据需要可合设数据库服务器和应用服务器。

17.3.5　广播系统功能及设备配置应符合下列规定：

1　广播系统应在车站站厅、站台、出入口等区域为旅客提供列车运行及安全、向导、防灾等广播信息；向工作人员发布作业命令和通知，发生灾害时可兼做应急广播。

2　中心级广播控制设备可对所辖车站进行选站、选区广播。

3　广播系统应具有分区广播、现场临时广播及应急广播功能。

4　广播系统应与火灾自动报警系统联动，发生火灾等情况下应切换到消防广播模式。

5　中心级广播系统宜设置广播控制设备、信源、话筒、维护终端等设备。

6　车站及车辆基地广播系统应设置广播主机、信源、话筒、功放、扬声器等，根据需要可设置噪声探测器、小区广播设备等。

17.3.6　综合显示系统功能及设备配置宜符合下列规定：

1　综合显示系统应为旅客在进站、购票、候车、检票、乘车、出站等环节提供引导及资讯信息；为工作人员提供作业信息。

2　中心级综合显示系统可设置服务器、存储设备、视音频切换控制设备、操作终端、维护管理终端、播出控制终端等设备。

3　车站级综合显示系统宜设置控制器、显示终端及操作终端等设备，根据需要，可设置服务器。显示终端宜设置于车站站厅、站台、进出站口及换乘通道等公共区域。

17.3.7　安检系统功能及设备配置应符合下列规定：

1　安检系统应实现对旅客携带物品安全检查。

2　安检系统应设置安检仪、手持金属探测仪、防爆罐及防爆毯等设施，根据需要，可设置安全门、爆炸物测探仪器、液体检测仪器等设施。

3　安检仪的配置数量应根据安检区的布置、旅客超高峰小时发送量、各旅客入口客流比例等因素综合确定。

4 安检仪应符合《微剂量X射线安全检查设备》GB 15208.1等有关技术标准的规定。

17.4 综合监控系统

17.4.1 市域铁路可设置综合监控系统，应满足行车指挥、机电设备监控和管理、旅客服务等运营管理需求。

17.4.2 综合监控系统应采用集成和互联的方式构建，对所集成的系统进行监控和管理，对互联的系统进行监控和联动控制。

17.4.3 综合监控系统宜集成机电设备监控、站台门系统，宜与自动售检票、广播、综合显示、视频监控、时间同步等系统互联；根据需要，可与列车自动监控(ATS)、供电调度、火灾自动报警及门禁等系统实现集成或互联。

17.4.4 综合监控系统应具备控制、监视、报警管理、趋势显示、报表生成、系统组态、档案及权限管理、系统维护等基本功能。

17.4.5 综合监控系统应具备在正常情况、火灾情况和紧急情况下与相关系统的联动功能。

17.4.6 综合监控系统应由中心级综合监控系统、车站级综合监控系统组成，层级间可采用数据通信网或通信传输通道互联。

17.4.7 中心级综合监控系统可配置实时服务器、历史服务器、存储设备、调度员工作站、前端通信处理器、网络及安全设备、维护管理设备等，根据需要可设置大屏幕显示系统。

17.4.8 车站级综合监控系统可配置实时服务器、操作员终端、前端通信处理器、综合后备盘(IBP)、网络设备、打印机、网络安全及维护管理设备等。

17.4.9 车站控制室应设置综合监控系统综合后备盘。在发生设备故障或火灾等情况下，综合后备盘宜具备站台紧急停车、扣车与放行，通风排烟系统的紧急模式控制，自动检票机、门禁释放，电扶梯停止控制，站台门开门控制等车站关键手动控制功能。

17.4.10 综合监控系统软件应采用分层、分布式结构及开放的、标准的通信协议。

17.5 门禁系统

17.5.1 市域铁路宜设置门禁系统，应具有出入口监控和安全管理的功能。

17.5.2 门禁系统可采用中心、车站二级架构，也可采用车站、车辆基地单级架构。二级架构的门禁系统，可采用数据通信网或通信传输通道实现层级间系统互联。根据需要，门禁系统可与综合监控系统实现集成或互联。

17.5.3 中心级门禁系统功能及设备配置应符合下列规定：

1 中心级门禁系统宜具备授权管理、基础数据管理、设备监控、信息查询等功能。

2 中心级门禁系统宜设置服务器、监控管理终端、授权终端、授权读卡器、打印机及网络设备等。

17.5.4 车站级门禁系统功能及设备配置宜符合下列规定：

1 车站级门禁系统应实时监控、记录进出人员的出入时间信息，可根据设定条件进行报警；监控本系统设备的运行状态，并将数据进行存储。

2 门禁系统应实现与火灾自动报警系统的联动控制。

3 车站级门禁系统应设置控制设备及现场设备。控制设备包括操作控制终端、车站控制器及授权读卡器，现场设备包括本地控制器、读卡器、密码键盘、电子锁、门磁、紧急开门控制按钮及门禁卡等。

4 在涉及安全的通道、重要办公室、机房等出入口处设置门禁控制装置。

17.6 其他信息系统

17.6.1 市域铁路应设置办公信息系统并符合下列规定：

1 办公信息系统应具备电子办公、信息发布、日常运作和管理、资源管理、人员交流的功能。

2 为运营控制中心、车站、车辆基地等办公场所配置办公管理终端及网络设备。

3 办公信息系统层级间可采用数据通信网或通信传输通道互联。

17.6.2 在运营控制中心、车站、车辆基地等重点防护区域可设置入侵报警系统，入侵报警系统功能及设备配置应符合下列规定：

1 入侵报警系统应对设防区域内非法入侵情况等进行实时监测和报警。

2 入侵报警系统应设置报警主机、探测器、报警终端，根据需要可设置紧急报警装置、声光报警器等设备。

17.6.3 在运营控制中心、车站及车辆基地等建筑物内应设置综合布线系统，综合布线系统设计应符合下列规定：

1 综合布线系统由建筑群子系统、工作区子系统、水平子系统、垂直子系统、设备间子系统、管理子系统构成。

2 办公区每 5 m^2 设置不少于 2 个信息点；其他区域根据需要设置信息点。

3　垂直布线采用光缆和双绞线缆，水平布线采用超 5 类及以上双绞线缆、光缆。

17.6.4　信息系统宜采用不间交流断电源。交流不间断电源(UPS)设置应符合下列规定：

1　UPS 供电范围包括各信息系统服务器、网络设备、安全设备和售票等重要终端设备。

2　应配置在线式 UPS。

3　蓄电池后备时间按 1 h 设置。

17.6.5　信息系统的防雷及接地设计应符合现行有关技术标准的规定。

17.7　信 息 安 全

17.7.1　信息系统应按国家及铁路行业有关信息系统安全等级划分标准进行安全设计。

17.7.2　信息系统安全设计应包括环境安全、数据安全、网络与系统安全。

17.7.3　通过数据存储、本地数据备份或异地数据备份措施保障系统数据安全。

17.7.4　信息系统安全宜采取下列措施：

1　通过身份认证和访问控制技术，实行分等级、分权限的访问控制，并部署病毒防护、入侵监测、内容过滤和日志审计等多种安全防范措施。

2　不同安全域信息系统之间采用防火墙和虚拟专网等技术实施隔离和保护。

3　内网信息系统与外网互联采用安全隔离和访问代理机制实施隔离。

17.8　信息设备用房

17.8.1　信息系统设备机房标准应符合国家和铁路行业有关技术标准的规定。

17.8.2　各信息系统可合设机房，根据维护要求配置相应的维护用房。

17.8.5　信息机房宜设置电源及环境监控系统，对机房电源及环境进行监控，监控内容应符合相关技术标准的规定，系统可与相关专业合并设置。

17.9　接 口 设 计

17.9.1　相关专业应按信息系统要求设置机房、通风、空调、消防及电力等其他设施。

17.9.2　通信专业应按信息系统要求提供通信通道及标准时间信号。

17.9.3　自动售检票系统、门禁系统应实现与火灾自动报警系统联动，火灾报警情况下，进出站自动检票机及门禁系统电子锁应根据火灾自动报警系统联动控制要求实现自动或手动开放。

17.9.4　门禁及入侵报警系统宜与视频监控系统互联，实现与视频监控系统的报警联动。

18 灾害监测

18.0.1 市域铁路可设置自然灾害及异物侵限监测系统，根据需要选择监测对象，包括风、雨、雪、地震及上跨铁路的公(道)路桥梁异物侵限等。

18.0.2 监测系统宜采用中心系统、现场监测设备两级架构，包括中心系统、现场监测设备及系统网络等。

18.0.3 中心系统宜根据市域铁路网的规划合理设置，并符合下列规定：

1 灾害监测中心系统主要包括服务器、存储系统、网络及安全设备、时间同步设备、监测终端、复示终端等。

2 仅设置雨量监测的中心系统主要包括监测主机、监测终端、网络设备等。

18.0.4 现场监测设备应设置在铁路沿线，包括监控单元及现场采集设备，其中监控单元设置在车站、基站等处。

18.0.5 风速风向监测现场采集设备设置应符合下列规定：

1 近 20 年极大风速值超过 25 m/s 的地区设置风速风向监测点。

2 风速风向监测点设置间距：

1）山区垭口、峡谷、河谷等区段宜为 1～5 km。

2）桥梁、高路堤等区段宜为 5～10 km。

18.0.6 雨量监测现场采集设备设置应符合下列规定：

1 雨量监测点设置于路基地段及艰险山区铁路易发生滑坡、泥石流及危岩、落石或崩塌地段等处所。

2 雨量监测点设置间距：

1）有砟轨道线路连续路基区段雨量监测点设置间距宜为 15～20 km。

2）无砟轨道线路连续路基区段雨量监测点设置间距宜为 20～25 km。

3 雨量计安装在无遮掩的场所，宜临近车站、基站或工区等。

18.0.7 雪深监测现场采集设备设置应符合下列规定：

1 铁路沿线近 20 年最大积雪深度 3 cm 及以上的区段设置雪深监测点。

2 雪深监测点设置间距在平原宜为 30 km，在山区宜为 20 km。

18.0.8 地震监测现场采集设备设置应符合下列规定：

1 铁路沿线地震动峰值加速度 0.1g 及以上的区段设置地震监测点。

2 地震监测点布设间距宜为 25 km。

18.0.9 上跨铁路的公(道)路桥梁处设置异物侵限监测现场采集设备。

18.0.10 灾害监测系统应独立组网，包括局域网、广域网及监控单元接入网络等，局域网、广域网设计应采用基于 TCP/IP 技术的网络体系结构。仅设置雨量监测系统时，宜采用无线方式传输现场雨量监测信息。

18.0.11 灾害监测系统应能实现集中监控。

18.0.12 市域铁路管理单位所在地应设置监测系统中心机房。监控单元设备用房应便于运营维护，宜与其他生产设备房屋合并设置。

18.0.13 灾害监测系统的接口设计应符合下列规定：

1 异物侵限监测及地震监测与信号系统的接口应符合故障导向安全原则。采用继电接口时，应采用独立电源回路供电。

2 地震监测与牵引变电系统应采用继电接口，继电器应采用独立电源回路供电。

3 灾害监测系统与视频监控系统等互联应采用以太网接口、TCP/IP 协议，与气象部门、地震部门系统等互联宜采用以太网接口、TCP/IP 协议。

4 桥梁结构设计应为上跨铁路的公(道)路桥梁提供异物侵限监测装置的安装条件及检修通道。

5 通信设计应为灾害监测系统的组网提供专用数据通道。

18.0.14 灾害监测系统的其他设计应符合有关技术标准的规定。

19 车辆基地

19.1 一般规定

19.1.1 车辆检修应以可靠性为中心，实行计划定期检修、单元部件换件修以及主要零部件专业化集中修相结合的模式。

19.1.2 车辆应采用日常维修和定期检修相结合的检修制度，检修修程和周期应按配置车型确定。市域窄体车辆修程宜分为列检、双周三月检、定修、架修和大修，市域宽体车辆修程宜分为一、二、三、四、五级修。

19.1.3 车辆日常维修和定期检修的修程和周期应根据车辆技术平台、车辆全寿命周期质量指标和运用检修经验确定。

19.1.4 车辆基地可根据其功能与作业范围分为：车辆检修基地、车辆段与停车场。

19.1.5 车辆基地应按下列工作范围设计：

1 车辆检修基地：承担配属车辆的定期检修（含定修、架修、大修或三级修～五级修）、日常维修、临修以及运用整备和停放作业，并具有车辆管理功能、零配件储备及配送功能、信息管理功能以及线网车辆运用检修管理培训中心功能等。

2 车辆段：承担配属车辆的定修（市域窄体车辆）、日常维修、临修以及运用整备和停放作业。根据线网规划、检修工作量以及运营管理模式，采用市域宽体车辆且规模较大的车辆段可考虑设置三级修功能。

3 停车场：承担配属车辆的运用整备和停放作业，根据运营检修需要停车场可设置日常维修和临修功能。

19.1.6 车辆基地设置应符合下列基本规定：

1 车辆基地的布局、功能和设施设备的配置，应根据城市（市域）轨道交通线网规划、本工程行车组织运营方案和检修工作量统筹考虑，实现线网车辆基地的资源共享。

2 车辆基地高级修（窄体车辆的架修与大修，宽体车辆的三级修～五级修）应集中设置在车辆检修基地，实现线网车辆检修资源的共享。

3 综合市域轨道交通的线网规划、层级划分、建设时序、本工程线路方案以及运营交路，设置车辆段、停车场，以满足客运服务和运营发车需要。

19.1.7 车辆基地规模应根据列车对数、列车编组、配属车辆数量、检修周期及检修时间计算确定。

19.1.8 车辆基地宜采用与车站顺列式的布局，有利于行车及生产管理，使车辆出入对车站作业干扰最少，并适应站型和运输发展的需要，出入段线与正线应采用立体交叉。

19.1.9 车辆基地选址应避开工程地质和水文地质不良的地段，具有良好的排水条件，满足防洪、防淹要求。

19.1.10 车辆基地应具有完善的运输和消防通道，并应有不少于2个与外界道路相连通的出入口，车辆基地设计应符合现行国家标准有关消防要求。

19.1.11 车辆基地产生的环境影响应进行综合治理，并符合国家和地方现行有关环境保护标准的规定。

19.1.12 车辆基地中的危险品应有单独隔离的存放区域，并应符合《建筑设计防火规范》GB 50016的有关规定。

19.2 总平面布置

19.2.1 车辆基地总平面布置和用地范围应按远期规模一次规划，检修库房、运用库房与其他设施设备等按近期规模实施。

19.2.2 车辆基地总平面布置应符合下列规定：

1 总平面布置应根据生产工艺的需要，有利于车辆运用、检修作业工艺流程顺畅，避免流程交叉，相互干扰。

2 总平面布置应满足城镇规划、环保、消防、卫生、通风、采光等方面的要求，结合地形、地质、水文、气象等自然条件，因地制宜布置车辆基地内建筑物、股道、道路、管线及绿化设施，并预留发展条件。

3 配属车辆数量规模较大且用地条件较好的车辆检修基地与车辆段，可采用纵列式布置。

4 总平面布置宜按停车、日常维修、定期检修、辅助生产及办公等功能分区布置。

19.2.3 车辆基地内线路应根据功能要求设置，包括出入线、走行线、牵出线、停车线、轮对踏面诊断线、临修线、不落轮镟轮线、外皮清洗线、吹扫线、动态试验线、材料运输线、运用库线和检修库线。

19.2.4 车辆基地线路布置应符合下列规定：

1 车辆检修基地与车辆段的出入线不应少于2条，当衔接多个车站时，应分别检算通往各车站的出入段线能力和数量。困难情况下，规模等于或小于12列位的停车场可按单线设计。

2 停车线数量应按配属列车数量扣除检修车列数计算确定，停车线应根据运营检修要求和气候条件设计。当仅考虑停车作业需求时，停车股道可按露天设计，停车线有效长应满足停放整列车辆长度加作业及安全距离的要求。当停车作业与列检作业合并设置时，可按设库(棚)设计。

3 车体外皮清洗线设置形式既要突出工艺顺畅和运营便利的需求，也要体现车辆段用地条件限制情况下设置形式。车体外皮清洗线可采用贯通式布置，清洗装置两端股道有效长度宜满足各停放一列车的要求，当地形受限制时，可结合段内布置情况按尽端式或八字形往复式布置。

4 轮对诊断装置两端股道宜设置一节车长的直线段。

5 临修库线、不落轮镟轮库线可采用贯通式或尽头式布置，贯通式布置的库前后应能满足各停放一列车的要求。

6 车辆检修基地与车辆段应考虑外来材料、设备及新车进入的运输和装卸场地条件。有条件时，可设连接国家铁路的专用线及材料装卸线。

19.2.5 车辆检修基地与车辆段应设置静态调试线和动态试验线，并符合下列规定：

1 静态调试线长度应满足整列车静止调试停放需要，并设置调试库。

2 动态试验线宜为平直道，其长度应根据车辆性能、加速及制动距离、技术参数以及试验要求综合确定，并采取封闭措施。

3 动态试验线应配备列控车载设备测试及试验的地面设备。

4 车辆基地受用地条件影响，动态试验线无法满足全速试车条件时，可考虑在符合平面和纵断面条件的正线试车。

19.2.6 车辆基地内的库(棚)线应设在平直道上，库外停放车的线路宜为平坡，困难条件下坡度不应大于1.5‰。

19.3 运用整备设备

19.3.1 车辆运用整备、日常维修设施应按下列工作范围进行设计：

1 车辆运用整备作业内容：车载运行信息的采集、转储及处理，润滑油脂补充，车厢内部清洁，车体外皮清洗等。通过人工目视、检测设备工具和车载故障诊断系统对车辆主要技术状态和部分技术性能进行例行检查检测。

2 车辆日常维修作业内容：在运用整备作业基础上增加车辆走行部、制动系统、受电弓、电气系统、空调系统、列控装置、列车网络控制系统的检查检测。

19.3.2 车辆日常维修设施的设置应满足维修作业要求，日常维修作业应采用接触网供电牵引整列入库、定位作业方式。

19.3.3 车辆运用整备设施包括：运用库、临修库、不落轮镟轮库、车体外皮清洗设备、轮对踏面诊断设备、受电弓动态检测设备等。

19.3.4 窄体车辆模式的运用库应包括停车列检库、双周/三月检库，其中双周/三月检库可与停车列检库厂房组合为运用库，也可单独设置或与定临修库进行厂房组合。宽体车辆模式的运用库应包括检查库（一、二级修）与辅助车间。运用库设计应符合下列规定：

1 运用库长度应根据车辆长度、检修工艺流程、运输通道宽度、厂房组合情况和建筑、结构设计要求等因素确定。窄体车辆模式的停车列检库与双周/三月检库可结合运用库库型，按尽端式布置一线一列位或一线两列位、贯通式布置一线两列位或一线三列位设计。宽体车辆模式的检查库可按一线一列位或一线两列位设计。

2 运用库的高度应根据检修作业人员在车顶作业高度加安全距离及接触网挂网高度综合确定。

3 运用库的宽度应根据库线数量、线间距、作业场地、设备尺寸、人行及运输通道等计算确定。

4 运用库库前直线段长度不宜小于1节车长。

19.3.5 运用库设备设计应符合下列规定：

1 运用库前应设置接触网分段绝缘器、带接地的隔离开关，库内应设与隔离开关联锁的声光警示装置。一线两列位或三列位布置形式时，列位之间亦应设置接触网分段绝缘器。

2 库内股道宜采用轨道桥布置形式，并设检查地沟，库内设立体检查作业平台及作业人员安全防护设施，平台下、地沟内应设照明设备。

3 库内各作业点应设信息化系统终端设备和接口。

4 库内应设压缩空气管、给水排水管、电源线等管线，管线应综合布置、整齐、美观、标识清楚、便于维护。

5 库内应设置安全联锁门禁系统，其数据应纳入车辆检修作业管理系统。

19.3.6 运用库辅助车间宜在检查库边跨内集中设置，配备走行部、受电弓、空调系统、制动系统、行车安全装置等的检测设备以及零部件立体存储设备等。

19.3.7 临修库主要完成故障转向架、轮对及大部件的更换、处理车辆应急故障。临修库设计应符合下列规定：

1 窄体车辆模式的临修库宜与定修库进行厂房组合，按满足一列车长临修作业设计。宽体车辆模式的临修库宜与不落轮镟轮库进行厂房组合，按完成单节车临修作业设计。

2 临修库宽度及高度应根据检修工艺、车辆限界、运输作业通道、车顶作业需要、起重机结构尺寸等因素计算确定。

3 临修库应配备转向架(轮对)更换设备、起重设备，库内应有备用转向架及大部件存放位置。

4 临修库线上方如需挂网可设置活动式刚性接触网侧移及控制设备，该设备应与库内起重设备联锁。接触网引入库内时，库内应设置安全联锁门禁系统，其数据应纳入车辆检修作业管理系统。

5 临修库内宜设置作业平台。

19.3.8 不落轮镟轮库应符合下列规定：

1 库内应设置不落轮镟轮设备及牵车定位装置。

2 不落轮镟轮设备基础前后宜各设一节车长度的整体道床。

3 不落轮镟床与轮对踏面诊断装置间应设数据传输通道。

19.3.9 车体外皮清洗设备应配置清洗水处理及循环使用系统。

19.3.10 轮对踏面诊断设备应采用通过式布置，轮对踏面诊断数据应输送至不落轮镟库及车辆检修作业管理系统。受电弓动态检测设备宜与轮对踏面诊断设备合设在一处。

19.4 检修设备

19.4.1 车辆定期检修设施应包括检修库、转向架库、车体库、车体油漆库、静态调试库、部件检修库、列车吹扫设施和动态试验线等。

19.4.2 窄体车辆模式的检修库应包括定修库与大架修库等，其中定修库宜采用与临修库厂房组合方式，大架修库与车体库、静态调试库、转向架库、部件检修库、车体油漆库采用厂房组合方式。宽体车辆模式的检修库应包括三级修库与四五级修库等，三级修库、四五级修库与车体库、静态调试库、转向架库、部件检修库、车体油漆库采用厂房组合方式。

19.4.3 检修库厂房组合设计应集中布置，主要库房宜联跨布置，关系密切的生产车间宜布置在检修库边跨内。检修厂房组合应保证工艺顺畅合理，流程最短，并应考虑供热、供风、供水、供电、供气等管网设计的合理性。

19.4.4 定期检修作业应根据车型要求采用定位修或流水修。检修库设计应符合下列规定：

1 检修库长度应根据车辆长度、检修工艺流程、运输通道宽度、厂房组合情况和建筑、结构设计要求等因素确定。

2 检修库宽度应根据库线数量、线间距、作业场地、设备尺寸、人行及运输通道、起重量要求及起重设备跨度等计算确定。

3 检修库高度应根据检修工艺、车辆限界、车顶作业、起重机结构尺寸等因素综合确定，库内地面宜与轨顶平。

4 库内管线应综合布置、整齐、美观、标识清楚、便于维护。

5 库内应设车辆检修作业管理系统设备及接口。

6 库前直线段长度不宜小于1节车长。

19.4.5 检修库内设备设计应符合下列规定：

1 库内应设固定或移动式同步架车机、转向架转盘、起重设备，根据检修需要设置作业平台及地面试验电源。

2 库内应设置车体分解、组装台位，并配套检查作业平台或地沟。

3 库内应设车体移动设备、转向架及大部件的拆装设备、起重设备、车体气密性试验设备。

4 库内宜设置静态轮重检测设备。

19.4.6 转向架库应符合下列规定：

1 其规模和检修台位应根据转向架检修任务量、作业方式和检修时间计算确定，作业量大时宜采用流水线检修方式。

2 库内应设有转向架解体、组装、试验设备，并配备轮对、轮轴、轴箱、构架等零部件的清洁、检修、探伤、油漆、试验和起重运输设备。

3 轮对、车轮、车轴等的存储宜采用立体存储方式。

4 转向架检修库宜靠近检修库布置，两库间转向架的运输宜采用轨道运输方式。

19.4.7 车体库应符合下列规定：

1 库内布置应根据厂房组合形式，满足工艺流程和检修作业的要求。

2　车体库尺寸应根据检修任务量、检修工艺和检修时间计算确定。

3　车体库应配备满足车体部件的拆解、检修、组装、试验作业需要的设备，包括车体及部件运输设备。

19.4.8　车体外表面的油漆作业应采用有利于降低污染的喷漆工艺，油漆气雾经处理达标后排放。油漆台位根据车体检修作业量确定，作业量大时宜采用流水作业方式。车体油漆库内设备应按防爆要求配置。

19.4.9　车辆检修基地、车辆段应设置调试库，库内应配备轨道桥、作业平台、地面调试电源、安全联锁门禁系统。调试线上宜配备轮重检测设备。

19.4.10　车辆部件的检修可采用本段修和委托修相结合的方式，本段修部件需设置部件检修库。部件检修库宜靠近检修库布置，按修程要求配备检修设备。委托修可在车辆检修基地设置作业场地或部件存放场地。

19.4.11　车辆检修基地或车辆段应考虑设置吹扫除尘库。

19.4.12　车辆检修基地、车辆段应配置调机机车和调机库，调机库宜与综合维修工程车库合设。

19.4.13　车辆检修基地应设置材料库，材料库宜与综合维修物资总库合设。

19.5　其他设施

19.5.1　车辆基地应设置车辆检修作业管理系统，完成车辆运用、维修、配件物流及设备管理。车辆检修作业管理系统应采用统一、通用的软件平台。

19.5.2　车辆检修基地(或车辆段)应设培训功能，负责组织和管理职工进行市域线网车辆运用检修管理培训，并应配备司机模拟驾驶系统等培训设备和配套设施。

19.5.3　车辆基地内生产、生活、采暖等用气(汽)宜集中供应，应设置变电所和配电网，并应集中控制和调度。

19.5.4　车辆检修基地、车辆段内应配备相应的救援设备和设施。

19.5.5　车辆基地应有完善的消防设施、污水处理设施。

19.5.6　车辆基地内应设置市域车辆司机派班室、学习室、公寓等生产、办公设施，可在综合楼中一并设置。

20 综 合 维 修

20.1 一 般 规 定

20.1.1 综合维修应满足市域铁路线路、路基、轨道、桥梁、涵洞、隧道、房屋建筑和道路等设施的维修、保养工作，以及供电、通信、信号、机电设备和自动化设备的检修工作需要。

20.1.2 综合维修设施应根据其工作范围分为综合维修中心和综合维修工区，实行中心集中修和工区现场维保模式。

20.1.3 综合维修应实施寿命管理，实行计划预防修和状态修，推行换件修和主要零部件集中修。

20.1.4 综合维修应充分利用社会维修资源。

20.1.5 综合维修各专业生产及办公、生活设施应集中设置。

20.1.6 综合维修应设置综合维修管理信息系统，统一调度综合维修作业。

20.1.7 综合维修宜设置信息化系统设备和接口。

20.1.8 综合维修产生的环境影响应进行综合治理，并应符合现行国家和地方有关环境保护标准规定。

20.2 维 修 设 施

20.2.1 综合维修中心应符合下列规定：

1 综合维修中心应负责市域铁路基础设施的维修管理工作。

2 综合维修中心应承担基础设施的动态检测，各种检测、维修车组的管理、运用，以及基础设施的综合维修、紧急抢修等工作。

3 综合维修中心所属检测部门应承担线路、桥梁、隧道、接触网、通信、信号等基础设施的动态检测、质量状态分析以及提出维修建议等工作。

4 线路、桥梁、隧道、房屋等设施和机电、自动化设备的大修宜委托专业队伍或工厂承担。

5 综合维修中心场址选择应结合市域铁路总体布局统筹设置，并宜与车辆基地同址设置。

6 综合维修中心总平面布置应保证工艺流畅，宜按生产及办公、生活等功能分区布置。

7 综合维修中心应根据各专业需要设置生产及办公、生活等房屋。房屋布置应根据作业性质结合总平面布置的具体情况合理布局。其生产及办公房屋宜与车辆基地生产及办公房屋合建为综合楼，检修车间及库房可单独设置。生活房屋应与车辆基地同类房屋合并设置，其他辅助配套设施应利用车辆基地相关设施。

8 综合维修中心应根据各专业的作业要求配置必要的设备和轨道车、接触网作业车、平板车等工程车辆，不配置线路大修列车。

9 轨道检测车、接触网检测车、磨轨车、桥检车和探伤车等大型检测、维修车组，应根据检测及维修作业内容、作业量、修理周期、机械作业能力等因素，由综合维修中心结合线网规模统筹配置。

10 综合维修中心应根据工程车辆、检测及维修车组配置情况，设置停放线及工程车库。

20.2.2 综合维修工区应符合下列规定：

1 综合维修工区应承担基础设施的巡检、日常养护、临时补修和抢修等工作。

2 综合维修工区场址应有良好的接轨条件，宜与停车场同址设置。

3 综合维修工区应根据各专业需要设置生产及办公、生活等房屋及配套设施。其生产及办公、生活房屋宜与停车场同类房屋合并设置，其他辅助配套设施应利用停车场相关设施。

4 综合维修工区应根据各专业的作业要求配置必要的设备。

5 综合维修工区应根据抢修和维修时效性等要求，结合综合维修中心与综合维修工区设置间距的情况，配备轨道车、接触网作业车、平板车等工程车辆，并配置相应的停放线和工程车库。

20.3 物资总库

20.3.1 市域铁路应设置物资总库，物资总库应负责市域铁路综合维修的物资保障工作，主要承担维修材料、配件、设备和机具及劳保用品等的采购、存放、发放和管理工作。

20.3.2 物资总库应结合市域铁路线网规模统筹设置，并宜与综合维修中心集中设置。

20.3.3 物资总库应设置各种仓库、材料棚以及材料堆放场地，并设置必要的办公、生活房屋。

20.3.4 不同性质的材料和设备宜分库存放；存放易燃品的仓库宜单独设置，并应符合《建筑设计防火规范》GB 50016 的有关规定。

20.3.5 物资总库应设置材料装卸线，材料装卸线可兼作工程车辆停放线。

20.3.6 物资总库应配备装卸起重设备和公路运输车辆。

20.3.7 物资总库应设置周界防护措施。

20.3.8 物资总库生活设施应利用综合维修中心、车辆基地的设施。

20.4 接口设计

20.4.1 综合维修应根据线路、轨道、桥梁、隧道监测、检测要求，明确设备布置及安装要求。

20.4.2 综合维修应根据线路、桥梁、隧道、通信、信号、供电等养护维修需要，综合设置维修道路、出入口。

20.4.3 综合维修应根据桥梁结构形式、监测及检查要求，明确墩台、梁体检查及维修通道等设置要求。

20.4.4 综合维修应根据隧道形式、防灾救援要求，明确隧道内检查、维修通道等设置要求。

20.4.5 综合维修应根据养护维修需要，统筹设置维修用生产生活房屋设施的道路和出入口。

21 给水排水

21.1 一般规定

21.1.1 给水工程设计应结合市政供水系统现状及规划，满足生产、生活和消防等用水对水量、水压和水质的要求，并应符合综合利用、节约用水的原则。

21.1.2 排水工程设计应根据排水的性质、国家和地方排放标准，结合城镇排水规划进行收集、输送、处理和排放。

21.1.3 给排水管道穿越轨道时，宜集中布置垂直通过，并应符合《铁路给水排水设计规范》TB 10010 的相关规定。

21.1.4 给排水管道的材质和敷设应根据管径、压力、外部荷载、土壤性质、施工、维护和供水安全等因素综合确定，并应满足防腐、防止沉降及经济的要求。

21.1.5 给水排水设备监控、信息管理系统宜根据管理维护要求与控制室、控制中心统筹设置。

21.1.6 市域铁路给水排水设计，除本规范明确规定外，其他应符合《地铁设计规范》GB 50157等国家有关标准的规定。

21.2 给 水

21.2.1 给水水源宜采用城镇自来水。当沿线无城镇自来水时，应采用其他可靠的给水水源。

21.2.2 给水用水量应符合下列规定：

1 生产用水量应根据生产工艺、设备用水要求确定。

2 消防、绿化、冲洗用水等应根据国家标准有关规定执行。

3 不可预见水量和管网漏水量之和应按生产、生活最高日用水量的 15%计算。

21.2.3 给水系统的水质、水压应符合国家有关标准的规定。

21.2.4 给水系统应设置计量和控制设施，宜设检测设施。

21.2.5 寒冷和严寒地区的室外管道及附件应采取防冻保温措施。

21.3 排　　水

21.3.1 排水量设计应符合下列规定：

1 生活排水量标准应按用水量的90%～95%确定。

2 生产用水排水量应按工艺要求确定。

3 冲洗和消防废水排水量应和用水量相同。

21.3.2 敞开出入口、敞开风井及隧道洞口的雨水泵站、排水管渠的排水能力，应按当地50年一遇的暴雨重现期计算，设计降雨历时根据计算确定。

21.3.3 站房生活污水及粪便污水应单独排放，生产废水、结构渗水、冲洗及消防废水和洞口雨水可集中就近排放。

21.3.4 地下站和区间排水泵站(房)的设置应符合下列规定：

1 区间隧道内排水泵站应根据隧道纵断面设置。

2 洞口的雨水不能自流排放到洞口外时，应在洞口适当位置设置截水沟和排水泵站。

3 地下区间排水泵站(房)宜与区间联络通道或中间风井合建，泵站地面标高不宜低于走行轨顶面。

21.3.5 其他排水设施应符合下列规定：

1 区间主排水泵站(房)、洞口雨水泵站的集水池应设冲洗管、人孔和爬梯，集水池应设集水坑，坡向集水坑的坡度不宜小于10%。

2 车辆基地运用检修库房和设施、电缆沟等局部低洼处应设排水设施。

21.4 消防给水及灭火装置

21.4.1 消火栓给水系统用水量设计应符合下列规定：

1 地下站(含换乘站房)室内消火栓流量应为20 L/s。

2 地下站出入口通道、折返线及地下区间隧道室内消火栓流量应为10 L/s。

3 除1、2款外，消防流量应符合国家标准《建筑设计防火规范》GB 50016、《消防给水及消火栓系统技术规范》GB 50794及《铁路工程设计防火规范》TB 10063的有关规定。

21.4.2 与站房合建且单独划分防火分区的配套商业设施，任一层建筑面积大于1 500 m^2或总建筑面积大于3 000 m^2时，应按《建筑设计防火规范》GB 50016相关规定设置自动喷水灭火系统。

21.4.3 当消火栓系统由消防水泵加压供给时，消火栓系统的控制与操作应符合国家标准《消防给水及消火栓系统技术规范》GB 50974 的有关规定。

21.4.4 无地下站的单体区间隧道消防设施的设置应符合《铁路工程设计防火规范》TB 10063的有关规定。

21.5 接口设计

21.5.1 给水排水管道平行或穿越铁路时，应向站场、轨道、桥梁专业提出给排水管道敷设及防护的设置要求。

21.5.2 站房内有用水需求的配套商业设施应预留给水、排水接入条件。

21.5.3 设置设备监控系统、信息管理系统时，应向信息专业提出接入条件。

22 房屋建筑

22.1 一般规定

22.1.1 房屋建筑应包括站房、其他生产房屋及附属房屋。

22.1.2 站房应遵循安全、便捷、适用、经济的原则，并符合下列规定：

1 站房总体布局应符合城市规划、城市综合交通规划、环境保护和城市景观的要求，并应处理好与周边建筑、城市道路、市政管线、地下构筑物及施工时交通组织之间的关系。

2 站房型式应根据线路形式、场地条件、规划条件等综合因素确定。

3 站房客流组织应根据运输组织模式和运营管理方式确定，保证流线通畅、乘降安全、疏导迅速。站台宜按气候环境条件设置局部的独立旅客候车区域。

4 站房空间规模及设施配置应满足客流量的要求。用于旅客通过的设施及空间规模按超高峰小时客流量计算确定，用于旅客等候的设施及空间规模应兼顾一定时间聚集人数的需要。

5 站房功能布局应满足客流需求和系统功能的要求，布置紧凑，便于管理，并宜采用标准化、模块化、集约化设计。

6 站房建筑形式应适用、美观，体现地域特征和时代风貌，并注重体现交通建筑内涵。

7 站房设计应采取节地、节能、节水、节材和保护环境的技术措施。

8 站房应进行无障碍设计。

9 站房应易于检修和维护保养，合理设置设备运输通道和维护设施。

22.1.3 站房、站台、雨棚、进出站设施、站场的各类管线应统筹设计，布局规整有序、节省空间、利于维修。

22.1.4 其他生产及附属房屋的设置位置、规模应根据运输组织模式、运营管理方式等需求确定。

22.1.5 站房防火设计应符合《建筑设计防火规范》GB 50016、《地铁设计规范》GB 50157

及《铁路工程防火设计规范》TB 10063 的规定。其他房屋建筑防火设计应符合《建筑设计防火规范》GB 50016 的规定。

22.1.6 站房及其他生产及附属房屋场地设计高程应符合国家和地方防洪、防涝标准规定,并与该地区控制性规划相协调。地下车站出入口场地设计应满足当地防淹要求,无法满足时,应采取防淹措施。

22.1.7 站房、车辆基地建筑宜结合物业开发设计,物业开发强度、业态应根据商业策划确定,并符合城市规划要求。

22.1.8 市域铁路的运营控制中心应满足工艺设计要求,且宜为独立建筑。当与其他建筑合建时,应设置独立的进出口通道。

22.2 站　　房

22.2.1 站房主要包含站厅、站台公共区,设备管理用房,出入口、风亭、进出站通道等附属设施,及利用站房周边地上、地下空间进行物业开发的空间。

22.2.2 站房型式可选取地面、高架、地下等多种形式。

22.2.3 站房主要出入口前应具备供人员集散的空间。站房出入口附近应具备机动车和非机动车的停放条件,及具备公交车站点设置条件。

22.2.4 站房换乘形式应根据规划线网的走向及线路敷设方式确定。地下站预留的换乘节点两侧空间宜留出不小于 500 mm 的裕量。

22.2.5 站台计算长度应采用客流控制期列车编组数的有效长度加停车误差。

1 有效长度在无站台门的站台应为首末两节车辆驾驶室门外侧之间的长度;有站台门的站台应为列车首末两节车厢尽端客室门外侧之间的长度。

2 停车误差——无站台门时应取 1～2 m。设置站台门时(含预留条件)应取±0.3 m之内。

22.2.6 站台可选用岛式、侧式或岛侧混合等形式。站台宽度应根据预测客流量按下列公式计算,并应符合表 22.2.6 的规定:

岛式站台宽度:

$$B_d = 2b + n \cdot z + t \tag{22.2.6-1}$$

侧式站台宽度:

$$B_c = b + z + t + b_a \tag{22.2.6-2}$$

式中 b——侧站台等候区宽度,公式(22.2.6-1)和公式(22.2.6-2)中,应取公式(22.2.6-3)和公式(22.2.6-4)计算结果的较大值,m;

$$b = Q_{上} \cdot \rho / L + b_a \tag{22.2.6-3}$$

$$b=Q_{上、下} \cdot \rho / L+M \tag{22.2.6-4}$$

n——横向柱(纵梁)数；

z——横向柱(纵梁)宽(含装饰层厚度)，m；

t——每组人行梯与自动扶梯宽度之和(含与纵梁间所留空隙及装饰层厚度)，m；

$Q_{上}$——客流控制期每列车超高峰小时单侧上车客流量(较大一侧)；

$Q_{上、下}$——客流控制期每列车超高峰小时单侧上、下车客流量(较大一侧)；

ρ——站台上人流密度 0.5～0.75 m^2/人；

L——站台计算长度，m；

M——站台边缘至站台门立柱内侧距离，无站台门时取 0，m；

b_a——站台安全防护带宽度，取 0.4，采用站台门时用 M 取代 b_a 值，m。

表 22.2.6　站台最小净宽(m)

类　　别	地 下 站	高 架 站	地 面 站
岛式站台站台门内净宽	10.5	10	10
岛式站台的侧站台	2.5	2.5	2.5
侧式站(长向范围内设梯)的侧站台等候区	2.5	2.5	2.5
侧式站(垂直于侧站台开通道口设梯)的侧站台等候区	3.5	3.5	3.5

注:1. 当岛式与侧式站台混合布置时，根据运营使用要求，站台最小净宽可适当减小。
2. 采用大站停越行模式的车站，站台宽度应考虑清客客流对站台宽度带来的影响。

22.2.7　站房公共区出入口通道、换乘通道、楼梯、自动扶梯和检票口(机)等部位的通过能力应按超高峰客流量计算确定，出入口通道、楼梯、自动扶梯、检票机的通过能力应满足消防疏散要求。

22.2.8　站房通行设施的最大通过能力宜按表 22.2.8 选用计算。

表 22.2.8　站房各部位的最大通过能力

部位名称		每小时通过人数(人)
1 m 宽楼梯	下行	3 700
	上行	3 300
	双向混行	2 800
1 m 宽通道	单向	5 000
	双向混行	4 000
1 m 宽自动扶梯	输送速度 0.5 m/s	6 000
	输送速度 0.65 m/s	7 300

续表 22.2.8

部位名称			每小时通过人数(人)
人工售票口			1 200
自动售票口			300
人工检票口			2 600
自动检票机	三杆门	非接触 IC 卡	1 200
	门扉式	非接触 IC 卡	1 800
	双向门扉式	非接触 IC 卡	1 500
	—	疏散时全打开(个)	2 500

22.2.9 站房各建筑部位的最小净宽和最小净高,应符合表 22.2.9-1、表 22.2.9-2 的规定。

表 22.2.9-1 站房各部位的最小净宽

名　称	最小净宽(m)
通道或天桥	2.4
公共区单向楼梯	1.8
公共区双向楼梯	2.4
公共区与自动扶梯并列设置的楼梯(困难情况下)	1.6
设备管理区楼梯及消防专用楼梯	1.2
站台至轨道区的工作梯(兼疏散梯)	1.1

表 22.2.9-2 车站各部位的最小净高

名　称	最小净高(m) (地面装饰面至吊顶面)
站厅公共区	3.0
站台公共区	3.0
设备管理用房	2.4
旅客出入口通道	2.6

22.2.10 自动售票机、旅客服务中心、安全检查等设施的布点应结合进出站流线合理设置。

22.2.11 站房公共区应开敞、通透、导向明确,应根据建筑节能、维护保养等因素合理确定适宜的空间高度。

22.2.12 地面和高架站房应采取噪声和振动的综合防治措施,对站房主要噪声源进行隔声、隔振处理,保证良好的声环境。

22.2.13 车站应设置公共信息导向系统，导向系统可采用动态和静态显示标志，且设置应安全、规范、系统、醒目、连续、易于识别。

22.2.14 站房屋面雨水排水设计应根据国家相关标准选用适当暴雨设计重现期、暴雨强度等参数，当采用金属屋面时应根据相关技术标准的要求设置溢流设施。

22.2.15 铁路线路上方不应采用全隐框玻璃幕墙、倒挂(贴)石材、面砖等材料。如需采用其他装饰材料，应采取加强措施，确保构件不掉落，保证运营安全。

22.2.16 不设站台门时，应在距站台边缘 400 mm 范围的站台面设置具有防滑功能的安全防护带，安全防护带内侧设不小于 80 mm 宽的纵向醒目的安全线。

22.3 建筑设备

22.3.1 车站自动扶梯、自动人行道、电梯、轮椅升降机设置应符合下列规定：

1 自动扶梯、自动人行道、电梯、轮椅升降机应适合所在地区的自然气候条件。设置于室外的应选用室外型产品，应能在风吹、日晒、雨雪、寒冷等恶劣条件下正常工作。

2 自动扶梯和自动人行道应采用公共交通型。自动扶梯的倾斜角度不应大于 30°，自动人行道的倾斜角度不应大于 12°；自动扶梯和自动人行道的额定速度不应小于 0.5 m/s，宜选用 0.65 m/s，并具备变频调速的功能。当自动扶梯额定速度为 0.5 m/s 时，上、下水平梯级数量不应少于 3 块；当自动扶梯额定速度为 0.65 m/s 时，上、下水平梯级数量不应少于 4 块。

3 车站出入口、站台至站厅应设上、下行自动扶梯，在设置双向自动扶梯困难且提升高度不大于 10 m 时，可仅设上行自动扶梯。每座车站应至少有一个出入口设上、下行自动扶梯；站台至站厅应至少设一处上、下行自动扶梯。

4 两台相对布置的自动扶梯工作点间距不应小于 16 m；自动扶梯工作点与前端影响通行的障碍物间距不应小于 8 m；自动扶梯与楼梯相对布置时，自动扶梯工作点至楼梯第一级踏步的间距不应小于 12 m。

5 当通道的水平距离超过 100 m 时，宜设置自动人行道。

6 车站宜设置无机房电梯，当无法满足无机房电梯布置要求时，宜设置轮椅升降机。

7 电梯门前等候区深度不宜小于 1.8 m。困难条件下等候区梯门可正对轨行区，但门前等候区不应侵占站台计算长度内的侧站台宽度。

8 电梯的额定载重不应小于 1 000 kg，额定速度不宜小于 1 m/s。

9 轮椅升降机的额定载重不应小于 250 kg，额定速度宜为 0.15 m/s。

10 自动扶梯、自动人行道、电梯、轮椅升降机应接受 BAS 系统的监视，并在设备布置处设置视频监视装置，其中电梯内部也应设置视频监视装置。当车站出现紧急情况时，电梯应接受 FAS 系统的紧急指令，实现车站级控制；电梯应能实现与车站控制室之间的直通电话功能；轮椅升降机应设置与车站控制室的可视对讲装置。自动扶梯和自动人行道应设置就地级控制，宜设置车站级控制。

11 事故疏散用自动扶梯，应按一级负荷供电。

12 自动扶梯和自动人行道的传输设备应采用阻燃材料，自动扶梯、自动人行道、电梯、轮椅升降机的电线、电缆应采用无卤、低烟的阻燃材料。

13 自动扶梯、自动人行道、电梯的安装位置应避开土建结构的诱导缝和变形缝。

22.3.2 站台门设置应符合下列规定：

1 车站站台宜设置站台门，站台门应相对于站台计算长度中心线对称纵向布置，滑动门设置应与列车门一一对应。滑动门的净开度应计算信号系统的停车精度，且不应小于列车门的净开度。

2 站台门门体距站台边缘的距离应结合列车运行模式、列车运行速度、限界要求、风荷载、噪声以及旅客安全等因素确定。

3 站台门的类型应根据气候环境条件、车站建筑形式、服务水平、通风与空调制式等因素综合选定。在设有空调的地下车站宜设置高站台门，不设空调的地面站及高架车站宜设置低站台门。

4 站台门应满足正常运营时旅客方便上下车、故障或灾害时旅客安全疏散的需求。站台端部应设向站台侧开启净开度不小于 1.1 m 的端门；沿站台长度方向应设向站台侧开启净开度不小于 1.1 m 的应急门，应急门数量及位置应满足应急疏散要求。

5 站台门不应作为防火隔离装置。

6 站台门应满足负载强度、气密性等要求，并应做到安全可靠、检修方便、经济适用、造型美观。站台门门体结构在市域铁路环境的最不利载荷效应组合情况下，门体弹性变形应满足工程要求且结构不应出现永久变形。

7 站台门与列车之间的间隙应设置相应的安全防护装置。

8 站台门系统的配置及控制模式应与车站其他系统相适应。

9 站台门系统应按一级负荷供电，驱动电源和控制电源供电回路应相互独立，并应配置后备电源。

10 站台门系统的装饰、密封材料和所有的电线、电缆等应采用无卤、低烟的阻燃材料。

11 对于呈坡度的站台，站台门应以同坡度垂直于站台面设置。站台门设置区域不宜设置土建结构变形缝；当站台门跨越变形缝时应采取相应的构造措施。

22.4 接口设计

22.4.1 乘客进出站流线应与站外交通流线相互衔接。用地范围内的车辆出入口设置应与城市道路相互衔接。

22.4.2 车站及沿线其他建筑设于远离规划道路的地块内时，应根据近远期道路引入情况，考虑道路的衔接。

22.4.3 站内公共信息导向系统应与站外公共信息导向系统相衔接。

22.4.4 显示屏、标识牌、广告设施及外露的设备末端等设施布置应与站房、雨棚、天桥、地道装修设计相协调。

22.4.5 站房、雨棚和场地的雨水排水体系应与站场、城市排水系统统筹考虑。

22.4.6 站房内应提供配套商业设施的供电、给水排水、排油烟管道等条件。

22.4.7 车站与物业开发项目结合建设时，应满足分期建设的接口条件。

22.4.8 站房附属设施布置应与周边地块建筑物协调统一。

23 供暖、通风与空调

23.1 一 般 规 定

23.1.1 市域铁路的地下站(站厅、站台、设备与管理用房、出入口通道、换乘通道)、区间隧道(正线隧道、渡线、折返线、停车线、尽端线隧道等),以及地面及高架站等内部空气环境应采用通风、空调与供暖系统进行控制。

23.1.2 站房宜利用自然通风消除余热、余湿。

23.1.3 夏季当地最热月的室外平均温度超过 25℃时,地下站应采用空调系统,地面及高架站封闭的公共区宜采用空调系统。

23.1.4 地下站公共区和区间隧道可不设供暖系统。

23.1.5 站房公共区空调系统宜与设备区、办公区空调系统分开设置。

23.1.6 站房旅客服务用房应预留通风空调设置条件。

23.1.7 无地下站的单体区间隧道通风应按《铁路隧道运营通风设计规范》TB 10068、《铁路隧道防灾救援疏散工程设计规范》TB 10020、《铁路工程设计防火规范》TB 10063 进行设计。

23.1.8 换乘站系统设备宜按照资源共享统筹设置。

23.1.9 通风、空调与供暖和防灾设计,除本规范明确规定外,其他应符合《地铁设计规范》GB 50157等国家有关标准的规定。

23.2 设 计 标 准

23.2.1 站房公共区的设计标准应符合下列规定:

1 室外空气计算参数应采用当地现行的地面建筑设计标准。

2 地面和高架站室内空气计算参数应符合下列规定:

1) 站厅设供暖系统时,设计温度为 12 ℃。

2) 站厅采用通风系统时,站厅内的夏季设计温度不应超过室外计算温度 3 ℃,但最高不应超过 35 ℃。

3）站厅采用空调系统时，站厅内的夏季设计温度应为 29～30 ℃，相对湿度不应大于 70%。

3 地下站室内空气计算参数应符合下列规定：

1）站房采用通风系统时，室内的夏季设计温度不宜高于室外空气计算温度 5 ℃，且不应超过 30 ℃。

2）站房采用空调系统时，夏季站厅室内设计温度应低于室外空气计算干球温度 2～3 ℃，且不应超过 30 ℃；站台室内设计温度应低于站厅设计温度 1～2 ℃，相对湿度均应为40%～70%。

3）站厅、站台的瞬时风速不宜大于 5 m/s。

4）二氧化碳（CO_2）日平均浓度应小于 1.5‰。

5）空气中可吸入颗粒物的日平均浓度应小于 0.25 mg/m^3。

3 设计最小新风量应符合下列规定：

1）采用通风系统开式运行时，每位乘客每小时新风量不应少于 30 m^3，采用闭式运行时，其新风量不应少于 12.6 m^3。

2）采用空调系统时，每位乘客每小时新风量不应少于 12.6 m^3。

23.2.2 站房设备与管理用房的设计标准应符合以下规定：

1 室外空气计算参数应采用当地现行的地面建筑设计标准。

2 地下站的设备与管理用房室内空气计算参数应符合以下规定：

1）室内设计参数应符合表 23.2.2 的规定。

表 23.2.2 地下站内设备与管理用房室内设计标准

序号	房间名称	冬季	夏季	
		计算温度(℃)	计算温度(℃)	相对湿度(%)
1	售票室、票务室、办公室、值班室、休息室、更衣室、会议室	18	27	<65
2	车站控制室	18	27	40～60
3	各类通信设备室及电源室、信号设备室及电源室、综合监控设备室、自动售检票机房、变电所控制室、网开关控制室、站台门控制室	16	27	40～60
4	变电所、照明配电室	—	36	—
5	蓄电池室、环控电控室	16	30	—
6	污水泵房、废水泵房、消防泵房	5	—	—
7	折返线维修用房	12	30	—
8	厕所	>5	—	—

2）二氧化碳（CO_2）日平均浓度应小于1.0‰。

3）空气中可吸入颗粒物的日平均浓度应小于0.25 mg/ m^3。

3 每个工作人员每小时新风量不应少于30 m^3，且不应少于总送风量的10%。

23.2.3 区间隧道的设计标准应符合下列规定：

1 室外空气计算温度应符合下列规定：

1）夏季应采用历年最热月月平均温度的平均值。

2）冬季应采用累年最冷月月平均温度的平均值。

2 区间隧道内的空气设计参数应符合下列规定：

1）列车车厢不设置空调时，夏季的最高平均温度不得高于33 ℃。

2）列车车厢设置空调，车站不设全封闭站台门时，夏季的最高平均温度不得高于35 ℃；设全封闭站台门时，不得高于40 ℃。

3）冬季的平均温度应低于当地地层的自然温度，但最低不应低于5 ℃。

4）二氧化碳（CO_2）日平均浓度应小于1.5‰。

3 每位乘客每小时新风量不应少于12.6 m^3。

23.2.4 通风、空调系统设备运转传至各区域噪声应符合下列规定：

1 通风、空调机房内噪声不应大于90 dB(A)。

2 传至站厅、站台噪声不应大于70 dB(A)。

3 传至各房间噪声不应大于60 dB(A)。

4 冷却塔、风亭出口的噪声应符合《声环境质量标准》GB 3096的有关规定。

23.3 站房的通风、空调与供暖

23.3.1 地下站通风空调系统设计应考虑列车活塞风的影响。

23.3.2 车站公共区人数应按晚高峰计算。设置旅客候车区的站房，候车区最大人员密度可按0.67人/m^2进行计算。

23.3.3 地下站站台设置全封闭站台门时，宜采取措施增大公共区非空调季活塞通风量。

23.3.4 当地下站采用空调系统时，系统的新风量应计入列车活塞风引入的新风量。

23.4 防烟、排烟与事故通风

23.4.1 连接地下站且连续长度大于300 m的区间隧道和全封闭车道应设置机械防烟、排烟设施。

23.4.2 市域宽体列车火灾规模热释放量可按照 15 MW 计算。

23.4.3 盾构隧道设置轨底逃生通道时，逃生通道应设置加压送风系统，保证火灾情况下疏散口风速不小于 0.7 m/s。

23.5 接口设计

23.5.1 站房通风空调系统应考虑与电力、监控、给排水等相关专业的设计接口。

23.5.2 站房建筑应为大型通风与空调设备设置运输、安装通道及孔洞，并装设起吊设施。

24 综合接地

24.1 一般规定

24.1.1 市域铁路宜采用综合接地系统。

24.1.2 综合接地系统应包括贯通地线、接地装置等，其中接地装置包括接地体、接地端子和接地线。

24.1.3 综合接地系统应遵循等电位连接的原则。

24.1.4 接触网支柱、距接触网带电体部分 5 m 范围以内的金属结构物和电气设备应接入综合接地系统。

24.1.5 距贯通地线 20 m 范围以内的铁路建(构)筑物的接地装置应与综合接地系统等电位连接。

24.1.6 综合接地系统接地端子处的接地电阻不应大于 1 Ω。

24.1.7 综合接地系统设计除符合本规范的规定外，其他还应符合《铁路防雷及接地工程技术规范》TB 10180 的规定。

24.2 贯通地线

24.2.1 铁路线路两侧分别敷设 1 条贯通地线。

24.2.2 贯通地线截面积的选择应符合下列规定：

1 宜按照远期的牵引电流计算。

2 应符合正常情况下流过贯通地线最大牵引回流的要求。

3 应符合牵引网短路时通过瞬间大电流对动热稳定的要求，短路时间按 100 ms 取值。

4 应根据不同区段牵引回流的分布情况，分段合理考虑。

24.2.3 贯通地线的结构、导体和外护套等性能和环保要求应符合国家及行业有关技术标准的规定。

24.2.4 路基地段对应接触网支柱和接地端子位置应设贯通地线的分支引接线，用于接触网支柱基础接地装置和接地端子与贯通地线等电位连接。分支引接线应与贯通地线同材质、同截面。

24.2.5 线路两侧贯通地线应进行横向连接。路基地段宜每隔 500 m 通过横向连接线连接 1 次，横向连接线应与贯通地线同材质、同截面；桥梁地段利用梁端的横向接地钢筋、隧道地段利用二次衬砌的环向接地钢筋实现两侧贯通地线的横向连接。

24.3 接地体和接地端子

24.3.1 路基地段接地体应利用接触网支柱基础内的非预应力结构钢筋。当接触网支柱基础内没有非预应力结构钢筋时应增设接地钢筋。

24.3.2 桥梁地段接地体设置应符合下列规定：

1 桩基础桥墩的每根桩中应选用 1 根通长结构钢筋，作为接地体的垂直接地钢筋；利用承台中的结构钢筋将垂直接地钢筋环接构成接地体。

2 明挖基础桥墩在基底底面设 1 层钢筋网作为水平接地体。

3 每个桥墩中应设置不少于 2 根接地钢筋，一端与下部的接地钢筋焊接，另一端与上部墩帽处的接地端子焊接。

4 在无砟轨道和有砟轨道桥梁上表层内适当位置设置纵向接地钢筋。

5 在桥梁两侧的防护墙上部，利用其上表层的纵向结构钢筋作为接地钢筋。

24.3.3 隧道地段应根据不同的围岩等级利用隧道初期支护锚杆、钢架、环向接地钢筋、底板钢筋网作为接地体，并符合下列规定：

1 锚杆接地体按照每 1 个台车位设置 1 处，其环向间距为锚杆长度的 2 倍，并与同位置的钢架或钢筋网焊接。

2 底板接地体按照 1 m 间隔选用底板结构钢筋网，间隔 1 个台车位设置 1 处。

3 在电缆槽靠线路侧外缘应各选用 1 根纵向结构钢筋，并与隧道锚杆接地体或底板接地体焊接。

24.3.4 隧道二次衬砌中接地体的设置应符合下列规定：

1 二次衬砌中有钢筋网的隧道和明洞，应利用二次衬砌的内层纵、环向结构钢筋作为接触网断线保护接地体。

2 二次衬砌无钢筋时，仅设环向接地钢筋与接触网基础连接，用于接触网基础的接地连接。

3 二次衬砌中的接地钢筋应按照1个台车位长度与两侧电缆槽靠线路侧外缘的纵向接地钢筋焊接。

24.3.5 盾构隧道接地体设置应符合下列规定：

1 盾构隧道内轨道板底层有减震钢筋网时，应利用轨道板底层的减震钢筋网作为接地极。

2 盾构隧道内轨道板底层无减震钢筋网时，在隧道底层填充层内设置1层钢筋网作为接地极。

3 盾构隧道可利用隧道内横向通道或综合洞室等设置接地极。

4 接地钢筋网应与两侧电缆槽靠线路侧外缘的纵向接地钢筋焊接。

24.3.6 地下车站地段的综合接地系统应利用车站建筑物设置的接地装置，并采用不少于2根导体在不同地点将二者相连接。

24.3.7 路基地段接地端子设置应符合下列规定：

1 接触网支柱基础侧面应设置接地端子，并通过分支引接线与贯通地线连接，接地端子应与接触网支柱基础内的结构钢筋焊接。

2 根据信号轨旁等设备或设施的接地需要，在距接触网支柱不小于15 m的适当位置设置接地端子。

3 电缆井内可按需设置接地端子。

24.3.8 桥梁地段接地端子设置应符合下列规定：

1 在每跨梁底部设置接地端子，用于梁体与桥墩间的接地连接。

2 在每跨梁顶部设置接地端子，用于贯通地线及轨旁设备、设施等的接地连接。

3 在桥墩墩帽设置接地端子，用于桥墩接地装置与梁体接地装置的连接。

4 在非水中桥墩的下部可设置接地端子，用于接地电阻检测和外部人工接地体连接。

5 接地端子应与桥墩和梁体内的接地钢筋焊接。

24.3.9 隧道接地端子设置应符合下列规定：

1 在两侧通信信号电缆槽靠线路侧外缘上约每50 m设置接地端子，用于轨旁设备、设施的接地连接。有条件时可按需要位置设置。

2 在每个隧道洞室垂直线路的两侧壁下方设置接地端子，用于洞室内设备、设施接地连接。

3 在隧道通信信号电缆槽底部每间隔100 m设置接地端子，用于贯通地线的接地连接。

4 在隧道侧壁及拱顶按需要位置设置接地端子，用于电力照明及接触网设施接地连接。

5 在隧道横通道、斜井口设置接地端子，用于防灾救援设备接地连接。

6 隧道内所有接地端子均应通过连接钢筋与电缆槽靠线路侧外缘的纵向接地钢筋连接。

24.4 接地及等电位连接

24.4.1 接闪器接地及等电位连接应符合下列规定：

1 接闪器宜设置独立的接地装置：

1)接闪器接地装置与贯通地线或建筑物接地装置的距离不宜小于 15 m，否则二者应进行等电位连接。

2)当进行等电位连接时，接闪器接地装置在贯通地线或建筑物接地装置上的连接点，与电子信息设备接地点之间的距离不得小于 15 m。

2 接闪器与电子信息设备共用接地装置时，二者与接地网的连接点间沿接地体距离不宜小于 15 m，条件困难时不得小于 5 m。

24.4.2 无砟轨道的接地及等电位连接应符合下列规定：

1 在无砟轨道板上层利用结构钢筋作纵向接地钢筋，并与线路两侧设置的接地端子单点 T 形连接。

2 每 100 m 无砟轨道段落范围的轨道板单元之间应进行等电位连接。

3 接地钢筋不应形成闭合电气回路，并与其他非接地用结构钢筋电气绝缘。

24.4.3 站台范围的接地及等电位连接应符合下列规定：

1 站台墙的台面上层靠线路侧 0.6 m 范围内的纵向结构钢筋与站台墙内的部分横向、竖向结构钢筋及接地端子连接构成站台墙接地体，并与贯通地线每约 100 m 连接 1 次。

2 站台面结构钢筋可接入综合接地系统。

3 当站台上沿线路方向长度不超过 2 m 的导电结构不含有或不支持电气设备时，则没有必要采取任何防护措施。

4 综合站房或信号楼等建筑物接地装置沿线两端，通过热镀锌扁钢与站台墙预留的接地端子就近等电位连接。

5 车站雨棚金属构件应接地后与贯通地线等电位连接。

24.4.4 牵引供电设备、设施接地及等电位连接应符合下列规定：

1 贯通地线与完全横向连接线连接点、保护线引下线或回流线的吸上线与扼流变压器或空芯线圈中性点连接点宜在同一位置。

2 牵引变电所、开闭所、自耦变压器所和分区所均应单独设置接地装置，与综合接地系统等电位连接应符合有关技术标准的规定。

3 牵引网中单独设置的接地装置在贯通地线上的接入点与其他设备在贯通地线上的接入点间距不应小于 15 m。

4 桥上的接触网支柱基础内的钢构件应与桥梁接地钢筋等电位连接。

5 隧道、明洞内的接触网预埋件应与隧道、明洞接地钢筋等电位连接。

6 站台区域线路间设置有接触网支柱时，应敷设热镀锌扁钢，并通过分支引接线与接触网支柱基础的接地装置等电位连接。

24.4.5 铁路设备、设施等均应通过接地端子接入综合接地系统。

24.4.6 综合接地系统应与直流牵引供电系统之间采取绝缘措施。

24.5 接口设计

24.5.1 牵引供电系统应向综合接地系统设计提供贯通地线最大牵引回流及接触网最大短路电流。

24.5.2 沿线需接地的系统设备和工程设施，均由各系统或工程负责完成各自的接地装置设计，并根据综合接地系统的技术要求，就近接入综合接地系统。

25 环境保护

25.1 一般规定

25.1.1 市域铁路工程建设与运营应贯彻国家环境保护法律和法规，符合当地环境功能区划和环境保护规划。

25.1.2 工程选线、选址应绕避自然保护区的核心区和缓冲区、风景名胜区的核心景区、世界文化和自然遗产地、饮用水水源一级保护区。经方案比选后，确需经过上述敏感区其他区域或其他法定环境敏感区时，应采取适宜的防护措施。

25.1.3 环境保护措施设计应遵循保护优先、预防为主的原则。污染防治及生态保护与恢复工程设计应满足环境影响报告书及其批复意见的要求，应符合国家和行业有关标准的规定。

25.1.4 工程主要产生噪声、振动、污水、电磁等环境污染，污染物排放应符合国家和地方现行排放标准的要求。污染物排放量应符合总量控制指标的要求。

25.1.5 环境保护工程宜按近期建设规模确定，预留远期治理技术条件。

25.2 噪声治理

25.2.1 线路两侧噪声敏感建筑物集中区域环境噪声因市域铁路声源影响超过《声环境质量标准》GB 3096 中的相关标准时，应从降低噪声源强、阻隔传播途径和受声点防护等方面采取工程治理措施或综合防治措施。

1 线路纵向连续长度 100 m、距外侧线路中心线 80 m 区域内，居民户数不小于 10 户应设置声屏障。

2 距外侧线路中心线 80 m 区域内，分布有学校、医院(疗养院、敬老院)时应设置声屏障。

3 声屏障设置应符合铁路建筑限界的规定，并满足铁路设施检修和维护的要求。

25.2.2 声屏障应根据噪声源强和保护目标的噪声限值要求进行声学设计，并应符合下列规定：

1 声屏障插入损失设计目标值应根据噪声影响程度和保护目标的噪声限值要求确定。当设计目标值大于 10 dB(A)时，应与其他降噪措施相结合。

2 声屏障插入损失宜按倍频带中心频率 63～4 000 Hz 进行分频计算。

3 声屏障长度、高度应根据插入损失设计目标值要求，按无限长线声源、有限长声屏障计算模型计算确定。

4 声屏障长度可分为敏感点分布长度加两端附加长度；附加长度不应少于 50 m。

25.2.3 声屏障形式应符合下列规定：

1 路堑区段宜采用生态土堤降噪形式，必要时在堑顶设置生态隔声墙等。

2 路堤区段可按现场情况采用生态墙、柱板式、整体式声屏障。

3 桥梁区段可采用整体式、柱板式或其他结构形式的声屏障；外形尺寸、结构设计应与桥梁统一设计，并考虑与景观的协调。

4 桥梁路段需远期预留安装声屏障的区段，宜按柱板式结构设计，并预留声屏障基础的安装条件。

5 城市高层建筑分布路段，可依据线路形式分别采用生态明洞或封闭式声屏障。

25.2.4 声屏障构件技术性能应符合《铁路声屏障声学构件技术要求及其测试方法》TB/T 3122 的有关规定。

25.2.5 声屏障结构设计应满足下列规定：

1 声屏障的设计荷载应根据使用过程中可能同时作用的荷载进行组合，按最不利条件采用容许应力法或极限状态法进行计算。

2 声屏障主体结构采用混凝土的，设计使用年限为 60 年；主体结构采用钢结构的，设计使用年限为 50 年。

3 声屏障立柱的挠度不得大于长度的 1/200；混凝土结构的裂缝宽度不得大于 0.2 mm。

25.2.6 声屏障构造应符合下列规定：

1 声屏障吸声结构应面向声源。

2 声屏障构件之间、上部与基础之间应有防止漏声的措施，不应有缝隙或孔洞。

3 整体式声屏障单元板间，插板式声屏障单元板间、单元板与立柱间应采用橡胶柔性连接。

4 路基声屏障地段的排水设置应可靠，并顺接入路基排水沟中。

5 声屏障应利用结构钢筋或金属构件形成电气贯通，并与综合接地系统的端子连接。

25.2.7 声屏障接口设计应符合下列规定：

1 声屏障基础应与路基基础协调设计。路基专业进行基础处理时应考虑声屏障基础的设置条件，声屏障基础设计时也应考虑路基专业的基础处理方式。

2 桥梁声屏障的基础应结合接触网支柱基础、支柱及坠砣、开关柜等进行设计，避免位置冲突。

3 桥梁声屏障的安装应与桥梁的预埋件相匹配。

25.2.8 路桥连接段或路基声屏障连续长度大于500 m时，应根据疏散和检修要求设置安全门，门的净宽度不应小于1 m。安全门应由线路内侧向外开启，并不得影响声屏障降噪效果。

25.3 振动控制

25.3.1 市域铁路减振措施的效果应使振动环境保护目标达到《城市区域环境振动标准》GB 10070 规定的昼、夜间环境振动限值标准的要求。

25.3.2 市域铁路地下段沿线建筑物室内二次辐射噪声应符合《城市轨道交通引起建筑物振动与二次辐射噪声限值及其测量方法标准》JGJ/T 170 或地方标准的规定；受保护的文物古建筑的振动速度应符合《古建筑防工业振动技术规范》GB/T 50452 的相关规定。

25.3.3 振动控制应从振动源、传播途径、敏感目标等方面采取下列措施：

1 振动源减振可采用轨道减振扣件、梯形轨枕、浮置板道床等措施。

2 传播途径减振可采用隔振沟、隔振墙、隔振桩管等措施。

3 敏感目标减振可采用建筑基础隔振等措施。

25.4 其　　他

25.4.1 运营期产生的生产废水和生活污水应采取必要的治理措施，确保达标排放。

25.4.2 车辆基地列车外皮清洗废水经处理后应循环利用，循环利用的冲洗用水水质应符合城市污水再生利用水质标准。

25.4.3 变电所工频电场、工频磁感应强度应符合《电磁环境控制限值》GB 8702 的要求。

25.4.4 固体废物处理处置应符合下列规定：

1 生产作业产生的一般固体废物应有资源化和无害化预处理措施。

2 车站、车辆基地运营生产过程中产生的危险固体废物应按国家有关规定收集、贮存、处置。

本规范用词说明

执行本规范条文时，对于要求严格程度的用词说明如下，以便在执行中区别对待。

(1)表示很严格，非这样做不可的用词：

正面词采用“必须”；

反面词采用“严禁”。

(2)表示严格，在正常情况均应这样做的用词：

正面词采用“应”；

反面词采用“不应”或“不得”。

(3)表示允许稍有选择，在条件许可时首先应这样做的用词：

正面词采用“宜”；

反面词采用“不宜”。

(4)表示允许有选择，在一定条件下可以这样做的，采用“可”。

中华人民共和国团体标准

市域铁路设计规范

Code for Design of Suburban Railway

条文说明

T/CRS C0101—2017

主编单位：中铁第四勘察设计院集团有限公司

批准部门：中国铁道学会

发布日期：2017 年 3 月 31 日

本条文说明系对重点条文的编制依据、存在的问题以及在执行中应注意的事项等予以说明，不具备与标准正文同等的法律效力，仅供使用者作为理解和把握标准规定的参考。为了减少篇幅，只列条文号，未抄录原条文。

1 总 则

1.0.1 市域铁路是伴随我国新型城镇化发展而产生的新型客运轨道交通方式，为城市中心城与周边新城或组团城市各城镇之间提供快速、大容量、公交化公共交通服务的轨道交通系统，其服务功能和相关要求介于城市轨道交通与城际铁路之间，服务特性更接近于城市轨道交通。目前国内市域铁路建设尚处起步阶段，现有城际铁路、城市轨道交通技术标准体系均未涵盖这一领域，为填补该领域技术标准体系的空白，满足市域铁路建设和发展需要，充分体现市域铁路的功能需求和技术特点，适应我国新型城镇化发展，体现综合交通体系建设理念，强化绿色低碳环保要求，编制一项有效指导市域铁路建设的技术标准是非常必要的。本规范是在认真总结我国都市圈市域铁路和国内外同类功能轮轨项目设计、建设、运营、管理实践经验及科研成果的基础上编制而成。

1.0.2 市域铁路线网中各线依其服务属性、与所处城市轨道交通的互相协作关系，其牵引供电方式存在交流和直流两种制式选择。采用直流供电制式时，可具备与城市轨道交通地铁线路贯通运营的条件，但受市域车辆机电性能影响，仅能达速 120 km/h，在现有《地铁设计规范》的基础上，虽速度有所突破，但现有成熟地铁设计规范仍具有较强的借鉴作用；交流制式下市域车辆可达速 160 km/h，可满足不同的时间目标要求，并适应部分线路利用既有铁路设施和预留与国家铁路互联互通条件等要求。因此，本规范牵引供电制式采用交流制式。

本规范适用于新建设计速度 100～160 km/h，运行市域铁路车辆的标准轨距客运专线铁路，采用单相工频交流 25 kV 牵引供电制式；设计速度分为 100 km/h、120 km/h、140 km/h、160 km/h 四级。

1.0.3 随着区域经济发展步伐的加快，以市场为基础的城市群一体化建设进程加快，与中心城经济、人口交流紧密的地区，以及组团城市联系密切的各城镇地区同城化发展趋势越趋明显，依据我国不同城市的行政区划范围，其服务范围也可能突破单一城市的行政区划。

国外发达城市市域铁路的服务范围在30～100 km之间，日本东京和大阪都市圈市域铁路服务范围在30～70 km，法国巴黎都市圈市域铁路主要服务于大巴黎地区60 km半径范围，英国伦敦服务于近郊（50 km交通圈）和远郊（100 km交通圈）的市域铁路占线网长度的74％。

结合市域铁路设计速度和服务时间目标，当最高运营速度为160 km/h时，按照旅行速度80 km/h计算，最大服务范围不宜超过80 km。考虑我国国情和不同城市特点，为适应客流需求和经济生活联系需要，采用灵活的运营组织模式，也可适当扩大服务范围，因此，建议服务半径不超过100 km。

1.0.4 从便捷乘客出行，提高与其他公共交通的竞争优势，宜缩短在途时间，国外一些城市的经验也表明，主城和卫星城之间1小时的通达时间是比较有吸引力和竞争力的。

1.0.5 市域铁路具有运量大、速度快、密度高、安全性好和快起快停等特点，采用高密度、小编组、公交化的运输组织模式可缩小行车间隔，减少乘客在途时间，提高服务质量，并满足大运量运输需求。

1.0.6 市域铁路是市域范围多层次快速轨道交通的组成部分，市域铁路各线间及其与其他不同交通方式间的客流交换，结合客流需求特点及关联线路之间的技术条件可采用旅客换乘和关联线路间贯通运营的衔接方式予以实现。

采用换乘方式时，市域铁路上仅运行本线列车，运营组织简单，列车间相互干扰少，行车组织相对容易，能充分发挥市域铁路运力大的特点。为实现与国家铁路和城市轨道交通的无缝衔接，提高服务质量，在重要节点可采用同站换乘的方式来实现与国家铁路和城市轨道交通的互联互通。开行跨线列车虽可便捷到达目的地，实现客运服务的延伸，提高铁路服务质量，但受制于市域铁路与国家铁路和城市轨道交通在建筑限界、牵引供电方式、设计荷载、车辆类型和列车运行控制系统等主要技术标准方面的差异性，仅在关联线路之间的技术条件协调匹配时，方可实现，且需要修建跨线联络线，需增加较大的工程投资，特别是在城市中心地区，工程实施难度大。故市域铁路可自成体系独立运行。

1.0.7 市域铁路客流水平受城市经济社会发展影响较大，为保证市域铁路在建成后不致长时期欠负荷运营或短期内频繁扩容改造而对运营产生干扰，并节约初期的建设投资，市域铁路应经济合理地分阶段进行投资建设。同时考虑本规范定为铁道行业客运铁路三大系统标准之一，市域铁路近、远期设计年度宜与国家铁路相同，对于易改、扩建的建筑物和设备，可按近期运量的运输性质设计，并预留远期发展条件，基础设施及不易改、扩建的建筑物和设备，应按远期运量和运输性质设计，对于随运输需求变化而增减的运营设备，参照城市轨道交通初期年度即交付运营后第三年的运量设计。因此,市域铁路设计年度分为初期、近期、远期三个阶段,初期为交付运营后第 3 年,近期为第 10 年,远期为第 20 年。

1.0.11 本条设计使用年限是指在一般维护条件下,能保证结构工程正常使用的最低时段。除主体结构外,如车站内部的钢筋混凝土楼板、站台板等,以及运营控制中心等一些地面的重要建筑物,当破坏或大修时会危及安全或严重影响正常运营时,其设计使用年限也应采用 100 年,具体保证措施应符合本标准有关规定。

其他结构工程的设计使用年限及技术要求,应按照现行相关国家标准的规定执行。

1.0.13 市域铁路服务于市域范围旅客运输,具有快速、高密度、公交化的运输特点,采用平交道口存在极大的行车安全隐患,为避免对旅客生命财产和铁路运输造成重大损失,故规定线路两侧需采用全封闭、全立交设计。

1.0.18 依法合规是开展设计应遵循的基本原则,市域铁路的服务功能和相关要求介于城市轨道交通与城际铁路之间,市域铁路设计除应符合本规范外,尚应符合国家有关法律、法规和现行有关城际铁路和地铁设计标准等规定。

2　术语和符号

2.1　术　　语

2.1.3　总体设计需要合理选定主要技术标准、线路走向和建设方案，明确系统构成并选定系统集成方案，明确工期、投资和其他控制目标以及系统可靠性与内部控制设计等，要完成大型工程体系的总体方案和总体技术途径。

3 总体设计

3.1 一般规定

3.1.1 市域铁路工程的实施是城市线网和建设规划意图的具体体现，设计应统筹考虑土建工程、牵引供电、列车运行控制、车辆设备、运营调度及客运服务等不同功能系统的技术指标及相互关系，整体构思、逐步深化，深入研究项目需求、功能定位、主要技术方案和主要技术标准，科学合理确定总体设计原则，以总体设计统筹专业设计，实现建设意图。

3.1.2 市域铁路的功能定位和运输特点决定了其服务属性、技术特性、设备配置等要求有别于城际铁路和城市轨道交通。市域铁路总体设计应在充分研究项目需求和各种相关因素的基础上，体现城市总体规划战略意图，合理选定运营管理模式、主要技术标准、线路走向和建设方案，统筹工期、投资和其他控制目标对市域铁路建设的影响，提升设计的技术经济合理性。

3.1.3 市域铁路专门服务于旅客运输，具有高密度、大运量、公交化的运输特点，设计应围绕服务运输、优质高效、安全可靠的发展目标，坚持安全第一、预防为主的方针，将安全设计和风险管理贯彻始终。

3.2 主要技术标准

3.2.1 市域铁路一般修建在经济发达、具有较大客运量的地区，列车开行采用高密度、小编组、快捷、灵活的运输组织模式，这一开行特点必然要求正线数目为双线。其他主要技术标准，如设计速度、正线线间距、曲线半径、最大坡度等，与设计线路的具体情况之间关系密切，因此，要求根据运输需求、自然与技术条件、远期发展条件等因素综合技术经济比选后确定。

3.2.2 市域铁路主要服务于通勤、通学、通商等规律性客流，是快速、高密度、公交化的客运专线铁路，其功能决定了其设计速度应满足乘客 1 小时交通的目标要求。同时设计速度的确定还需考虑影响速度效能的列车停站间距（即车站分布与运输组织模式）和工程费用。因此，设计速度应结合线路长度、车站分布、运输组织模式和工程条件等因素综合研究后确定。结合客流需求、考虑线路敷设及工程条件，对于部分区段车站间距较小且按站站停模式开行时，该区段设计速度不宜过高，不宜一味追求全线设计速度的统一，可通过主要节点间开行大站快车的运行模式满足时间目标要求，当运输需求和工程条件差别不大时，全线可尽量采用同一设计速度。

3.2.5 市域铁路属于大运量级的轨道交通，且在方向上和断面上还存在出现客流不均衡的可能性较大，按站立 4 人/m^2 的标准，8 辆市域车辆编组的列车高峰小时运输能力可达 3.7 万人，若进一步增大列车编组，则可能运能虚靡、不经济。且编组进一步加大时，将增加列车长度，由此增加车站规模还可能降低车站的通过能力，使系统设计能力下降。

市域铁路应尽可能与城市轨道交通、城际铁路等实现一体化衔接。目前国内城市轨道交通和城际铁路的列车编组均不大于 8 辆编组。为与之匹配，市域铁路的列车编组不宜大于 8 辆。市域铁路以高架线为主，部分采用地下线，采用更大的编组后，工程投资增加较大，工程经济性差。

3.2.6 到发线有效长除应满足列车长度要求外，还要满足列车制动停车距离的要求。市域铁路设计速度为 100～160 km/h，当速度较高时列车制动停车距离较长，车站若设进出站信号机，则其间距也要求较长。当采用较小编组时，按站台端设信号机可能会出现进出站信号机间距离不能满足列车停车时制动距离要求。

为了列车在车站的停车安全，列车控制系统 ATP 的控车曲线计算中设置有安全防护距离或防护区段。安全防护距离的大小和设置方式涉及信号控制方式、列车速度和车辆性能等因素。安全防护距离是否包含在到发线有效长范围内，不但影响车站规模，也对车站通过能力产生影响。即，若安全防护距离包含在有效长范围内，则车站规模加大，列车进出站时间相对也较长，但车站具备同时接车和同时发车的条件，可提高到发线的使用效率；若安全防护距离不含在有效长范围内、在信号机后方设保护区时，可缩短有效长长度、能减小车站规模，但因列车的接车进路须延至其他进路、甚至延至正线，将会影响车站通过能力。

因此，车站到发线有效长应按列车编组长度，满足列车停车距离和列控系统控车的要求，通过对能力和工程费综合比较后确定。

3.2.7 目前适用于市域铁路的列控系统主要为铁路系列的 CTCS 系统和城轨系列的 ATC 系统。两种列控系统选取时，要考虑系统的适应性和各自特点：

1 互联互通适应性：CTCS 系统标准统一，有非常好的互联互通适应性。ATC 制式下不同厂家的CBTC系统之间互不兼容，跨线运行需要采用后备信号系统，增加了系统的复杂性，影响运营效率。目前，国内各厂商正在推进CBTC互联互通测试工作。CTCS与CBTC间目前暂不具备互联互通性。若存在多种制式，需要考虑不同制式下信号的统一性、一致性，以及控制系统的安全、平稳过渡。

2 速度适应性：CTCS和ATC都可以满足市域铁路设计速度100～160 km/h的要求。

3 能力适应性：系统均采用目标距离控制模式，在运输组织模式及线路站场条件一致的条件下，能力的适应性大致相当，且均能满足市域铁路要求。但是CBTC在折返能力方面性能更高。

4 技术适应性：均能满足市域铁路交流牵引、站距短、站台停车精度高的要求。CTCS-2＋ATO需要在车地信息传输方式上研究除了GSM-R外的其他技术方案，以适应市域铁路建设需要。

3.2.9 最小行车间隔时间主要与列车运行速度、车辆加减速性能、停站作业时间、车站配线等因素相关。市域铁路车辆加减速性能与地铁轻轨相当，但采用100～160 km/h速度等级，列车进站制动距离延长，运行时间增加；开行大站快车的市域铁路需在中间站增设供待避越行的到发线，受道岔设置的影响，车站追踪间隔时间会增加。综合上述因素，市域铁路列车车站追踪间隔时间、折返站折返作业时间可能超过2 min，故建议市域铁路最小行车间隔宜按2.5 min考虑。

3.3 综合选线

3.3.1

1 市域铁路线路走向与布局符合城市总体规划、城市轨道交通线网规划，与综合交通运输体系建设规划有机配合，体现了规划选线的理念；可为市域铁路建设创造良好的实施环境，使交通基础设施建设与城市建设、新型城镇化实施进程协同发展，促进城市总体规划的实施，整体提高社会效益。

2 市域铁路是城市综合交通的组成部分，依据市域铁路各线间及其与其他不同交通方式间的客流交换，结合客流需求特点可采用乘客换乘或关联线路间贯通运营的衔接方式。市域铁路引入城市中心城区，可采用外围单点换乘、深入中心城区或贯通中心城区与中心城区线网多点换乘等多种衔接方式。新建市域铁路线路与既有轨道交通线路或城际铁路线路技术条件相匹配或相互兼容，且既有线路运输能力富余时，可采用两线间直接贯通运营的衔接方式。鉴于外围单点换乘将增加换乘站换乘压力和乘客出行时间、降低了市域铁路市场竞争力，应综合客流需求强度、乘客出行时间目标、换乘站承载能力等因素酌情谨慎采用。

3 线路走向符合市域范围主要客流方向，与城市主要功能区相结合，串联沿线主要客流集聚区，可最大限度地吸引客流，便捷旅客出行，体现了“线随人走”的选线思路，符合市域铁路的服务功能，也是提升高投入公益性公共交通工程运营效益的需要。

4 线路具体敷设方式应因地制宜选择。当线路位于城镇边缘或外围的丘陵或山地且地形、地质条件允许时，宜采用地面线方式；当线路位于平原地区和具有高架条件的城镇地段，宜采用高架方式；当线路通过中心城区，高层建筑物密集，且城市道路不具备高架条件时，宜采用地下线方式。但线路位于深厚淤泥、淤泥质土等地段，不宜采用地下线方式而必须采用时，应经过论证。

5、6 遵照相关法律、法规和行业规定要求，绕避不良地质区域、环境敏感区、大量拆迁区，避免各类危险源的影响，将确保建设项目依法合规建设，有助于合理确定工程建设规模、降低安全风险、缓解社会矛盾，有利于资源保护和可持续利用。

7 确定线路设计标准的基本依据是乘客舒适度要求，并符合技术经济合理的原则，以体现建设项目合理的综合效益。

8 城区地段或组团内部线站位布设的自由度受制于既有城市建筑和城市规划。为减少拆迁，城区段正线技术标准可因地制宜选用；全部列车停站的车站由于列车进出站行车速度不高，可采用与实际行车速度相适应的技术标准；部分列车停站的车站，应根据通过列车和停站列车运行速度，选用适宜的技术标准，使通过列车的欠超高和停站列车的过超高在规定的限值内，以满足舒适度要求；载客列车运行的联络线应结合线路条件采用与列车运行速度相适应的技术标准。

3.3.2

1 市域铁路是大运量客运系统，车站分布应结合客流需求，根据大客流点有效吸引范围而定。具体做法是选择城市交通枢纽点为基本站点，结合市域内道路布局、客流集散点分布及站区周边土地综合开发等因素综合确定。同时考虑轨道交通网络化运行特点，在线网规划中的市域铁路与各条线路的交叉点，也是线网客流换乘的平衡调节点，应设置车站。

2 重点功能区往往是大量市域客流的集聚区，结合客流分布特点适当加密站点，可有效缓解重点功能区内车站高峰时段的客流压力和对其他公共交通的客流冲击，快速疏导客流，便捷乘客出行。

市域铁路车站分布主要取决于市场需求，以方便乘车、提高客流效为目的，同时需考虑旅行速度，与站间距密切相关。线路速度目标值越高，列车加减速所需时间和走行距离越长，若站间距较短，不能发挥列车最高运行速度的性能优势，旅行速度较低，旅行时间较长，市场竞争力降低；因此，站间距与列车的最高运行速度密切相关，合理的站间距应与各速度目标值的加减速距离相匹配。为保证列车最高运行速度选择的合理性，两车站间距离宜满足列车在区间50％的长度内保持该区段最高运营速度。

根据《我国市郊铁路发展对策研究》成果，参考温州市域铁路、南京宁高城际二期工程车站设置情况，城区和居民稠密地站间距宜为 1.5～3 km 左右，在城市外围区站间距宜为 3～8 km 左右。

3 线路起终点站址符合城市用地规划，并与其他公共交通系统建立换乘接驳点，提供换乘方便的一体化综合交通，可起到培育客流、诱发和转移客流作用，以较大的客流支撑运营效益，并助推城市发展。

3.4 系 统 设 计

3.4.2 影响市域铁路每小时最大行车密度的主要因素有：

1 市域铁路运营组织模式：市域铁路客流一般具有乘距较长的特点，为满足对出行时间的要求，采用开行大站停快车的行车组织方式。因快慢车的速度差使得线路小时行车量降低，达不到较高水平。

2 列车最高运行速度：列车追踪运行的安全间隔距离与列车制动性能及制动初速度、安全防护距离、列控系统设备反应时间及误差相关。随着列车运行速度的提高，列车追踪运行的间隔需要加大，也增加了列车进站停车的走行距离和时间，影响车站特别是折返站的通过能力。

3 站间距与区间救援要求：类似城市轨道交通，当列车因故在隧道内或高架桥上发生区间停车疏散旅客的情况时，应使后行被堵塞的列车及时驶离区间至车站疏散旅客。市域铁路的站间距一般较长，若行车密度较大，区间内存在超过 2 列以上的运行列车时，将加大救援难度，增加救援设施和工程量，特别是地下区间可能还需考虑设置区间风井，增加了工程投资。

综合考虑上述多方面因素，市域铁路最大设计能力不宜大于 24 对/h。但对于在靠近中心城区车站的间距较短、列车运行速度不高时，结合列车交路的设置，可考虑采用大于

24 对/h 的设计能力。

3.4.3 市域铁路一般线路较长，且承担乘距较长的客流比重也较大，若采用仅开行站站停列车的模式，因列车频繁停站延长了旅客的乘车时间，将对该部分客流的吸引力越小。为了减小列车频繁停站对客流吸引能力的影响，满足不同乘客的出行需求，市域铁路应考虑还要开行不停站的快车，提供差异化和高品质服务。

但开行快车时，因需越行要求车站增加到发线，还降低站站停列车的旅行速度；因速差使列车发车间隔不均衡，形成的非平行运行图不能实现系统的最大能力。为此，市域铁路运输组织模式应根据客流特征，结合线路长度和车站的设置条件，通过对运营效率和费用等综合比较后确定是否开行快车。

3.4.4 越站快车较站站停列车旅行速度高、形成了非平行运行图，不但加大了列车行车间隔、降低了线路设计通过能力，还产生了列车间隔的不均衡性。为了均衡行车间隔和提高设计通过能力，需组织快车越行站站停列车的行车组织方式。线路行车总量及其快慢车比例、快车的停站方案等是影响越行到发线分布的主要因素，待避列车停车到发线的分布宜按站站停行车间隔不大于 10 min 的原则、结合车站工程条件设置。

3.4.5 影响市域铁路旅客乘车时间的主要因素包括列车实际运行速度、列车停站次数及停站时间，而实际运行速度与线路设计速度、线路限制速度及其限速距离、车辆性能、车站分布及运输组织模式等有关。应按旅客乘车时间目标值的要求，结合列车开行方案，采用牵引计算，对车站站台范围内的列车运行速度，通过方案比选确定与线路设计速度相匹配的最高速度。

对于列车不停站通过站台的最高速度，目前《城市轨道交通技术规范》规定：不设站台门时不应超过 40 km/h；《地铁设计规范》规定：设站台门时不宜大于 60 km/h。《铁路技术管理规程》规定：在距站台边缘 1.0 m 设安全标线时，列车通过速度不大于 80 km/h；大于 80 km/h 时的安全标线为距站台边缘 1.5 m 处，或距站台边缘 1.2 m 处设安全防护设施，且通过速度为 200 km/h 及以上时须设站台门。城市轨道交通与国家铁路两者之所以有较大的差异，是因为两个系统除线路设计速度相差较大外，在乘客候车和安全防护措施上也存有不同。因此，列车通过车站站台的最高速度还应按客流特性、结合乘客的候车方式，满足乘客及列车运行的安全要求而确定。

市域铁路的客流特性与城市轨道交通的客流特性有更多相同之处，一般会采用站台候车的方式。市域铁路线路设计速度高于地铁，为发挥速度提高的效益，列车在车站站台范围内的最高速度应大于 40 km/h。因此市域铁路、特别是在有越站列车运行的站台上应设站台门，并通过综合考虑站台门强度、设备限界和工程费用后确定列车运行的最高速度。

3.4.7 为满足高平顺性、高精度、小残变、少维修轨道结构的设计、施工和检测维护的需要，市域铁路无砟轨道宜采用精密测量控制，进行线路勘察、施工放线、线路沉降变形观测、区域沉降观测和评估，满足轨道铺设及观测评估要求。

3.4.8 当线路采用较低的路段设计速度时，其线下基础设施设计标准可以有所降低，以最大限度地节省工程投资。如路基的工后沉降标准和地基处理措施、桥梁梁型选择箱梁还是T梁，隧道衬砌内轮廓减小与行车速度相匹配，无砟轨道改为有砟轨道等等。故路基、桥梁、隧道和轨道等线下基础设施设计需采用与行车速度（v-S 曲线）相匹配的技术标准。

3.4.9 地面沉降是指在人类工程活动影响下，由于地下松散地层固结压缩，导致地壳表面局部标高降低的一种地质现象。地面沉降对市域铁路特别是对无砟轨道的影响较大，由于地面沉降具有缓慢沉降、影响范围广的特点，直接影响列车运行的平顺性，选线时需根据拟建铁路的实际情况，绕避对铁路工程影响大的地面沉降区。铁路通过地面沉降区，最好沿地面沉降等值线通过。线路不得不通过地面沉降地区，需了解地下水开采规划，采取措施在安全地带通过。

3.4.10 市域铁路宜设置纵向疏散通道，疏散通道的宽度应根据消防性能化设计确定，隧道内联络通道应不大于500 m，具体间距也应根据消防性能化设计确定。市域铁路疏散通道还应与既有道路有效衔接，以方便疏散救援。

3.4.11 钢轨伸缩调节器是轨道结构的薄弱环节，在运营过程中，养护维修作业量大，因此选线设计中应综合考虑桥梁孔跨布置，尽量减少钢轨伸缩调节器的设置。

3.4.12 牵引供电制式的选择与牵引负荷密切相关。市域铁路的运输组织具有高密度、小编组的特点，其牵引供电负荷相对于高速铁路、城际铁路都要小，采用带回流线直接供电方式能够满足其供电要求。同时由于市域铁路线路经过城区或城镇中心时，敷设方式多采用地下隧道方式，牵引网采用带回流线直接供电方式对隧道净空要求要比自耦变压器（AT）供电方式要小，有利于降低隧道土建工程的造价。综上分析，市域铁路牵引供电宜采用带回流线直接供电方式。

市域铁路沿线的电力用户较多，电力系统220 kV间隔和220 kV线路路径资源较为宝贵。牵引变电所进线电压等级采用110 kV一般均可满足要求。若在110 kV电源能够满足市域铁路牵引负荷需求的前提下，牵引变电所外部电源采用220 kV及以上的电压等级，会形成资源浪费。

3.4.13 交流制牵引供电的牵引变电所、分区所出口处左右臂由于相位不同，需要设置电分相进行电气隔离。电分相一般采用带中性段的绝缘锚段关节形式，列车在通过电分相的中性段时会失去动力，因此电分相设置需要根据牵引供电设施分布、分相型式、线路坡度等条件综合确定，使列车通过电分相受到的影响降到最小。

3.4.14 国家铁路和地铁所采用的无线通信制式不同，国铁无线通信用 GSM-R 制式，地铁调度语音通信一般采用 TETRA 制式，列控 CBTC 系统一般采用 LTE-M 或 WLAN 制式，而无线通信涉及国家无线电频率管理规定以及管理模式和应用需求，GSM-R 制式为中国铁路专用，国铁运营管理的情况下选用 GSM-R 制式。

3.4.15 市域铁路具有高密度、公交化的运行特点，一般都按照双线建设，信号系统支持双方向运行。结合实际，参考中国铁路总公司《铁路技术管理规程》(铁总科技〔2014〕172号)第 93 条规定："闭塞设备分为自动闭塞、自动站间闭塞和半自动闭塞"，"繁忙区段可根据情况采用自动闭塞"，"在双线区段，应采用自动闭塞"。市域铁路列车双线双向运行(正向按自动闭塞追踪运行、反向按自动站间闭塞方式运行)，运输组织一般对反向运行没有确切的追踪间隔时分要求，故反方向采用自动站间闭塞可简化设计。

双线双方向运行的自动闭塞区段，反方向运行也设计为自动闭塞的典型情况如市域列车走行线，其原因是为适应市域铁路可能的"潮汐运行"需求，即在某些特定的时间段，一个方向的运行密度远大于另一个方向的运行密度。这种情况下，反方向运行如采用自动站间闭塞往往难以符合运输需求。

3.4.16 目标距离连续速度距离模式控车是一次制动方式，其根据目标速度、目标距离、线路条件、列车性能生成的目标－距离模式曲线进行连续制动，缩短了运行间隔，提高了运输效率，增加了旅行舒适度，适合市域铁路运行特点。

3.4.17 不同的线网采用的票制各不相同。一般通勤、通学、公务、商务等短途客流非对号入座交通工具的票务系统多采用非接触式 IC 卡票。城市轨道交通一般采用非接触式 IC 卡票。国家铁路目前采用的是磁介质纸质热敏票、二维条码票，非接触式 IC 卡或电子客票等票制。当市域铁路与轨道交通或国家铁路存在换乘或跨线运行时，售检票系统一般需同时兼容不同的票制以方便乘客乘车。

3.4.22 车站建筑面积需根据科学预测的客流量，结合车站功能布局等要素合理确定，避免车站的建筑规模过大或疏散宽度不够等问题。车站规模因结构形式不同(如地面站、高架站、地下站等)，建筑规模也有所区别。

4 运营组织

4.1 一般规定

4.1.1 市域铁路运营组织设计为具体的设计工作确定目标，是最终合理地完成工程设计和建设的重要前提。因此市域铁路运营组织设计应根据市域铁路线网规划和预测的客流量，通过对系统的运营模式和运输规模进行全面整体性的研究，达到指导市域铁路设计工作的目的。

市域铁路运营不仅要考虑正常的运营状态，还要考虑系统故障状态和遇到突发事件时的非正常运营状态。

非正常运营状态是指超出正常范围的运营状态，主要分为以下两种情况：

一是不至于直接危及乘客生命安全，对车辆和设备不会造成大范围的严重破坏，整个系统能够维持降低标准运行的情况，主要包括列车晚点、区间短时堵塞、车站乘客过渡拥挤、线路设备故障、列车故障、沿线系统设备故障等；

二是发生了直接危及乘客生命安全、严重自然灾害或系统内部重大事故，造成系统不能维持运行的情况，主要包括火灾、地震、列车运行故障、设备重大事故等。

市域铁路运营组织设计除应满足正常运营状态，还应满足非正常运营状态。主要因为市域铁路是设施构成复杂的系统，不可避免会出现非正常运营状态，而且市域铁路属于人流积聚的公共交通，其客流量水平较高。因此，在非正常运营状态下，为避免拥堵和消除或缓解安全危险，需为快速疏散旅客、尽快恢复运营创造条件。

4.2 运营模式

4.2.1 与城市轨道交通相比，市域铁路具有线路长、站间距大等特点，若仅采用站站停单一运行的运输组织模式，可能不满足乘客出行的需求，需要根据客流特征、线路长度、车站分布、时间目标值等因素综合分析后，也可采用大站停越行模式。

4.2.2 部分跨线客流较大的线路之间可组织跨线列车运营，跨线客流不大的线路间宜采取换乘形式组织运营。组织跨线列车运行时，应充分考虑由此给其他列车运行及运营调整等带来的影响和困难。

4.2.3 市域铁路每条线路沿线的客流量分布通常是不均匀的。为了提高运营效益和减少列车空驶距离，应根据客流在线路上的分布情况，在适当的位置设置折返站，组织小交路的列车运行方式。对于土建等改扩建困难的工程，应考虑一次建成，折返能力的要求应根据远期列车运行交路确定。

4.3 运营规模

4.3.1 市域铁路的设计运输能力，是指列车在定员情况下的高峰小时单向输送能力，单位为"人/h"。设计运输能力在不同的设计年度应能够满足不同的高峰小时单向最大断面客流量的需要，远期所能够达到的最大设计运输能力应满足远期高峰小时单向最大运输能力的需要，并留有一定的余量。

4.3.2 车辆定员数除座席外尚应计算座席占地以外的空余面积上站立的乘客数。在我国，2003 版《地铁设计规范》规定每平方米空余面积站立 6 名乘客的标准；2013 版《地铁设计规范》规定每平方米空余面积站立 5～6 名乘客的标准。为了提高舒适度，国外一些发达国家规定地铁车辆每平方米空余面积站立 4～5 名乘客。鉴于当前的经济发展水平，结合市域铁路线路较长的特点，本设计规范规定每平方米空余地板面积上站立 4 名乘客的标准。

4.3.3 系统设计能力是指线路的各项设备设施整体所具备的支持列车运行密度的能力，其单位为"对/h"。为充分发挥工程的运输效率，提高服务水平，并在一定程度上具备适应客流变化风险的能力，同时考虑现阶段市域铁路信号系统及配线设置方式所能提供的条件，确定最大系统设计能力为 24 对。

影响市域铁路每小时最大行车密度的主要因素有：

1 列车最高运行速度：列车追踪运行的安全间隔距离与列车制动性能及制动初速度、列控系统等相关。随着列车运行速度的提高，列车追踪运行的间隔需要加大，也增加了列车进站停车的走行距离和时间，影响车站特别是折返站的通过能力。

2 站间距与区间救援要求：类似城市轨道交通，当列车因故在隧道内或高架桥上发生区间停车疏散旅客的情况时，应使后行被堵塞的列车及时驶离区间至车站疏散旅客。市域铁路的站间距一般较长，若行车密度较大，区间内会存在超过 2 列以上的运行列车的情况，增加救援难度。

综合考虑上述多方面因素，市域铁路最大设计能力不宜大于24对/h。但对于在靠近中心城区车站的间距较短、列车运行速度不高时，结合列车交路的设置，可考虑采用大于24对/h的设计能力。

4.3.4 城市地铁的平均站间距约为1～1.2 km，最高运行速度为80 km/h，其旅行速度不低于35 km/h，旅速系数为0.43。参考地铁的设计和运营经验，结合市域铁路平均站间距大于城市地铁，一般在2 km以上，且最高运行速度为100 km/h及以上，其旅速系数会高于城市地铁。故本规范确定市域铁路的旅行速度不低于50 km/h。

4.3.5 列车运行间隔与客流大小、列车编组及定员、系统运输效率等都有关系，同时也是体现市域铁路服务水平的重要指标。为了增加系统吸引力，保证一定的服务水平，市域铁路系统即使在建成初期高峰时段的行车密度和远期平峰时段的行车密度均不应过低。

4.3.6 《地铁设计规范》(GB 50157—2013)规定，“首条地铁运营线路的系统运营人员定员不宜超过80人/km。后建的每条线路运营定员指标不宜大于60人/km。”地铁的平均站间距一般在1～1.2 km，而市域铁路的平均站间距一般较大，在2 km以上，车站数目较少。鉴于此，市域铁路系统运营定员宜控制在40人/km左右，第一条市域铁路线路的系统运营定员配置可适当增加。

4.4 运营配线

4.4.2 列车折返站的配线在正常运营时主要用于折返列车，其折返配线根据车站位置和折返能力的不同有着不同的形式。一般情况下终点站所采用的折返形式比较灵活，以站前或站后两种形式的折返配线为主。中间折返站位于线路中间，配线的设置既要考虑折返能力的要求，还要考虑折返列车与正线列车的合理运行顺序和间隔。折返配线的形式多种多样，在具体工程中应根据运营需求和工程实施的可行性综合考虑，既要满足基本运营需求，又要保持一定的灵活性。

4.4.3 目前，城市轨道交通线路的车站一般都不设到发线，珠三角、长三角等城际铁路的车站一般都设置到发线。市域铁路具有越行功能的车站必须设置到发线，其分布应根据列车开行方案、列车运行图、能力需求及工程条件等因素综合确定。

4.4.4 列车在运行过程中难免会出现故障，当这些故障对高密度、高速度的列车运行产生影响，或对乘客的安全和舒适度不利时，故障列车就要被安排下线就近进入停车线或维修基地进行检查和修理。在这个过程中，列车运行的速度往往是受到严格控制的。这种情况一旦发生就会打乱全线列车的运行秩序，使系统运行产生混乱。由于市域铁路行车密度较大，因此应尽量减少故障列车进入停车线的运行时间，即减小故障列车对市域铁路正常运营产生的影响。

《城市轨道交通工程项目建设标准》(建标 104—2008)规定"每隔 5～6 座车站或 8～10 km 设置故障列车待避线，其间每相隔 2～3 座车站(约 3～5 km)加设渡线"。该项规定是按城轨车辆推送速度 25～30 km/h，退出运行总时间控制在 30 min 以内，走行时间不大于 20 min 为控制目标计算得出的。根据城轨多年运营实践，列车发生的故障中，车门故障率最高(约占 30%以上)，其次是车载信号故障，其余是车辆其他部分或线路故障。上述故障虽不影响列车动力，但在不同程度上会影响上、下客和停站时分，影响运行速度和高峰时段的客运能力。一方面，故障率一般随车辆和设备的质量提高而减少，根据调研情况，目前城市地铁故障列车停车线的使用频率并不高，多用于临时折返、存车(在高峰时段加车)等；另一方面，市域铁路车站分布间距一般较城轨大，行车密度一般较城轨小。因此，从节省工程投资的角度，市域铁路可考虑适当加大停车线和渡线布设的距离。

市域铁路故障列车在 ATP 保护下的人工驾驶速度最大为 30 km/h，停车线的间隔距离按故障列车 30 km/h 的运行速度，走行时间 30 min 为控制目标，预计一列故障车处理下线退出运行的总时间可控制在 40 min 以内，故限制设有故障车停车线的车站间距约为 15 km。在这一段时间内，对其他列车的运行状态需作动态调整，速度减缓，尽量减少停运时间，使对正常运营秩序的影响降低到最小程度。对于超过 10 km 的长大区间可不设渡线。

停车线与折返线、到发线均具备正常运营状态下的服务功能，高峰运行时段，为提高车辆周转率和满载率，根据全线客流断面，应予组织列车大、小交路的折返运行，到发线主要是为大站停列车越行站站停列车而设，因此折返线、到发线的功能必须保证；同时又难以避免车辆出现故障的可能性。如果折返线要提供列车折返，到发线要提供大站停列车越行站站停列车，又要被故障列车暂时停车而占用，为此必须分出两条线分担不同的功能，不能兼用。所以故障列车的停车线不能与折返线、到发线共用，需分开设置。

5 车　　辆

5.1 一 般 规 定

5.1.8 列车运行时的动态气密指数 τ 一般为静态气密指数 τ' 的 1/3～1/2，为保证良好的气密性能性能，这里取 1/3。

静态气密指数 τ' 与保压时间的关系为：

$$\tau' = \frac{t}{\text{In}(\Delta P_1/\Delta P_0)}$$

式中　t——保压时间，h；

ΔP_1——保压开始时压力差，Pa；

ΔP_0——保压结束时压力差，Pa。

当 $\Delta P_1/\Delta P_0 = \text{e}$ 时，$\tau' = t$，否则按对数关系换算。

市域车辆客室侧门开度一般不小于 1 300 mm，且为双开型式。根据工程实践数值，160 km/h 等级动车组的保压开始时的压力为 2 600 Pa，120～140 km/h 等级动车组的保压开始时的压力为 2 100 Pa。

根据上述数据，并将计算值取整，可得：

(1)160 km/h 等级市域车辆

在整备状态下，单节车辆关闭门窗及空调设备的对外开口时，车厢内空气压力由 2 600 Pa降至 1 000 Pa 的时间应不小于 15 s。

(2)120～140 km/等级市域车辆

在整备状态下，单节车辆关闭门窗及空调设备的对外开口时，车厢内空气压力由 2 100 Pa降至 1 000 Pa 的时间应不小于 12 s。

5.1.10 列车外部噪声测试条件：在 ISO 3095 标准规定的环境条件下、测点在距轨道中心线 7.5 m 远、距轨面 1.2 m 高处测量。

5.2 主要系统

5.2.2 客室内有效空余地板面积站立人数标准：定员 3～5 人/m^2、宜按 4 人/m^2，超员 5～8 人/m^2、宜按 6 人/m^2计算。

6 荷载和限界

6.2 荷载(作用)

6.2 本节给出了市域铁路工程结构设计中主要荷载的取值及计算方法。对于同一荷载，因结构类型差异荷载计算方法可能不同，除本规范给出明确计算方法或取值的荷载外，其余荷载应满足本规范各专业章节及相应设计规范的规定进行取值与计算。

6.2.4 列车荷载图式是铁路设计中最重要的参数之一，其合理与否直接影响到行车安全性和工程造价。影响列车荷载图式的因素很多，不仅与线路上运行的列车类型、轴重、轴距、编组以及车辆的发展有密切的关系，还与运输模式、速度指标、不同结构体系的加载方式等密切相关；另外列车荷载图式的制定还需考虑土建结构的施工及运维荷载。列车荷载图式在铁路土建工程主体结构上产生的静、动效应应能够包络各类实际运营列车产生的静、动效应，同时考虑发展及难以预见的因素，预留合适的安全储备。

为保持与我国现行铁路列车荷载图式模式的一致性，通过合理设置图式荷载力值及间距，预留10%以上的荷载储备，制定了ZS荷载。ZS荷载可涵盖我国CRH系列动车组和城际轨道交通列车(包括：市域A、市域D、CRH6F、城轨A、城轨D、CRH1、CRH2、CRH3和CRH5等车型，其轴重轴距参数见说明表6.2.4-1)。说明图6.2.4-1给出了各种运营列车与ZS的荷载静效应最大比值(最不利情况)，可以看出，在1～200跨度范围内，ZS荷载图式的荷载储备均在10%以上，且不同跨度储备较为均匀。ZS荷载能包络小跨度桥涵结构的荷载效应，因此不再设置特种荷载。

说明表6.2.4-1 不同类型车辆参数表

车　　型	轴重(kN)	轴距分布(m)
市域A	165	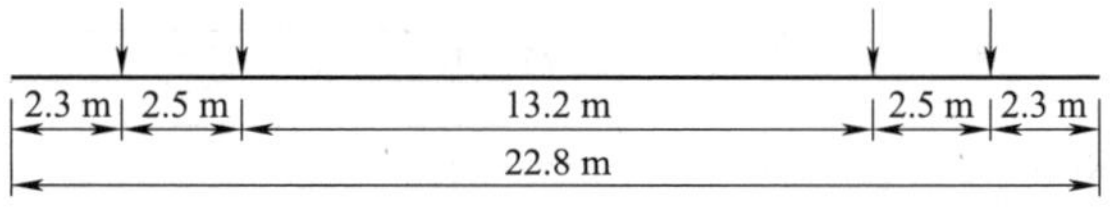
市域D	170	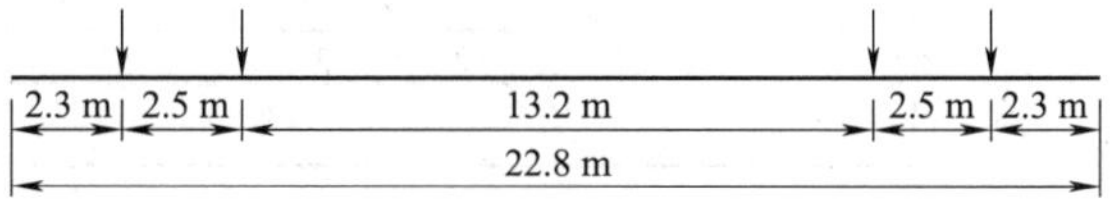

续说明表 6.2.4-1

车　　型	轴重(kN)	轴距分布(m)
CRH6F	170	2.5 m｜2.5 m｜15 m｜2.5 m｜2.5 m；25 m
城轨 A	160	2.3 m｜2.5 m｜13.2 m｜2.5 m｜2.3 m；22.8 m
城轨 B	140	2.31 m｜2.3 m｜10.3 m｜2.3 m｜2.31 m；19.52 m
CRH1	160	CRH1 头车：2.8｜2.7｜16.3｜2.7｜2.45；26.95
		CRH1 中间车：2.45｜2.7｜16.3｜2.7｜2.45；26.60
CRH2	140	CRH2 头车：2.85｜2.5｜15.0｜2.5｜2.5；25.35
		CRH2 中间车：2.5｜2.5｜15.0｜2.5｜2.5；25.00
CRH3	170	CRH3 头车：3.51｜2.5｜14.875｜2.5｜2.475；25.86
		CRH3中间车：2.475｜2.5｜14.875｜2.5｜2.475；24.825
CRH5	170	CRH5头车：4.2｜2.7｜16.3｜2.7｜2.1；28.00
		CRH5 中间车：2.1｜2.7｜16.3｜2.7｜2.1；25.90

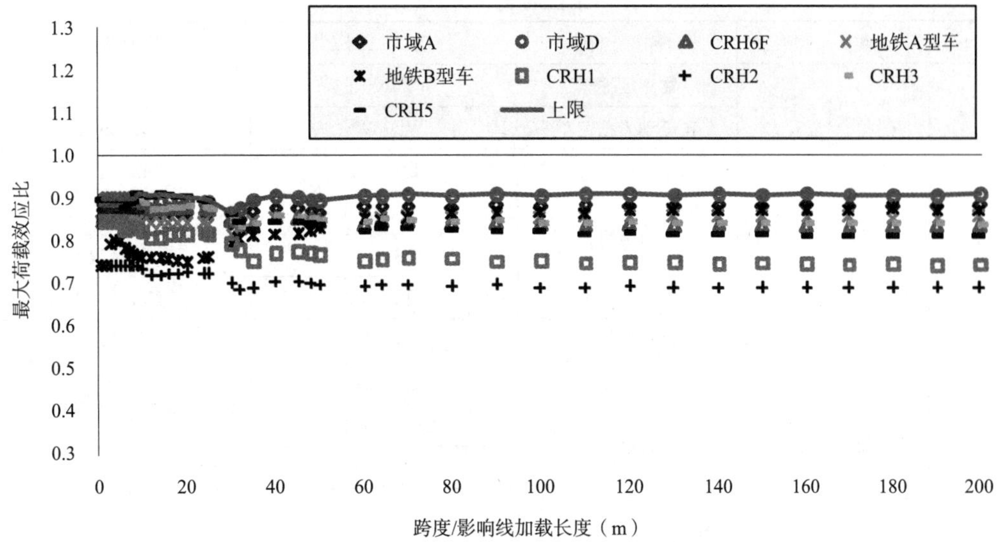

说明图 6.2.4-1　各种类型列车与推荐荷载图式静效应比值

对于施工、运维、救援荷载等，考虑到此类列车运营速度较低，且在桥上运营次数较少，因此从动效应的角度，对列车与推荐图式的荷载效应进行比较分析，其中 ZS 荷载和列车的动力系数依据《铁路桥涵检定规范》(铁运函〔2004〕120 号)进行计算。结果表明，在行驶速度为 60 km/h 时，列车荷载动效应小于或等于推荐荷载图式动效应、通过桥涵无须进行详细结构检算的设备型号及桥涵跨度见说明表 6.2.4-2；在行驶速度为 10 km/h 时，列车荷载动效应小于或等于推荐荷载图式动效应、通过桥涵无须进行详细结构检算的设备型号及桥涵跨度见说明表 6.2.4-3。

说明表 6.2.4-2　以 60 km/h 速度经过桥涵时无须进行详细结构检算的施工、运维设备型号及桥涵跨度

序　号	类　　型	名　　称	型　　号	桥涵跨度
1	施工作业车	焊轨车	YHG-1 200_k	1～2 m、7 m 以上
			YHGQ-1200_k	全部
		道岔打磨车	CMC-20	全部
2	养路维修机械设备	捣固车	DC-32 $Ⅱ_k$	全部
			DC-32_k	全部
			DCL-32	全部
			CDC-16_k	14 m 及以上
			DWL-48_k	20 m 及以上
		配砟整形车	DPZ-400_k	全部
			SPZ-200_k	全部

续说明表 6.2.4-2

序 号	类 型	名 称	型 号	桥涵跨度
2	养路维修机械设备	物料运输车	WY-100Ⅲk	全部
		轨道动力稳定车	$WD\text{-}320_k$	1～3 m、6 m及以上
		清筛机	$BS\text{-}550_k$	12 m及以上
			BS-1 200	60 m及以上
			$QS\text{-}650_k$	14 m及以上
			$QS\text{-}650_x$	24 m及以上
		钢轨探伤车	GTC-80	全部
		轨道车	GCY-300	全部
			GCY-300Ⅱ	全部
			GCY-350	全部
			GCY-450	全部
		轨道车	QGC-25	全部
			GC-220	全部
			GC-270	全部
			GCD-600	全部
			GCD-1000	12 m及以上
		桥梁检查车	QJ-1	全部
		大修列车	DXC-500	90 m及以上
3	测量车		$GZC\text{-}120_k$	全部

说明表 6.2.4-3　以 10 km/h 速度经过桥涵时无须进行详细结构检算的施工、运维设备型号及桥涵跨度

序号	类 型	名 称	型 号	桥涵跨度
1	施工作业车	焊轨车	YHG-1 200_k	全部
			YHGQ-1 200_k	全部
		道岔打磨车	CMC-20	全部
2	养路维修机械设备	捣固车	DC-32Ⅱk	全部
			$DC\text{-}32_k$	全部
			DCL-32	全部
			$CDC\text{-}16_k$	1～2 m、8 m及以上
			$DWL\text{-}48_k$	1～2 m、14 m及以上
		配砟整形车	$DPZ\text{-}400_k$	全部
			$SPZ\text{-}200_k$	全部
		物料运输车	WY-100Ⅲk	全部
		轨道动力稳定车	$WD\text{-}320_k$	全部
		清筛机	$BS\text{-}550_k$	1～2 m、10 m及以上

续说明表 6.2.4-3

序号	类　型	名　称	型　号	桥涵跨度
2	养路维修机械设备	清筛机	BS-1 200	1～2 m、12 m 及以上
			$QS\text{-}650_k$	1～2 m、10 m 及以上
			$QS\text{-}650_x$	1 m、18 m 及以上
		钢轨探伤车	GTC-80	全部
		轨道车	GCY-300	全部
			GCY-300Ⅱ	全部
			GCY-350	全部
			GCY-450	全部
			QGC-25	全部
			GC-220	全部
			GC-270	全部
			GCD-600	全部
			GCD-1000	全部
		桥梁检查车	QJ-1	全部
		大修列车	DXC-500	1～2 m、18～25 m、40 m 及以上
3	测量车		$GZC\text{-}120_k$	全部

6.2.5 市域铁路在正常运营状态下，仅开行最大设计速度为 160 km/h 的轻型市域列车，即运营列车种类较为单一，列车荷载图式的制定原则是在包络市域列车荷载效应的基础上预留一定的安全储备。《高速铁路设计规范》TB 10621 列车荷载图式制定时不仅考虑了高速动车组，还考虑了轻型货车、集中牵引客车等其他列车，因此其配套动力系数采用的是概化公式。《铁路桥涵设计规范》TB 10002 规范中动力系数是通过对大量实测数据拟合得到的，具有实际的物理意义，同时适用于旅客列车设计行车速度不超过 160 km/h 的情况。因此，在没有针对市域铁路动力系数开展专项研究的情况下，采用《铁路桥涵设计规范》TB 10002 中规定的动力系数较为合适。后期应对市域铁路的动力系数进行深入研究，制定符合其运营特征的动力系数计算公式。

6.2.7 气动力，又称列车风压力，是指列车运行时带动周围空气随之运动形成的“列车风”在邻近列车的声屏障等建筑物上产生的波动压力，它与列车的形状、运行的速度以及声屏障距线路中心的距离、声屏障的高度等因素有关，气动力呈正、负压力波形式。

气动力的作用主要用于声屏障等结构设计，对声屏障而言，最不利的气动力为吸力。一般地说，气动力可通过实测取得。本条所列计算方法和公式取自中国铁道科学研究院

《高速铁路建筑接近限界的研究》科研报告。

6.3 限 界

6.3.1 市域铁路车辆限界为静态限界轮廓，规定了车辆不同部位的宽度、高度的最大尺寸和其零部件至轨面的最小距离。车辆在新造、技术改造、加装附属品或日常运用中，都须严格注意各部尺寸，不得超出限界规定的要求。

车辆上部限界的最大高度为车辆空载状态下垂直面内最大尺寸，受限于车辆落弓高度。市域铁路宽体车和窄体车的落弓高度分别为≤4 640 mm 和≤4 450 mm，取整确定宽体车和窄体车的车辆限界最大高度分别为 4 700 mm 和 4 500 mm。车辆上部限界的最大半宽由车体静态半宽、最大标准公差和磨耗限度确定。市域铁路宽体车和窄体车的最大半宽分别为1 650 mm和 1 500 mm，车辆制造公差和磨耗引起的车辆横向最大静偏移按 25 mm 考虑，确定宽体车和窄体车的车辆限界最大半宽分别为 1 675 mm 和 1 525 mm。

市域铁路宽体车和窄体车的车体长度和转向架中心距均不超过 GB 146.1 规定的标准计算车辆（车体长度为 26 m，转向架中心距为 18 m），根据《标准轨距铁路机车车辆限界》GB 146.1 的规定，不需要缩减其最大容许制造宽度。

新造车辆下部制造垂直尺寸在计入静载（或整备状态下）的弹簧下沉量以及最大磨耗量后，不得小于车辆下部限界图所规定的尺寸。车辆下部限界轮廓尺寸参照铁路总公司《铁路技术管理规程》（普速铁路部分）“客货共线铁路机车车辆限界”制定，除最大半宽改为 1 675 mm（宽体车）和 1 525 mm（窄体车）外，还将底部（1260，90）点与（1675/1525，350）点改为斜线直接相连。

6.3.2 建筑限界是市域铁路的基本技术标准之一，与设备设施的设计密切相关。

针对车辆章节确定的市域铁路车辆类型，采用动力学仿真和《地铁限界标准》CJJ 96 规定的方法分别计算了车辆外轮廓的动态包络线。以两种方法计算结果的大值作为制定建筑限界的参考依据。其中，动力学仿真的计算条件如下：

1 计算模型采用车辆线路实际技术参数建立。模型中的非线性单元如止挡力特性、减振器阻尼特性、轮轨接触关系等不作线性化处理。

2 计算线路取长度不小于 1 000 m 的直线。

3 计算采用的轨道几何不平顺最大幅值满足《轨道几何状态动态检测及评定》TB/T 3355规定的 120 km/h$<v\leqslant$160 km/h 等级线路Ⅲ级管理值。

4 计算车辆的最高运行速度按最高设计速度取值。

5 外界侧风以等效恒力的形式引入计算模型中，并作用于车体的几何形心。等效风力按下列公式计算：

$$F_{\text{wind}}=\rho S v^2/2$$

式中 ρ——大气密度(取 1.225 kg/m^3)；

S——车体侧面积，m^2；

v——风速，m/s。

根据《铁路技术管理规程(高速铁路部分)》规定，“环境风速大于 30 m/s 时，严禁动车组列车进入风区”，“在线路中心线距站台边缘为 1 750 mm 的正线、到发线办理动车组列车通过时，当环境风速超过 15 m/s 时，动车组运行速度不得超过 45 km/h，并注意运行”。据此，侧风计算风速区间高架或地面取 30 m/s，站台取 15 m/s，可以涵盖较恶劣的侧风运行工况。

市域铁路建筑限界的宽度主要与机车车辆的宽度、列车运行中横向振动偏移量、轨道状态等因素有关。采用宽体车的市域铁路，车体最大宽度为 3 300 mm，根据计算结果，市域 D 型和 CRH 市域型车辆动态包络线最大半宽分别为 1 734 mm 和 1 730 mm，以 300 mm作为建筑限界与车辆动态包络线之间的横向安全间隙，计算得到明线建筑限界最大半宽为 2 034 mm，考虑会车压力波的影响，取整为 2 200 mm。采用窄体车的市域铁路，车体最大宽度为3 000 mm，根据计算结果，市域 A 型车辆动态包络线最大半宽为 1 576 mm，以 300 mm 作为建筑限界与车辆动态包络线之间的横向安全间隙，计算得到明线建筑限界最大半宽为1 876 mm，考虑会车压力波的影响，取整为 2 000 mm。

建筑限界的高度主要考虑接触网悬挂方式、导线高度、结构高度、带电体对地绝缘距离以及施工误差等因素。采用宽体车的市域铁路，建筑限界最大高度采用“5650＋Y”表示。其中，5 650 mm 为接触导线高度 5 300 mm＋对地绝缘距离 300 mm＋施工误差、抬道影响 50 mm 等之和；Y 为接触网结构高度，不同的悬挂方式，高度不同。采用窄体车的市域铁路，建筑限界最大高度采用“5 500＋Y”表示，考虑的因素同上。此种表示方式，可以根据不同设计速度所采用的不同接触网悬挂方式，确定合理的建筑限界高度，可以减少工程量，特别是有大量地下工程的市域铁路。

采用宽体车的市域铁路，受电弓垂向的工作高度范围为 5 150～5 300 mm，根据计算结果，市域 D 型和 CRH6F 受电弓 5 300 mm 工作高度外边缘处横向最大偏移位置为 1 257 mm，考虑 300 mm 的安全裕量，计算得到受电弓工作区的宽度为 1 557 mm，考虑与客运专线铁路建筑限界统一，取整为 1 700 mm，既不增加工程量，又可进一步增加安全裕量。采用窄体车的市域铁路，受电弓垂向的工作高度范围为 5 000～5 150 mm，根据计算结果，市域 A 型受电弓5 150 mm 工作高度外边缘处横向最大偏移位置为 1 222 mm，考虑 300 mm 的安全裕量，计算得到受电弓工作区的宽度为 1 522 mm，取整为 1 600 mm。

为方便旅客上下车，市域铁路的站台高度应与客车车辆的地板高度相适应，根据市域 D 型、CRH 市域型和市域 A 型车辆的技术参数，采用宽体车的市域铁路，站台高度限界确定为1 250 mm，采用窄体车的市域铁路，站台高度限界确定为 1 080 mm。

参考《地铁限界标准》CJJ96，“有效站台范围内，站台边缘与车厢地板面高度处的车辆限界之间的水平间隙不宜小于 10 mm，站台边缘与车厢地板面高度处的车辆轮廓线之间的间隙不应大于 100 mm”。市域 D 型和 CRH6F 站台高度处最大半宽为 1 642 mm，横向最大偏移位置的计算结果为 1 702 mm，考虑车辆限界未利用的宽度 33 mm，站台高处最大偏移位置为1 735 mm。采用宽体车的市域铁路，站台建筑限界宽设为 1 750 mm，站台边缘与车厢地板面高度处的车辆最大偏移位置之间的间隙大于 10 mm；站台边缘与车厢地板面高度处的车辆轮廓线之间的水平间隙均为 108 mm，略大于 100 mm；站台边缘与车辆限界之间的间隙为75 mm，小于 100 mm。市域 A 型车站台高度处最大半宽为 1 488 mm，横向最大偏移位置的计算结果为 1 542 mm，考虑车辆限界未利用的宽度 37 mm，站台高处最大偏移位置为1 579 mm。采用窄体车的市域铁路，站台建筑限界宽设为 1 600 mm，站台边缘与车厢地板面高度处的车辆最大偏移位置之间的间隙大于 10 mm；站台边缘与车厢地板面高度处的车辆轮廓线之间的水平间隙为 112 mm，略大于 100 mm；站台边缘与车辆限界之间的间隙为 75 mm，小于 100 mm。

《地铁设计规范》GB 50157 规定“车站设置站台门时，站台门的滑动门体至车辆轮廓线（未开门）之间的净距，当车辆采用塞拉门时，应采用 130 mm；当车辆采用内藏门或外挂门时，应采用 100 mm；站台门顶箱与车站车辆限界之间，应保持不小于 25 mm 的安全间隙。”由此可见，地铁站台门设置考虑了车辆横向偏移量及一定的安全距离，尽量减小站台门与停站车辆之间的间隙。参考该标准，以宽体车车辆半宽 1 650 mm 加上 130 mm 的净距，即 1 780 mm 作为宽体车站台门建筑限界，以窄体车车辆半宽 1 500 mm 加上 130 mm的净距，即 1 630 mm 作为窄体车站台门建筑限界。

6.3.3 建筑限界的曲线加宽，通常考虑曲线上车辆的几何偏移量和超高引起的车辆偏移量。车辆的几何偏移量与车体的长度、转向架中心距及曲线半径有关。《高速铁路设计规范》TB 10621 和《城际铁路设计规范》TB 10623 都是根据《标准轨距铁路限界》GB 146 的规定，采用计算车辆的尺寸（车体长 26 m，转向架中心距 18 m）计算得出。考虑到市域铁路车型单一的特点，车辆的几何偏移量不再按照 GB 146 定义的计算车辆来计算，而是根据本线采用的最长车辆的车体长度和转向架中心距来计算。在曲线上，车辆中间部分向曲线内侧的几何偏移量为$\frac{l^2}{8R}\times 1\ 000$，由超高引起的车辆偏移量为$\frac{H}{1\ 500}h$，向曲线内侧的总偏移量为二者相加，即$\frac{l^2}{8R}\times 1\ 000+\frac{H}{1\ 500}h$。车辆两端向曲线外侧的几何偏移量为$\frac{(L^2-l^2)}{8R}\times 1\ 000$。因此，曲线内侧加宽量为$W_1=\frac{l^2}{8R}\times 1\ 000+\frac{H}{1\ 500}h$，曲线外侧加宽量为$W_2=\frac{(L^2-l^2)}{8R}\times 1\ 000$。

举例：市域 A 型和市域 D 型车辆的车体长度为 22 m，转向架中心距为 15.7 m。本线采用的最长车辆为市域 A 型或市域 D 型的市域铁路，其建筑限界的曲线内外侧加宽公式分别为$W_1=\frac{30\ 811}{R}+\frac{H}{1\ 500}h$和$W_2=\frac{29\ 689}{R}$。CRH 市域型的车体长度为 25.45 m，转向架中心距为 17.5 m。本线采用的最长车辆为 CRH 市域型的市域铁路，其建筑限界的曲线内外侧加宽公式分别为$W_1=\frac{38\ 281}{R}+\frac{H}{1\ 500}h$和$W_2=\frac{42\ 682}{R}$。

需要说明的是，由于建筑限界是一个与线路中心线垂直的极限横断面轮廓。在曲线地段，其轮廓相当于围绕线路中心线整体旋转了一个角度，因此建筑限界轮廓上的每点加宽要根据此公式进行计算，公式中的 H 值即表示轮廓上的各点距轨面的高度。同样，线路侧的杆柱、信号机、站台等，在曲线地段进行加宽时，公式中的 H 值则表示此设备的高度，H 值最大为5 300 mm（宽体车建筑限界）或 5 150 mm（窄体车建筑限界）。

由于缓和曲线的曲率和超高在逐渐变化，因此当车辆前部从直线进入缓和曲线而后部还处于直线时，车体就会发生几何偏移和超高偏移，且偏移量逐渐加大，全部进入圆曲线后达到偏移量的最大值。所以，曲线上建筑限界的加宽范围，应包括全部圆曲线、缓和曲线和部分直线。对于连续的建（构）筑物，加宽方法可采用图 6.3.3 所示的阶梯形方式，或采用曲线圆顺方式。采用阶梯型加宽方式时，圆曲线的全部、缓和曲线缓圆点（圆缓点）至缓和曲线中点并向直线方向延长 $0.5L$ 的部分，曲线内外侧分别加宽 W_1 和 W_2；缓和曲线其余部分以及直缓点（缓直点）向直线方向延长 $0.5(L+l)$ 的部分，曲线内外侧分别加宽 $0.5W_1$ 和 $0.5W_2$。

7 线路和站场

7.1 一 般 规 定

7.1.1 铁路线路按在运营中的作用进行分类能够更直接地体现线路的功能属性及其技术标准情况。联络线是指为满足互联互通运营要求而设置的线路，其设计标准根据设计速度确定。站线（车站配线）是指在车站管理的线路中除正线以外的其他线路。段管线是指车辆基地内线路和综合维修工区内线路。

7.1.2 合理的设计标准首先要体现与设计速度相匹配，其次在受控制地段，需结合控制因素进行综合的技术经济分析，在满足安全及运输能力要求的前提下，选择工程技术经济综合最优的适宜标准。车站两端正线平面、纵断面设计技术标准，结合运营组织方案及V-S曲线选择可以充分体现工程技术经济合理性。

7.1.3 联络线属于运营线路的一种，其设计标准根据运输组织方案及V-S曲线，按照设计速度合理选用，一般条件下宜与正线相应速度的标准一致，困难条件下根据运营要求，按照较正线的超高、加速度、欠过超高时变率等计算参数略低的标准自行计算确定。

7.1.7 线路接轨及安全线设置的说明如下：

联络线、出入线在站内与正线接轨时，需要根据联络线、出入线上列车的接入方向确定安全线的设置。联络线、出入线上的列车接入正线（即两线汇合为一线）时，为确保正线上通过列车的运行安全，需要在联络线、出入线上设置安全线；正线上的列车接入联络线、出入线（即一线分为两线）时，没有必要设置安全线。安全线设置如说明图7.1.7-1和说明图7.1.7-2所示。

为便于管理，要求联络线、出入线在站内接轨，当联络线、出入线在站内接轨困难，增加工程投资较大，允许联络线、出入线在区间与正线接轨，同时，要求在接轨处设置线路所，对运输作业进行管理，线路所设置如说明图7.1.7-3所示。

7.1.8 地下线安全设施多，工程建设费及运营维护费高，应对突发事件的措施灵活性差；当线路位于城镇边缘的丘陵或山地，地形、地质条件允许时，可采用地面线方式；当线路位

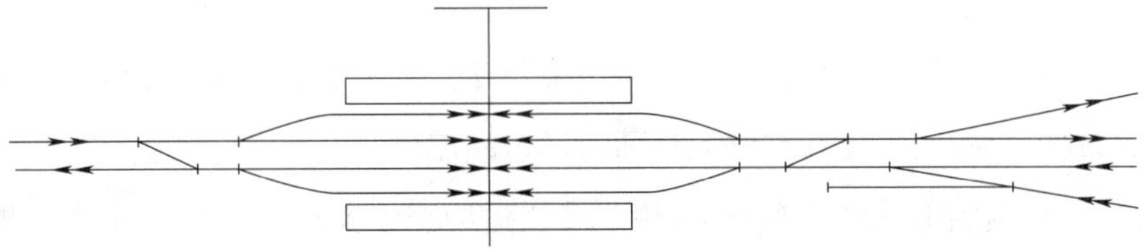

说明图 7.1.7-1　联络线、出入线与正线接轨安全线设置

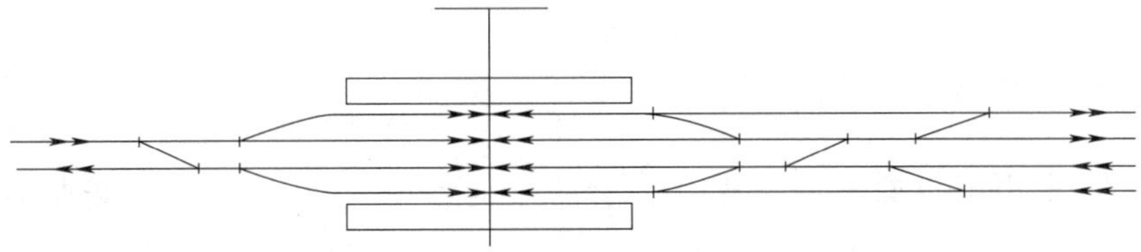

说明图 7.1.7-2　联络线、出入线与到发线接轨布置

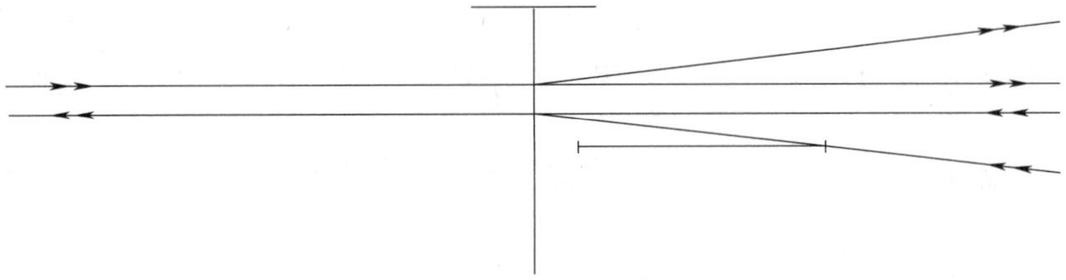

说明图 7.1.7-3　线路所设置

于平原地区和具有高架条件的城镇地段，宜采用高架方式；当线路通过城市中心区，高大建筑物密集，且城市道路不具备高架条件时，经环境、技术经济比选后可采用地下线方式。

7.1.10　考虑到发线及出入线使用的机动灵活性，规定到发线和出入线均应设计为双方向进路。为保证进入到发线内列车作业安全，避免因操作不当造成列车误入其他线路，规定到发线有效长度范围内不应设置道岔。

7.1.11　表 7.1.11 序号 2 中宽体车位于正线一侧≥2 200 mm、位于站线一侧≥2 150 mm，窄体车位于正线及站线一侧均≥2 000 mm 系根据建筑限界确定；位于站场最外线路外侧≥3 100 mm(有砟)，系考虑最外站线外侧满足大型养路机械作业宽度的需要及接触网支柱基础能够避开道床。

表列序号 3 接触网支柱位于有砟轨道正线一侧≥3 100 mm 系考虑大型养路机械作业的需要；位于站线一侧≥2 150 mm，系综合考虑限界及接触网结构要求。在困难条件下，接触网支柱边缘至线路中心的距离，位于有砟轨道正线一侧不小于 2 500 mm，系考虑正线接触网结构要求。

表列序号 4 中连续墙体、栅栏、声屏障边缘位于正线或站线外侧的路基面外，系考虑路肩满足布置电缆槽的需要和维修人员通行通道的需要。

为避免栅栏倾倒影响到行车安全，规定栅栏边缘至线路中心的距离不小于栅栏距地面的高度加 2 200 mm(窄体车为 2 000 mm)之和。

7.1.12 在线路的曲线地段上，各类建筑物和设备至线路中心的距离需按规定加宽。加宽公式为：

曲线内侧加宽(mm)：

市域 A 型、市域 D 型： $$W_1=\frac{30\ 811}{R}+\frac{H}{1\ 500}h \qquad \text{(说明 7.1.12-1)}$$

CRH 市域型： $$W_1=\frac{38\ 281}{R}+\frac{H}{1\ 500}h$$

曲线外侧加宽(mm)：

市域 A 型、市域 D 型： $$W_2=\frac{29\ 689}{R} \qquad \text{(说明 7.1.12-2)}$$

CRH 市域型： $$W_2=\frac{42\ 682}{R}$$

式中 R——曲线半径，m；

H——计算点自轨面算起的高度，mm；

h——外轨超高，mm。

位于曲线内侧的旅客站台，如线路设有外轨超高时，须降低站台高度，降低站台的数值为 0.6 倍外轨超高度。其数值来源如下(见说明图 7.1.12)：

$$h':h=\left\{\frac{B}{2}-\frac{b}{2}\right\}:b \qquad \text{(说明 7.1.12-3)}$$

$$h'=\frac{B-b}{2b}h\approx 0.6$$

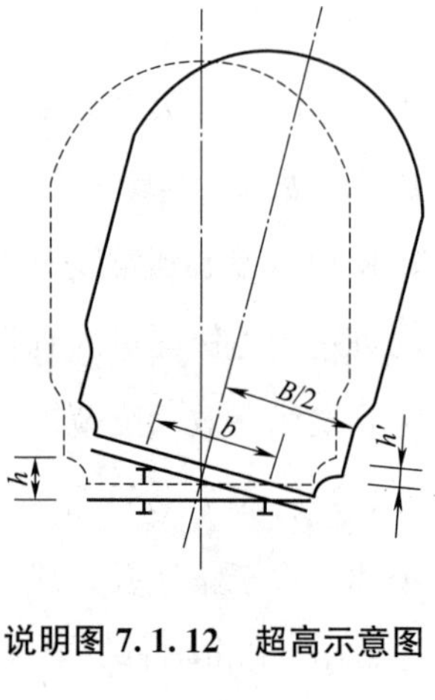

说明图 7.1.12 超高示意图

根据市域铁路采用的三种车型参数计算结果为市域 A 型 $h'\approx 0.5$，市域 D 型、CRH 市域型 $h'\approx 0.6$，三种计算结果基本接近，取 $h'\approx 0.6$。

7.2 平　　面

7.2.1

1. 正线线路平面最小曲线半径。

正线线路平面最小曲线半径根据路段设计速度、超高参数计算，计算公式如下。

1）满足最高设计速度要求的平面最小曲线半径按下式计算确定。

$$R_{min}=11.8\frac{v_{max}^{2}}{[h+h_{q}]} \quad \text{(说明 7.2.1-1)}$$

2）满足高、低速列车共线运行时平面最小曲线半径按下式计算确定。

$$R_{min}=11.8\frac{v_{max}^{2}-v_{min}^{2}}{[h_{q}+h_{g}]} \quad \text{(说明 7.2.1-2)}$$

式中　v_{max}——设计最高速度，km/h；

v_{min}——低速旅客列车设计速度，km/h；

$[h+h_{q}]$——设计超高与欠超高之和允许值，mm；

$[h_{q}+h_{g}]$——欠过超高之和允许值，mm。

高低速共线运营的工况一般指大站快车及站站停列车，也可能是由本线列车与跨线列车存在速差而出现的工况。当不同速度的列车通过某一曲线时，确定最小曲线半径标准有两个条件：一是高速度列车设计速度 v_{max}、实设超高与欠超高之和的允许值$[h+h_{q}]$，另一是高速度列车设计速度 v_{max}、低速度列车设计速度 v_{min}、欠过超高之和的允许值$[h_{q}+h_{g}]$因素。

(1)本规范设计速度目标值分级为 160 km/h、140 km/h、120 km/h、100 km/h。满足最高设计速度要求的最小平面曲线半径按照公式(说明 7.2.1-1)计算；低速度与运营组织方案有关，鉴于设计规范需具有一定的包络性，与设计速度匹配的低速度按照最大速差考虑，满足速差要求的最小平面曲线半径按照公式(说明 7.2.1-2)计算。

(2)超高参数

本规范各种超高参数标准均依据设计速度及舒适度条件确定，为合理地制定最小曲线半径标准需适当确定超高参数标准，以充分体现工程设计的技术经济合理性。

1)最大设计超高允许值$[h]$

①安全条件允许的最大超高

当列车通过设置超高的曲线时车体会发生倾斜，因车体倾斜而导致车体中心偏离轨道中心，应控制此偏移距离，以保证车体不会因失去平衡而倾覆。由此得出了安全条件要求的最大超高计算式为：$[h_a]=S^2/6H$。

S—钢轨中心距，取 1 500 mm，H—车体重心高度，根据市域 A 型、D 型及 CRH 型车的技术参数，车体重心高度在 1 912～2 065 mm 范围，按此参数计算得到的最大允许超高为 181 mm。

②舒适条件要求的最大超高

超高致车体倾斜，其值过大会导致乘客的不舒适，通常倾斜角度不宜大于 7°，即最大超高不宜大于 184 mm。

③国外高速铁路的最大超高一般在 170～200 mm。

综合上述分析，最大设计超高允许值取 170 mm 是安全的，但是实设超高应考虑运营养护实际，本规范最大实设超高采用 150 mm。

2)欠超高 h_q

根据欠超高与乘坐舒适度关系实验结果，乘客对于舒适性的体验分别为“没有感觉”、“轻微感觉”、“明显感觉”时，对应的理论上未被平衡横向加速度分别为 0.03 g、0.054 g、0.077 g，相应的欠超高分别为 45 mm、81 mm、115 mm。

在铁科院环形铁道进行的相关试验中，得到的舒适度与欠超高的关系为：$h_q=$ 30 mm，感觉良好；$h_q=55$ mm，感觉较好；$h_q=80$ mm，感觉略有不适；$h_q=108$ mm，感觉不舒适。

考虑本规范适用于设计速度 160 km/h 及以下，且市域铁路的运营长度一般不超过 100 km，综合现行相关设计标准确定依据，按照舒适度条件本规范欠超高取值为一般 70 mm、困难 90 mm。如说明表 7.2.1-1。

说明表 7.2.1-1　欠超高允许值(mm)

舒适度条件	一般	困难
欠超高允许值$[h_q]$	70	90

3)过超高 h_g

市域铁路为纯客运线路，客车轴重较轻且单一、牵引质量小，对于曲线地段钢轨磨耗及线路破坏作用较小。从舒适度角度分析，过超高与欠超高对于舒适度的影响是相同的，因此过超高采用与欠超高相同的标准，见说明表 7.2.1-1。

根据上述最大设计超高取值分析，设计超高与欠超高允许值$[h+h_q]$取值见说明表 7.2.1-2。

说明表 7.2.1-2 设计超高与欠超高之和及欠超高与过超高之和允许值取值表(mm)

舒适度条件	一般	困难
设计超高与欠超高之和允许值[$h+h_q$]	220	240
欠超高与过超高之和允许值[h_q+h_g]	160	180

3 根据上述确定的超高参数,按照单一速度、高低速匹配两种条件计算最小曲线半径见说明表 7.2.1-3～7.2.1-13。

说明表 7.2.1-3 设计速度 160 km/h 最小半径计算

设计速度 160 km/h	$h+h_q$	R	h_q+h_g	匹配低速(km/h)									
	mm	m	mm	90	80	70	60	50	40	30	20	10	0
一般条件	220	1 373	160	1 291	1 416	1 527	1 623	1 704	1 770	1 822	1 859	1 881	1 888
困难条件	240	1 259	180	1 147	1 259	1 357	1 442	1 514	1 573	1 619	1 652	1 672	1 678

说明表 7.2.1-4 设计速度 160 km/h 最小半径计算取整

设计速度 160 km/h	$h+h_q$	R	h_q+h_g	匹配低速(km/h)									
	mm	m	mm	90	80	70	60	50	40	30	20	10	0
一般条件	220	1 400	160	1 400	1 500	1 600	1 700	1 800	1 800	1 900	1 900	1 900	1 900
困难条件	240	1 300	180	1 200	1 300	1 400	1 500	1 600	1 600	1 700	1 700	1 700	1 700

说明表 7.2.1-5 设计速度 140 km/h 最小半径计算

设计速度 140 km/h	$h+h_q$	R	h_q+h_g	匹配低速(km/h)								
	mm	m	mm	80	70	60	50	40	30	20	10	0
一般条件	220	1 051	160	974	1 084	1 180	1 261	1 328	1 379	1 416	1 438	1 446
困难条件	240	964	180	865	964	1 049	1 121	1 180	1 226	1 259	1 278	1 285

说明表 7.2.1-6 设计速度 140 km/h 最小半径计算取整

设计速度 140 km/h	$h+h_q$	R	h_q+h_g	匹配低速(km/h)								
	mm	m	mm	80	70	60	50	40	30	20	10	0
一般条件	220	1 100	160	1 100	1 100	1 200	1 300	1 400	1 400	1 500	1 500	1 500
困难条件	240	1 000	180	900	1 000	1 100	1 200	1 200	1 300	1 300	1 300	1 300

说明表 7.2.1-7 设计速度 120 km/h 最小半径计算

设计速度 120 km/h	$h+h_q$	R	h_q+h_g	匹配低速(km/h)							
	mm	m	mm	70	60	50	40	30	20	10	0
一般条件	220	772	160	701	797	878	944	996	1 033	1 055	1 062
困难条件	240	708	180	623	708	780	839	885	918	937	944

说明表 7.2.1-8　设计速度 120 km/h 最小半径计算取整

设计速度 120 km/h	$h+h_q$	R	h_q+h_g	匹配低速(km/h)							
	mm	m	mm	70	60	50	40	30	20	10	0
一般条件	220	800	160	800	800	900	1 000	1 000	1 100	1 100	1 100
困难条件	240	700	180	700	800	800	900	900	1 000	1 000	1 000

说明表 7.2.1-9　设计速度 100 km/h 最小半径计算

设计速度 100 km/h	$h+h_q$	R	h_q+h_g	匹配低速(km/h)						
	mm	m	mm	60	50	40	30	20	10	0
一般条件	220	536	160	472	553	620	671	708	730	738
困难条件	240	492	180	420	492	551	597	629	649	656

说明表 7.2.1-10　设计速度 100 km/h 最小半径计算取整

设计速度 100 km/h	$h+h_q$	R	h_q+h_g	匹配低速(km/h)						
	mm	m	mm	60	50	40	30	20	10	0
一般条件	220	600	160	600	600	700	700	800	800	800
困难条件	240	500	180	500	500	600	600	700	700	700

说明表 7.2.1-11　设计速度 80 km/h 最小半径计算

设计速度 80 km/h	$h+h_q$	R	h_q+h_g	匹配低速(km/h)				
	mm	m	mm	40	30	20	10	0
一般条件	220	343	160	354	406	443	465	472
困难条件	240	315	180	315	361	393	413	420

说明表 7.2.1-12　设计速度 80 km/h 最小半径计算取整

设计速度 80 km/h	$h+h_q$	R	h_q+h_g	匹配低速(km/h)				
	mm	m	mm	40	30	20	10	0
一般条件	220	400	160	400	450	450	500	500
困难条件	240	350	180	350	400	400	450	450

说明表 7.2.1-13　最小曲线半径(m)

设计速度(km/h)	160	140	120	100	80
一般条件	1 400	1 100	800	600	400
困难条件	1 300	1 000	700	500	350

注:当高低速速差较大时需根据速差情况按式说明 7.2.1-2 计算确定。

说明表 7.2.1-13 的最小值是指满足设计速度要求的最小曲线半径,当通过曲线的列车速度低于设计速度时,最小半径需按满足高、低速列车共线运行时平面最小曲线半径计算公式(说明 7.2.1-2)计算确定，当高低速速速差较小时，最小半径值由设计速度要求控制，如：设计速度 160 km/h 与速度不低于 80 km/h 的列车共线时，最小半径值由设计速度 160 km/h 的要求控制，速差不控制；当速度低于 80 km/h 时，最小半径需按照速差条件计算，如低速为70 km/h 时，最小半径为 1 400 m。

2 最大曲线半径。当平面曲线半径过大时，线路几何形态的测量和维护较困难，因此从养护维修要求考虑对最大平面曲线半径做了一定限制。最大曲线半径不宜大于12 000 m。

7.2.2 因为复曲线在测量、养护等方面较困难，因此对于设置复曲线给予较严格的限制。满足一定条件要求的复曲线不会对行车构成安全隐患，对舒适度有一定影响，所以当特殊困难条件下经技术经济比选，需要设置复曲线时对于曲率差进行约束，以满足舒适条件要求，复曲线间设置的缓和曲线较难测设、养护，因此规定复曲线的半径选择需满足不设置缓和曲线的要求，以尽可能地简化测设及养护工作。不设中间缓和曲线的复曲线的曲率差需满足公式(说明 7.2.2)的规定，计算结果见说明表 7.2.2。

$$\frac{1}{R_1}-\frac{1}{R_2}\leqslant\frac{3.6L(b+0.5f)}{11.8v_{\max}^3} \quad \text{(说明 7.2.2)}$$

式中 R_1、R_2——曲线半径，m；

L——车体长度，市域 D、A 型车 22 m，CRH 型车 25.45 m；

b——欠超高时变率，一般 45 mm/s，困难 50 mm/s；

f——超高时变率，一般 30 mm/s，困难 40 mm/s。

说明表 7.2.2 不设中间缓和曲线的复曲线最大曲率差

设计速度(km/h)			160	140	120	100	80
$\frac{1}{R_1}-\frac{1}{R_2}$	计算值	一般	1/10 171	1/6 814	1/4 291	1/2 483	1/1 271
		困难	1/8 718	1/5 840	1/3 678	1/2 128	1/1 090
	取整	一般	1/12 000	1/8 000	1/6 000	1/4 000	1/2 000
		困难	1/10 000	1/6 000	1/5 000	1/3 000	1/1 500

7.2.4 区间直线并行地段的线间距及区间曲线地段线间距加宽。

区间直线并行地段的线间距及区间曲线地段线间距加宽，根据设计速度、车辆技术条件及两线间设置设施(设备)要求等，综合分析确定。

1 车体间净距分析。

根据限界研究中相关的仿真计算结果，市域 D 型车车体基本宽度 3.3 m 时，考虑最大侧风风速 30 m/s 时，车体最宽处最大偏移位置的车体最大动态宽度为 3 431 mm，动态偏移量 131 mm。CRH 市域型车体基本宽度 3.3 m 时，考虑最大侧风风速 30 m/s 时，车体最宽处最大偏移位置的车体最大动态宽度为 3 424 mm，动态偏移量 124 mm。市域 A 型车车体基本宽度 3.0 m 时，考虑最大侧风风速 30 m/s 时，车体最宽处最大偏移位置的车体最大动态宽度为 3 129 mm，动态偏移量 129 mm。

最小净距计算值归纳如下表。

车辆类型＼线间距(m)		4.0	3.9	3.8	3.7	3.6	3.5
宽体车(车体基本宽度 3.3 m)	市域 D 型车	569	469	369	—	—	—
	CRH 市域型车	576	476	376	—	—	—
窄体车(车体基本宽度 3.0 m)	市域 A 型车	871	771	671	571	471	371

2 有关实测数据参考。

根据海南东环铁路联调联试关于动态偏移量测试结论，(1)在轨道状态良好情况下动车组以 275 km/h 及其以下速度行驶时车体运行平稳，车辆的整体动态偏移量较小，在直线段运行时1 250 mm 高度车体最大值 1 701 mm，最大偏移量约 20 mm。(2)直线段运行时，速度对车体的动态偏移量影响不大，缓和曲线段运行时速度对车体的动态偏移量有影响，在超高100 mm的测试点，5 km/h 与 275 km/h 车体高度 1 000～1 300 mm 之间的偏移量约相差 50 mm。(3)动车组在环境风速在 8 m/s 以下运行时，风速对车体的动态偏移量没有明显影响。

3 会车压力分析。

仿真计算了行车速度 160 km/h、120 km/h 在线间距 3.8 m、3.6 m 会车时列车所受风压情况，如说明表 7.2.4-1。

说明表 7.2.4-1 行车速度 160 km/h、120 km/h 会车受风压

线间距(m)	3.8	3.6	3.8	3.6
行车速度	风压最大值(Pa)		峰峰值(Pa)	
160 km/h	1 462	1 476	1 031	1 205
120 km/h	823	831	573	670

上表显示在 3.6 m 线间距条件下会车风压较小，因此会车压力不是控制线间距标准的因素。

4 结论。

根据目前我国市郊铁路采用的主要车辆类型看，车辆宽度在 3 000～3 300 mm 之间。线间距标准选择需考虑兼容不同车辆上道运营需求，以提高铁路设备运用的灵活性。因此，本规范规定区间直线地段最小线间距采用如说明表 7.2.4-2 所示。

说明表 7.2.4-2　区间直线地段最小线间距

车辆类型	宽体车（车体基本宽度 3.3 m）	窄体车（车体基本宽度 3.0 m）
最小线间距（m）	4.0	3.8

5 关于曲线加宽。

区间双线的曲线地段是否需要加宽以及加宽值大小与曲线两端直线地段的最小线间距、曲线半径、车辆类型等因素有关。

1）与车辆类型相关的因素分析。当车体位于曲线时车体中部及端部会分别偏离线路中线一定距离，偏移量与车体长度、车辆定距及固定轴距有关。

①市域 D 型车：

车体长度：无司机室 22.0 m，单司机室 22.0＋Δ；转向架中心距 15.7 m；固定轴距 $S=2.5$ m；

车体中部偏移量 $W_m=30\ 811/R$，车体端部 $W_e=29\ 689/R$，总偏移量 $W=60\ 500/R$；

②CRH 市域型：

车体长度：中间车 24.5 m、首尾车 25.45 m；转向架中心距 17.5 m；固定轴距 2.5 m；$W_m=38\ 281/R$，$W_e=42\ 682/R$，总偏移量 $W=80\ 963/R$；

2）车体间净距分析。

按照前述确定的线间距，在动态偏移量 131 mm 时，线间距 4.0 m，车体基本宽度 3 300 mm，车体间距为 569 mm，预留 360 mm 安全余量后剩余间距 209 mm，在曲线地段当车体偏移量小于 209 mm 时可以保证车体间净距不小于 360 mm，平面曲线半径在 400 m及以上时车体偏移量均小于 209 mm。即在曲线半径大于 400 m 时曲线地段可不考虑加宽。但是曲线地段车体动态偏移变化较直线地段复杂，根据前述仿真结果及实测数据分析，小半径地段考虑一定的加宽量有利于运营安全及方便养护维修，加宽值按照车体净距不小于 460 mm 考虑，即当车体偏移量小于 109 mm 时，曲线地段可不考虑加宽。曲线两端的直线线间距为说明表 7.2.4-2 时，曲线地段线间距加宽如说明表 7.2.4-3。

说明表 7.2.4-3　曲线地段线间距加宽值

曲线半径(m)	加宽值(mm)
800 及以上	0
700	10
600	25
500	55
400	95
300	160

线间距 3.8 m,车体基本宽度 3 000 mm,车体间距为 671 mm,平面曲线半径在 400 m 及以上地段不考虑曲线加宽,均可满足车体间净距不小于 460 mm 的要求,故不考虑加宽。

当外侧线路曲线超高大于内侧线路曲线超高时线间距是否需要加宽及加宽值需另行计算。当线间有其他建构筑物时线间距是否需要加宽及加宽值需按相关要求计算确定。

7.2.5　区间正线与其他线路并行地段的线间距根据相邻线路的行车速度、高程、线间各种建(构)筑物以及养护维修等条件确定。其他线路包括联络线、动车组走行线、既有铁路等。

7.2.6　站内两相邻线路中心线间的距离,一方面需满足建筑限界或机车车辆限界的要求;另一方面还需满足车站平面布置和两线间设置有关设备以及保证作业安全的需要。在正线之间的距离还需考虑列车交会运行时会车压力波的影响等,线间距计算参照说明表 7.2.6。

说明表 7.2.6　车站线间距

<table>
<tr><th rowspan="2">序号</th><th rowspan="2">线别</th><th rowspan="2" colspan="2">线间设施</th><th colspan="2">最小线间距(mm)</th></tr>
<tr><th>宽体车</th><th>窄体车</th></tr>
<tr><td rowspan="2">1</td><td rowspan="2">正线间</td><td colspan="2">无渡线</td><td colspan="2">同区间正线</td></tr>
<tr><td colspan="2">有渡线</td><td colspan="2">5 000,困难条件下或采用地下线时可根据道岔选型确定</td></tr>
<tr><td rowspan="4">2</td><td rowspan="4">正线与相邻到发线间</td><td colspan="2">无</td><td colspan="2">5 000</td></tr>
<tr><td rowspan="2">接触网支柱</td><td>有砟</td><td colspan="2">5 250+结构宽</td></tr>
<tr><td>无砟</td><td colspan="2">4 650+结构宽</td></tr>
<tr><td colspan="2">雨棚柱</td><td>4 350+结构宽(5 250)</td><td>4 000+结构宽(5 250)</td></tr>
<tr><td rowspan="4">3</td><td rowspan="4">到发线间或到发线与其他线间</td><td colspan="2">无</td><td colspan="2">5 000</td></tr>
<tr><td colspan="2">有站台</td><td>3 500+站台宽</td><td>3 200+站台宽</td></tr>
<tr><td colspan="2">接触网支柱</td><td colspan="2">4 300+结构宽</td></tr>
<tr><td colspan="2">雨棚柱</td><td>4 300+结构宽</td><td>4 000+结构宽</td></tr>
<tr><td>4</td><td>正线与其他线间</td><td colspan="2">无</td><td colspan="2">5 000</td></tr>
<tr><td>5</td><td>正线与出入线间</td><td colspan="2">无</td><td colspan="2">5 000</td></tr>
</table>

注:括号内数字为有大型养路机械作业的宽度。

说明表7.2.6序号1中站内正线线间距主要考虑以下因素：

(1)当站内正线有列车通过时，考虑列车交会运行时会车压力波的影响，其影响情况与区间正线线间距相同。

(2)当站内正线线间距与区间正线线间距相同时，可避免为调整线间距而设置反向曲线，有利于优化正线平面线形，提高行车舒适度，减少养护维修工作量。

(3)车站正线间渡线设置要求

由于车站咽喉区需要在两正线间铺设渡线，当线间距为4.60 m时，渡线两岔心间的距离采用18号道岔时为82.928 m，采用12号道岔时为55.391 m。当线间距为5.0 m时，渡线两岔心间的距离采用18号时为90.139 m，采用12号道岔时为60.208 m。

市域铁路设计速度为100～160 km/h，正线多采用12号道岔，根据道岔铺设图的结构要求，客专线(10)018-12号道岔(有砟)及客专线(10)017-12号道岔(无砟)岔枕结构要求的长度为57.496 m(可动心轨)，专线4249-12号道岔结构长岔枕要求的长度为57.416 m(固定型辙叉)。线间距4.60 m时不满足12号道岔岔枕结构布置要求。线间距5.0 m时可满足12号道岔岔枕机构布置要求；采用18号道岔时，根据道岔铺设图的结构要求，站内两正线间的间距不小于4.6 m。困难条件下或采用地下线时，为节省工程投资，可根据道岔选型确定或进行特殊设计。

(4)线间设置信号机的说明如下：

根据建筑限界，两正线间设置带进路表示器的双机构矮型信号机，其要求的最小线间距为4.382 m。当线间设信号机时，考虑信号机两侧10.9 cm安全余量，正线间距不小于4.60 m。

综上分析，当正线间无渡线且不设置反向出站信号机时，线间距应与区间相同；当仅设置反向出站信号机、无渡线时，线间距不小于4.6 m；正线间设置渡线时，线间距不小于5.0 m。

表列序号2中，正线与相邻到发线间无中间站台、到发线上停站的列车无技术作业以及上水、卸污等作业，该线间距需满足两线间设置信号机及有关设备的要求，并满足岔后曲线平面布置的要求，要求不小于5.0 m。不满足平面布置要求时，其线间距尚应根据平面布置要求计算确定。

正线与相邻到发线间设有接触网柱时，正线与相邻到发线间的间距为：正线为有砟轨道时$L=3\,100+L_{接触网柱宽}+2\,150=5\,250+L_{接触网柱宽}$(mm)。正线为无砟轨道时$L=2\,500+L_{接触网柱宽}+2\,150=4\,650+L_{接触网柱宽}$(mm)。

正线与相邻到发线间设有雨棚柱时，正线与相邻到发线间的线间距为：

市域D型、CRH市域型车：$L=2\ 200+L_{雨棚柱宽}+2\ 150=4\ 350+L_{雨棚柱宽}$（mm）；

市域A型车：$L=2\ 000+L_{雨棚柱宽}+2\ 000=4\ 000+L_{雨棚柱宽}$（mm）。

当正线为有砟轨道且需要大型养路机械作业时，雨棚柱至线路中心的距离采用3 100 mm。

表列序号3，系按机车车辆非高速运行时建筑接近限界2 150×2=4 300 mm，再考虑作业人员通行、信号机设置等因素，并参考现行规范有关标准，统一确定为5 000 mm。到发线与其他线不等高或线间设有接触网支柱、雨棚柱、排水沟等设施及有作业要求，且无中间站台时，可结合具体计算确定，但均不小于5 000 mm。到发线与其他线间有中间站台时，到发线与其他线间的线间距宽体车为$L=1\ 750+L_{站台宽}+1\ 750=3\ 500+L_{站台宽}$（mm），窄体车为$L=1\ 600+L_{站台宽}+1\ 600=3\ 200+L_{站台宽}$（mm）。站台位于曲线范围时，尚需对线路中心至站台边缘的限界值进行加宽。

到发线间或其他线间有接触网柱时，其线间距为：$L=2\ 150+L_{结构宽}+2\ 150=4\ 300+L_{结构宽}$（mm）。到发线间或其他线间有雨棚柱时线间距宽体车为：$L=2\ 150+L_{结构宽}+2\ 150=4\ 300+L_{结构宽}$（mm），窄体车为$L=2\ 000+L_{结构宽}+2\ 000=4\ 000+L_{结构宽}$（mm）。

表列序号4，正线与其他线间的线间距，当不等高或设有其他设施及有作业要求时，可结合具体情况确定，但均不小于5 000 mm。

表列序号5，正线与出入线的线间距，考虑作业性质与正线相同，故线间距采用5.0 m。

7.2.8 区间正线圆曲线和夹直线最小长度根据车辆振动衰减特性确定，一般按1～2个周期考虑可以满足舒适度要求，计算公式如下。

一般条件下：$L \geqslant 0.6v$ （说明7.2.8-1）

困难条件下：$L \geqslant 0.4v$ （说明7.2.8-2）

式中 L——圆曲线或夹直线长度，m；

v——设计速度，km/h。

说明表7.2.8 圆曲线或夹直线最小长度

设计速度(km/h)		160	140	120	100
圆曲线或夹直线最小长度(m)	一般条件	100	85	75	60
	困难条件	65	60	50	40

7.2.9 区间正线缓和曲线长度根据设计速度、曲线半径，按照公式(说明 7.2.9-1～说明 7.2.9-3)计算并取最大值。

1)满足最大超高顺坡率要求的缓和曲线长度应按下式计算：

$$L_1 \geqslant h/i_{max} \tag{说明 7.2.9-1}$$

2)满足超高时变率要求的缓和曲线长度应按下式计算：

$$L_2 = hv/(3.6f) \tag{说明 7.2.9-2}$$

3)满足欠超高时变率要求的缓和曲线长度应按下式计算：

$$L_3 = h_q v/(3.6\beta) \tag{说明 7.2.9-3}$$

式中 h——设计超高值，mm；设计超高取值原则：根据平衡超高计算值确定的欠超高水平与半径计算参数相协调；最小超高取值 10 mm；当平衡超高小于 10 mm 时，可不设超高。

i_{max}——满足安全条件的最大超高顺坡率，一般取 2‰；

v——设计速度，km/h；

f——超高时变率，一般条件为 30 mm/s，困难条件为 40 mm/s；

β——欠超高时变率，一般条件为 45 mm/s，困难条件为 50 mm/s。

缓和曲线长度一般由舒适条件控制，根据现行有关线路设计标准及客车运营实践，经分析研究规定了本规范的相应技术参数。超高时变率一般条件采用 30 mm/s，相当于超高顺坡率 $1/(9v)$；困难条件采用 40 mm/s，相当于超高顺坡率 $1/(7v)$。欠超高时变率一般条件采用45 mm/s，相当于欠超高 45 mm；困难条件采用 50 mm/s，相当于欠超高 51 mm。因此可以看出，舒适度水平是比较合理的。根据上述公式及相关参数计算且取较大值作为缓和曲线长度采用标准，如说明表 7.2.9-1、7.2.9-2。

说明表 7.2.9-1 缓和曲线长度(m)

设计速度	160 km/h			140 km/h			120 km/h		
半径(m)	h	一般	困难	h	一般	困难	h	一般	困难
12 000	10	20	20	10	20	20	—	—	—
11 500	10	20	20	10	20	20	—	—	—
11 000	10	20	20	10	20	20	—	—	—
10 500	10	20	20	10	20	20	—	—	—
10 000	10	20	20	10	20	20	10	20	20
9 500	15	25	20	15	20	20	10	20	20
9 000	15	25	20	15	20	20	10	20	20

续说明表 7.2.9-1

设计速度	160 km/h			140 km/h			120 km/h		
半径(m)	*h*	一般	困难	*h*	一般	困难	*h*	一般	困难
8 500	20	30	25	15	20	20	10	20	20
8 000	20	30	25	20	30	20	15	20	20
7 500	25	40	30	20	30	20	15	20	20
7 000	25	40	30	25	35	25	15	20	20
6 500	30	45	35	25	35	25	15	20	20
6 000	30	45	35	25	35	25	15	20	20
5 500	35	55	40	30	40	30	15	20	20
5 000	35	55	40	30	40	30	20	25	20
4 500	35	55	40	30	40	30	20	25	20
4 000	40	60	45	35	50	35	20	25	20
3 800	45	70	55	35	50	35	25	30	25
3 600	50	75	60	35	50	35	25	30	25
3 500	55	85	65	40	55	40	25	30	25
3 400	55	85	65	40	55	40	30	35	30
3 300	55	85	65	40	55	40	30	35	30
3 200	60	90	70	40	55	40	30	35	30
3 100	60	90	70	45	60	45	30	35	30
3 000	60	90	70	45	60	45	30	35	30
2 900	65	100	75	45	60	45	30	35	30
2 800	65	100	75	50	65	50	35	40	30
2 700	65	100	75	50	65	50	35	40	30
2 600	70	105	80	50	65	50	35	40	30
2 500	70	105	80	55	75	55	40	45	35
2 400	70	105	80	55	75	55	40	45	35
2 300	75	115	85	60	80	60	40	45	35
2 200	75	115	85	60	80	60	45	55	40
2 100	80	120	90	65	85	65	45	55	40
2 000	85	130	95	65	85	65	45	55	40
1 900	90	135	105	70	95	70	50	60	45
1 800	100	150	115	70	95	70	50	60	45
1 700	110	165	125	75	100	75	50	60	45
1 600	120	180	135	80	105	80	55	65	50
1 500	135	205	155	90	120	90	60	70	55
1 400	145	215	165	95	125	95	65	75	55

续说明表 7.2.9-1

设计速度	160 km/h			140 km/h			120 km/h		
半径(m)	*h*	一般	困难	*h*	一般	困难	*h*	一般	困难
1 300	150	225	170	105	140	105	70	80	60
1 200				120	160	120	70	80	60
1 100				140	185	140	85	95	75
1 000				150	195	150	100	115	85
900							120	135	105
800							140	160	120
700							150	170	130

说明表 7.2.9-2 缓和曲线长度(m)

设计速度	100 km/h			80 km/h			60 km/h		
半径(m)	*h*	一般	困难	*h*	一般	困难	*h*	一般	困难
6 000	10	20	20	—	—	—	—	—	—
5 500	10	20	20	—	—	—	—	—	—
5 000	15	20	20	—	—	—	—	—	—
4 500	15	20	20	—	—	—	—	—	—
4 000	15	20	20	—	—	—	—	—	—
3 800	20	20	20	—	—	—	—	—	—
3 600	25	25	20	—	—	—	—	—	—
3 500	25	25	20	—	—	—	—	—	—
3 400	25	25	20	—	—	—	—	—	—
3 300	25	25	20	—	—	—	—	—	—
3 200	30	30	25	—	—	—	—	—	—
3 100	30	30	25	—	—	—	—	—	—
3 000	30	30	25	10	20	20	—	—	—
2 900	30	30	25	10	20	20	—	—	—
2 800	30	30	25	15	20	20	—	—	—
2 700	30	30	25	15	20	20	—	—	—
2 600	30	30	25	15	20	20	—	—	—
2 500	30	30	25	15	20	20	—	—	—
2 400	30	30	25	15	20	20	—	—	—
2 300	30	30	25	15	20	20	—	—	—
2 200	30	30	25	20	20	20	—	—	—
2 100	30	30	25	20	20	20	—	—	—

续说明表 7.2.9-2

设计速度	100 km/h			80 km/h			60 km/h		
半径(m)	h	一般	困难	h	一般	困难	h	一般	困难
2 000	40	40	30	20	20	20	10	20	20
1 900	40	40	30	20	20	20	10	20	20
1 800	40	40	30	25	20	20	10	20	20
1 700	40	40	30	25	20	20	10	20	20
1 600	40	40	30	30	25	20	10	20	20
1 500	45	45	35	30	25	20	10	20	20
1 400	45	45	35	35	30	20	15	20	20
1 300	45	45	35	40	30	25	15	20	20
1 200	50	50	35	45	35	30	15	20	20
1 100	60	60	45	50	40	30	20	20	20
1 000	70	65	50	55	45	35	20	20	20
900	80	75	60	60	45	35	25	20	20
800	90	85	65	70	55	40	30	20	20
700	100	95	70	85	65	50	40	25	20
600	125	120	90	100	75	60	50	30	25
550	135	130	95	100	75	60	55	35	25
500	150	140	105	100	75	60	60	35	30
450				110	85	65	65	40	30
400				120	90	70	75	45	35
350				140	105	80	85	50	40
300				150	115	85	100	60	45

7.2.12 道岔需要布置在直线上，曲线偏角过大会导致站坪延长，工程上不经济，因此提出了对曲线偏角的规定。影响曲线车站曲线半径选择的因素包括：1 结合开行方案满足行车速度要求；2 满足车体至站台边缘(有害空间)不大于 180 mm 的要求；3 需满足车站建筑、结构及其他专业技术要求。曲线内侧车体中部偏移量与曲线半径的关系式如说明 7.2.12，600 m 曲线半径车体中部的最大移量为 67 mm，满足安全要求。在满足建筑限界、车辆限界要求前提下，较大曲线半径可改善车站建筑、设备安装等条件，因此有条件时，半径宜采用不小于1 000 m，此时车体中部的最大移量为 40 mm。

$$W_m = \frac{40\ 000}{R} \qquad \text{(说明 7.2.12)}$$

7.2.13 为便于各类站线上作业方便，规定站线宜设置在直线上。在困难条件下必须设置在曲线上时，根据各种不同站线的功能及作业种类，对最小曲线半径做了要求：

1 到发线与正线按照同心圆设计，主要是考虑圆曲线范围内两线间距离相等，在减少工程量和占地的同时，还便于养护维修。

2～4 市域铁路采用的车型主要为市域A型、市域D型、CRH市域型三种，其通过的最小曲线半径由145～250 m不等，线路需要满足所有市域铁路采用车型通行的要求，同时有条件时尽量采用较大的曲线半径。

7.2.15 为了平衡部分离心力的侧压力，保证行车安全，减轻钢轨偏磨，防止曲线反超高，利于维修养护，并考虑列车进入曲线的平顺性和旅客的舒适度，所以规定到发线上的曲线地段和连接曲线宜设曲线超高。道岔后连接曲线的外轨超高值规定为15 mm，系根据现行《铁路线路维修规则》（以下简称《维规》）要求确定。到发线曲线地段的外轨超高值按下式计算分析确定。

$$h=\frac{11.8v^2}{R}$$

式中 h——曲线超高，mm；

v——列车侧向通过12号单开道岔的允许速度，km/h，采用50 km/h；

R——曲线半径，m。

按市域铁路曲线车站其半径为800～3 000 m计算，采用略高于平均值的20 mm，是考虑便于设计、施工及养护，并与现行《维规》关于超高顺坡坡度按2‰设置的规定一致。

7.2.16 为使列车安全、平稳的由直线过渡到圆曲线或由圆曲线过渡到直线，满足旅客舒适度的需求，到发线上的曲线地段需配设缓和曲线。

7.2.17 到发线上两曲线间的夹直线长度，参考现行《铁路线路设计规范》GB 50090，设置缓和曲线时，圆曲线和两曲线间夹直线长度不小于25 m。不设缓和曲线时，根据现行《铁路线路维修规则》，确定两曲线间需满足无超高直线段长度不小于20 m的要求，困难条件下不小于10 m。

7.2.18 安全线的设计规定系参照现行《铁路车站及枢纽设计规范》GB 50091确定。

为了减少列车和维修车辆误入安全线造成的损失，规定安全线尾部应设置车挡和缓冲装置，路基地段安全线尾部还应设置止轮土基。

7.2.19 道岔属于轨道结构的薄弱环节，为避免平面曲线的振动对道岔结构的影响，期间插入一定长度的直线有利于保护道岔设备，也有利于养护维修。采用仿真计算的方法，对42号道岔500 km/h、400 km/h、350 km/h、300 km/h、250 km/h直向通过时车体振动加速度和轮轨力变化时程曲线以及 160 km/h 侧向通过时车体振动加速度和轮轨力变化时程曲线进行分析，道岔尖轨引起的冲击能在岔区充分衰减，夹直线长度对振动响应叠加影响不大；轮轨作用力和安全性指标与夹直线相关性较小。从道岔设备养护维修、线路线形维护等考虑，道岔与平面曲线间夹直线长度宜大于一节车长，约 25 m。因此规定一般条件下不小于 0.4v(m)；困难条件下直线段长度不应小于 25 m。

7.2.20 对站线道岔前后至曲线的直线段长度的规定：

1 到发线上的道岔导曲线与曲线形成反向曲线或同向曲线，为了减少列车振动叠加的影响，提高旅客乘车舒适度，在道岔与曲线间需设置必要的直线段，有条件时，道岔距曲线曲线的直线段长度为 0.4v(m)。考虑列车一节车厢不同时位于道岔和曲线上，故规定道岔至曲线超高顺坡终点(由曲线为起点向直线方向顺坡)之间的直线段长度不小于 20 m；困难条件下岔后直线段不小于道岔跟端至末根岔枕的距离 L'(困难时为 $L'_{长}$)与超高顺坡所需长度之和，以保证曲线超高顺坡不进入道岔的岔枕范围内。

2 其余站线、段管线道岔前后至圆曲线最小直线段长度系根据《铁路车站及枢纽设计规范》GB 50091 的规定，并结合《铁路技术管理规程(普速铁路部分)》中关于曲线轨距加宽值的规定计算确定的。

7.2.21 道岔是铁路线路的薄弱环节，结构较复杂，且列车速度越高，对道岔的集合状态要求越严。市域铁路正线采用可动心轨辙叉单开道岔，它与固定辙叉单开道岔相比在结构上有明显的不同，前者各部件之间的几何尺寸要求较后者更为严格，因而养护条件要求更高。故规定了正线道岔两端距竖曲线起终点或变坡点(不设竖曲线时)的距离不小于 20 m。从理论上分析，道岔的导轨部分与竖曲线重叠，维修条件更为复杂，技术难度更大，增加巨额维修费，给安全留下隐患。

由于到发线上的列车运行速度较正线要低，故要求到发线上的道岔与竖曲线和边坡点不能重叠设置。

7.3 纵 断 面

7.3.1 正线线路纵断面。

区间正线最大坡度。线路宜设计为较缓的坡道，根据动车组性能，当坡度在 15‰以下时，坡道阻力对牵引、制动、行车速度等的影响可以忽略不计。根据市域铁路动车组技术条件，最大坡度采用 35‰是可行的。

7.3.2 最小坡段长度。最小坡段长度根据坡度差计算,保证竖曲线不重叠,有条件时竖曲线间设置一定长度的夹直线,有利于改善线路的平稳性,且利于养护维修,困难条件下不设置夹直线对行车安全也没有影响。

7.3.3 长大坡道。长大坡道根据车辆制动性能及行车技术要求确定。对于货运铁路来说,长大坡道是指货物列车运行速度接近或等于计算速度时的连续坡道。对于客运专线铁路来说,长大坡道一般是指列车运行速度低于设计速度一定比例时的连续坡道,该运行速度不是一个明确的定数,通常按设计速度的75%～80%掌握。另外还需考虑对线路能力及行车间隔时分等设计标准的影响。根据CRH市域型、市域D型车及市域A型车的技术条件,对列车在大坡道上行驶的速度进行计算。

CRH市域型和市域D型动车组的设计速度为160 km/h,市域A型动车组的设计速度为140 km/h,以其技术资料对以160 km/h、140 km/h和100 km/h速度目标值条件下,不同初速度驶入大坡道上运行一定长度后的末速度计算见说明表7.3.3-1～表7.3.3-3;以及以速度目标值为初速度驶入大坡道上运行一定长度后的末速度计算见说明表7.3.3-4～表7.3.3-6。

说明表 7.3.3-1　CRH 市域型动车组在最大坡度坡道上运行一定长度后的末速度表(km/h)

速度目标值		160 km/h					160 km/h					160 km/h					160 km/h				
最大坡度(‰)		15	20	25	30	35	15	20	25	30	35	15	20	25	30	35	15	20	25	30	35
初速度		160 km/h					140 km/h					120 km/h					100 km/h				
坡长(km)	1	160	157	153	150	146	143	140	136	132	128	129	124	120	116	111	115	111	106	101	97
	2	160	155	148	141	133	147	140	133	126	118	135	128	120	113	105	126	118	111	103	95
	3	160	153	143	133	123	149	140	130	121	110	140	131	120	110	101	133	123	114	105	94
	4	160	151	139	126	113	151	140	129	117	104	144	133	120	109	98	138	127	115	105	94
	5	160	149	135	121	107	154	140	128	113	100	147	134	120	109	96	143	130	117	105	93
	6	160	148	132	117	102	155	140	126	111	98	150	135	120	109	94	146	132	118	105	93
	7	160	147	130	114	99	157	140	125	109	96	152	136	120	109	94	149	134	119	105	93
	8	160	145	128	111	97	158	140	124	109	94	154	137	120	109	94	151	135	120	105	92
	9	160	144	127	109	94	160	140	124	109	94	156	138	120	109	93	153	136	120	105	92
	10	160	144	126	109	94	160	140	124	109	94	157	139	120	109	93	155	137	120	106	92
	11	160	144	125	109	94	161	140	124	109	93	159	139	120	108	92	157	138	120	106	91
	12	160	144	124	109	93	162	140	124	109	93	160	140	120	108	92	158	138	120	106	91
	13	160	144	124	109	93	163	140	124	109	92	161	140	120	108	92	160	139	120	106	90
	14	160	143	124	109	93	163	140	124	109	92	161	140	120	108	91	160	140	120	106	90

续说明表 7.3.3-1

速度目标值		160 km/h					160 km/h					160 km/h					160 km/h				
最大坡度(‰)		15	20	25	30	35	15	20	25	30	35	15	20	25	30	35	15	20	25	30	35
初速度		160 km/h					140 km/h					120 km/h					100 km/h				
坡长(km)	15	160	143	124	109	92	164	140	124	108	92	162	140	120	108	91	161	140	120	106	90
	16	160	143	124	109	92	165	140	124	108	91	163	141	120	108	91	162	140	120	106	90
	17	160	143	124	108	91	165	140	124	108	91	163	141	120	108	90	162	140	120	106	90
	18	160	142	124	108	91	165	140	124	108	91	164	141	120	108	90	163	141	120	107	90
	19	160	142	124	108	91	165	140	124	108	90	165	141	120	107	90	164	141	120	107	90
	20	160	142	124	108	90	165	140	124	108	90	165	142	120	107	90	165	141	120	107	90

说明表 7.3.3-2　市域 D 型动车组在最大坡度坡道上运行一定长度后的末速度表(km/h)

速度目标值		160 km/h					160 km/h					160 km/h					160 km/h				
最大坡度(‰)		15	20	25	30	35	15	20	25	30	35	15	20	25	30	35	15	20	25	30	35
初速度		160 km/h					140 km/h					120 km/h					100 km/h				
坡长(km)	1	160	157	154	150	146	144	140	137	132	128	129	125	120	116	111	115	111	106	101	98
	2	160	155	149	142	134	148	140	134	126	119	136	128	120	113	105	126	118	111	103	96
	3	160	154	144	134	124	151	140	132	121	111	141	131	120	111	101	134	124	114	105	95
	4	160	152	140	128	115	153	140	130	117	104	145	134	120	109	98	139	128	116	105	94
	5	160	151	137	123	108	156	140	129	114	100	149	136	120	109	97	144	131	117	105	93
	6	160	150	134	118	103	157	140	128	112	98	152	137	120	109	95	148	133	119	105	92
	7	160	149	132	115	99	159	140	127	110	97	154	138	120	109	94	151	135	120	105	91
	8	160	149	130	113	98	160	140	126	109	95	156	140	120	109	93	153	137	120	106	90
	9	160	148	129	111	96	161	140	125	109	94	158	140	120	108	92	156	138	120	106	90
	10	160	148	128	109	94	162	140	124	109	93	160	140	120	108	91	157	140	120	106	90
	11	160	147	127	109	93	163	140	124	109	92	161	141	120	108	90	159	140	121	106	90
	12	160	147	126	109	92	164	140	124	108	91	162	141	120	108	90	160	140	121	107	90
	13	160	146	125	109	91	165	140	124	108	90	163	142	120	108	90	161	141	121	107	90
	14	160	146	124	109	90	165	140	123	108	90	164	142	120	107	90	162	141	122	107	90
	15	160	145	124	108	90	165	140	123	108	90	165	142	120	107	90	163	142	122	107	90
	16	160	145	124	108	90	165	140	123	108	90	165	143	120	107	90	164	142	122	107	90
	17	160	144	124	108	90	165	140	123	107	90	165	143	120	107	90	165	142	122	108	90
	18	160	144	123	108	90	165	140	122	107	90	165	144	120	106	90	165	143	123	108	90
	19	160	144	123	107	90	165	140	122	107	90	165	144	120	106	90	165	143	123	108	90
	20	160	143	123	107	90	165	140	122	107	90	165	145	120	106	90	165	144	123	108	90

说明表 7.3.3-3　市域 A 型动车组在最大坡度坡道上运行一定长度后的末速度表（km/h）

速度目标值		140 km/h					140 km/h					140 km/h				
最大坡度（‰）		15	20	25	30	35	15	20	25	30	35	15	20	25	30	35
初速度		140 km/h					120 km/h					100 km/h				
	1	140	140	136	132	128	128	124	119	115	111	115	110	106	100	97
	2	140	140	133	125	117	135	127	118	112	104	125	117	110	101	94
	3	140	140	130	119	109	140	130	117	109	99	132	122	112	102	94
	4	140	140	128	115	103	140	132	116	108	97	138	126	115	103	94
	5	140	140	126	112	99	140	133	116	107	94	140	129	115	104	94
	6	140	140	124	109	96	140	135	115	106	94	140	131	116	105	94
	7	140	140	124	108	94	140	136	115	105	94	140	133	117	106	94
	8	140	140	123	107	94	140	136	115	104	94	140	135	118	107	94
	9	140	140	122	106	94	140	137	115	103	94	140	135	119	108	94
坡长（km）	10	140	140	122	105	94	140	138	115	102	94	140	136	119	108	94
	11	140	140	121	104	94	140	139	115	101	94	140	137	120	108	94
	12	140	140	120	103	94	140	140	115	101	94	140	138	121	108	94
	13	140	140	120	102	94	140	140	115	100	94	140	139	121	108	93
	14	140	140	119	101	94	140	140	115	100	94	140	139	122	108	93
	15	140	140	118	101	94	140	140	115	100	94	140	140	123	108	93
	16	140	140	117	100	94	140	140	115	100	93	140	140	124	108	93
	17	140	140	116	96	94	140	140	115	100	93	140	140	124	108	93
	18	140	140	116	91	93	140	140	115	100	93	140	140	126	108	93
	19	140	140	115	82	93	140	140	115	100	93	140	140	127	108	93
	20	140	140	113	54	93	140	140	115	100	93	140	140	129	108	93

说明表 7.3.3-4　CRH 市域型动车组在最大坡度坡道上运行一定长度后的末速度表（km/h）

速度目标值		160 km/h					140 km/h					120 km/h					100 km/h				
最大坡度（‰）		15	20	25	30	35	15	20	25	30	35	15	20	25	30	35	15	20	25	30	35
初速度		160 km/h					140 km/h					120 km/h					100 km/h				
	1	160	157	153	150	146	140	140	136	132	128	120	120	120	116	111	100	100	100	100	97
	2	160	155	148	141	133	140	140	133	126	118	120	120	120	113	105	100	100	100	100	95
	3	160	153	143	133	123	140	140	130	121	110	120	120	120	110	101	100	100	100	100	94
坡长（km）	4	160	151	139	126	113	140	140	129	117	104	120	120	120	109	98	100	100	100	100	94
	5	160	149	135	121	107	140	140	128	113	100	120	120	120	109	96	100	100	100	100	93
	6	160	148	132	117	102	140	140	126	111	98	120	120	120	109	94	100	100	100	100	93
	7	160	147	130	114	99	140	140	125	109	96	120	120	120	109	94	100	100	100	100	93
	8	160	145	128	111	97	140	140	124	109	94	120	120	120	109	94	100	100	100	100	92

续说明表 7.3.3-4

速度目标值		160 km/h					140 km/h					120 km/h					100 km/h				
最大坡度(‰)		15	20	25	30	35	15	20	25	30	35	15	20	25	30	35	15	20	25	30	35
初速度		160 km/h					140 km/h					120 km/h					100 km/h				
坡长(km)	9	160	144	127	109	94	140	140	124	109	94	120	120	120	109	93	100	100	100	100	92
	10	160	144	126	109	94	140	140	124	109	94	120	120	120	109	93	100	100	100	100	92
	11	160	144	125	109	94	140	140	124	109	93	120	120	120	108	92	100	100	100	100	91
	12	160	144	124	109	93	140	140	124	109	93	120	120	120	108	92	100	100	100	100	91
	13	160	144	124	109	93	140	140	124	109	92	120	120	120	108	92	100	100	100	100	90
	14	160	143	124	109	93	140	140	124	109	92	120	120	120	108	91	100	100	100	100	90
	15	160	143	124	109	92	140	140	124	108	92	120	120	120	108	91	100	100	100	100	90
	16	160	143	124	109	92	140	140	124	108	91	120	120	120	108	91	100	100	100	100	90
	17	160	143	124	108	91	140	140	124	108	91	120	120	120	108	90	100	100	100	100	90
	18	160	142	124	108	91	140	140	124	108	91	120	120	120	108	90	100	100	100	100	90
	19	160	142	124	108	91	140	140	124	108	90	120	120	120	107	90	100	100	100	100	90
	20	160	142	124	108	90	140	140	124	108	90	120	120	120	107	90	100	100	100	100	90

注：动车组牵引力使用系数采用 0.9 情况下的计算结果，下同。

说明表 7.3.3-5　市域 D 型动车组在最大坡度坡道上运行一定长度后的末速度表(km/h)

速度目标值		160 km/h					140 km/h					120 km/h					100 km/h				
最大坡度(‰)		15	20	25	30	35	15	20	25	30	35	15	20	25	30	35	15	20	25	30	35
初速度		160 km/h					140 km/h					120 km/h					100 km/h				
坡长(km)	1	160	157	154	150	146	140	140	137	132	128	120	120	120	116	111	100	100	100	100	98
	2	160	155	149	142	134	140	140	134	126	119	120	120	120	113	105	100	100	100	100	96
	3	160	154	144	134	124	140	140	132	121	111	120	120	120	111	101	100	100	100	100	95
	4	160	152	140	128	115	140	140	130	117	104	120	120	120	109	98	100	100	100	100	94
	5	160	151	137	123	108	140	140	129	114	100	120	120	120	109	97	100	100	100	100	93
	6	160	150	134	118	103	140	140	128	112	98	120	120	120	109	95	100	100	100	100	92
	7	160	149	132	115	99	140	140	127	110	97	120	120	120	109	94	100	100	100	100	91
	8	160	149	130	113	98	140	140	126	109	95	120	120	120	109	93	100	100	100	100	90
	9	160	148	129	111	96	140	140	125	109	94	120	120	120	108	92	100	100	100	100	90
	10	160	148	128	109	94	140	140	124	109	93	120	120	120	108	91	100	100	100	100	90
	11	160	147	127	109	93	140	140	124	109	92	120	120	120	108	90	100	100	100	100	90
	12	160	147	126	109	92	140	140	124	108	91	120	120	120	108	90	100	100	100	100	90
	13	160	146	125	109	91	140	140	124	108	90	120	120	120	108	90	100	100	100	100	90
	14	160	146	124	109	90	140	140	123	108	90	120	120	120	107	90	100	100	100	100	90
	15	160	145	124	108	90	140	140	123	108	90	120	120	120	107	90	100	100	100	100	90

续说明表 7.3.3-5

速度目标值		160 km/h					140 km/h					120 km/h					100 km/h				
最大坡度(‰)		15	20	25	30	35	15	20	25	30	35	15	20	25	30	35	15	20	25	30	35
初速度		160 km/h					140 km/h					120 km/h					100 km/h				
坡长(km)	16	160	145	124	108	90	140	140	123	108	90	120	120	120	107	90	100	100	100	100	90
	17	160	144	124	108	90	140	140	123	107	90	120	120	120	107	90	100	100	100	100	90
	18	160	144	123	108	90	140	140	122	107	90	120	120	120	106	90	100	100	100	100	90
	19	160	144	123	107	90	140	140	122	107	90	120	120	120	106	90	100	100	100	100	90
	20	160	143	123	107	90	140	140	122	107	90	120	120	120	106	90	100	100	100	100	90

说明表 7.3.3-6 市域 A 型动车组在最大坡度坡道上运行一定长度后的末速度表(km/h)

速度目标值		140 km/h					120 km/h					100 km/h				
最大坡度(‰)		15	20	25	30	35	15	20	25	30	35	15	20	25	30	35
初速度		140 km/h					120 km/h					100 km/h				
坡长(km)	1	140	140	136	132	128	120	120	119	115	111	100	100	100	100	97
	2	140	140	133	125	117	120	120	118	112	104	100	100	100	100	94
	3	140	140	130	119	109	120	120	117	109	99	100	100	100	100	94
	4	140	140	128	115	103	120	120	116	108	97	100	100	100	100	94
	5	140	140	126	112	99	120	120	116	107	94	100	100	100	100	94
	6	140	140	124	109	96	120	120	115	106	94	100	100	100	100	94
	7	140	140	124	108	94	120	120	115	105	94	100	100	100	100	94
	8	140	140	123	107	94	120	120	115	104	94	100	100	100	100	94
	9	140	140	122	106	94	120	120	115	103	94	100	100	100	100	94
	10	140	140	122	105	94	120	120	115	102	94	100	100	100	100	94
	11	140	140	121	104	94	120	120	115	101	94	100	100	100	100	94
	12	140	140	120	103	94	120	120	115	101	94	100	100	100	100	94
	13	140	140	120	102	94	120	120	115	100	94	100	100	100	100	93
	14	140	140	119	101	94	120	120	115	100	94	100	100	100	100	93
	15	140	140	118	101	94	120	120	115	100	94	100	100	100	100	93
	16	140	140	117	100	94	120	120	115	100	93	100	100	100	100	93
	17	140	140	116	96	94	120	120	115	100	93	100	100	100	100	93
	18	140	140	116	91	93	120	120	115	100	93	100	100	100	100	93
	19	140	140	115	82	93	120	120	115	100	93	100	100	100	100	93
	20	140	140	113	54	93	120	120	115	100	93	100	100	100	100	93

本研究中初速低于设计速度的工况选择基于两种考虑，高于设计速度 0.8 倍的初速，是指区间线路列车正常牵引行驶的工况，低于设计速度 0.8 倍以下的初速是指车站两端

停站减加速地段。根据说明表 7.3.3-1～7.3.3-3，按照末速度不小于设计速度 0.8 倍的原则，各种车型的长大坡道取值如下：

(1)CRH 市域型，设计速度 160 km/h。

初速 160 km/h，坡度 20‰及以下的坡段长度不限制；25‰的坡段长度不大于 8 km；30‰的坡段长度不大于 3 km；35‰的坡段长度不大于 2 km；初速 140 km/h，坡度 20‰及以下的坡段长度不限制；25‰的坡段长度不大于 5 km；30‰的坡段长度不大于 2 km；35‰的坡段长度不大于 1 km；初速 120 km/h，坡度 20‰及以下的坡段长度不限制；25‰的坡段长度不大于1$^-$ km；大于 25‰的坡度不宜采用；初速 100 km/h，坡度 20‰及以下的坡段长度不限制；大于 20‰的坡度不宜采用；

(2)市域 D 型车，设计速度 160 km/h。

初速 160 km/h，坡度 20‰及以下的坡段长度不限制；25‰的坡段长度不大于 10 km；30‰的坡段长度不大于 4 km；35‰的坡段长度不大于 2 km；初速 140 km/h，坡度 20‰及以下的坡段长度不限制；25‰的坡段长度不大于 6 km；30‰的坡段长度不大于 2$^-$ km；35‰的坡段长度不大于 1 km；初速 120 km/h，坡度 20‰及以下的坡段长度不限制；大于 20‰的坡度不宜采用；初速 100 km/h，坡度 20‰及以下的坡段长度不限制；大于 20‰的坡度不宜采用。

(3)市域 A 型车，设计速度 140 km/h。

初速 140 km/h，坡度 20‰及以下的坡段长度不限制；25‰的坡段长度不大于 4 km；30‰的坡段长度不大于 2$^-$ km；35‰的坡段长度不大于 1 km；初速 120 km/h，坡度 20‰及以下的坡段长度不限制；大于 20‰的坡度不宜采用；初速 100 km/h，坡度 20‰及以下的坡段长度不限制；大于 20‰的坡度不宜采用；将上述分析归纳为大坡道长度表如下。

位于车站两端的最大坡度，根据行车 v-S 曲线合理确定，当进入大坡道的初速低于120 km/h时，需结合相关专业要求慎用大于 20‰ 的坡度，且控制坡段长度不大于1 000 m。

在长大坡道上的末速度不小于设计速度的 80%时，对于线路的设计能力及行车间隔要求没有影响，长大坡道的坡度也可理解为平均坡度。

7.3.4 相邻坡段连接。相邻坡段的坡度差较大时，需按照安全及舒适要求设置竖曲线。根据市域 A 型、市域 D 型、CRH 市域型等车型的重心至转向架第一轮中心的距离、轮缘踏面高度等相关车辆技术参数，得到不设竖曲线的最大坡度差 Δi 为：市域 D 型车，Δi＝27/6.62＝4.0‰，市域 A 型车，Δi＝27/6.86＝3.9‰，CRH 市域型车，Δi＝27/8.248＝

3.2‰，即当坡度差不大于3‰时不设竖曲线也是安全的，考虑运营中存在一定的不利因素影响，因此本规范规定坡度差大于或等于3‰设置竖曲线。

说明表 7.3.3-7　大坡道长度表

CRH市域型设计速度160 km/h	初速	160				140				120				100			
	坡度‰	20	25	30	35	20	25	30	35	20	25	30—	35	20	25	30	35
	坡段长度 km	——	8	3	2	——	5	2	1	——	1^{-}	×	×	——	×	×	×
市域D设计速度160 km/h	初速	160				140				120				100			
	坡度‰	20	25	30	35	20	25	30	35	20	25	30—	35	20	25	30	35
	坡段长度 km	——	10	4	2	——	6	2^{-}	1	——	×	×	×	——	×	×	×
市域A设计速度140 km/h	初速					140				120				100			
	坡度‰					20	25	30	35	20	25	30—	35	20	25	30	35
	坡段长度 km					——	4^{+}	2^{-}	1	——	×	×	×	——	×	×	×

注：表中数字上脚标＋、—表示可微量上下浮动。——表示不限制；×表示不采用；

7.3.5　竖曲线半径。

1. 最小竖曲线半径根据设计速度及竖向加速度确定，现行相关设计标准中竖向加速度在0.4～0.15 m/s^2，结合本规范适用范围及功能定位，竖向加速度一般条件采用0.25 m/s^2，困难条件采用0.4 m/s^2，考虑一定的裕量后对计算值取整作为设计标准。

说明表 7.3.5　最小竖曲线半径(m)

设计速度(km/h)		160	140	120	100及以下
一般条件0.25	计算值	7 901	6 049	3 704	3 086
困难条件0.4		4 938	3 781	2 778	1 929
一般条件	取整值	10 000	8 000	6 000	5 000
	竖向加速度(m/s^2)	0.198	0.189	0.185	0.154
困难条件	取整值	8 000	6 000	5 000	3 000
	竖向加速度(m/s^2)	0.247	0.252	0.222	0.257

2. 最大竖曲线半径从有利于养护维修的角度对最大竖曲线半径提出限制。

7.3.6　竖曲线(或变坡点)不得与道岔重叠设置。竖曲线(或变坡点)不应与缓和曲线重叠设置。道岔为线路的特殊设备之一，结构及受力复杂，为保证行车安全、改善道岔制造及养护维修条件需限制边坡点及竖曲线不能设在道岔范围。竖曲线(或变坡点)能否与缓和曲线重叠设置，主要是考虑线路几何形态的控制，在无砟轨道条件下，线路几何形态稳定，养护维修不困难，因此为体现工程经济性，困难条件下竖曲线(或变坡点)可与缓和曲线重叠设置，但竖曲线半径需采用较大值。

7.3.7 其他线路指联络线、出入线、既有线。多线并行时，路基基床结构、横向排水、电缆沟槽布置等，对各线的轨面高程是否按等高设计有一定影响，因此需结合路基设计考虑轨面设计高程的合理设置。

7.3.8 隧道内及路堑地段的线路最小坡道需考虑排水要求，因此规定分别不宜小于3‰、2‰。

7.3.10 站坪坡道根据站场平面布置及设备要求选择。考虑行车安全及有关专业设备技术要求对于较大坡道进行了限制。

7.3.12 停车线、段管线的线路纵断面，需满足车辆不会自行溜逸和便于进行检修作业等要求，需要设在平道上。动车段(所)的咽喉区可能进行调车作业，故要求设在平道上，在困难条件下，参考现行普速铁路场、段牵出线标准，确定为不大于6‰。

7.3.13 到发线、动态试验线以外的其他站线因行车速度低，采用了较小的竖曲线半径。为了配合地形条件，尽量减少工程量，其坡段长度可减少到50 m，但应保证竖曲线不重叠，以免给行车及养护造成困难。

7.3.14 到发线上的列车运行速度较低，市域铁路一般情况下不超过50 km/h，比照普通铁路的标准，当到发线上坡度差大于4‰时以竖曲线连接，竖曲线半径采用5 000 m，困难条件下采用3 000 m。

竖曲线长度不宜20 m的要求，主要是考虑满足车辆通过竖曲线时，整个车辆(两转向架)均同时位于竖曲线上，提高旅客舒适度。

7.3.15 为保持轨面的平顺，提高旅客舒适度，减少变坡点，正线与到发线、到发线与到发线的轨面一般按等高设计。当咽喉区轨面有高差时，其他站线间轨面用较短的坡段顺接。考虑到市域铁路的最大坡度较大，故规定顺接坡道的坡度不宜大于6‰。由于到发线有效长停车范围两端均设有安全防护距离，故顺接坡道范围为道岔前后普通轨枕至出站信号机。

7.4 站场布置

7.4.1 横列式布置图型具有站坪长度短，车站布置紧凑的优点，因此推荐车站采用横列式布置图形。由于车站平面布置与运输组织模式、运营管理方式、车站作业量及列车开行方案以及地形条件等因素关系密切，车站布置图型也可在满足运营要求前提下结合具体情况确定。

(1)无配线的中间站布置图型,可参照说明图 7.4.1-1 和说明图 7.4.1-2。

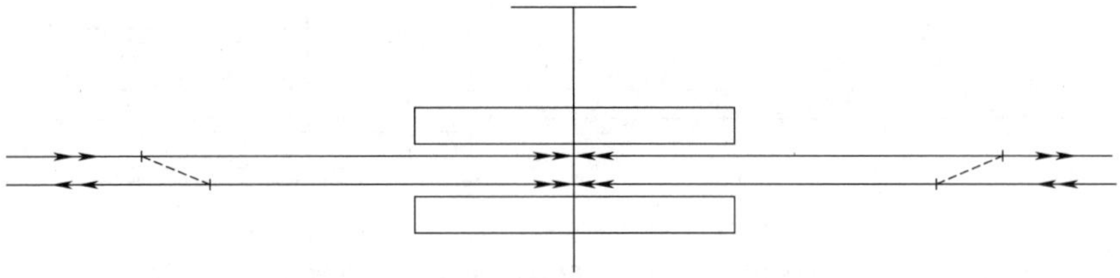

说明图 7.4.1-1　无配线的中间站布置图型一

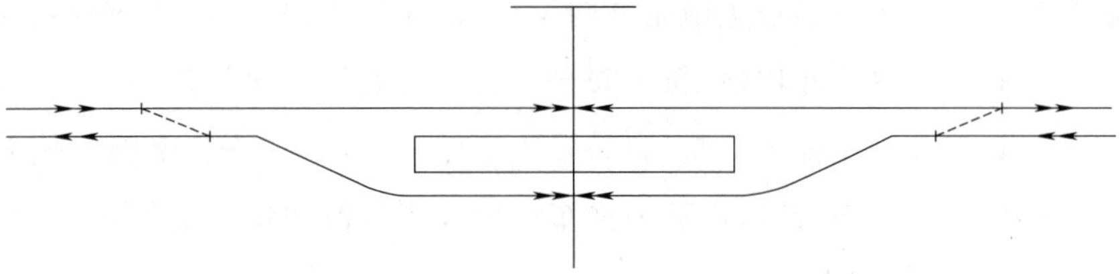

说明图 7.4.1-2　无配线的中间站布置图型二

(2)设有配线的中间站可参照说明图 7.4.1-3,如车站作业量较大时可参照说明图 7.4.1-4。

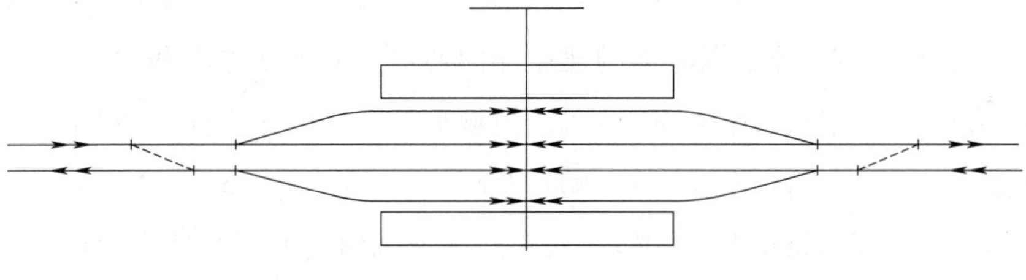

说明图 7.4.1-3　设有配线的中间站布置图型一

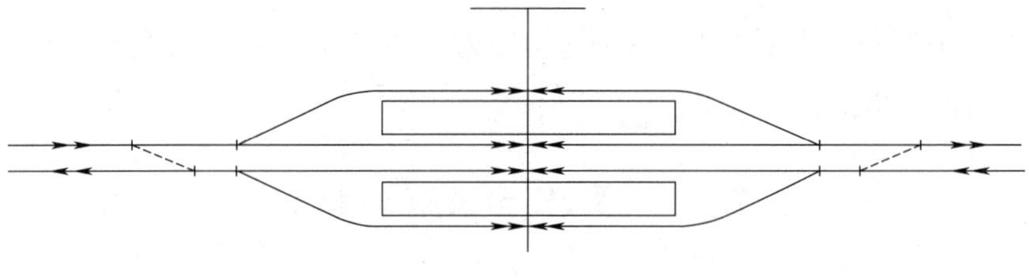

说明图 7.4.1-4　设有配线的中间站布置图型二

(3)尽端式车站可参照说明图 7.4.1-5。

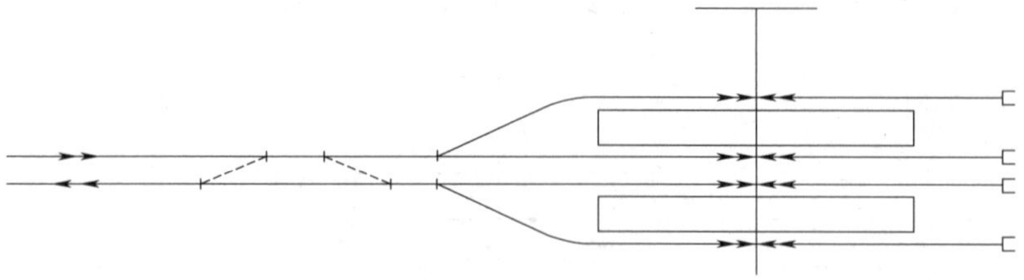

说明图 7.4.1-5　尽端式车站布置图型

7.4.3　一般中间站的单渡线道岔，宜按顺岔方向布置。所谓顺向布置是指道岔的辙叉向尖轨尖端处的方向，车辆通过尖轨是顺向运行，即使发生尖轨与基本轨不密贴，可能发生挤压尖轨时，但不易车轮出轨，偏于安全。若车辆通过尖轨是逆向运行，如果尖轨与基本轨不密贴，可能发生撞击尖轨，容易发生车轮出轨，存在不安全因素较大。在列车右侧行车规则下，顺岔布置时，当故障列车需要利用单渡线折返的作业，可由本车站调度、监视或控制，偏于安全。

单渡线往往是与其他线路配线组合，对于采用站后折返的尽端站，增设站前单渡线，按逆向布置，有利初、近期发车对数不多时，可采用站前折返，仅利用单边站台到发和折返列车，节约列车能耗，另一条线可作为临时停车。

7.4.4　正线上及侧向接发列车的到发线上的道岔号数的选择，主要考虑到发线有效长度为 400 m 的条件下，列车能够以较高的速度侧向通过道岔进站停车和发车，以提高正线和到发线能力。结合市域铁路采用的 CRH 市域型动车组的速度曲线，列车侧向通过道岔进站列车在接车方向站台末端停车，侧向过岔处的速度为 50 km/h 左右，结合《铁路车站及枢纽设计规范》GB 50091—2006，要求正线上及侧向接发列车的到发线上的道岔号数不小于 12 号；考虑到市域铁路局部路段可能采用地下敷设方式，在困难条件下，地下车站的正线间渡线可以采用 9 号道岔。

其他道岔根据作业需要采用允许通过速度为 50 km/h 的 12 号道岔或允许通过速度为30 km/h 的9 号道岔。

7.5　交叉、安全设施及其他

7.5.2　区间线路为地面线时，需采用防护栅栏或其他方式进行贯通封闭。对于高架桥地段需结合沿线交通及人类活动情况合理设置封闭设施。

7.5.3　市域铁路与公路并行时，根据间距及相对高程关系，综合分析相互干扰情况，合理选择防护措施。

8 轨　道

8.1 一般规定

8.1.1 轨道是市域铁路交通的主要基础设施，它除引导列车运行方向外，还直接承受列车的竖向、横向及纵向力，因此轨道结构应具有足够的强度，保证列车快速安全运行。市域铁路是专运通勤乘客的交通形式，轨道结构要有适量的弹性及较高平顺性，使乘客舒适。

8.1.2 有砟轨道和无砟轨道是市域铁路轨道结构的两种基本型式。

有砟轨道具有弹性好，减振、降噪效果较好，维修较方便，造价相对较低等优点，但道床稳定性较差，道砟易粉化、板结，养护维修工作量大，使用寿命低。

无砟轨道具有良好的稳定性、平顺性、耐久性；轨道结构高度低、自重轻，减少桥梁二期恒载；道床整洁美观；养护维修工作量小。缺点主要是刚度相对较大，振动、噪声较大。

根据无砟轨道结构特点及其对线下基础的设计要求，从我国无砟轨道研究的实际情况出发，在基础稳定的路基、桥梁、隧道等地段宜采用无砟轨道。

考虑到轨道刚度的连续性及养护维修作业的方便，无砟轨道宜集中成段铺设。

8.1.3 跨区间无缝线路长轨条跨越车站，道岔内部钢轨全部进行焊接或胶接，并与两端长轨条焊连，真正意义上消灭了钢轨有缝接头，提高了轨道平顺性及列车运行的平稳性和舒适性。一次铺设跨区间无缝线路可使线路开通即可达到设计速度目标，也是目前世界铁路无缝线路技术的发展趋势。我国国铁均采用了一次铺设跨区间无缝线路技术，积累了大量的设计和施工经验，技术已经成熟。

8.1.4 随着人民生活水平的提高，对环境保护的要求也越来越高。地铁列车通过时产生的振动会影响周围环境和居民生活，应采取轨道减隔振措施使振动控制在国家相关标准、规范允许的限值内。环境影响评估报告是轨道减振设计的主要依据，根据沿线的减振要求，在轨道结构上采取分级减振措施，即一般减振、中级减振、高级减振和特殊减振的措施。这样既能达到沿线不同地段的环境保护标准，又能节省轨道工程投资。

8.1.6 轨道设计应考虑线路、站场、路基、桥梁、隧道、供电、通信、信号等相关工程的接口技术要求，进行系统设计。例如：根据供电方式的选择（直流或交流），进行配套的综合接地设计、防迷流设计；无砟轨道应明确路基、桥梁和隧道等工程结构物上轨道预埋件的设置要求；轨道结构排水应与路基、桥梁和隧道的排水统筹考虑；当设置轨道电路时，轨道结构设计应满足轨道电路相关技术要求。

8.3 轨道部件

8.3.2 扣件是轨道结构的重要部件，将钢轨与轨枕（或承轨台）牢固联结，能保持钢轨在轨枕等轨下基础上的正确位置，防止钢轨不必要的横向及纵向移动。扣件应构造简单、造价低，不仅应具有足够的强度和扣压力，还应具有良好的弹性和适量的轨距、水平调整及绝缘性能。

8.3.3 增加轨枕的铺设根数，可增大轨道的纵横向阻力，减少钢轨和道床应力，有利于保持轨道的稳定和提高轨道强度，但钢轨应力、道床应力和路基面应力的增加均有限，根据市域铁路轨道结构各部位受力小的特点和国内城市轨道交通运营实践经验，参考国外地铁和国家铁路的轨枕设置根数，做出了市域铁路轨枕铺设数量的规定。

8.3.4 道岔是轨道结构的薄弱环节，其钢轨强度不应低于一般轨道的标准。为减少车轮对道岔的冲击，应避免正线道岔两端设置异型钢轨接头，故规定正线道岔的钢轨类型应与正线的钢轨类型一致。

道岔扣件采用弹性分开式能增强道岔的稳定性和弹性，增加轨距、水平调整量，尤其是整体道床上的道岔更应采用弹性分开式扣件。道岔设计应与信号的道岔转换设备相配套。关于单渡线与交叉渡线是单开道岔与菱形交叉道岔的组合，为了各个道岔的独立和定型化的组合，有利组装和维修更换。

8.8 站线轨道

8.8.2 在小半径曲线地段，为使列车顺利通过，并减少轮轨间的横向水平力，减少轮轨磨耗和轨道变形，所以小半径曲线地段必须有适量的轨距加宽量。

市域铁路的曲线轨距加宽值是按车辆车型自由内接条件计算的。当采用窄体车时，正线曲线半径一般大于 250 m 无须轨距加宽；当采用宽体车时，正线曲线半径一般大于 300 m 无须轨距加宽。站线、段管线小曲线半径需进行轨距加宽和轨距加宽递减。

8.8.4

1 到发线、动态试验线标准同正线轨道标准；国家铁路线路设计规范规定，年通过总质量等于或接近 25 Mt 的轨道结构，应铺设 60 kg/m 的钢轨。根据地铁线路近、远期客流量推算出近、远期年通过的总质量。随着地铁车年通过总质量的增长及列车速度的提高，站线铺设 60 kg/m 钢轨技术经济合理。段管线运行空载列车，速度又低，采用 50 kg/m 钢轨。

2 在曲线地段，内股钢轨的接头较外股钢轨的接头超前，曲线内股钢轨应采用厂制缩短轨与曲线外股标准长度钢轨配合使用，以保证内、外股钢轨的接头相错量符合规定。根据施工和维修的实践，半径等于及小于 200 m 的曲线地段钢轨接头采用对接，曲线易产生支嘴，所以本条规定应采用错接，错开距离不应小于 3 m，或大于地铁车辆的固定轴距。曲线钢轨接头错开 3 m 在很多场合不满足信号的要求，则宜考虑困难条件下可对接，同时采取钢轨补强措施。

4 增加轨枕的铺设根数，可增大轨道的纵横向阻力，减少钢轨和道床应力，有利于保持轨道的稳定和提高轨道强度，但钢轨应力、道床应力和路基面应力的增加均有限，根据市域铁路轨道结构各部位受力小的特点和国内城市轨道交通运营实践经验，参考国外地铁和国家铁路的轨枕设置根数，做出了市域铁路站线、段管线轨枕铺设数量的规定。

8.9 轨道附属设备及常备材料

8.9.1 当列车脱轨时，护轨可以将车轮引导、限制于护轨与基本轨之间，防止发生翻车事故。国外城市轨道交通高架桥上大多数不设置护轨。国家铁路规定在特大桥及大中桥上，跨越铁路、重要公路和城市交通要道的立交桥上等应在基本轨内侧设置护轨，以防列车脱轨翻到桥下。

8.9.2 缓冲滑动式车挡亦称挡车器，具有结构简单，安全可靠的优点，车挡占用轨道长度为 12～15 m，地面和地下线终端车挡应能承受列车以 15 km/h 速度撞击的冲击荷载，高架线终端车挡应能承受列车以 25 km/h 速度撞击的冲击荷载。在被列车撞击后，车挡会滑动一段距离，能有效地消耗列车的动能，迫使列车停住，一般可保障人身和市域铁路车辆的安全。缓冲滑动式车挡性能经现场撞击试验，效果很好，北京、上海等轨道交通项目中均使用了此类车挡。为人和设备的安全考虑，规定在正线、站线和试车线及安全线的末端宜采用缓冲滑动式车挡。

8.9.3 线路信号标志是用来表明市域铁路铁路建筑物及设备的状态或位置的标志。为了不妨碍列车的顺利通过，标志必须设置在机车车辆限界外，且在行车方向司机易见的位置上。线路标志包括公里标、半公里标、百米标、坡度标、曲线要素标、曲线起终点标、竖曲线起终点标、道岔编号标、桥号标、水位标、位移观测桩等；关信号标志包括限速标、停车位置标、警冲标等；各种标志应采用反光材料制作。

8.9.4 为满足线路故障抢修的配置需要，不包含线路日常维护维修所需要的备品备件，轨道常备材料的数量按照资源共享、合理配置的原则从严控制，可按线路长度、设备数量计列，也可按维修机构设置情况进行配置。轨道常备材料可参照国铁常备材料标准备存，详见表8.9.4-1、8.9.4-2。

表8.9.4-1 正线轨道常备材料数量表

材料名称		常备数量
钢轨	25 m无孔轨	每工区6根
	6 m有孔短轨	每工区2根
6.25 m有孔胶接绝缘轨		每工区2根
现场胶接绝缘夹板及绝缘材料		每工区2套
接头夹板		每工区24块
接头螺栓及垫圈		每工区36套
断轨急救器		每工区6套，每套含急救器6个、臌包夹板1对
绝缘轨距杆		每工区50套
有砟轨道	轨枕(桥枕单列)	每千米2根
	电容枕	每工区4根
	扣件及其垫板	每千米5套
无砟轨道	无砟轨道轨枕	每车间50根
	轨道板	标准长度每车间2块 非标准长度每种型号每车间1块
	扣件及其垫板	每千米5套
防爬器		每千米5套
轨道过渡段	过渡段辅助轨扣件及垫板	双线每处5套
	过渡段基本轨扣件及垫板	双线每处5套
	过渡段轨枕	双线每处2根
钢轨伸缩调节器	整组	每车间1～100组备1组
	轨枕	每种型号每1～100组备1组
	尖轨(含配套扣配件)	每种型号每车间每1～20组备1对
	基本轨(含配套扣配件)	每种型号每车间每1～20组备1对

续表 8.9.4-1

材料名称		常备数量
道岔	正线主型道岔（含配件及岔枕）	每种型号每 1～100 组备 2 组，其中左、右开各 1 组
	其他型号道岔	每种型号全线备 1 组
	岔枕	每种型号每 1～100 组备 2 组，其中左、右开各 1 组
	道岔紧固器	按道岔型号和数量配备（每组 12 号道岔 3 个，其他类型道岔根据需要配置）

注：无绝缘轨道电路区段，胶接绝缘数量可适当减少。

表 8.9.4-2　站线轨道常备材料数量表

材料名称		常备数量
钢轨	25 m 钢轨	每 2 千米 1 根
	12.5 m 及以下钢轨（包括缩短轨备用数量）	每千米 1 根
接头夹板		每千米 2 套
接头螺栓及垫圈		每千米 2 套
有砟轨道	轨枕	每千米 1 根
	扣件	每千米 2 套
无砟轨道	无砟轨道轨枕	每千米 5 根
	扣件	每千米 5 套
胶垫		每千米 2 套
异型钢轨		每种每 1～50 根备 1 根
道岔		单开道岔每 1～100 组备 2 组，其中左、右开各 1 组；交分、菱形或特殊类型道岔每种每 1～50 组备 1 组
岔枕		每 1～100 组备 1 组

9 路　　基

9.1 一 般 规 定

9.1.1 工程实践表明，路基工程必须通过地质调绘和足够的勘探、试验工作，查明基底、路堑边坡、支挡结构基础等的岩土结构及其物理力学性质，查明不良地质情况，查明填料性质和分布等，在取得可靠地质资料的基础上开展设计，才能保证路基满足市域铁路列车运行的安全、平稳和舒适。国内大量的铁路路基病害的产生也多为勘察不足，没有查明不良地质情况，设计和施工中路基填料来源和性质差别大，再加上路基施工管理、质量控制不严等造成的。市域铁路路基主要的工程风险为地基的复杂性和填料性质的变异性，因此必须加强地质勘查工作，查明地质条件和填料工程性质，提供满足评价地基和路基结构物变形的地质资料。

路基工程是铁路轨下基础工程的重要组成部分，是保证列车快速、安全、舒适运行系统中的关键工程。路基主体工程一旦破坏，维修难度高，对于运营的影响大，因此，必须按结构物设计。

9.1.3 路基稳定性安全系数参照《铁路路基设计规范》TB 10001 和《城际铁路设计规范》TB 10623 的相关规定确定。

9.1.4 无砟轨道对沉降变形，特别是不均匀沉降的要求很严格。对于调高量为 30 mm 的扣件，扣除施工误差＋6 mm/－4 mm，仅有 20 mm 可以调整，再考虑列车运行时需要预留 5 mm 的余量，实际留给运营期间路基沉降的允许调整量仅为 15 mm，路基的沉降量不大于 15 mm 时才能保证设计的轨道高程。如果沉降量大于 15 mm，将不能调整到原来的轨面高程。

根据德国的计算和经验，路基的允许工后沉降量为扣件留给路基沉降调整量的 3 倍时，在扣件调整后，通过圆顺线路（竖曲线半径$R_{sh} \geqslant 0.4v_{sj}^2$），也能够满足运营要求。德国 836.0501 行业标准中“路基工程设计、施工与维护标准”（译名）规定，长度大于 20 m 沉降比较均匀的路基，允许的最大工后沉降量为扣件允许调高量减去 5 mm 后的 2 倍。如允许的扣件调高量为 20 mm，减去 5 mm 后为 15 mm，这时允许的工后沉降为 30 mm。特殊情况下，如能够通过竖曲线调整来消除沉降的影响，60 mm 的最大沉降也是允许的。但在未经德国铁路公司总部特别许可的情况下，只局限于路堤高度超过 10 m 并且与桥的距离不小于 5 000 m 的情况下使用。总之，路基的工后沉降量必须控制在扣件调整量和线路竖曲线圆顺要求的范围内。

对于路桥、路涵等过渡段沉降造成的折角，日本新干线板式轨道线路规定不大于 1/1 000，德国高速铁路无砟轨道技术标准中规定不大于 1/500。我国国铁在路基上铺设无砟轨道，对铺轨工程完成后由于过渡段沉降而造成的折角，也采用不大于 1/1 000 进行控制。

由于在不同结构物的连接处的差异沉降有时是不可避免的，在轨道结构中采用特殊的过渡措施可以承受 5 mm 的差异沉降，因此，规定铺轨工程完成后路桥或路隧交界处的差异沉降小于 5 mm。

应该注意到，以上所述的工后沉降均指无砟轨道铺设完成后路基可能继续发生的沉降，也就是说明图 9.1.4 路基沉降～时间曲线图中 A 点以后发生的沉降 Δs。所谓"铺轨工程完成以后"是指沉降的计算时间从铺轨工程完成时开始。对于铺轨时 B 点的情况，无论图中的沉降曲线是最初设计计算的，还是实测回归的，在曲线已知的情况下，A、B 点的情况是能够相互确定的，铺轨时的要求也是明确的，而 A 点的要求是最终目的。

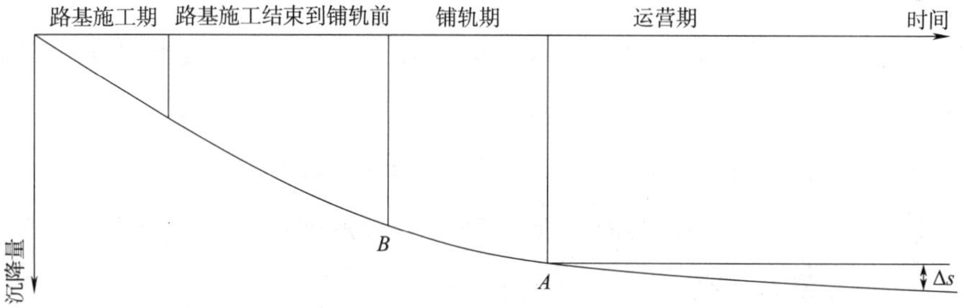

说明图 9.1.4　路基沉降～时间曲线图

9.1.5　路基上的轨道及列车荷载是确定路基主要设计参数的基础，确定路基面上轨道及列车荷载的分布宽度、荷载的数值，以满足对应轨道、列车荷载计算稳定、沉降的需要。根据直线地段计算确定，采用市域铁路 ZS 荷载，荷载图式见说明图 9.1.5。

1)轨道结构自重荷载

$$q_1=\frac{G}{l_0} \tag{说明 9.1.5-1}$$

式中　G——纵向每延米轨道结构自重，kN/m；

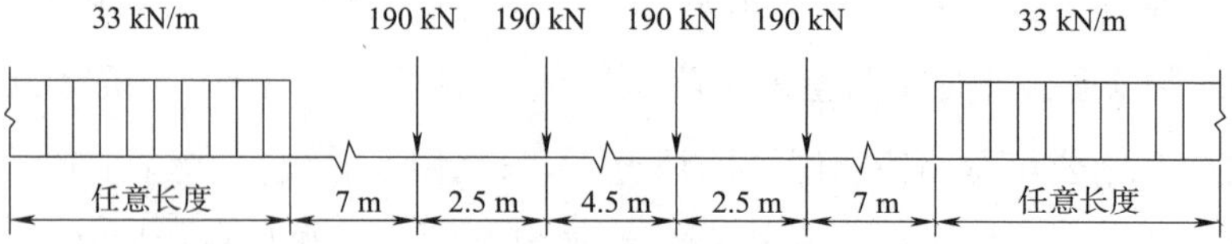

说明图 9.1.5　ZS 荷载标准图式

l_0——荷载分布宽度，m。

2)列车荷载

$$q_2=\frac{F}{l_0\times s}\qquad(说明 9.1.5\text{-}2)$$

式中　F——列车荷载图式中的集中荷载值：市域铁路 ZS 标准活载 $F=200$ kN；

s——集中荷载间距：市域铁路 ZS 活载为 2.5 m。

3)路基面上每股道总均布荷载为 $q=q_1+q_2$（说明 9.1.5-3）

4)荷载分布宽度

有砟轨道荷载按单线最大设计超高且作用于轨枕，分布宽度按轨枕底缘 1∶1 扩散确定，道床厚度 50 cm，换算土柱分布宽度 $l_0\approx3.7$ m；道床厚度 45 cm，换算土柱分布宽度 $l_0\approx3.6$ m；道床厚度 30 cm，换算土柱分布宽度 $l_0\approx3.3$ m。无砟轨道荷载分布宽度为支承层底部宽度，双块式无砟轨道为 3.4 m。

5)计算结果

(1)有砟轨道道床厚度 50 cm，换算土柱分布宽度 $l_0\approx3.7$ m；

道砟重度 20 kN/m^3；钢轨重量 0.6 kN/m；采用Ⅲ型预应力混凝土枕，轨枕长 2.6 m，按1 667根/km 布置，计算得：

钢轨重量：0.6×2=1.2 kN/m。

道砟重量：79.6 kN/m（其中：面砟重量：58.9 kN，底砟重量：20.7 kN）。

轨枕及扣件重量 5.6 kN/m

轨道荷载：$G=79.6+1.2+5.6=86.4$ kN/m。

$q_1=23.4$ kN/m^2、$q_2=20.5$ kN/m^2

(2)有砟轨道道床厚度 45 cm，换算土柱分布宽度 $l_0\approx3.6$ m；

道砟重度 20 kN/m^3；钢轨重量 0.6 kN/m；采用Ⅲ型预应力混凝土枕，轨枕长 2.6 m，按1 667根/km 布置，计算得：

钢轨重量：0.6×2=1.2 kN/m。

道砟重量：73.8 kN/m（其中：面砟重量：53.4 kN，底砟重量：20.4 kN）。

轨枕及扣件重量 5.6 kN/m

轨道荷载：G=73.8+1.2+5.6=80.6 kN/m。

q_1=22.4 kN/m^2、q_2=21.1 kN/m^2

(3)有砟轨道道床厚度 30 cm，换算土柱分布宽度 l_0≈3.3 m；

道砟重度 20 kN/m^3；钢轨重量 0.6 kN/m；轨枕长 2.6 m，按 1 667 根/km 布置，计算得：

钢轨重量：0.6×2=1.2 kN/m。

道砟重量：57.0 kN/m。

轨枕及扣件重量 5.6 kN/m

轨道荷载：P=57.0+1.2+5.6=63.8 kN/m。

q_1=19.3 kN/m^2、q_2=23.0 kN/m^2

(4)无砟轨道荷载参见说明表 9.1.5。

说明表 9.1.5 无砟轨道荷载

项　目		钢轨	扣件	轨道板	承轨台	支承层	轨道荷载 P
双块式无砟轨道	kN/m	1.2	0.55	20.4	0.34	30.3	52.8

q_1=15.5 kN/m^2、q_2=22.4 kN/m^2

9.1.6、9.1.8、9.1.9 市域铁路一般位于城区附近，受场地条件影响较大，对工程结构物的稳定、变形和环境保护也提出了更高的要求，全坡面的圬工支护结构已不符合生态环保、节约圬工的理念，不利于资源节约型、环境友好型铁路的建设。与此同时，在困难复杂的山区铁路建设中，不可避免地存在深挖高填地段，形成高边坡；以往对于路基高边坡，一般采用高大的圬工支护结构。因此，明确路基设计应遵循因地制宜、采取技术可靠、经济合理、方便可行的工程措施，满足环境安全友好、景观协调等要求，采用工程加固与绿色防护相结合的处理措施，避免高填、深挖、长路堑和高大支挡结构。

9.1.7 市域铁路一般位于城区附近，满足要求的填料来源少、场地条件复杂、环境要求高，填料的选择及土石方调配方案确定困难。路基工程填料设计时，应根据地质特征、路基类型及分布特点、场地及环境条件等因素，对移挖作填或填料改良、集中取(弃)土、轻质材料等进行技术经济比较，合理确定填料及土石方调配方案，满足路基各部位填料应用条件和环境保护等要求。

9.1.10 市域铁路一般位于城区附近，铁路通过地段可能存在既有铁路排水设施、地方排水设施;地方也可能有排水设计规划。新建铁路排水工程应与既有铁路排水设施、地方排水设施系统规划、合理衔接。

9.1.11 在软土地基上修筑路堤,最突出的问题是在施工过程及竣工后路堤的稳定与沉降。因此,规定在施工过程中,必须对边桩和路堤地基的沉降观测设备按设计要求的观测频率及精度进行定期观测。一方面根据观测数据调整填土速率,以保证路堤在施工中的安全和减少附加沉降。国内外工程实践表明,填土速率过快,外荷载超过土体的允许强度后,即使地基未达到完全破坏,也会造成地基内部塑性变形区加大,地基侧向变形增大,从而增加了地基的沉降值。因此,严格控制加荷速率是确保路堤安全与减少沉降的有效措施。

参考铁路、公路近几年来在软土地基路堤施工速率控制的经验,为保证施工期路基的稳定,原则上排水固结法加固地段,路堤中心地面沉降速率每昼夜不应大于 10 mm,坡脚水平位移速率每昼夜不应大于 5 mm。复合地基、刚性桩基础地段,应结合地基加固方法、地基条件,确定合理的控制值。

工后沉降的控制是路基工程的关键,在铺设轨道之前,为保证路基的工后沉降和变形符合设计要求,应对路基变形作系统的评估。

沉降计算的影响因素较多,路基的工后沉降的计算精度具有一定的局限性,通过观测可以较好地预测今后的沉降,但建立预测需要一定的观测时间,根据经验,一般不少于 6 个月。当观测数据不足以评估或工后沉降评估不能满足设计要求时,应继续观测或者采取必要的加速或控制沉降的措施,如超载预压等。

路基沉降预测应采用曲线回归法,并满足以下要求:

1 根据实际观测数据作多种曲线的回归分析,确定沉降变形的趋势,曲线回归的相关系数不应低于 0.92。

2 轨道铺设前最终的沉降应符合其预测准确性的基本要求,即从路基填筑完成或堆载预压以后沉降和沉降预测的时间 t 应满足下式。

$$s(t)/s(t=\infty)\geqslant 75\% \qquad \text{(说明 9.1.11)}$$

式中 $s(t)$——评估时实际发生的沉降;

$s(t=\infty)$——预测总沉降。

9.1.12 路基支挡结构、承载结构,其结构一旦破坏将直接对行车安全产生影响,并很难修复或无法修复,因此,路基支挡结构、承载结构要具有足够的强度、稳定性和耐久性,该类结构的设计使用年限按 100 年进行设计。

路基防护结构是比较重要的结构，虽然其结构一旦破坏将直接对行车安全产生影响，但能通过修复补强达到其结构强度和完整性要求，设计使用年限按 60 年进行设计。

市域铁路路基排水结构，电缆槽、防护砌块、栏杆等小型构件，出现结构破坏对行车安全产生影响相对较小，能较容易进行修复或替换，设计使用年限按 30 年进行设计。

9.2 路基断面布置

9.2.1、9.2.2 站内正线及到发线路基基床表层顶面、基床底层顶面及底面设置 4%倾向两侧的排水横坡，主要是加强施工及运营期间路基面的横向排水能力，以免路基面积水。其他站线路基面排水横坡视各地区年降雨量等具体情况可适当放缓，但不小于 2%。

9.2.5 表 9.2.5 正线直线地段路基面宽度，基于以下边界条件，当边界条件变化时，路基面宽度值宜相应调整：

(1)接触网支柱内侧至线路中心距，有砟轨道大型机械养护时为 3.1 m，非大型机械养护时为 2.5 m；无砟轨道为 2.5 m。

(2)接触网支柱基础边缘不超出路肩宽度范围，其路基横断面方向几何尺寸为 0.7 m，支柱横断面方向几何尺寸为 0.4 m。

(3)路肩宽度不小于 0.8 m。

(4)电力、通信、信号电缆槽，双线设置于接触网支柱外侧，单线设置于对侧。

(5)电缆槽外轮廓宽度不大于 0.72 m。

(6)双线无砟轨道电缆槽设置于触网支柱内侧时，按上列接触网支柱及基础几何尺寸、电缆槽外轮廓宽度，考虑立柱内侧基础宽 0.15 m、电缆槽宽 0.72 m、轨道板半宽 1.7 m，合计 2.57 m，超过接触网专业确定的接触网支柱内侧至线路中心距离 2.5 m。需对接触网支柱及基础、电缆槽几何尺寸进行优化，并采取措施，降低接触网支柱及基础、电缆槽施工对轨道结构造成不利影响、避免对轨道结构造成破坏。

9.2.7 进站信号机以内路基宽度受接触网支柱的位置及基础宽度和电缆槽位置及宽度控制。接触网支柱基础宽度的大小又和接触网的悬挂方式和数量有关；电缆槽宽度和电缆的数量多少有关。通过对已建客运专线的统计分析，一般中间站内电缆槽的宽度为 0.92 m，接触网支柱宽度为 0.30 m、接触网支柱基础宽度为 0.70 m，当采用有砟轨道时，线路中心至接触网侧面的距离为 3.10 m，计算线路中心至路基边缘的最小宽度为 4.64 m；当采用无砟轨道时，线路中心至接触网侧面的距离为 3.00 m，计算线路中心至路基边缘的最小宽度为 4.54 m，取整为 4.60 m。宽度不足的部分可采用调整电缆槽护肩的边坡坡率调整，护肩的边坡坡率一般不大于 1∶1.3。进站信号机以内线路中心线至路基面边缘的宽度计算见说明图 9.2.7。

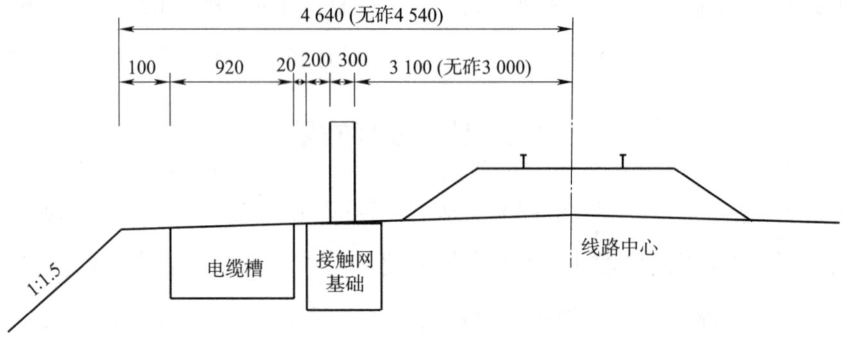

说明图 9.2.7　进站信号机以内线路中心线至路基面边缘的宽度示意图(单位:mm)

当接触网基础或电缆槽宽度较说明图 9.2.7 增加时，需根据其相应的宽度计算确定线路中心线至路基面边缘的距离。

其他站线和段管线的线路中心至路基边缘的最小宽度为 3.0 m，系参照普通铁路的标准确定。

9.2.8　表 9.2.5 规定的大型机械养护时的有砟轨道路基面宽度，已综合考虑接触网支柱、通信信号和电力电缆槽等设置于路肩上，采用大型机械养护时，直线地段双线路基面在道床厚度为 0.3 m、0.45 m、0.5 m 时，实际路肩宽度分别为 1.6 m、1.3 m、1.2 m，比本规范要求的路肩最小宽度 0.8 m 大，超过 0.8 m 的部分，可作为曲线加宽的预留。

非大型机械养护时的有砟轨道路基，直线地段路基面路肩宽度为 0.8 m，正好是本规范规定的路肩宽度的最小值，可按曲线加宽预留值为 0 考虑。

路基外侧加宽计算值为设计要求的加宽值－加宽预留值。计算值小于等于 0 时，取加宽值为 0，不需加宽；计算值大于 0 时，加宽预留值不能满足设计加宽要求，需要另行考虑加宽，按计算值以 0.1 的倍数取整，确定加宽值。

无砟轨道路基面曲线加宽应满足建筑限界加宽要求，在曲线内侧按本规范 6.3.5 条考虑。

9.3　基　　床

9.3.1　路基基床厚度根据动应力在路基面以下的衰减形态，并参考国内外相关铁路目前所采用的基床厚度综合分析确定。

列车动应力由轨道、道床传至路基本体，沿深度逐渐衰减。在路基某一深度处，列车荷载引起的动应力只占路基自重荷载的一小部分，在此深度以下，动荷载对路基的影响很小。铁路路基基床厚度按列车荷载产生的动应力与路基自重应力之比为 0.2 的原则确定。动应力沿路基深度的分布，采用布氏（Boussinesg）理论计算。国内有关规范规定的基床厚度见说明表 9.3.1-1。

说明表 9.3.1-1　我国有关规范规定的有砟轨道铁路基床厚度

规范名称		地铁设计规范 GB 50157—2013	城际铁路设计规范 TB 10623—2014	铁路路基设计规范 TB 10001—2005	新建时速 200 km/h 客货共线铁路设计暂行规定
铁路类别		时速≤100 km/h 地铁	时速 200、160、120 km/h 客运专线铁路	时速≤160 km/h 客货共线铁路	时速 200 km/h 客货共线铁路
列车荷载		轴重≤160 kN，轴间距 2.0～2.5 m	ZC 活载 轴重 150 kN、轴间距 1.6 m	中-活载 轴重 220 kN、轴间距 1.5 m	轴重 200 kN、轴间距 1.6 m
基床厚度(m)	表层	0.5	0.5	0.6	0.6
	底层	1.5	1.5	1.9	1.9
	总厚度	2.0	2.0	2.5	2.5

德国 836 行业标准“铁路土方工程的设计、施工与维护”（译名）中规定，对于车辆轴重250 kN、轴间距 1.6 m，设计时速 160 km/h 的客运专线铁路、客货混跑线；设计时速 120 km/h 货运专线铁路、地方铁路线，有砟轨道，基床表层厚度 0.4～0.6 m，基床总厚度不大于 2.0 m。

列车动静应力比值计算结果见说明表 9.3.1-2。

说明表 9.3.1-2　列车动静应力比值计算结果表

设计时速	轴重 P	路基面以下深度(m)	0	0.3	0.4	0.5	0.6	1.0	2.0	2.5
120 km/h	170 kN	动静应力比	1.64	1.07	0.92	0.80	0.72	0.43	0.14	0.11
	200 kN	动静应力比	1.93	1.26	1.07	0.94	0.84	0.50	0.16	0.13
140 km/h	170 kN	动静应力比	1.73	1.13	0.96	0.84	0.76	0.45	0.15	0.12
	200 kN	动静应力比	2.03	1.32	1.13	0.99	0.89	0.53	0.17	0.14
160 km/h	170 kN	动静应力比	1.81	1.18	1.01	0.88	0.79	0.47	0.15	0.12
	200 kN	动静应力比	2.13	1.39	1.19	1.04	0.94	0.55	0.18	0.14

路基面以下 2.0 m 深度处，列车荷载产生的动应力与路基自重应力之比均小于 0.2。

根据市域铁路的车辆轴重及设计时速的具体情况，结合国内外相关铁路成果经验，参考德国 836 的规定，本条确定的路基基床厚度与我国客货共线铁路有所不同，但与我国地铁及城际铁路采用ZC活载时标准相同。

车站内到发线与正线处于同一路基上，当线间无纵向排水槽或渗管、站台等设施时，为方便施工并满足路基面自正线向两侧排水的需要，在工程投资增加不多的情况下，到发线与正线采用相同的基床标准。

当正线与到发线间设有站台、排水槽或渗管等设施时，如车站规模较大，车场较宽，为减少工程投资，经技术经济综合比较，到发线和正线采用不同的基床标准。但施工时需注意在路基比较稳定后再铺设到发线无缝线路，以免导致不均匀沉降。

与正线路基分开设置的联络线、到发线、出入线、试车线有砟轨道基床结构和其他站线、段管线有砟轨道基床结构系参照现行《铁路车站及枢纽设计规范》GB 50091确定。

9.3.2 对于路基的压实质量，中国铁道科学研究院"铁路路基压实质量控制参数优化与控制体系的研究"进行了专题研究，主要研究结论是：路基的压实质量应采用物理和力学双指标控制；物理指标应统一采用压实系数；力学指标的K_{30}与E_{v2}所反映的路基力学性能基本相同且具有较好的相关性，可以相互替代；E_{vd}可以作为力学指标的K_{30}或E_{v2}试验的补充手段；K_{30}与E_{v2}对化学改良土的压实质量不起主控作用，建议采用无侧限抗压强度和压实系数作为化学改良土的压实质量控制指标。

从理论上讲，K_{30}、E_{v2}和E_{vd}有一定的关系，但由于土的非线性性质和各种试验方法在操作程序和误差影响因素上的不同，还缺乏可靠的对应关系。因此，参考我国《铁路路基设计规范》TB 10001，采用多指标控制，这一方面有利于引进和消化吸收国外的经验，另一方面，也有利于实际操作。

9.3.6 站线路基压实标准系参照现行《铁路车站及枢纽设计规范》GB 50091的有关规定制定。在市域铁路路基基床上修建排水沟、站台墙等设施时，需按路基的回填压实标准办理，以保证路基的稳定。

9.4 路　　堤

9.4.6 轻质路堤是指采用重度小于细粒土的材料填筑的路堤。轻质材料用作路基填料的类型较多，从目前技术成熟程度来看，主要有泡沫轻质土、土工泡沫塑料、粉煤灰等。其应用范围包括狭小空间充填、软土地基上路堤填料、挡土墙墙背填料、桥路过渡段填料等。

现浇泡沫轻质土，亦称气泡混合轻质土，是一种新型轻质填筑材料，具有轻质性、重度和强度可调节性、高流动性、直立性及施工便捷等特性用以降低荷重或土压力为目的，用于替代填土，已成功用于软基路堤等填筑工程，在狭小空间充填，具有独特的技术经济优势和广阔的应用前景。

在场地受限地段，填筑时无法采用大型设备进行碾压施工，采用轻质材料浇注、无须碾压，可较好的解决场地条件受限所引起的相关问题。

9.4.7 软土和松软土地段选择地层和工程情况有代表性的地段提前修筑实验路堤，是掌握本地区软土和松软土地基特征与变形规律、验证地基加固设计和摸索施工工艺的重要手段；通过实验与比较，可以筛选出合理的处理方案与相应的设计参数、验证计算方法的合理性、合理确定填筑速率控制方法，为软土和松软土地基路堤设计与施工提供依据。

9.6 过渡段

9.6.1 为保证轨道的平顺性需严格控制路基变形，不均匀沉降变形控制更为关键。路基与桥台及路基与横向结构物连接处、地层变化较大处和不同地基处理措施连接处，比较容易产生不均匀沉降变形，在地基处理和路堤设计中应采取逐渐过渡的方法，减少不均匀沉降，以满足轨道平顺性要求。

9.7 路基防排水

9.7.2 无砟轨道曲线地段路基，线间排水由于超高设置的限制，横向直排难以实现，应采用集水井集中引排方式，集水井大小、间距应注意与超高方式相衔接配套。

9.7.5 在路堑排水设计中，为避免路堑天沟的水排入路堑侧沟对路基造成冲刷和破坏，规定路堑天沟的水不应排入路基侧沟，受地形限制需要排入侧沟时，应设置急流槽，并根据天沟流量调整下游侧沟截面尺寸。

9.7.6 为避免地表水通过排水沟的缝隙渗入正线路基，确保正线路基的稳定，站内纵向排水槽一般设于到发线与到发线、到发线与站台之间。根据京津城际铁路、武广客运专线的建设经验，线间设有接触网支柱、雨棚柱、声屏障等设施时，车站正线与到发线、到发线与到发线线间距一般在 6.0～7.5 m 之间。在车站线间距适当加大后，排水槽也可设于到发线与正线之间。其余各条系参照现行《铁路路基设计规范》TB 10001 路基排水标准确定。

9.8 路基防护

9.8.1、9.8.2、9.8.4 路基边坡防护是指为防止路基坡面发生溜坍等病害所采取的防护加固措施，市域铁路路基边坡防护工程一般不采用全坡面混凝土或浆砌片石防护，当填料及气候条件适宜时，要优先采用植物防护。土质路堤、路堑边坡高度较高时，一般采用土工网、土工网垫、立体植被护坡网、浆砌片石骨架、混凝土框架、混凝土空心砖等与植物相结合的防护措施，一般不单独采用植物防护。

路堑侧沟平台和边坡平台、路堑挡土墙墙顶和墙趾处，当气候条件适宜植物生长时，在不影响边坡稳定、行车安全和铁路养护维修的前提下，可以设置绿化槽，槽内培土栽植灌木或藤本植物。

土工合成材料可与其他工程材料、工程措施相结合用于路基防护，土工网、土工网垫、立体植被护坡网用于路基防护；土工格栅用于土质路基边坡补强；土工网方格沙障和高立式土工合成材料防沙网沙障可用于风沙路基两侧的阻沙工程；土工合成材料石笼或沉枕、土工模袋等可与土、石、混凝土相结合，用于覆盖冲刷防护工程的坡面或河底。

9.8.3 一般地区路基边坡防护一般不采用全坡面实体式浆砌片石或混凝土护坡（墙），但冲刷防护、浸水路堤、风沙路基等边坡防护，实体式浆砌片石或混凝土护坡（墙）也可能是一种选择，故在设计时要结合具体条件慎重考虑。

9.9 路基支挡

9.9.4 在城市及风景区周边，为节约用地，与周围景观协调可优先采用轻型支挡结构。研究和工程实践表明墙背材料采用铺设土工格栅等加筋材料后，能有效降低土压力，且具有良好的变形适应能力。

9.10 接口设计

9.10.1 路基面上电缆槽、电缆井、过轨管线、接触网支柱基础、声屏障基础等工程的施工一般滞后于路基工程，需要在路基工程施工时预留条件，系统规划，统筹实施，避免造成二次开挖，造成路基强度及排水系统的损害。

10 桥　　涵

10.1 一 般 规 定

10.1.4 我国由于地域比较辽阔，特别针对特殊气候条件如高原高寒地区也都根据当地情况制定了特定的规定。在设计中要重视材料的合理选用，这是保证结构具有长期耐久性的根本。

10.1.5 桥梁的建筑结构形式要充分重视对周边环境的影响，这包括城市及城市周边景观上的要求、周边环境的保护（如噪声、振动防治等）。各国已建成的铁路中，预应力混凝土桥梁的数量占有绝对优势，这是因为与其他混凝土建桥材料相比，预应力结构具有一系列适合市域铁路要求的特性，如刚度大、噪声低，由温度变化引起的结构位移对线路结构的影响小，运营期间养护工作量少等，而且造价也较为经济。常用的预应力混凝土梁有箱梁、T 梁和 U 梁。箱梁整体性好且简洁、美观、便于施工，是城市轨道交通、市域铁路、城际铁路、高速铁路中采用最为广泛的梁型；T 梁经济性较好且施工方便；U 梁能适当降低线路纵断面且有较好的降噪功能，在国内一些轨道交通中有采用 U 梁的情况。温州市域铁路 S1 线，结合现场实际建设条件，综合考虑桥梁景观、工程造价和施工要求，采用了箱梁。

10.1.6 桥梁下部结构在实际工程中一般采用混凝土或钢筋混凝土墩台。墩台的类型需结合所处的地域、地形、水文、立交等条件成段统一桥墩类型，适应景观协调要求同时减少墩台施工模板的类型。

10.1.8 涵洞结构处在路基之内，洞顶有填土，市域铁路列车的动力响应相对地影响较小，所以普通铁路的涵洞，一般来说也能用于市域铁路。

10.1.9 两涵、两桥桥台之间的距离过近时，为了保证涵洞或桥台与路基之间的刚度顺接，在路桥、路涵衔接处设置过渡段或其他措施。

10.1.10 桥梁和涵洞的设置要和原有排洪及排灌系统的排水做好衔接，使排水通畅，对上下游的影响最小。为了保证桥涵附近路堤的稳定，桥涵设计时需满足铁路系统排水的要求。

10.1.11 新建公(道)路尽量避免上跨市域铁路,当经多方论证确需上跨时,需做好上跨桥梁的结构设计及安全防护。公路运输普遍存在超载现象,汽车超载对公路桥梁的损坏是毁灭性的,因超载造成的桥梁垮塌事故时有发生,给铁路运营带来严重安全隐患。因此,上跨市域铁路的新建公(道)路桥梁需选用合理的技术标准和安全防护措施。下传既有桥梁时,也要在既有桥梁上设置防抛网并采取相应安全防护措施。

10.2 设计荷载

10.2.4 本条规定与铁路桥涵设计规范的规定基本相同,规定了墩台上的土的侧压力的计算方法,同时考虑到市域铁路台后过渡段采用的填筑材料的不同,一般为混凝土或级配碎石,特别提出了台后填土的内摩擦角需根据台后过渡段填筑的实际情况确定。

10.2.7 综合考虑市域铁路运营动车组荷载以及市域 ZS 荷载图式的情况。离心力的计算公式按照市域 ZS 荷载图式荷载进行计算。

10.2.8 由于列车蛇行运动、机车各部分产生的动力不对称作用、车轮轮缘存在损伤、轮轴不位于车轮中心处以及机车车辆振动作用及轨道不平顺的影响,致使列车在行进中发生左右摇摆,车轮产生作用于轨面的横向摇摆力。其中蛇行运动是引起列车横向摇摆力的主要因素。

研究表明列车蛇行运动具有随机性,试验列车通过桥梁的任一时刻,有的车轮对轨面作用向左侧的集中摇摆力,有的车轮对轨面作用向右侧的集中摇摆力。对于桥梁、这些向左与向右的集中摇摆力会彼此抵消一部分。当列车中两辆车的前车后转向架和后车前转向架同时向左或向右时,对桥梁的横向作用最大,特别对于中小跨度桥梁,这个作用规律比较明确。在大跨度桥上,由于同时作用车辆太多,每辆车的横向振动相位随机性大,彼此抵消作用非常复杂,但从局部不利的角度来考虑,对桥梁的整体横向作用也能采用以上作用模式。

欧盟通过大量的计算和试验研究得出,列车的横向摇摆力对桥梁的最大作用就是:两辆车的前车后转向架和后车前转向架同一方向达到最大,也就是 4 个轮轴的横向集中力各达到25 kN,因此德国 DS 804 规范中的横向摇摆力按 4×25 kN=100 kN 计算,在连续的道砟道床桥面上,横向摇摆力沿线路方向均匀分布在 $L=4.0$ m 的长度上,在进行局部结构设计时,按均布荷载进行设计。

日本 1992 年桥梁设计规范将桥梁横向列车荷载分为两种,一种是车辆横向荷载,一种是车轮横压荷载。客运专线铁路的车辆横向荷载为轴重的 20%，作用在相邻车辆连接器两端转向架车轮的位置上。车轮横压荷载力 70 kN，对一般轨道而言，只考虑车辆横向荷载或车轮横压荷载其中之一。日本为动力分散式列车，轴重较轻，与欧洲各国的动力集中式列车不尽相同。

1999 年《桥规》认为当风力或离心力较大时，风力和离心力将会阻碍列车横向摇摆，因此列车的横向摇摆力减为很小，所以规定列车横向摇摆力不与最大离心力、风力同时组合，也就是说摇摆力值不与最大离心力值、风力值同时计算。但是铁道科学研究院的试验中提出，列车横向摇摆力与离心力是同时存在的。在德国铁路桥梁及其工程结构物规范 DS804 第 17A 条中规定：求算水平折角用的荷载组合时，列车横向摇摆力与离心力、风力是组合的。

2005 年《桥规》制定时考虑了列车横向摇摆力与离心力、风力的组合，并将列车横向摇摆力列入主力中。

《铁路桥涵设计基本规范》修订时，由于将高速铁路、城际铁路、重载铁路的内容一并纳入，因此各等级铁路均采用一个值似不合理。通过对我国目前各等级标准铁路的活载图式及运营列车情况的综合考虑认为，列车横向摇摆力以客货共线铁路的列车荷载图式为基准，按100 kN取值计算，其他各等级铁路按其竖向静荷载的竖向折减系数进行折减取值。高速铁路折减系数 0.8，城际铁路折减系数 0.6，重载铁路折减系数 z（荷载系数 z），得出列车横向摇摆力分别对应为 80 kN，60 kN，100z kN。综合考虑以上因素，市域铁路列车横向摇摆力取为 60 kN。

10.2.10 列车竖向荷载换算当量均布土层厚度 h_0 按下式计算：具体如图 10.2.10 所示。

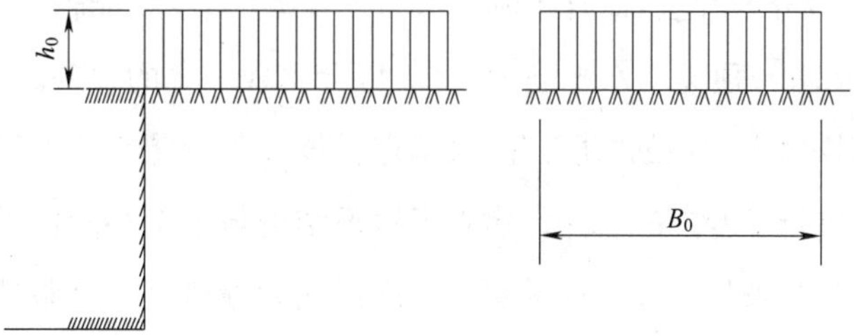

图 10.2.10 列车竖向荷载换算土层厚度图

$$h_0=\frac{q}{\gamma} \quad \text{（说明 10.2.10）}$$

式中 q——轨底平面上列车竖向静荷载压力强度，kPa，横向分布宽度 B_0 按 3.0 m 计；

γ——土的重度，kN/m^3。

10.2.12 桥涵结构设计时，需对施工架设荷载和养护维修荷载予以检算。根据高速铁路、普速铁路的建设和设计经验，有时施工荷载与养护维修荷载控制桥涵设计。

10.2.13 目前市域铁路桥梁在桥面上有的设置了作业通道，有的没有设置。本条规定了桥面上布置有作业通道时人群荷载的计算采用值。本通道人群荷载未考虑作业通道更换道砟荷载。当桥上行车时按桥上不行人考虑，故主梁设计时作业通道设计竖向人群荷载不与列车荷载同时计算。但考虑以后的检修模式，当桥上行车时同时走行检查小车考虑，故主梁设计时检修设计荷载与列车荷载同时计算。

10.2.14 在铺设无缝线路的桥梁中，这种因梁部结构与轨道的相互作用而产生的“长钢轨纵向水平力”，是不可忽视的，其力的大小和分配，在很大程度上取决于桥梁下部结构的水平刚度、上部结构的跨度、竖向刚度及桥全长。

桥上无缝线路的长钢轨因受纵向力过大、疲劳或其他原因可能造成断轨。因断轨收缩受到梁体的约束而产生纵向水平力反作用于梁部并传递到支座和墩台，这就是断轨力，其力的大小是桥上的线路纵向阻力控制的。

所以说，作用于墩台顶的长钢轨纵向水平力(伸缩力或挠曲力)和长钢轨的断轨力，都需按梁轨共同作用进行计算。

梁轨共同作用计算的基础是要解决轨道纵向位移阻力规律和梁轨相互作用的计算模型，对此，国内外都进行过大量的实验研究。由于各国的具体情况不同，在轨道位移阻力的取值，梁轨相互作用计算方法以及桥上钢轨附加应力的组合方式和限值都有所不同。德国高速铁路轨道纵向位移阻力取值较高，日本采用常量阻力法，计算简单；我国以前一直采用的钢轨变形微分方程法，适合于刚性墩台的情况，由于未能较合理地考虑钢轨和墩顶变形协调关系，在墩台顶纵向水平刚度较低时，会出现一定的误差。

在为京沪高速铁路而立项的“九五”国家重点科技攻关专题研究项目，对桥梁结构与无缝线路的相互影响进行了专门的研究。建立了轨道结构与桥梁共同作用的力学计算模型，分析了相互影响的计算条件。通过现场实验和广深线无缝线路的经验，拟定了线路纵向位移阻力与梁轨相对位移的关系式和梁体计算温差的取值标准，并据此编制了电算程序，供具体设计中应用。

对于常用跨度简支梁，符合规定的条件时，按相关规定办理。对于非常规跨度桥梁，需根据梁轨共同作用模式计算。

10.2.16 地震力的作用需按国家标准《铁路工程抗震设计规范》的规定计算。同时考虑到市域铁路行车密度较大桥梁所占比例也较大，地震时车在桥上的概率相当高，结合市域铁路工程结构特点及功能要求，在《铁路工程抗震设计规范》(2009 版)GB 50111—2006 基础上予以适当加强。

10.3 结构变形、变位的限值

10.3.1 桥梁上下部结构设计时需选择适合的刚度、频率限值，以避免高速列车通过时车桥产生较大振动或出现共振，确保列车运行安全、旅客乘坐舒适。桥梁结构变形、变位限值同时需保证桥上轨道结构受力安全性和稳定性。由于既有研究成果和现场测试主要针对于中小跨度桥梁，所以本节规定的桥梁梁部及墩台刚度的限值仅适用于跨度不大于 128 m 的混凝土结构，对于钢结构、钢混结合梁等特殊结构以及 128 m 以上的大跨桥梁结构的限值需专项研究确定。

10.3.2 梁式桥跨结构刚度限值的规定，主要是为了满足行车条件下的行车安全和乘坐舒适的要求，国内外规范多以列车荷载作用下梁体结构的挠度作为限值指标。近年来，随着高速铁路建设和运营，欧洲国家及日本针对高速铁路桥梁的特点与性能，通过“车-线-桥”耦合振动体系动力响应分析和室内、外动力试验验证，对高速铁路桥梁设计标准、限值进行了必要的修订，使桥梁设计更为合理、安全和经济。欧盟在 2003 年版规范中针对不同设计速度、不同跨度和类型桥梁，以高速列车通过时车体竖向加速度不高于 1.0 m/s^2 为控制指标(舒适度优秀)，提出了跨度与挠度比值(L/δ)的限值(见说明图 10.3.2-1)。

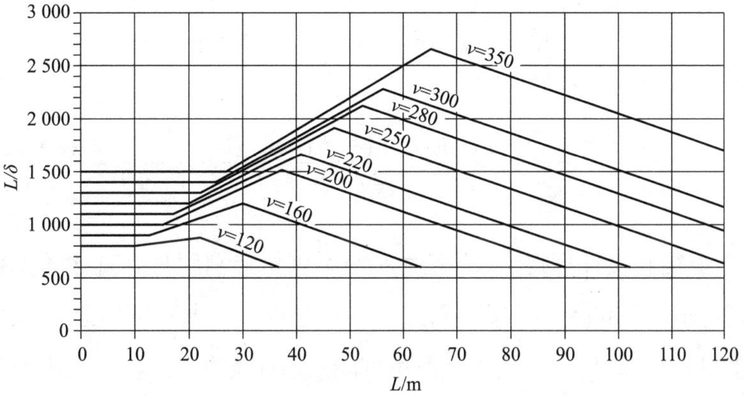

说明图 10.3.2-1 欧盟挠跨比限值

注：图中 L/δ 适用于 3 跨及以上的双线简支梁；对于单跨双线简支梁、2 跨双线简支或连续梁，L/δ 乘以 0.7 系数；对于 3 跨及以上的连续梁，L/δ 乘以 0.9 系数。

通过总结了我国铁路桥梁结构刚度限值相关既有研究成果，采用车桥耦合动力分析模型对欧盟挠跨比限值进行了验证。在此基础上，考虑我国与国外规范关于列车荷载挠度定义的区别(说明表 10.3.2-1)，以车体竖向振动加速度等同的原则，提出了适用于 ZS 设计荷载标准及单双线梁体的挠度限值，并列出了适用条件。

说明表 10.3.2-1　国内外规范双线桥梁列车荷载挠度定义

国　别	定　义	备　注
欧盟	单线设计荷载(UIC 荷载) 考虑动力系数 $1+\Phi$	Φ 为设计动力系数
日本	单线运营荷载 考虑动力系数 $(1+i_a)(1+i_c)$	i_a为速度效应动力系数 i_c为车辆摇摆效应动力系数
中国	双线设计荷载(ZK 荷载) 不计动力系数	

以双线桥梁为例，具体取用的参数和计算过程如下：

单线 UIC 静荷载产生的挠度：f'_u

双线 UIC 静荷载产生的挠度：f_u

欧盟设计荷载下动力系数：$1+\Phi$

双线 ZS 静荷载产生的挠度：f_c

桥梁跨度：L

取：

$K_1 = f_c / f_u$　　ZS 荷载与 UIC 荷载产生的挠度比值

$K_2 = f'_u / f_u$　　单、双线 UIC 荷载产生的挠度比值

可得：

$$\frac{L}{f_c}=\frac{L}{f_u\cdot K_1}=\frac{L}{\dfrac{f'_u}{K_2}\cdot K_1}=\frac{L\cdot K_2\cdot(1+\Phi)}{f'_u\cdot(1+\Phi)\cdot K_1}=\frac{L}{f'_u\cdot(1+\Phi)}\cdot\frac{K_2\cdot(1+\Phi)}{K_1}$$

式中：K_1和 $1+\Phi$ 能直接计算得出；K_2值大小与梁体扭转刚度具有直接的关系，研究中针对连续箱梁、简支箱梁和简支 T 梁分别进行计算分析。考虑我国客运专线跨度 48 m 及以上的桥跨多以连续箱梁为主，而小跨度桥可能采用简支 T 梁，研究提出的 K_2取值如下 $L\leqslant 20$ m，$K_2=0.70$；$20<L\leqslant 40$ m，$K_2=0.60$；$40<L\leqslant 96$ m，$K_2=0.55$。

对于采用 ZS 荷载图式设计的市域桥梁结构，为保证动车组运行时的车体竖向加速度相同，梁体采用相同的刚度。因此，采用 ZS 荷载图式设计时，挠度限值相应按与 ZC 荷载图式的比例关系进行调整。对于单线桥梁，为保证动车组运行时的车体竖向加速度与

双线桥梁工况相当，梁体竖向挠度限值按相应双线桥限值的0.6倍取用。

温度荷载作用下结构会产生变形，并与列车荷载挠度进行叠加，结构设计中需予以考虑。“客运专线无砟轨道预应力混凝土连续梁桥变形观测试验研究”课题在系统总结国内外规范关于结构温度梯度分布特征相关规定的基础上，针对京津城际铁路、石太客运专线预应力混凝土箱梁的竖向温度梯度分布及其对连续梁变形的影响进行了研究，并对主跨100 m的大跨度连续梁的温度变形进行了连续观测。理论和试验均表明，竖向温度梯度作用下，连续箱梁边、中跨均产生相应的竖向变形；且日照条件下连续梁中跨温度变形与列车荷载挠度同向。课题研究中，对常用32 m跨度的简支梁温度变形进行了理论分析和实测验证，日照条件下简支箱梁产生上拱变形，与列车荷载效应反向。因此本规范条文修订时，在原规定的拱桥和刚架桥基础上增加了连续梁桥。

结构温度变形计算时要考虑整体升降温、不同部位温差及温度梯度作用；对于混凝土梁温度梯度分布，在缺乏实测资料时，按照《铁路桥涵钢筋混凝土和预应力混凝土结构设计规范》TB 10002.3相关规定执行。

对于一些特殊结构，温度力引起变形，对轨道不平顺影响问题应引起高度重视，以避免出现跳车点或限速点对行车造成影响。目前本规范中轨道篇中对于轨道铺设精度（静态）要求：高低方向，短波不平顺30 m弦长2 mm/10 m，长波不平顺300 m弦长10 mm/150 m。本规定是为了控制行车安全和乘坐的舒适性提出来的。在特殊结构如大跨度拱桥、刚构连续梁、桥墩高度差比较大等情况，温度力引起的不平顺超过本标准要求时，需对结构体系等进行调整使结构变形满足轨道要求。该规定的典型例子，是日本第二千曲川斜拉桥，每年对轨道进行两次调整，以适应温度变形对轨道高程的影响。铁三院在设计京沪高速铁路跨越京开高速公路的半穿式拱桥时，中孔跨度108 m，将两拱脚与桥墩固结，计算结果：主跨中上下温度变形达到±28 mm，不满足上述要求，后均改为支座铰接，跨中上下温度变形小于10 mm，满足轨道要求；另一例是设计长昆客运专线刚构连续梁，主跨跨度120～160 m，当采用单壁墩计算时，不满足轨道上述要求，后改为双壁墩，既可满足轨道要求。

对于预应力混凝土梁，特别是预应力混凝土简支梁，截面长期处于偏心受压状态，上下缘预压应力差较大。随着时间的增长，梁体会逐渐产生较大的徐变变形，即徐变上拱。梁体徐变上拱会导致线路的附加不平顺，影响行车安全性和乘坐舒适性。

我国既有普通铁路桥大多采用有砟桥面，梁体长期变形可以通过调整道砟厚度来保证线路的正常运行；但仍有部分桥梁由于变形过大对运营期间线路养护带来一定困难：如京山压煤改线徒河桥，跨度 32 m 预应力混凝土简支梁发生上拱 16.17 cm 的现象。由于市域铁路对线路平顺性要求远高于普通铁路，市域铁路桥梁需具有长期变形小的特征，特别是铺设无砟轨道的桥梁，运营期间轨道平顺性只能通过扣件进行调整，且扣件调整量十分有限，因此必须严格限制梁体的长期残余变形，以保证桥上线路平顺。

针对既有普通铁路预应力混凝土简支 T 梁徐变上拱开展了大量的研究工作。研究表明：恒载作用下截面应力水平以及梁体恒载、列车荷载设计弯矩比值是影响梁体竖向徐变变形关键因素；提高结构刚度可以降低截面应力水平，合理地布置预应力束可以使梁的截面上下缘应力在预应力及恒载的作用下尽量接近，可以有效控制梁体徐变上拱值。

实际工程中更为关注的是桥上轨道结构铺设完成后梁体的变形，即残余变形，预应力混凝土梁残余变形包括：混凝土徐变变形、混凝土收缩变形、预应力长期损失引起的弹性变形恢复，其中混凝土徐变变形为其竖向残余变形的主要部分。需要指出的是，若轨道铺设完成后仍有部分桥面附属设施施工（如声屏障），该部分荷载引起的弹性变形需计入梁体残余变形。

“客运专线无砟轨道预应力混凝土连续梁桥变形观测试验研究”课题理论和实测结果表明，在现有设计时速 350 km 客运专线连续梁刚度和预应力配束条件下，通过严格控制阶段混凝土质量和各阶段预应力张拉的准确，按照现有设计二期恒载上桥时间（60 天），其梁体长期残余变形可以控制在±10 mm 以内。在我国工程实践的基础上，提出了梁体残余变形的限值。

值得注意的是，对于等跨布置的简支梁桥结构，梁体徐变变形对车体形成周期性激励，并使得动车组在低速区段（100 km/h 速度附近）产生振动加速度峰值，车体振动加速度量值与梁体徐变变形呈线性关系。高速铁路轨道检查车轨检数据表明，部分设计时速 250 km 及以下的线路（桥梁区段）出现明显的周期不平顺，波长与等跨布置简支梁跨度对应，影响动车组的乘坐舒适性，且难以通过扣件系统进行调整。与高速铁路相比，虽然市域铁路梁体的列车荷载挠度限值可降低，但徐变变形限值应保持一致；即在市域铁路梁体刚度降低的条件下，需通过调整预应力束布置等措施严格控制徐变变形。建议市域铁路桥梁设计时，梁体残余徐变量的设计值不超过同类型高速铁路桥梁设计值。

10.3.3 各国铁路桥梁设计规范都对桥梁的最大横向变形（静位移）进行了限制。目的是为列车运行提供平直的轨道，如果水平位移过大，就会产生显著的轨道的方向不平顺，进而影响车辆运行的安全性和乘坐舒适性。

德国规范 DIN 101 规定了上部结构的横向变形：

① 上部结构横向变形计算考虑下列荷载之和：考虑动力系数的 UIC71 荷载、风荷载、横向摇摆力、离心力和上部结构两侧温差。

② 上部结构横向变形 δ_h 不超过说明表 10.3.3 中的限值。

说明表 10.3.3 水平弯曲引起的最大转角和最小曲线半径允许值表

速度范围	最大折角变化(rad)	最小水平半径(m)	
		单线上部结构	多线上部结构
$v \leq 120$ km/h	3.5‰	1 700	3 500
120 km/h $< v \leq$ 200 km/h	2.0‰	6 000	9 500
$v > 200$ km/h	1.5‰	14 000	17 500

注：横向变形包括上部结构和下部结构(包括桥墩和基础)；水平曲线半径由下式给出 $R=\frac{L^2}{8\delta_h}$。

10.3.4 德国规范 DIN-101 关于桥面扭转变形的限值规定如下：

(1)计算桥梁扭转时采用考虑动力系数的 UIC71 荷载。

(2)3 m 的长度的最大扭曲变形不超过下列限值：

$v \leq 120$ km/h　　$t \leq 4.5$ mm/3 m

120 km/h $< v \leq$ 200 km/h　　$t \leq 3.0$ mm/3 m

$v > 200$ km/h　　$t \leq 1.5$ mm/3 m

(3)当速度 $v > 200$ km/h 的情况，需要进行附加检算，考虑动力系数的实际运营荷载计算的扭曲变形 $t \leq 1.5$ mm/3 m。

注：如果没有进一步规定，轨道自身几何特点(如在缓和曲线中)与因桥梁产生的扭转变形之和不能超过 4.5 mm/3 m。

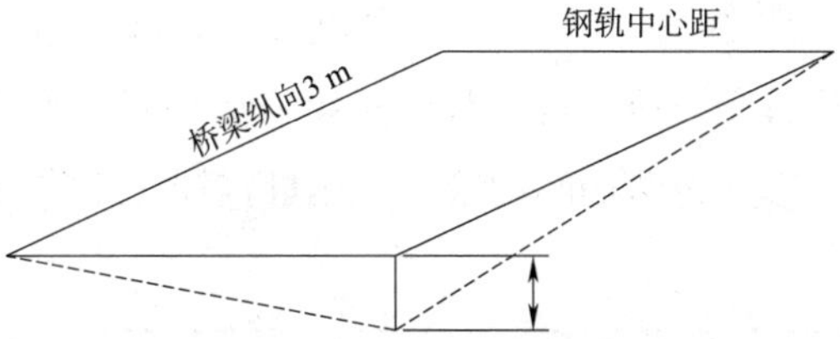

说明图 10.3.4 桥面允许扭转变形示意图

经研究，提出了本规范的扭转限值要求。

10.3.5 对于采用有砟轨道的桥梁，梁端转角过大会导致位于梁端伸缩缝部位的道床不稳定，导致轨道养护工作量增大，且对行车条件下的安全和舒适性具有一定的影响。德国规范 DIN-101(2003)对于有砟轨道桥梁梁端转角限值规定如下：

(1)在考虑动力系数的 UIC71 荷载和温差作用下,线路中心处的梁端最大转角不能超过下列值:

a)单线桥

$\theta=6.5‰$ rad(桥台与桥梁之间)

$\theta_1+\theta_2=10‰$ rad(相邻两孔梁之间)

b)双线梁

$\theta=3.5‰$ rad(桥台与桥梁之间)

$\theta_1+\theta_2=5‰$ rad(相邻两孔梁之间)

(2)当速度 $v>200$ km/h 时,要求对考虑动力系数的实际运营荷载做附加检验,线路中心处的梁端最大转角不能超过下列值:

$\theta=2‰/h_m$ rad(桥台与桥梁之间)

$\theta_1+\theta_2=4‰/h_m$ rad(相邻两孔梁之间)

式中 h_m是钢轨顶面至桥梁支座中心间的距离。

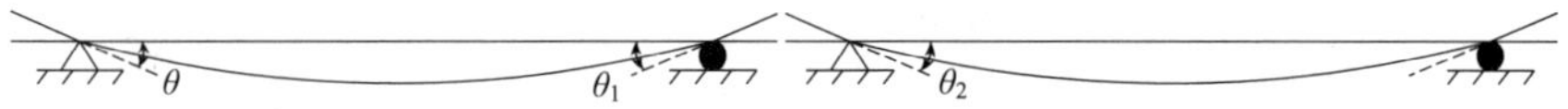

说明图 10.3.5-1 梁端转角示意图

对于采用有砟轨道的桥梁,为保证桥梁接缝部位有砟道床稳定性,考虑到我国 ZK 设计荷载与 UIC 荷载的差异以及梁端转角计算时不考虑动力系数和温差作用的影响等情况,经研究规定:在 ZK 静荷载作用下,有砟轨道桥梁梁端竖向转角不能大于 2‰。

对于采用无砟轨道的桥梁,由于梁端竖向转角使得梁缝两侧的钢轨支点分别产生钢轨的上拔和下压现象(说明图 10.3.5-2)。当上拔力大于钢轨扣件的扣压力时将导致钢轨与下垫板脱开,当垫板所受下压力过大时可能导致垫板产生破坏。为了保证梁端扣件系统的受力及线路安全、减少运营期间的维修工作量,需严格限制梁端竖向转角。

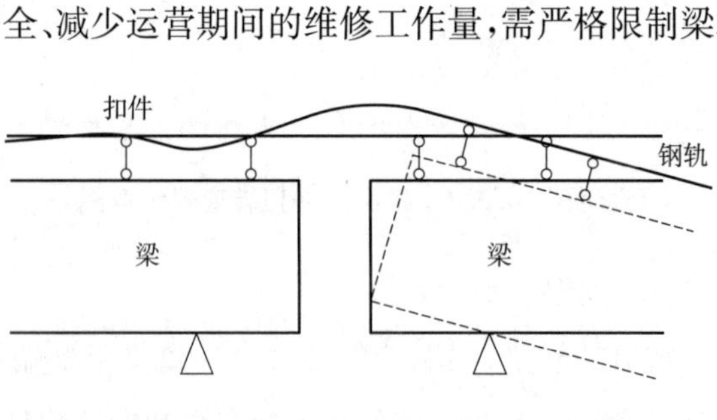

说明图 10.3.5-2 梁端转角影响示意图

在“铁路客运专线无砟轨道桥梁梁端轨道结构受力计算方法研究”中，采用梁轨一体化计算模型，分别从梁端转角、梁端悬出长度、桥上无砟轨道（CRTS Ⅰ型板式）布板型式及扣件参数等对梁端轨道受力的影响进行了较系统研究。研究表明：无砟轨道桥梁梁端轨道结构受力随梁端的支座截面竖向转角和扣件系统节点刚度增大而增大；梁端轨道结构受力随梁端支座悬出长度的增大而增大；随钢轨支点间距及跨梁缝钢轨支点间距的增大而减小。客运专线常用跨度 24 m、32 m 简支箱梁，在 ZK 静荷载作用下，梁端竖向转角不大于 1‰且悬出长度不大于 0.75 m 时、梁端竖向转角不大于 1.5‰且悬出长度不大于 0.55 mm 时，梁端钢轨支点能满足扣压力 12 kN 小阻力扣件的受力要求；梁端竖向转角不大于 1.5‰且悬出长度不大于 0.75 m 时，梁端钢轨支点能满足扣压力 18 kN 常阻力扣件的受力要求。

同时考虑了桥上轨道扣件的类型以及中小跨度桥梁设计情况，提出了当梁端悬出长度≤0.55 m时，采用小阻力扣件时桥台和桥梁间梁端转角限值能调整至 1.5‰，相邻两孔梁之间的转角之和能调整至 3.0‰。当桥上采用常阻力扣件时，简支梁梁端悬出长度能增大至0.75 m。需要特别注意的是，当相邻两孔梁之间的转角之和（$\theta_1+\theta_2$）满足本条规定的限值时，每孔梁的转角（θ_1、θ_2）尚需满足 “桥台与桥梁间转角限值”规定。

本规范条文制定时，参照《高速铁路设计规范》，应用了上述研究成果。考虑到速度 160 km/h 及以下无砟轨道市域铁路轨道类型、扣件系统可相应调整，对转角限值进行了规定。

对于大跨度无砟轨道连续梁等特殊结构桥梁，为避免梁端转角过于控制结构设计，当梁端转角限值不满足本条限值要求时，需检算梁端转角变形对轨道结构的影响，并采用特殊扣件、过渡板等措施满足轨道相关技术要求。

“城际铁路常用跨度简支梁合理结构型式”的研究中，针对无砟轨道 T 梁梁端悬出长度区别于箱梁的情况，补充了梁端悬出长度小于等于 0.3 m 时的梁端转角限值。

10.3.6 我国市域铁路采用跨区间无缝线路，为了保证桥上无缝线路的稳定和安全性，必须检算由于温度变化、列车制动/起动等产生的钢轨附加应力。同时为了保证桥梁的受力安全，需检算相应墩台附加力。既有大量试验研究成果表明：列车制动作用下，桥梁墩台顶纵向制动附加力及分布除受轮轨黏着系数、线路阻力等参数影响外，主要由墩台顶纵向水平线刚度及相邻墩台顶刚度匹配所决定；墩顶刚度越小，桥梁所受制动力越小，但钢轨制动附加应力越大；增大墩顶刚度可降低钢轨附加应力，但使得墩顶制动力增大。因此，墩台顶合理的纵向线刚度限值是桥梁及桥上线路设计的关键参数之一。

桥上钢轨除承受长钢轨锁定时的温度应力和列车通过时的动弯应力外，还要承受由于列车制动、梁体伸缩和挠曲变形所引起的附加应力。计算钢轨附加应力的荷载组合为：①钢轨制动力＋钢轨伸缩力；②钢轨制动力＋钢轨挠曲力，取二者中较大值检算钢轨附加应力是否满足限值要求。由于市域铁路桥梁竖向刚度较大，由梁体挠曲产生的钢轨挠曲力较小，可以不考虑其影响。采用钢轨制动力＋钢轨伸缩力的荷载组合方式进行钢轨附加应力检算。

条文中墩台顶纵向水平刚度限值取决于两方面的因素，一是桥上钢轨的附加应力；二是在制动力作用下梁轨相对位移的大小。在"八五"、"九五"国家重点科技攻关计划相关专题研究中，建议钢轨的最大附加应力限值为：81 MPa(拉)、61 MPa(压)，列车制动力作用下梁轨间的相对位移需控制在 4 mm 以下。

"客运专线铁路桥梁墩台纵向线刚度参数标准的研究"中，总结归纳国内外桥梁墩台纵向水平线刚度有关规定，在较系统研究了桥梁纵向力计算参数的基础上，针对等跨布置的 20 m、24 m、32 m、40 m 和 48 m 简支梁和主跨 64 m、80 m 和 100 m 连续梁采用梁轨共同作用计算模型进行了大量的分析计算，并提出了满足桥梁轨道受力(不需设置钢轨伸缩调节器)的墩台顶最小线刚度限值。由于连续梁制动墩纵向刚度与配跨数量和型式、制动荷载加载位置及支座布置方式等都具有一定的影响，本条文制定时，采用了课题"有砟轨道混凝土简支梁(等跨布置)墩台顶纵向线刚度限值"研究成果。

由于我国双线桥梁设计荷载组合中仅考虑一线制动(启动)，本次制订根据科研成果适当降低了正线双线桥墩顶纵向线刚度限值。但考虑到高架车站内列车同时制动、启动的机率较大，同时参考高速铁路桥梁专业国外咨询意见，对于高架车站到发线有效长度范围的双线桥梁墩台的最小水平线刚度的限值仍按表内单线值的 2.0 倍取值。

对于无砟轨道桥梁，由于制动力作用下有砟轨道的"梁轨快速位移 4 mm"限值已不适用，现阶段桥梁采用非纵连型无砟轨道时，墩台顶纵向线刚度偏于安全地暂按有砟轨道限值取用。纵连板式无砟轨道与桥梁间相互作用与既有梁轨传力机理具有较大差异，尚需开展相应的研究工作。

对于采用 ZS 荷载图式设计的桥梁结构，考虑到设计活载降低，制动力作用下钢轨应力和梁轨快速位移均相应降低。在满足轨道结构强度和稳定度的前提下，经研究，提出采用 ZS 活载图式设计时桥墩纵向水平线刚度按限值的 0.75 倍取用。

10.3.7 墩台刚度是影响车桥耦合振动体系的关键因素之一，我国既有设计规范制定时参照苏联规范，多以墩台顶水平位移静力计算值衡量墩台刚度。《铁路桥涵设计基本规范》(1975 年版)规定：顺桥向及横桥墩台顶面的弹性水平位移需满足 $\Delta \leqslant 5\sqrt{L}$ 和 $\Delta \leqslant$

$4\sqrt{L}$,《铁路桥涵设计基本规范》TB 10002.1—1999 在此基础上有所放宽,顺、横桥向弹性水平位移统一按 $\Delta \leqslant 5\sqrt{L}$。在普通铁路设计时,认为此限制能够满足列车运行的安全、旅客舒适、结构经济、养护方便等要求。《铁路桥涵设计基本规范》TB 10002.1—2005 制定时,对国内外相关规定进行了对比分析,详见说明表 10.3.7。

日本规范通过限制列车荷载作用下(不同速度条件下)轨道面的折角以保证墩台刚度,对应于时速 160 km/h 水平折角限值为 3.5‰～4‰,其相应的墩顶位移值均远大于《铁路桥涵设计基本规范》TB 10002.1—1999 规定的 $5\sqrt{L}$。

德国规范对于 160 km/h 及以下速度的桥梁墩台无具体要求,对于大于时速 160 km/h 水平折角限制为 1‰。在 32 m 以下时基本相当 $3\sqrt{L}$;在 40～56 m,基本相当 $4\sqrt{L}$,80～96 m基本相当 $5\sqrt{L}$,其限值考虑了带有离心力的活荷载、横向摇摆力、桥墩、梁体和车上的风荷载、桥墩和梁体结构的温度差、由于地基位移造成的转动等各种荷载组合情况。

欧盟规范采用曲线半径和水平折角双控形式,横向变形包括上部结构和下部结构(包括桩、桥墩和基础),其对 32 m 及以下跨度横向水平位移要求最为严格;40 m 跨度时和德国规范以及我国的 $4\sqrt{L}$ 和 $3\sqrt{L}$ 的均值相接近;56 m 以上跨度时欧盟规范横向水平位移要求均大于德国规范以及我国的 $5\sqrt{L}$ 和 $4\sqrt{L}$ 的限值标准。

说明表 10.3.7　桥梁墩台横向水平位移限值[δ](mm)

项目		德国规范	日本规范		欧盟规范(双控)						99 桥规	75 桥规
		水平折角 1‰	水平折角 3.5‰～4‰	水平折角 2‰～2.5‰	曲线半径 R= 17 500 m	水平折角 1.5‰	采用值	曲线半径 R= 9 500 m	水平折角 2‰	采用值	$5\sqrt{L}$	$4\sqrt{L}$
速度(km/h)		>160	160	260	>220			120<v≤220			<140	
桥梁跨度 L(m)	8	4.0	14.0	10.0	0.5	6.0	0.5	0.8	7.0	0.8	14.1	11.3
	10	5.0	17.5	12.5	0.7	7.5	0.7	1.3	10.0	1.3	15.8	12.6
	12	6.0	21.0	15.0	1.0	9.0	1.0	1.9	12.0	1.9	17.3	13.9
	16	8.0	28.0	20.0	1.8	12.0	1.8	3.4	16.0	3.4	20.0	16.0
	20	10.0	35.0	25.0	2.9	15.0	2.9	5.3	20.0	5.3	22.4	17.9
	24	12.0	42.0	30.0	4.1	18.0	4.1	7.6	24.0	7.6	24.5	19.6
	32	16.0	64.0	32.0	7.3	24.0	7.3	13.5	32.0	13.5	28.3	22.6
	40	20.0	80.0	40.0	11.4	30.0	11.4	21.1	40.0	21.1	31.6	25.3
	56	28.0	112.0	56.0	22.4	42.0	22.4	41.3	56.0	41.3	37.4	29.9
	80	40.0	160.0	80.0	45.7	60.0	45.7	84.2	80.0	80.0	44.7	35.8
	96	48.0	192.0	96.0	65.8	72.0	65.8	121.3	96.0	96.0	49.0	39.2

我国《铁路桥涵设计基本规范》TB 10002.1—2005 相关条文制定时，墩柱横向刚度限值采用水平折角的表达形式，规定，“由墩台横向水平位移差引起的相邻结构物桥面处轴线间的水平折角，当桥跨小于 40 m 时，不得超过 1.5‰；当桥跨等于或大于 40 m 时，不得大于 1.0‰”。

根据“城际铁路常用跨度简支梁合理结构型式”的研究结论，按设计速度 100～120 km/h、140～160 km/h 分级，并参照上述规范的条文进行制定。

10.3.9 桥梁墩台基础工后沉降限值主要为满足市域列车运营安全和舒适要求。我国原“设计暂规”的相关规定是在参考《铁路桥涵地基和基础设计规范》TB 10002.5 和研究对比分析国外规范相关条文基础上，结合客运专线铁路的实际情况制定的。

对于墩台基础均匀沉降，有砟轨道桥梁沉降限值参考了路基的沉降控制标准。无砟轨道桥梁沉降限值主要依据桥上扣件容许的调整量。对于调高量为 30 mm 的扣件，扣除施工误差＋6 mm/－4 mm，仅有 20 mm 可用于调整运营期间基础沉降、梁体徐变变形产生的轨道状态变化。考虑到基础发生均匀沉降时能通过圆顺线路满足运营要求，对于行车影响相对较小。

墩台基础不均匀沉降将在墩台位置产生变坡点，即出现明显的折角，直接影响行车的安全和舒适。铁科院在“客运专线铁路墩台基础沉降限值标准研究”中，采用车-桥耦合动力模型，分析不同桥跨（20 m、24 m、32 m 和 40 m 等跨布置简支梁）、不同沉降类型（单墩沉降、单墩相对上抬、两相邻墩沉降和两非相邻墩沉降）和不同沉降量（5 mm、10 mm、15 mm、20 mm、25 mm和 30 mm）对行车安全和舒适的影响。分析结果表明：不同沉降限值对于梁体动力效应影响较小，而主要影响车辆动力效应；列车轮重减载率随不均匀沉降值的增大而增大；车体竖向加速度、列车车体平稳性指标除与车体自身动力性能具有一定的关系外，也随不均匀沉降量增加呈增大的趋势。

参照《高速铁路设计规范》TB 10621—2014、《铁路桥涵设计规范》TB 10002—2017 和《新建时速 200 公里客货共线铁路设计暂行规定》（铁建设函〔2005〕285 号），经研究，提出了静定桥梁墩台工后沉降量限值。对于超静定结构，相邻墩台不均匀沉降限值还需考虑对结构产生的附加应力影响。

10.3.10 为保证市域铁路轨道平顺性，控制路基与涵洞间的不均匀沉降，条文规定涵洞沉降控制标准需与相邻路基控制标准相同，地基处理方式一致。

10.4 结构计算与构造

10.4.1 本规范关于桥涵结构的计算及构造的规定，主要是根据市域铁路桥梁特点而提出的要求，不可能涵盖桥涵结构的计算及构造的全部内容，因此对于本规范未具体规定的内容，尚需按铁路桥梁设计规范的相关规定执行。

10.4.2 多片式T形截面梁是梁式桥中应用广泛的一种梁型，在分片架设后再将横隔板和桥面通过施加横向预应力连成整体，构造简单，运输、架设方便，在早期建设的日本、西班牙等国高速铁路桥梁中得到大量应用。

如速度250 km/h高速铁路简支T梁布置形式如下，由4片式T梁通过现浇桥面板和横隔板混凝土，施加横向预应力连接为整体，如说明图10.4.2-1所示。

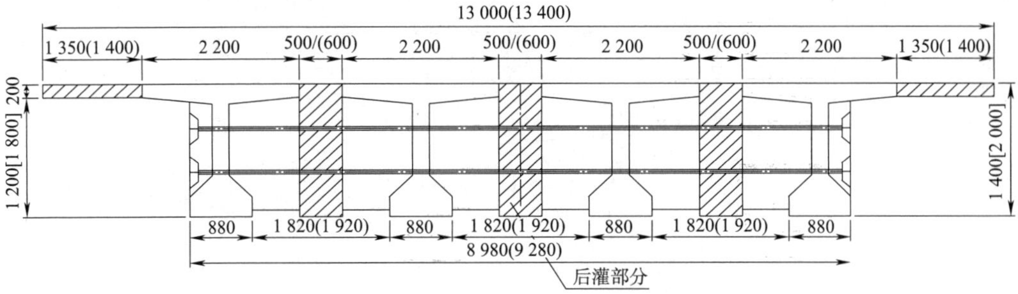

图 10.4.2-1 多片式T梁截面示意图(单位：mm)

T梁的构造要求是在《新建时速200公里客货共线铁路设计暂行规定》(铁建设函〔2005〕285号)的基础上，增加了桥位后浇湿接缝的构造要求。

多片式T形梁作为由主梁及横隔梁组成的格子结构进行分析。

当各片主梁的弯曲刚度及主梁间距相等且设有一定数量的横隔板时(见说明图10.4.2-2)，荷载分配参考下列公式计算：

$$P_i=\frac{p}{n}\cdot\left\{1+\frac{6(n+1-2i)}{n^2-1}\cdot\frac{e}{\lambda}\cdot\frac{1}{1+\frac{GI_t}{EI}\cdot\frac{1}{n^2-1}\cdot\left(\frac{l}{\lambda}\right)^2}\right\}$$

(说明 10.4.2-1)

式中 P_i——第 i 片主梁所分担的荷载，kN；

P—— 竖向荷载的合力，集中力时取 kN，均布力时取，kN/m；

n——主梁片数；

e—— 不计悬臂板的梁中心线到荷载作用点之间的距离，m；

l—— 主梁跨度，m；

λ——主梁的中心间距，m；

EI——每一片主梁的抗弯刚度，kN/m^2；

GI_t——每一片主梁的抗扭刚度，kN/m^2。

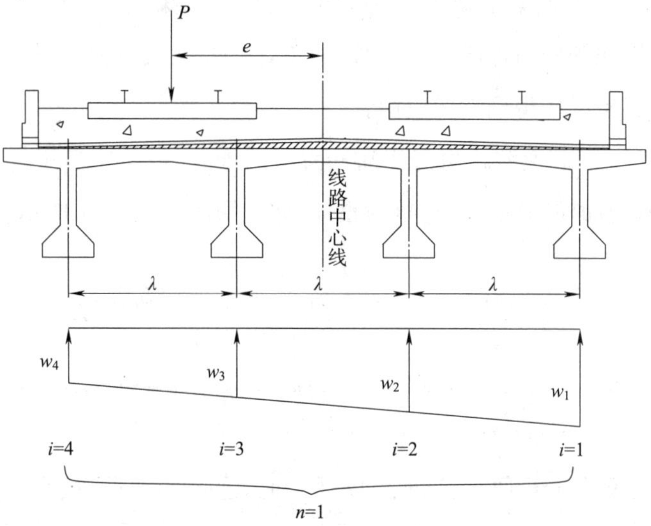

说明图 10.4.2-2　多片式 T 梁荷载横向分配图式

计算梁端最大剪力和支点最大反力时，荷载横向分配应采用更可靠的方法。

10.4.3　为方便养护维修人员检查维修，梁端需设置进人孔。秦沈客运专线采用底板开洞方式，但此种方式由于底板开洞，箱梁底板预应力筋不能均匀布置，使梁端底板中极易形成横向拉应力区。市域铁路通用图从不影响底板预应力筋的布置，减小对梁端的削弱，结构外形美观影响较小等角度出发，采用梁端底板中部开槽方案。该方案分别在相邻两孔梁的底板中部设置槽口，两个槽口相对形成进人孔，此方案梁端开槽位置与桥墩顶面设置的槽口相对应，检查维修时可以从此处进入梁体，并能进行顶梁、支座检查、维修等工作，该方式梁端支座布置与锚具的布置有足够的构造空间，对墩台构造尺寸要求较小。

影响梁端构造尺寸的因素较多，对整孔简支箱梁不仅要考虑在运营荷载下结构的受力性能，结构的系列化和全桥的外形，还有很多施工控制因素需要考虑，如自动化内膜要求的构造空间、顶梁及吊梁时要求的隔墙尺寸、施工架设过程中支点的不平整效应等。

秦沈客运专线简支箱梁由于梁高较低，为最大限度地提供梁端构造空间，梁端腹板采用内外同时加宽的方式，同时设置了端隔墙。但由于构造空间较小，自动化内模的设置较为困难。

针对双线箱梁的有效宽度，分别按铁路桥规、德国规范 DS 804、英国 BS 5400 相应公式计算，其结果与 1∶1 试验梁实测相比，德国规范 DS 804、英国 BS 5400 的计算方法与实际较为吻合。

英国 BS 5400 规范中规定的不同宽跨比简支箱梁有效宽度折减见说明表 10.4.3-1，供参考。

说明表 10.4.3-1　简支箱梁有效宽度折减表

$\lambda_i=b_i/L$	有效宽度折减系数 λ		
	跨中	四分之一跨	支点
0.000	1.0	1.0	1.0
0.020	0.99	0.99	0.93
0.050	0.98	0.98	0.84
0.100	0.95	0.93	0.70
0.200	0.81	0.77	0.52
0.300	0.65	0.60	0.40
0.400	0.50	0.46	0.32
0.500	0.38	0.36	0.27

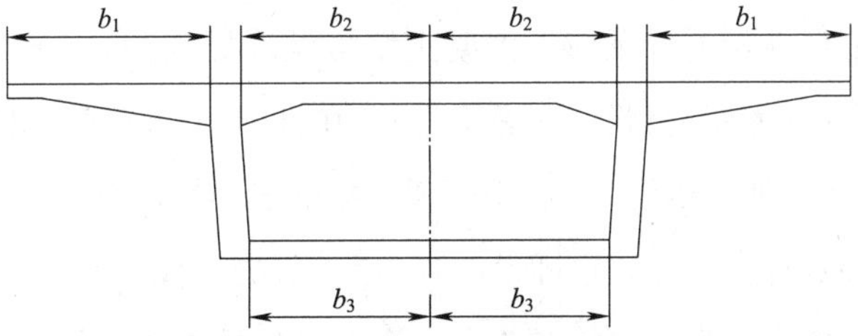

宽跨比 $\lambda_i=b_i/L$ (i=1, 2, 3　L=简支梁跨度)

针对简支箱梁三维有限元分析表明，双线整孔箱梁单线加载时，纵向最大应力小于双线加载，但箱梁顶、底板变截面处横向拉应力大于双线加载，故在设计中需考虑单线加载的影响，横向框架效应采用整体计算。

连续箱梁的设计基本上能引用铁路桥规的相关规定。英国 BS 5400 规范中规定的翼缘有效宽度的计算方法可供参考：连续箱形梁各跨的翼缘有效宽度，对于边跨，能按跨径的 0.9 倍简支箱梁进行计算，对各中间跨的翼缘有效宽度折减见表 10.4.3-2。

说明表 10.4.3-2　连续箱形梁各中间跨的翼缘有效宽度折减

$\lambda_i=b_i/L$	有效宽度折减系数 λ		
	跨中	四分之一跨	内支点
0.000	1.0	1.0	1.0
0.020	0.99	0.94	0.77
0.050	0.96	0.85	0.58
0.100	0.86	0.68	0.41
0.200	0.58	0.42	0.24
0.300	0.38	0.30	0.15
0.400	0.24	0.21	0.12
0.500	0.20	0.16	0.11

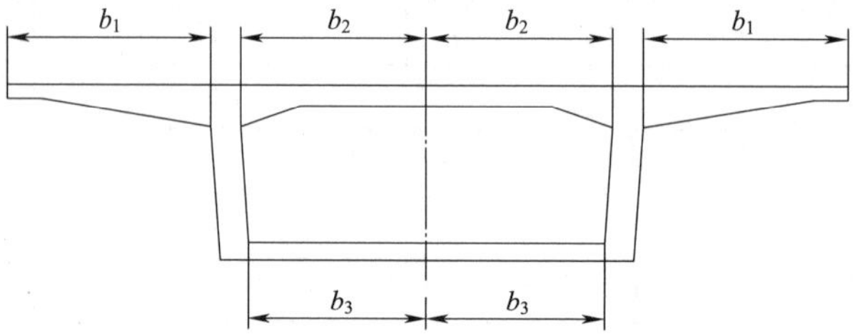

宽跨比 $\lambda_i=b_i/L$ (i=1, 2, 3　L=简支梁跨度)

在《铁路桥涵钢筋混凝土和预应力混凝土结构设计规范》TB 10002.3—2005 中，“对于日照温差，对于有砟(无砟)箱梁只考虑箱宽方向的日照温差荷载，也就是说不考虑梁高方向的日照温差”，市域铁路桥梁大多采用箱梁，大部分是在梁场进行预制、存梁并进行运架梁。铺设二期恒载以前(无砟轨道铺设前)有相当长的一段时间是裸梁，在一些日照温差大的地区，存梁阶段沿梁高方向的温差是一个控制桥面板横向受力的工况。因此对于有砟(无砟)箱梁，需补充在存梁阶段考虑箱宽方向和箱高方向的日照温差的组合，在铺设道砟后(无砟轨道铺设后)只考虑箱宽方向的日照温差。

10.4.4　后张法预应力混凝土结构中，预应力钢束管道较为粗大，为使灌筑梁体混凝土时，骨料能在管道间顺畅通过，并振捣密实，以保证混凝土的质量和钢束与混凝土之间的黏结力使之能共同受力，预应力钢束管道之间需保持一定的净距。管道间的净距过小不仅影响混凝土质量，还可能在穿束、压浆时出现相邻管道彼此穿通的现象。目前我国普通铁路预应力混凝土梁所用骨料粒径一般约 5～25 mm，管道净距不小于 40 mm，一般均可满足梁体灌注、穿预应力钢束和管道压浆等要求。但是，现在预应力钢束已由原来的

24Φ5 钢束改为 7Φ5 钢铰线，钢材的抗拉强度已由原大量采用的 1 570 MPa 提高到 1 860 MPa，并大部分采用群锚体系。梁体纵向预应力钢束管道口直径一般均大于 65 mm。标准梁的最大张拉力由原来的 60 t 普遍提高到 150 t 左右，对于大中跨度的预应力混凝土连续梁，其管道直径和最大张力就更大了。英国标准 BS 5400《钢桥混凝土桥及结合桥》、《日本铁路结构设计标准和解释（混凝土桥）》、我国《铁路桥涵钢筋混凝土和预应力混凝土结构设计规范》TB 10002.3—2005 也有相关规定。

钢筋混凝土的保护层及配筋要求，均按铁路桥涵设计规范中的有关规定办理。经与相关国外规范对照，规范的规定能满足耐久性要求。

本条有关钢筋或管道表面与结构表面之间的混凝土保护层的厚度的规定，不适用于处在侵蚀性环境中或有其他特殊要求的钢筋混凝土和预应力混凝土结构。

10.4.5 近年来，国外报道了英国、比利时自 1967 年以来三座预应力混凝土桥梁在使用中由于预应力钢束锈蚀突然破坏倒塌的实例。据分析，这与桥面防、排水失效、混凝土保护层控制不严、预应力钢束的管道灌浆不实、封锚不严等因素有关，因此，本条规定特别强调了封锚及接缝处需在构造上采取防水措施，防止雨水渗入。比如外露锚头周围设置钢筋网，钢筋网与梁体伸出的钢筋焊接，然后灌筑较高等级的混凝土等等。管道压浆材料和压浆工艺，都要严格控制，确保压浆密实，这样才能保证预应力钢束不致锈蚀，保证预应力钢束与混凝土梁体的整体作用。

10.4.6～10.4.7 支座局部承压的劈裂作用，使支承垫石产生较大的拉应力，所以为了防止支承垫石开裂，必须设置构造钢筋。为提高支承垫石的局部承压力，支承垫石边缘至支座底板边缘需保持一定的距离并在局部承压区混凝土内用钢筋网加强。

《铁路桥涵设计规范》（1959 年版）规定支承垫石边缘距支座底板边缘为 0.15～0.20 m，这是经验数字，根据多年来施工、养护部门反映，这个规定基本上是可行的，故本规范未作修改。

顶帽平面尺寸的确定，需考虑到下面几个方面：

（1）梁跨的大小和支座的类型；

（2）架梁施工的需要；

（3）养护维修作业的需要。

10.4.10 平原地区等路基地段，取消涵洞顶覆土可有效降低路基高度，可节省工程投资。但涵洞顶不能高过路肩。

关于涵洞类型及分节，原铁道部工程管理中心曾提出按德国规范（DIN 102）规定“非钢筋混凝土结构仅严格限于主要静力加载结均"，欧洲均采用钢筋混凝土框架箱涵；国外咨询长度可达 20 m 以上，轨下不分节的建议。

德国规范(DIN 102)规定"非钢筋混凝土结构仅严格限于主要静力加载结构"，也就是说混凝土和砌体结构不能用于铁路桥涵设计中，显然和中国的国情不符。《铁路桥涵设计基本规范》TB 10002.1—2005 第 5.4.12 条："置于非岩石地基上的涵洞，每隔 2～5 m 应设沉降缝一处"的规定，是基于本规范适用于旅客列车设计行车速度小于或等于 160 km/h、普通货车设计行车速度小于或等于 90 km/h(转 8A 货车设计行车速度小于或等于 80 km/h)客货共线标准轨距的新建或改建Ⅰ、Ⅱ级铁路桥涵的设计；盖板涵、拱涵、圆涵仍在普通铁路涵洞类型上占有较大比例而制定的。非岩石地基上的涵洞，其沉降缝是为避免不均匀沉降或由于竖向受力不均而产生折断现象。根据施工和养护的经验，分段过短，增加施工困难，过长则防止裂纹效果不大，一般涵身分段节长为 2～5 m。

沉降缝设于轨道板下时，涵节的沉降差可能会引起轨道板的开裂，故沉降缝不允许设在轨道板下，而设于两线之间。涵洞分节长度根据地基和结构情况确定，一般不能超过 15 m，以避免边墙和底板施工缝处由于混凝土收缩产生较大裂缝。

10.5 桥面布置及附属设施

10.5.1 桥面宽度需按照建筑限界、应急疏散、电缆槽、接触网立柱、声屏障结构及养护维修方式等要求确定。同时结合具体项目特点，如预制梁是否通过隧道、桥面上是否设走行在人行道上的检查车等综合确定桥面宽度。当桥上不设人行道检查车时，关于桥梁检修方式要综合研究。桥上电缆槽盖板可以采用活性粉末混凝土(RPC)等新型材料。

对于下承式等特殊截面结构的桥面布置，在满足行车安全距离要求、通信信号布设要求及接触网布设要求的前提下，适当调整。

当桥上设置人行道检查车时，根据检查车走行机构横向尺寸及人行道布置要求，确定接触网支柱内侧走行通道宽度；当桥上不设人行道检查车时，考虑防护墙、电缆槽、接触网、人行道等布置要求，同时满足车辆限界、建筑限界等要求。

桥上栏杆高度须不小于 1.1 m。

根据市域铁路特点，系统考虑相关专业设备设施对桥面空间和位置的需求，对市域铁路常用跨度简支 T 梁和简支箱梁的桥面布置进行了研究。推荐简支 T 梁接触网支柱布置于桥墩处，简支箱梁接触网支柱布置于桥面。具体桥面布置形式如说明图 10.5.1-1～说明图 10.5.1-4。

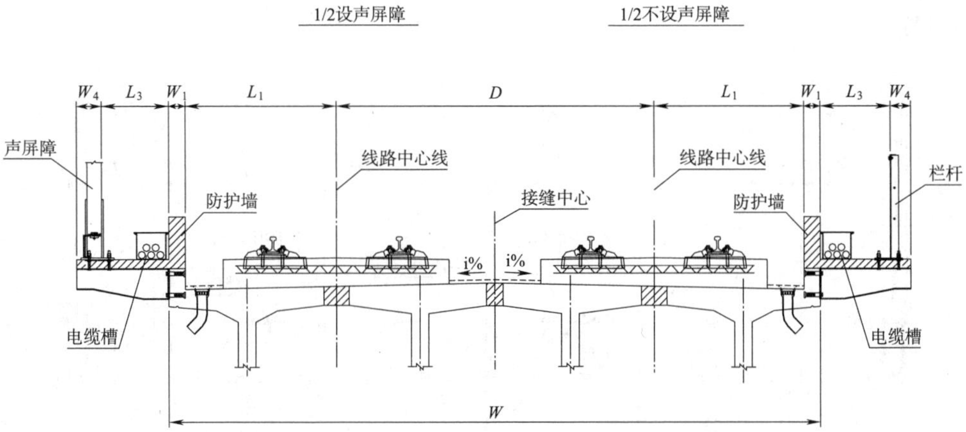

说明图 10.5.1-1　双线无砟简支 T 梁桥面布置方案

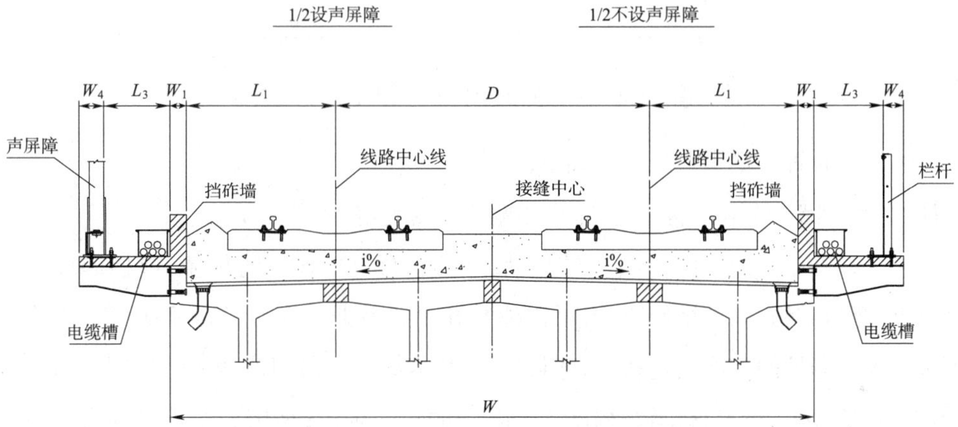

说明图 10.5.1-2　双线有砟简支 T 梁桥面布置方案

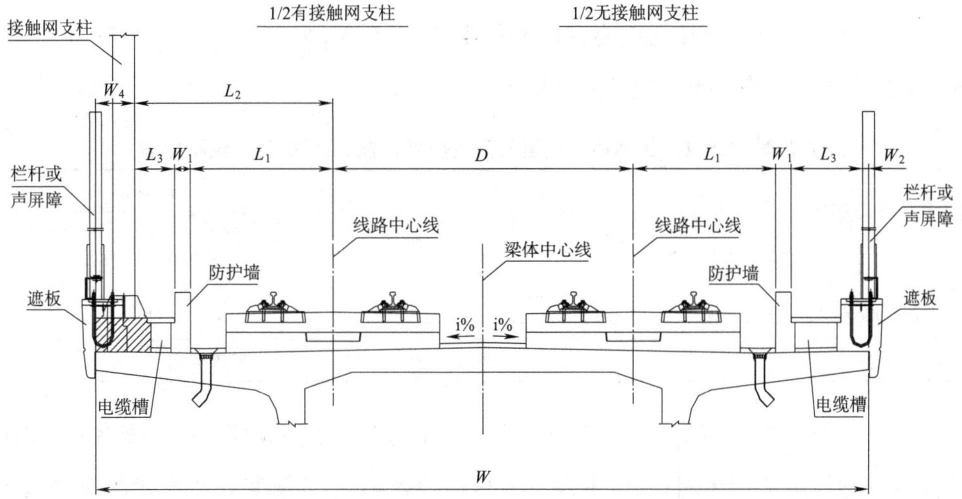

说明图 10.5.1-3　双线无砟简支箱梁桥面布置方案

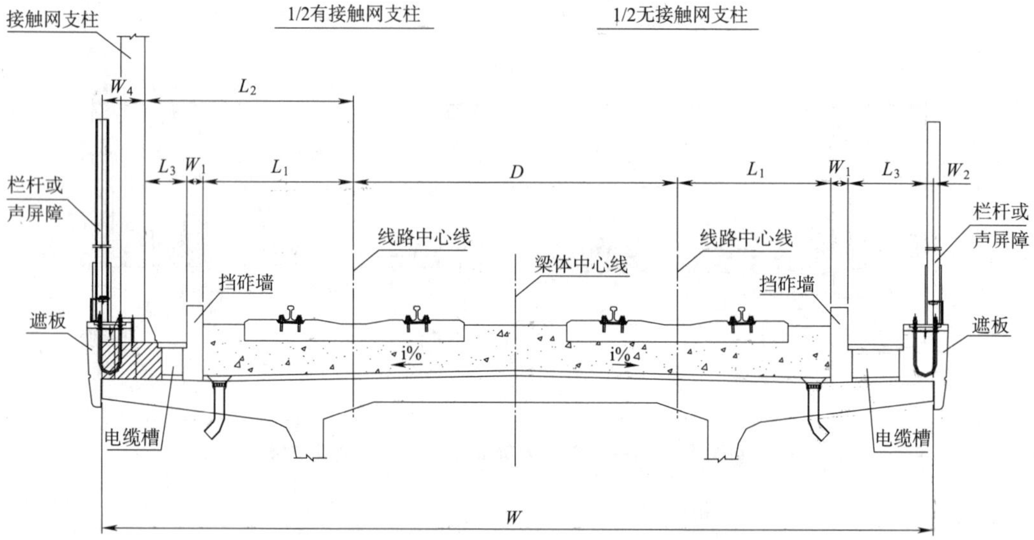

说明图 10.5.1-4 双线有砟简支箱梁桥面布置方案

上述桥面布置方案中参数说明如下。

D——线间距，根据车辆选型、曲线加宽等原则确定。

L_1——线路中心线至防护墙(或挡砟墙)内侧的距离，根据防护墙(或挡砟墙)高度、车辆限界、轨道结构、养护维修方式、桥面泄水孔设置及曲线布置等因素确定。无砟轨道和不采用大机养护的有砟轨道桥梁，建议取 1.8 m，局部地段因曲线布置等因素可适当压缩，但需满足泄水孔布置、轨道结构施工及养护的空间要求；采用大机养护的有砟轨道桥梁需根据养护维修机械操作空间要求及曲线布置等因素综合确定。

L_2——线路中心线至接触网支柱内侧的距离，根据接触网安装要求、车辆限界、轨道结构、养护维修方式及曲线布置等因素确定。

说明表 10.5.1 线路中心线至接触网支柱内侧的距离 L_2 建议参数表

轨道结构形式及养护维修方式	窄体车		宽体车	
	直线	曲线	直线	曲线
无砟轨道桥梁	2.5	2.5	2.5	2.6
不采用大机养护的有砟轨道桥梁	2.5	2.5	2.5	2.6
采用大机养护的有咋轨道桥梁	根据养护维修机械操作空间要求确定			

L_3——人行检修通道宽度，一般地段人行检修通道宽度建议取 0.6～0.8 m，在接触网支柱局部地段可适当压缩；当桥上设置人行道检查车时，需满足检查车走行机构横向通行要求。

W_1——防护墙(或挡砟墙)宽度,建议防护墙(或挡砟墙)顶部宽度取 0.2 m。

W_2——栏杆(或声屏障)内侧至桥梁结构边缘的距离,根据栏杆(或声屏障)结构形式确定。

W_3——接触网支柱内侧至桥梁结构边缘的距离,根据接触网及其基础结构形式确定。

W_4——栏杆(或声屏障)内侧距人行道支架最外侧的距离,根据栏杆(或声屏障)结构形式确定。

W——桥面宽度。按照以上布置原则,一般地段($R\geqslant 1\ 000$ m)无砟轨道和不采用大机养护的有砟轨道双线桥梁建议桥面宽度取值为:窄体车简支 T 梁 7.8 m,窄体车简支箱梁9.8 m;宽体车简支 T 梁 8.2 m,宽体车简支箱梁 10.2 m。

10.5.2 对于市域铁路桥梁,需根据地面、地形、作业通道设置情况考虑检查设施的设置。常规桥梁结构可以设置养护、维修便道,通过自走行升降式桥梁检修车进行日常检查维护。跨越大江、大河及深谷高桥,必须设置桥梁的日常养护维修检查设备。当桥面设置检查车走行通道时,利用走行在桥面两侧的桥梁检查车进行检查维修;当桥面布置无法满足检查车走行时,利用悬挂在箱梁悬臂板下方的桥梁检查车进行检查维修。

10.5.3 桥梁的防排水设计是决定桥涵耐久性的重要因素,是铁路桥涵结构设计使用寿命能否达到 100 年的决定因素。从设计的角度,要做到结构能防水、结构不积水、有水能及时排出,排出的水需结合具体情况进行细部设计使之对外界的影响最小,对结构本身的不利影响也降到最低为原则。

排水措施必须保证在桥面行车道的结构表面排水顺畅一般考虑纵横向设置排水坡,坡度不小于 2%,如考虑纵向桥面集中排水,还需设置不小于 3‰的排水纵坡,并布置排水孔、水篦子、排水管、排水槽以及排水沟等,其容量必须与降水量相配合。还需注意在结构的缝隙处,须设置防止落砟和防止漏水的措施。

防水措施是为防止结构表面向结构内部渗水及漏水。目前在既有铁路混凝土桥梁上防水措施种类较多,设计时需慎重选择,必须确保防水效果。

10.5.5 当发生地震、火灾等自然灾害或桥上列车出现紧急情况时,需要对列车上的旅客进行疏散,因此当区间桥长超过 3 km 时,需结合地面道路情况沿桥梁全长每隔 3 km 左右在线路双侧交错设置救援疏散通道和导向标志。疏散通道需根据桥下地面道路及地形情况综合考虑设置,救援疏散通道位置桥下所处位置需便于旅客疏散并能及时疏解到地面道路为原则,不局限于 3 km 的间距要求机械设置。

10.6 高架车站桥梁结构

10.6.1 市域铁路的高架车站较多，站区桥梁设计要与车站结构相协调。另外，根据城市总体规划，市域铁路高架车站也需要考虑城市道路、城市轨道交通等其他交通系统的接入，桥梁设计需满足城市综合交通规划的要求。

10.6.2 位于道岔区的桥梁结构，道岔结构对桥梁结构提出了相对变形和变位的要求。如整组道岔应位于连续结构上，道岔首尾距梁端的最小距离，整体道岔应位于横向整体结构上，以及梁的挠度、自振频率等要求。设计时需协调解决。

10.6.3 高架车站桥梁结构当采用站、桥分离结构时，对于站线梁和正线梁根据桥上行驶的列车运营速度情况分别考虑其受力和变形。对于站线梁和正线梁一体的需结合实际情况综合考虑其变形限值等标准。

10.7 接 口 设 计

10.7.1 需根据环保专业的要求在桥上预留声、光、风防护屏障的基础。

10.7.2 桥梁需根据信号专业的要求，在基础、墩台和梁部设置综合接地装置，包括墩梁间的连接，数量计入桥梁工程。

10.7.3 桥上需根据通信、信号、电力和电气化专业的要求预留设置电缆槽道、电缆上下桥设备、接触网支柱基础等设施的条件，如在梁端预留锯齿孔、在墩梁上预留滑道等。

电气化专业的接触网电缆上桥，一般采用在接触网立柱处垂直桥面打孔上桥的方式。但为了美观等因素，也有接触网电缆从桥墩经梁端锯齿孔入电缆槽再上接触网支柱的方式。

10.7.4 基础设施的设计中，桥梁与路基、隧道界面分工时采取了沿线路里程一刀切的方式，导致桥梁与路基、隧道的连接不是很顺畅。主要表现在：

1 桥梁与路堑相连时，路堑两侧有排水沟，路堑的水沟连接起来的措施不利，导致路堑水沟随意排水，在黄土等容易产生水土流失地区，将给桥梁带来很多病害。

2 桥梁与路堑相连时，路堑两侧以永久边坡设计并防护，而桥台两侧多采取临时边坡开挖(主要为桥台施工服务)，导致该段路堑设计标准、型式不一。

3 桥梁与隧道相连(或者伸入隧道)时，也有一些接口，如人行道不在同一标高层，相差还较大。同样，在桥梁与路基相接处，两者人行道处标高也不一致，存在接口问题。

11 隧　　道

11.1 一 般 规 定

11.1.2 结构设计要立足于提高结构物的耐久性，延长其使用年限。隧道结构耐久性不足，会增加使用过程中工程维修费用、影响结构正常使用。参照《铁路混凝土结构耐久性设计规范》TB 10005，结合隧道工程的功能划分及维修难易程度，确定了隧道结构设计使用年限的两个级别：即 100 年和 60 年。条文中列出了不同设计使用年限级别的适用范围，其中所说的衬砌是指：隧道主洞及各设备洞室、横通道拱墙衬砌和仰拱、底板。

11.1.4 隧道轨面以上净空面积应同时满足建筑限界和列车进入隧道诱发的空气动力学效应，并取其中较大值。矿山法施工的隧道内轮廓应选择合适的高(矢)跨比，使隧道结构处于合理受力状态。

表 11.1.4 中，隧道轨面以上最小净空面积根据《城际铁路设计规范隧道断面研究》、《市域铁路国铁和城轨制式隧道内净空设计标准研究》、《市域铁路隧道内净空设计标准研究》等成果，针对市域车辆动密封指数大于 5 s 且满足各速度目标值下相应车内瞬变压力幅度单线单车 800 Pa/3 s、双线会车 1 250 Pa/3 s 的舒适度标准进行取值。

以矿山法隧道为例，单、双线隧道典型断面如说明图 11.1.4-1、11.1.4-2 所示。

隧道内采用有砟轨道并且需要进行大型机械化养护时，隧道内轮廓应满足养护机械作业要求。

11.1.5 《地下工程防水技术规范》GB 50108 对二级防水范围的规定如下：“人员经常活动的场所；在有少量湿渍的情况下不会使物品变质、失效的贮存场所及基本不影响设备正常运转和工程安全运营的部位；重要的战备工程”。《地铁设计规范》GB 50157 则明确规定区间隧道结构防水等级应为二级。从既有隧道来看，少量湿渍基本不影响电气化铁路的正常运营；而且，隧道结构由于接缝较多，难以达到一级防水要求。因此，本规范将区间隧道防水等级定为二级。有防潮要求的设备洞室因为存放相关设备，需要保持干燥环境；寒区洞口存在湿渍可能造成洞口段结构冻融破坏，所以，上述区域防水等级要求应达到一级。

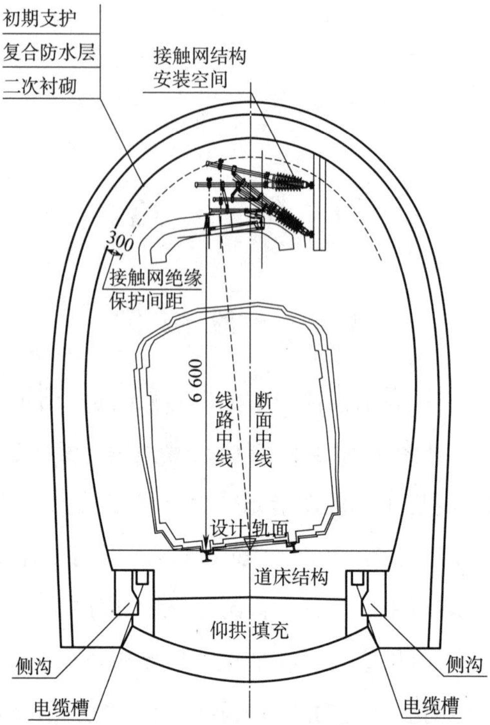

说明图 11.1.4-1　单线隧道断面示意图

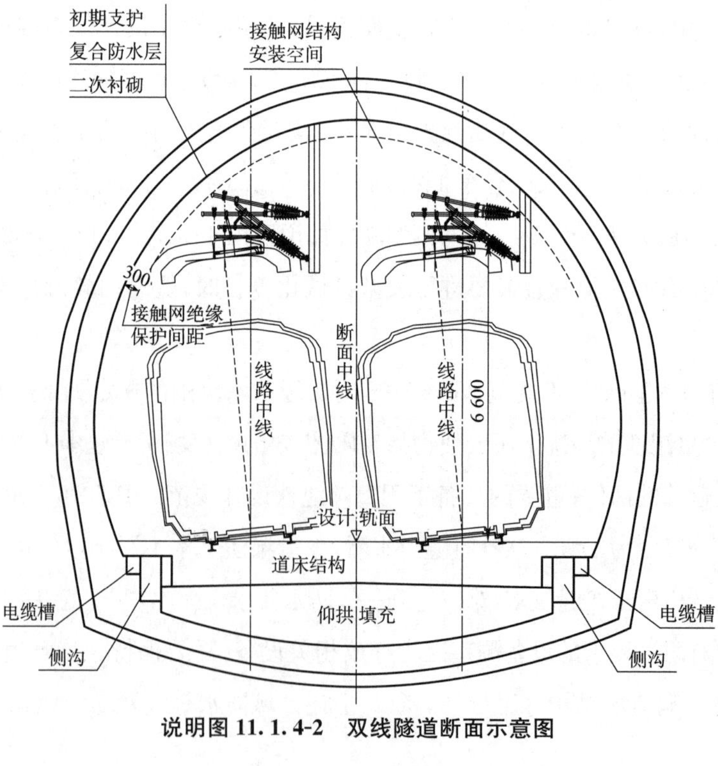

说明图 11.1.4-2　双线隧道断面示意图

11.1.7 隧道与地下车站相连时，车站与区间隧道防灾通风需要统筹考虑；区间隧道疏散通道与车站站台平顺连接。当车站设有屏蔽门时，车站端部需要设置区间隧道旅客疏散逃生出口，便于旅客尽快通过车站进行疏散。

11.1.8 隧道与所处地质和环境条件存在紧密联系。现有的勘察技术在施工前完全判断清楚隧道设计边界条件较难实现，因此，施工中需要根据监控量测、超前地质预报实时反馈的信息对设计方案进行修正、调整以确保工程安全。

11.2 设计荷载

11.2.2 本条文对表6.1.5所列隧道设计荷载做出如下规定：

1 结构附加恒载主要是指伴随隧道营运的各种设备、设施等的恒重，由于其长期作用于隧道结构，故属于永久荷载的范畴。

2 静水压力及浮力主要是针对在有水或含水地层中的隧道结构，应考虑水压力及浮力的影响。

3 基础变位影响力在基础发生不均匀沉降时应考虑。

4 风、雪荷载在风区、寒区外露式或浅埋隧道结构设计时应考虑。

5 施工荷载是指施工节点的某些外加力，如施工机械自重、人群、温度作用及构件制造、运输、吊装时产生的临时荷载等。

6 偶然荷载中，人防荷载在隧道有人防要求时应考虑；沉船、抛锚、疏浚撞击力在水下隧道时应考虑。

7 当有落石危害需检算冲击力时，可通过现场调查或有关计算验证。

8 其他荷载取值按国家现行相关规范、规定执行。

11.3 结构设计

11.3.2～11.3.7 条文中规定的素混凝土强度等级不低于C30，是针对设计使用年限为100年的衬砌结构。

采用地下连续墙作为围护结构的明挖隧道，围护结构本身可与主体结构共同受力，结合方式选用叠合式或复合式。

明挖隧道主体结构设计时要充分考虑共同受力部分的围护结构在设计使用年限内的劣化而导致内力向主体结构转移的影响。

盾构(TBM)隧道在满足安全、耐久性、防水、防火条件时，采用单层装配式管片衬砌；

对表面平整度、防渗、防火有特殊要求时，采用装配式管片内侧现浇钢筋混凝土内衬的双层衬砌型式。

一般情况下，沉管隧道在水深小于 35 m 时，采用现浇或预制钢筋混凝土衬砌；水深大于 45 m 时，采用钢壳混凝土结构；其余情况结合技术经济指标和工程实际需要进行综合比选确定。沉管隧道的预制管节长度应根据沉埋长度、沉埋设备、通航要求和工期等因素确定，一般控制在 100～130 m 范围内。

11.3.8 抗浮力一般有隧道自重、隧道内部静荷载及隧道上部有效静荷载，也可考虑侧壁与地层之间的摩擦力。需要注意抗浮力是随施工过程及使用阶段不断变化的。施工期间，由于静荷载尚未完全作用在结构上，抗浮稳定性往往会成为问题。

抗浮安全系数参照类似工程，根据各地的工程实践经验确定。

11.3.9 市域铁路隧道抗震设计计算方法与隧道抗震设防类别参照现行相关规范，作出了如下规定：

1 目前，国内相关规范推荐的隧道抗震计算方法主要有：拟静力法、时程分析法和反应位移法。

2 《铁路工程抗震设计规范》GB 50111 中 3.0.1A 规定"铁路工程应根据铁路等级及其在路网中的重要性和修复(抢修)的难易程度，分为 A、B、C、D 类四个抗震设防类别"，其中与隧道相关的类别如下：

A 类：水下隧道；

C 类：(1)通过活动断裂带、浅埋、偏压、采空区及矿区、繁华城区、特大跨度(开挖跨度 15 m及以上)的隧道和明(棚)洞；(2)近距离交叉的隧道；

D 类：属 A、C 类以外的其他铁路隧道工程。

3 当围岩中包含有可液化土层或基底处于可产生震陷的软黏土地层中时，需要采取提高地层的抗液化能力且保证地震作用下结构物安全的措施。

沉管隧道抗震设计应结合工程所处水体、填覆材料、结构物对地震激励下的响应特性进行综合分析。

11.4 隧道洞口

11.4.3 在条件许可的情况下，隧道洞口、辅助坑道洞口、风井井口的高程需要高出百年一遇洪水位 0.5 m 以上；反之，则需要采取工程措施保证隧道洞口、辅助坑道洞口、风井井口满足防洪、防淹要求。

11.5 防 排 水

11.5.1 水环境敏感度高、水系与居民生产生活用水关联密切、建筑物密集、沉降要求严格等区域的铁路隧道防排水设计采取“以防为主”；其他情况下采取“以排为主”，做到“防堵截排”相结合。“因地制宜、综合治理”是指勘察、设计、施工、管理和维护保养每个环节都考虑防排水要求，根据地质与气候条件、隧道型式、施工技术、防水等级、材料来源和价格因素，因地制宜地选择相适应的防排水措施。

11.5.7 隧道水沟断面根据水量大小确定并考虑清理和检查要求。中心水沟采用盖板沟或埋设中心管。埋设中心管时，需要设置间距不大于 50 m 的检查井，其盖板面与隧底填充面齐平。地下水发育地区，衬砌背后环、纵向排水系统由于水中杂质长期沉积形成阻塞，导致隧道易出现底鼓、衬砌开裂、涌水。因此，隧道仰拱或底板外设置排水系统有利于隧底排水、降低水压，减少对结构造成破坏的风险。

11.5.9 环向盲管纵向间距 5～10 m，侧沟与中心沟之间的引水管间距不大于 20 m；环向盲管直径不宜小于 50 mm，纵向盲管直径不宜小于 100 mm。

11.5.11 冻害是寒冷及严寒地区隧道主要病害，特别是在冬季，对铁路运营危害很大。隧道如果出现渗漏水引起衬砌冻融破坏，将威胁到结构和运营安全。因此，寒区隧道防排水需要进行防冻害设计。

11.6 附属构筑物

11.6.1 市域铁路隧道的养护、维修应该在天窗时间内完成，列车运行过程中禁止人员进入。因此，可以不设置大、小避车洞及绝缘梯车洞。同时，设备洞室与正洞连接处易出现应力集中导致衬砌开裂并出现渗漏。因此，统筹考虑设备洞室可以减少在隧道结构上开孔作业，使隧道在开挖后能尽早封闭成环，减少地层扰动，最大限度保证了施工与结构的安全。

11.6.3 隧道管线敷设需要根据专业要求，结合隧道结构型式，充分利用隧道空间。

11.6.5 国内相关计算研究结果表明空气动力学效应引起的隧道附加荷载对附属构筑物安装影响是反复作用的，不容忽视。

11.7 防灾疏散救援工程

11.7.1 本条文着重于实现旅客列车在隧道内发生灾、险事故后人员的安全疏散与快速救援。由于疏散是发生灾、险情后短时间内的行为，因此应急处理前期很难有救援力量到达事故现场，属于自救过程。综上确定条文中防灾疏散救援工程设计原则。

11.7.2 隧道内疏散通道有2种型式：1. 沟槽盖板面；2. 疏散平台。利用沟槽盖板面作为疏散通道时，与车厢地板面高差超过1 m，需要随车配备辅助设备，方便旅客逃生；利用疏散平台作为疏散通道时，规定了平台顶面高度距离车厢地板面150～200 mm，约为大多数人步幅高度，可以更加方便旅客在紧急情况下从车内逃生至疏散平台。

11.8 接口设计

11.8.2 隧道与桥台之间的过渡段不宜太短，否则由于结构刚度差异导致基础沉降在短距离范围内变化太大，造成对行车安全不利。

隧道与桥梁、路基结合处的电缆槽衔接也是容易忽略的接口问题之一。如果三个构筑物的断面宽度不同，电缆槽不允许采用直角转弯方式过渡。

桥隧相连段，根据隧道洞口与桥台结构型式统筹考虑施工工序有利于保证桥梁、隧道的结构安全。

11.8.4 隧道内底板或仰拱填充为轨道结构基础。设计时要充分考虑无砟轨道铺设要求，尤其在尺寸控制、混凝土强度等级和排水横坡等方面。

12 车站结构

12.1 一般规定

12.1.6 除高架车站和地下车站外，地面车站的行车调度、运转、通信、信号、供电、供水建筑，抗震设防类别也应划为重点设防类，其他建筑应按《建筑工程抗震设防分类标准》GB 50223的规定确定。

12.1.7 “桥-建”合一高架车站为轨道梁支承或刚接于车站结构、站台梁等车站结构构件支承或刚接于轨道梁桥上时形成的结构体系的车站。主体结构为保障列车安全运营和结构体系稳定的主要受力结构。“桥-建”分离高架车站为轨道梁与车站结构完全分开布置，形成独立轨道梁桥和独立车站的结构体系的车站。

12.2 荷载和工程材料

12.2.3 本条参照《地铁设计规范》GB 50157—2013 第 10.3.15 条公共区域的人群均布荷载的标准值应采用 4.0 kN/m^2。

12.2.4 本条参照《地铁设计规范》GB 50157—2013 第 10.3.16 条设备区的计算荷载标准值不得小于 4.0 kN/m^2，并应根据设备重量、安装运输要求、检修和正常使用的实际情况（包括动力效应）确定。

12.2.5 本条参照《地铁设计规范》GB 50157—2013 第 11.2.16 条设备区的计算荷载标准值不得小于 8.0 kN/m^2，并应根据设备重量、安装运输要求、检修和正常使用的实际情况（包括动力效应）确定。

12.3 高架和地面车站结构设计

12.3.3 三柱两跨框架结构的抗震性能较好，因此可作为地面和高架车站结构首选的布置形式。双柱单跨结构的抗震性能较差，但在实际工程中也有采用。独柱结构由于竖向严重不规则，对抗震极为不利，而且工程界对其抗震性能研究较少，除非特殊需要，一般不建议采用。

12.4 地下车站结构设计

12.4.6

1 根据试验表明，明挖结构底板上的地基反力的大小及分布规律，和结构底板与基地地层的相对刚度、地基土的性质、结构埋置深度等诸多因素有关，反力分布图因各种因素的不同而呈各种曲线。目前，国际隧道协会(ITA)大多数成员推荐采用底板支承在弹性地基上的框架结构模型来计算。

2 将支护结构作为内衬墙的一部分与内衬墙共同受力，可以对支护结构充分利用，既可以节约工程投资，又减少了资源的消耗，符合可持续发展的要求。目前我国在明挖地铁设计中已经大量运用这一原则进行设计，积累了较为成熟的经验。按内衬墙与支护结构结合的形式不同，可分为单一墙、叠合墙和复合墙三种形式：

1)单一墙：围护结构直接作为结构的侧墙，不另作为参与结构受力的内衬墙，大多采用现浇地下连续墙。这种结合形式壁体构造简单，但衬砌结构与地下连续墙连接的节点需满足结构受力要求，并要求对槽段之间的接头进行特殊处理，满足防渗性能。

2)叠合墙：是将围护结构与内衬墙做成一个整体，即通过一定的结构和施工措施，如把围护结构内侧凿毛或用剪力块将围护结构与内衬墙连接起来，保证叠合面的剪力传递。这种形式的围护结构一般也采用地下连续墙。叠合墙结构形式的墙体刚度大，防渗性能较单一墙好，节点处的构造也比较简单。该结构形式地下连续墙与内衬墙的结合非常重要，需考虑新老混凝土之间因干燥收缩不同而产生的应变差会使叠合墙产生较大的内力。

3)复合墙：围护结构作为内衬墙的一部分，与内衬墙组成复合式结构，围护结构与内衬墙之间敷设隔离层或封闭的防水层，使墙面之间不能传递剪力和弯矩，只能传递法向压力。这种形式的围护结构与内衬墙所产生的竖直方向变形互不影响，但水平方向的变形则相同，在受力条件上比较有利。该结构形式的围护结构可采用地下连续墙、钻孔灌注桩或人工挖孔桩等。

12.5 车站结构防水

12.5.6 防水混凝土是通过调整配合比，掺加外加剂、掺合料等方法配制而成的一种混凝土，防水混凝土的施工配合比应通过实验确定，试配混凝土的抗渗等级应比设计要求提高一级。

13 电力牵引供电

13.2 牵 引 供 电

13.2.1 市域铁路列车编组不超过8辆、最高时速一般为100～160 km/h，即使最小行车间隔达到2.5 min，牵引变电所负荷也不大，牵引变电所进线电压等级采用110 kV一般均可满足要求。但如果供电负荷较大时，经技术经济比较后也可采用110 kV以上电压等级。我国目前已经实施的北京新机场线、上海金山支线、温州市域铁路S1线和成都市域18号线等铁路工程中牵引变电所外部电源进线均采用110 kV电压等级。

13.2.3 《铁路工程基本术语标准》GB/T 50262—2013中对牵引网的定义为“由接触网和回流回路构成的供电网络”。牵引供电制式的选择与牵引负荷密切相关，市域铁路具有小编组、高密度、快捷、灵活的特点，总体上来看负荷远小于高速和城际铁路，采用带回流线的直接供电方式可满足供电要求。但在个别牵引负荷较大或沿线铁路电力系统电源点较少区段，经技术经济比选合理时，也可采用自耦变压器供电方式。

13.2.6 本条文中车辆基地指车辆检修基地、车辆段以及有检修作业的停车场，不含无检修作业的停车场。在市域列车检修作业时，需确保长时间不间断供电，对供电电源可靠性的要求较高，因此车辆基地应采用两回电源供电。本条文中的独立电源一般指设独立牵引变电所或牵引变电所出单独馈线。当不具备条件或技术经济比较极不合理时，也可就近引入地方10～35 kV电源经变压后作为独立电源，但车辆基地的出入线应设置电分相。

车辆基地的供电应综合考虑各线引入供电要求，合理设置电分段。在车辆基地内可设置牵引变电所或开闭所，车辆基地的接触网应设置独立供电线，且在当地实行分场、分线、分束供电，分束原则应根据行车组织及检修需要，尽量减小停电检修时的影响范围，并实现独立、灵活、交叉供电。

对于无检修作业的停车场，当不具备条件时，接触网可不设独立电源供电。

13.2.9 按中国国情和市域铁路牵引负荷的特点，我国牵引变压器的过负荷倍数常在1.5～2间选取，自耦变压器过负荷能力应符合该线路远期高峰小时牵引负荷的需要。国内市域铁路的牵引变压器过负荷一般采用说明图 13.2.9 所示的曲线。

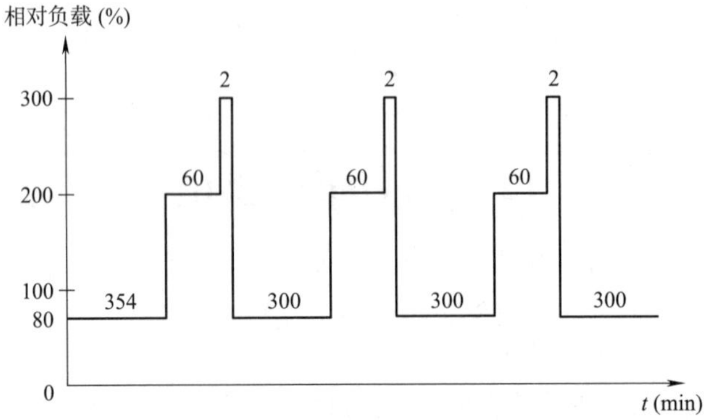

说明图 13.2.9 国内市域铁路的牵引变压器过负荷曲线

13.2.10 当由于特殊原因造成一座牵引变电所停电时，通过在分区所内两供电臂之间电分相处设置的开关，实现越区供电。越区供电属于非正常运行状态，牵引变压器容量、接触网电压水平和载流量等不能满足正常行车需要，对这种运行状态需采用延长列车行车间隔或降低列车运行速度来进行限制，而不再保证线路的最大通过能力，该做法与国内外各类电气化铁路的设计理念是一致的。如项目建设单位对牵引变电所的越区供电能力没有特别明确的运营需求，本条文给出牵引变电所越区供电能力的最低要求，考虑到市域铁路一般为中、长距离的客运轨道交通系统且牵引供电系统相对独立运营，牵引变电所的越区供电存在跨所向正常连续三个臂供电的情况，即至少应保证该供电区间能满足最小行车间隔所对应 30％的列车按设计速度均衡运行，这样既可减少牵引变电所数目和牵引变压器安装容量，又可节省工程投资和运营费用。

13.2.11 交直交市域车辆的负荷特性表现为功率因数高(满负荷功率因数一般接近 1)，谐波含量大大降低，但谐波频谱较宽。由于市域车辆满负荷时功率因数接近于 1，牵引变电所不设置无功补偿装置也能满足功率因数不低于 0.9 的要求。

13.3 牵引变电所

13.3.1 本条文明确提出了对主接线的基本要求和设计应考虑的主要原则。

13.3.2 目前设计中常用的 27.5 kV 断路器的备用方式，由于设备型式和 27.5 kV 馈线回路设置不同，有 50％备用、旁路断路器备用、不接入主接线断路器备用、在上下行接触网之间设置带有电动隔离开关的跨条等方式实现上下行断路器互为备用。根据馈线断路器跳闸频繁的特点，为了维护简单、方便，27.5 kV 真空断路器应用比较普遍。

13.3.4 市域铁路分布在中心城区及与其人口交流紧密的郊区或组团城市联系密切的各城镇地区，配电装置采用室内布置可有效减少占地，并与周围环境条件相协调。

13.3.6 所内主干道宽度要求按满足新型消防车宽度 4 m 考虑。

13.3.7 本条文为室内配电装置的布置和基本要求。参照《高压配电装置设计技术规程》DL/T 5352—2006 和《3～110 kV 高压配电装置设计规范》GB 50060—2008 的相关要求制定。

4 牵引变压器、高压组合电器的设备房间顶部设置吊装设施，主要用于设备附件的吊装和检修试验辅助使用，其承重一般为数吨。

5 由于 SF_6 气体绝缘设备会有微量气体泄漏出来，当浓度过大时，会引起人的窒息，且经电弧分解的氟化物为有毒气体，还会危及所内人员的人身健康和安全。因此，设备房间要求设置排风和气体泄漏监测及报警设施。

13.3.8 随着计算机和通信技术的发展，牵引供电系统的综合保护测控技术也得以迅速发展，目前新建线路基本都使用了集控制、保护、测量、通信为一体的综合保护测控装置，并具备远动终端功能。综合自动化系统设备间隔层一般集中于控制室配电盘内安装，也可分布安装在设备处。

13.3.11 若电力公司根据电源线路供电安全需要有特殊要求时，牵引变电所宜配合考虑线路保护配套设施。

13.3.12 为方便牵引供电系统的运营维护，对所内重要的交直流回路设置远程操作功能。

13.3.13 变电所室内布置若遭受雷击仍可能引起严重的后果，造成设备损坏和长时间停电。因此，应采取直接雷防护，并按《建筑物防雷设计规范》GB 50057—2010 的相关要求进行设计。

13.3.15 本条文根据《交流电器装置的过电压保护和绝缘配合设计规范》GB 50064—2014 第 5.3.1 条第 11 款编制。

13.3.16 本条文根据中国铁路总公司运输局关于印发《牵引变电所二次系统防强电侵入优化技术方案指导意见》审查意见的通知（运供设备函〔2016〕325 号）进行编制，旨在提高牵引供电的安全可靠性。

13.3.17 将牵引变电所、开闭所、分区所的接地装置纳入市域铁路的综合接地系统，不仅可有效减少城市区域各所因场坪面积小或接地电阻率高而需降低接地电阻所增加的工程投资，还能确保牵引供电系统更加安全可靠。在牵引变电所、开闭所、分区所设置集中接地回流箱，便于各部分回流的监测。

13.3.19 市域铁路为满足环境规划并与环境协调，对景观要求高，27.5 kV专用电缆用作馈出线的应用可能会比较普遍，本条文对27.5 kV专用电缆选型及敷设做了明确规定。关于27.5 kV专用电缆的设计和敷设，还应依据《电力工程电缆设计规范》GB 50217—2007和《电气化铁路27.5 kV单相交流交联聚乙烯绝缘电缆及附件》GB/T 28427—2012结合工程实际进行设计。

13.4 供电调度

13.4.1 本条文明确了供电调度系统的组成，安全监控系统中的视频监控子系统根据情况可独立设置也可纳入综合视频监视系统，由综合视频系统统一考虑。供电维修管理系统需结合工程实际情况及用户需求合理确定。独立运营及纳入城市轨道交通网的市域铁路设置综合监控系统时，根据需要可以集成或互联远动系统。

13.4.2 牵引供电调度直接指挥牵引供电系统的运行、设备检修和事故处理，组织实施"天窗"作业，需要与行调进行停送电的确认，所以规定电调台要与相应行调台相邻，但是两者的调度范围并不完全一致，一般来说前者的调度范围大于后者。电调台以方便供电运营维护作为划分原则，行调台则以方便运输作为划分原则。

13.4.3 本条文明确了远动系统的设置原则、系统组成、系统基本功能及相关要求。

13.5 接触网

13.5.1 参照《66 kV及以下架空电力线路设计规范》GB 50061—2010的规定，将接触网风偏设计风速的重现期定为30年。同时，根据《建筑结构荷载规范》GB 50009—2012的规定，明确了接触网结构设计风速的重现期为50年，旨在提高接触网支持结构物的可靠性。对于沿海地区，为确保支柱、硬横梁等支持结构在台风状态下不发生破坏或倒塌，还应按有记录以来的最大台风风速对接触网结构进行校核。条文中"列车运行最大环境风速"系指列车停运时的风速，接触网的风偏设计风速规定不宜大于列车运行最大环境风速，系从经济性考虑，主要针对大风地区而言。

13.5.2

1 参考《轨道交通受流系统受电弓与架空接触网(为获得自由接入的)相互作用技术准则》IEC 62486:2010以及《铁路应用固定安装电力牵引架空接触网》EN 50119:2013的相关条款，对接触网-受电弓间相互作用的动态性能指标作了明确规定。其中：接触力指标可通过弓网关系仿真模拟软件进行预判，再通过弓网检测手段进行验证，燃弧率指标只能通过弓网检测进行判断。上述动态性能指标是保证弓网间可靠受流的必要条件，而定位点处接触线自由和不受限制的抬升空间则是确保运行安全所必需的。

2 刚性悬挂对隧道净空要求相对较低，隧道内不需预留接触网下锚空间，适应设计速度一般可达 120～160 km/h，但弓网受流质量同柔性悬挂是不可比拟的，且受电弓滑板磨耗不均匀，故隧道内应优先采用柔性悬挂。当受土建条件限制时(如长大盾构区间不便预留接触网下锚空间)，为满足运输的需要，经技术经济比较合理时可采用刚性悬挂。

3 理论与实践都表明，对于简单链形悬挂，对接触线预留适当的弛度，可使受电弓的运行轨迹更趋平滑，有利于改善弓网受流质量，特别是当列车运行速度较高时，预留弛度的效果更为明显。根据运营实践，预留弛度一般为 0.5‰。

4 城轨交通柔性接触网承力索一般采用硬铜绞线，主要是为满足载流量的需要。对于交流 25 kV 供电制式的市域铁路，接触网需要的载流量相对较小，承力索采用抗拉强度更高、耐高温耐腐蚀性能更好的铜合金绞线，有利于提高接触网的安全可靠性。

5 对接触线的最低高度做了原则性规定。5 150 mm 高度系根据本规范车辆篇章规定的各类市域铁路车辆最大落弓高度 4 640 mm 加约 500 mm 受电弓正常工作高度确定。当采用最大落弓高度 4 450 mm 的市域车型时，若受隧道净空限制，接触线距轨面的最低高度可相应减小至 5 000 mm。

8 明确了受电弓动态包络线的含义，且其取值按不同速度段分别对待，以作为接触网定位装置的设计依据。条文中上下晃动量和左右摆动量系根据弓网关系仿真模拟结果及现场实测数据并考虑一定的裕量确定。

13.5.3 考虑到市域铁路为市区到郊区的高密度旅客运输通道，一旦接触网故障中断旅客运输，社会影响较大，参考《铁路电力牵引供电设计规范》TB 10009—2016，本条文第 2 款将市域铁路接触网的防雷标准等同高铁对待，即“年均雷暴日不小于 40 天地区的接触网宜设避雷线或将回流线/架空地线适当抬高兼起防雷功能”。

13.5.4 本条文刚性悬挂第 3 款明确了刚性悬挂膨胀接头的选用原则。对于刚性悬挂而言，在弓网受流性能方面，理论上膨胀接头要优于锚段关节，但若膨胀接头不能做到轻量化以及安装调整方便，根据深圳地铁 11 号线、广州地铁 3 号线等运营经验，往往会适得其反，导致受电弓通过膨胀接头时拉弧严重，烧损受电弓滑板以及膨胀接头。另外，根据北京地铁 6 号线以及深圳地铁 11 号线的运营实践，锚段关节可基本满足 120 km/h 的运营速度要求。

13.5.5 镀锌钢材质强度高、价格相对便宜，故腕臂一般采用镀锌钢材质。如繁华市区有特殊景观要求，也可采用耐腐蚀性能更好的铝合金腕臂支持结构。

13.5.6 本条文第 2 款明确了接触网电分相型式的选用原则。考虑到锚段关节式电分相弓网受流性能较器件式电分相优越，故优先采用。对于运行速度较低（120 km/h 及以下）且设置锚段关节式电分相不能满足运输需求时（包括正线和车辆基地的出入线），也可采用器件式电分相。

13.5.7

2 城轨交通接触网支柱以椎形钢管柱为主，并已在各城市形成习惯。相对于等径钢管柱而言，椎形钢管柱视觉效果虽好，但会导致全线支柱外形尺寸不一致，将增加抱箍类零件的种类，不便于运营维护。采用外形尺寸较小（直径或宽度不超过 300 mm）的等径钢管柱或 H 型钢柱，能在兼顾美观的前提下，克服椎形钢管柱的上述缺点，我国高铁的大型客站如北京南站、天津西站等广泛采用了直径 350 mm 的等径钢管柱。

5 相对于城市地铁直流 1 500 V 系统刚性悬挂绝缘子而言，交流 25 kV 系统刚性悬挂绝缘子尺寸较大，采用垂直悬吊需要的空间较大，结构的稳定性也较难保证。水平旋转腕臂结构型式除可避免垂直悬吊的上述缺点外，还能有效解决汇流排卡滞问题，并能适应更长的锚段长度。国内已投入运营的交流 25 kV 制式刚性接触网如乌梢岭隧道、北京地下直径线、天津地下直径线等均采用了水平旋转腕臂结构型式。

13.5.8

5 随着我国生态环境的不断改善，鸟类的繁衍逐渐加快，一些线路供电设备上鸟类筑巢现象急剧增多，而由于鸟类活动直接或间接引起供电设备故障的频次也随之增加，给供电安全带来了严重隐患。鸟类筑巢多发地点为隔离开关处、棘轮下锚底座处、硬横梁处等。

6 环境污染对接触网安全可靠运行会产生较大的影响，为提高接触网设备运行质量，保证正常供电，在工程设计阶段，应对项目沿线的污染源进行调查和分析，采取有针对性的设计措施。

14 电　　力

14.1 一 般 规 定

14.1.2 本条文对市域铁路电力供配电系统的供电要求进行了基本规定，具备一定抗灾能力以保证在灾害情况下仍有一定的供电能力。

14.1.4 市域铁路多有近、远期建设的情况，为避免重复投资或形成废弃工程，近期建设需为远期工程预留条件。市域铁路沿线车站、车辆段等多结合物业开发，电力设计需根据物业开发用电性质及用电负荷大小适当考虑电力资源的共享利用。

14.2 供配电系统

14.2.1 参考《城际铁路设计规范》TB 10623—2014 第 13.2.1 条和《地铁设计规范》GB 50157—2013 第 15.5.1 条，结合市域铁路中可能出现的负荷种类综合确定；地下区间照明是指市域铁路采用地下线路形式时的区间隧道照明；消防相关用电负荷按《建筑设计防火规范》GB 50016 相关规定确定。

14.2.2 电力供电方案需根据负荷等级、用电容量、牵引变电所设置情况和地区供电条件等经技术经济比较后确定；

1 参考《城际铁路设计规范》TB 10623—2014 第 13.2.2 条，在线路长度较长、负荷密度较大且与牵引供电系统共用外电源的情况下，采用集中双环网供电方式较为合适，两端变配电所分别向中间负荷供电，中间设置环网分断开关，正常运行时两端同时供电，当一座变配电所失电时，闭合环网分断开关，由另一座变配电所对重要的一、二级负荷供电。反之，当线路较短，负荷密度小时采用电力贯通线路供电方式较为合适，两端变配电所的两路贯通线互为备用，当一座变配电所失电时，分断失电变配电所贯通出线开关，同时闭合相对变配电所贯通出线开关，由相对变配电所对重要的一、二级负荷供电。

2 控制中心、车辆段、停车场等由变配电所馈线或中压配电网络供电能够减少外电源工程，节省投资；但若控制中心、车辆段、停车场等用电负荷较大，变配电所或中压配电网络供电能力不够时，根据技术经济比较合理后，另外接引地方电源供电。

3 每条市域铁路的负荷特点、牵引所亭设置和外部电源条件不可能完全一样，在确定电力供电方案时需进行技术经济比较，尽量考虑与牵引供电系统共用外部电源，以节省投资。

14.2.3 市域铁路存在较多一级负荷，为保证其供电可靠性需由两路相互独立的电源供电，而市域铁路为公共交通，停电影响较大，为保证其电源的可靠性，需至少一路电源为专线。

14.2.4 为保证市域铁路一、二级负荷的供电可靠性，中压配电网络需采用互为备用方案；故障情况下的最大线路末端电压损失以满足动力、照明设备的运行电压要求为标准。

14.2.5 无功补偿以配电变压器低压侧集中补偿为主，既可以减少配电变压器容量，减少无功穿越，又可以节省无功补偿装置投资。长距离电缆线路分散设置固定感性无功补偿装置可以减少电缆线路的无功损耗，实现节能目的，配电所集中设置小比例的自动无功补偿装置可以起到调节配电所进线平均功率因数以满足供电部门要求的作用。

14.2.6 根据《城市配电网规划设计规范》GB 50613—2010 第 5.6.1 条，当单相接地故障电容电流不大于 10 A 时，采用不接地方式，当单相接地故障电容电流大于 150 A 时，考虑到接地变压器和消弧线圈容量将超过 1250 kV·A，体积庞大，且考虑消弧线圈及电缆阻性电流、高频电流不能被补偿因素，参照电力系统一般做法，消弧线圈接地方式的实用范围上限为单相接地故障电容电流不大于 150 A。为了降低单相接地电流对信号的干扰，减少对人身的伤害和对电气设备的冲击，同时又能保证继电保护快速动作，须限制中压配电网络单相接地电流不大于 400 A。

14.3 变、配电所

14.3.1 因电力变压器主要为沿线动力照明负荷供电，而牵引变压器主要给市域铁路列车供电，供电负荷特点和结构形式均不一样，独立设置能够减少二者互相之间的干扰。

14.3.2 分段单母线接线简单清晰、设备较少、操作方便，适用于市域铁路电力变配所。

14.3.3 箱式变电所具有安装调试方便、占地面积小等优点，在出线回路较少、场地受限时采用箱式变电所供电；为了满足供电可靠性的要求，一台变压器供电单元故障不能影响另一台变压器供电。

14.4 电 力 线 路

14.4.1 电缆线路与架空线路相比，具有较好的抗风、雪、冰等自然灾害的能力，提高了供电可靠性和安全性，减少维修工作量，节约占地。并且市域铁路一般具有站间距离短、桥隧比例较大、穿越城区、建筑物密集地区等特点，因此市域铁路中压配电网络线缆和站场电力线路采用电缆线路较为合适。电缆导体材质根据相关规范要求和技术经济比较选择，如铜芯电缆、铝合金电缆等。

14.4.2 为检修方便，配电所电源电缆线路长度大于 3 km，有条件时增加中间电缆接头箱，配电所电源线路在其所内进线及上级变电站出线位置装设隔离开关装置。

14.4.3 参考《城际铁路设计规范》TB 10623—2014 第 13.4.3 条，强调了单芯电缆的非磁性处理须确保有效。

14.4.4 为防止地下线路的电力线缆燃烧危及系统正常工作，以及燃烧时产生的有害气体危害人身健康、危及安全，电线电缆采用低烟、无卤的阻燃材料。地上区间明敷需考虑阳光直射对电缆的危害，采用防辐照电缆。根据《电力工程电缆设计规范》GB 50217—2007 第 3.4.6 条的条文解释，聚氯乙烯混合料的耐受最低温度为－15 ℃。

14.4.5 三相电缆采用“品”字形敷设或三相全换位敷设方式可以减少对相邻信号电缆的电磁干扰。

14.4.6 由于市域铁路中压配电网络与牵引供电线路平行敷设，如果电缆金属层采用两点接地方式，电缆金属层将与综合地线一起承担了牵引供电汇流的一部分，其分流会引起电缆绝缘层发热，这对电缆金属护层的选择和线路的运行不利，并增加电缆投资，因此需采用单点接地方式。单芯电缆每段长度须按照满足金属护层感应电压要求和电缆生产制造工艺综合确定。

14.4.7 对电力电缆金属屏蔽层承载短路电流能力提出要求，避免短路电流对电缆绝缘和外护层进行破坏，扩大短路故障影响。

14.4.8 将地面线路的电力电缆与控制电缆敷设在电缆沟槽内有利于防盗、防晒、美观。

14.5 电 力 远 动

14.5.1 电力远动纳入铁路供电调度系统有利于节省工程投资、方便运营管理。

14.5.2 本条规定了市域铁路电力远动监控的范围。

14.6 火灾自动报警系统

14.6.1 针对市域铁路FAS系统设计，依据《火灾自动报警系统设计规范》，参考《地铁设计规范》、《城际铁路设计规范》等相关内容进行编制。

14.6.2 参考《地铁设计规范》GB 50157—2013第19.2.1条。

14.6.3 参考《地铁设计规范》GB 50157—2013第19.2.2条，市域铁路大多采用城轨运营管理模式，FAS系统按中心级、车站级、现场级三级设置；若采用国铁运营管理模式，车站独立运营管理，FAS系统按车站级、现场级两级设置。市域铁路设置综合监控系统时，全部中心级设备、车站级监控工作站、手动控制盘、打印机、网络设备等由综合监控系统集成可以减少运营维护工作量，提供管理效率，资源共享，节约投资；倘若当地消防管理部门不同意集成设置时，FAS系统设备需独立设置。

14.6.4 参考《地铁设计规范》GB 50157—2013第19.2.6条，FAS通信主干网络利用市域铁路公共通信网络可以节约网络资源；FAS现场级网络独立配置以保证其系统的可靠性。

14.6.5 本条中规定的中央监控管理级设备配置以满足控制中心中心级管理和监控功能的需要为准。

14.6.6 本条中规定的车站监控管理级设备配置以满足车站级管理和监控功能的需要为准。

14.6.7 现场控制级设备配置以满足火灾自动报警系统功能需求和相关规范要求为准。

14.6.8 参考《建筑设计防火规范》GB 50016—2014第10.2.7条，对市域铁路各类建筑是否设置电气火灾监控系统做出要求。

14.6.9 FAS中心级靠近行车调度设置，方便两者之间进行信息交互和联动操作；车站消防控制室与车站控制室结合设置能够节省车站管理值班人员，方便车站各控制系统与FAS的信息交互和联动操作。

14.7 机电设备监控系统

14.7.1 针对市域铁路封闭运行的特点，为确保车站、控制中心、车辆段、区间等场所的安全运行，需设置机电设备监控系统对全线重要的机电设备进行实时监控。

14.7.2 车站环境参数主要指地下车站及地下区间的环境参数。地上车站的环境参数根据通风空调专业及运营管理单位的相关需求确定是否纳入BAS监控。

14.7.3 BAS采用分层、分布式计算机控制系统能够使各级监控管理系统分工明确，管理明晰，全部中心级设备、车站级监控工作站、打印机、网络设备等由综合监控系统集成能够提高管理效率，资源共享，减少投资。

14.7.4 市域铁路车辆段、高架及地面车站少有通风系统兼排烟系统的情况，BAS充当模式控制主体的作用不大，监控对象较少。因此有必要优化BAS设置，降低工程造价。

14.7.5 明确BAS的消防联动要求，参考《城际铁路设计规范》TB 10623—2014第13.6.6条和《地铁设计规范》GB 50157—2013第21.2.4条。

14.7.6 市域铁路BAS不同于一般楼宇自动化系统，针对市域铁路工程的特点，除满足一般机电设备监控要求外，还需具备执行防灾及阻塞模式、环境监测、环境和设备的管理、系统用能计量、设备节能运行管理与控制、系统维护的重要基本功能。

14.7.7 BAS采用工业控制系统，系统配置的设备须具备较强的抗电磁干扰、抗静电干扰、抑制变频器谐波的能力；对地下车站及区间事故通风与排烟系统设备的监控和供电采用冗余配置以提高系统在事故联动控制重要环节的容错性，保证其在灾害发生时能够可靠运行。

14.7.8 BAS所采用的软件必须是成熟的、通用的、平台级商用产品。

14.8 动力照明

14.8.2 放射式配电供电可靠性高，对重要用电设备采用放射式配电。

14.8.3 树干式配电能节省配电线缆，对容量较小的次要用电设备采用树干式配电。

14.8.4 低压配电级数太多将给开关的选择性动作整定带来困难，一般不超过三级。

14.8.5

1 根据《建筑设计防火规范》GB 50016—2014第10.3.1、10.3.2条的规定，明确市域铁路疏散照明的设置及照度要求。

2 根据《铁路照明设计规范》TB 10089—2015第7.1.5条对备用照明的规定，结合市域铁路设备房屋类型及功能，对不同类型的重要设备房屋的备用照明提出相应的要求。车站重要的设备及管理用房包括：车站控制室、站长室、消防泵房、排烟机房、通信机房、信号机房、信息机房、变电所、配电间、通风空调电控室、气瓶间等。其中车站控制室、站长室、消防泵房、排烟机房、变电所、配电间等为发生火灾时仍需正常工作的应急指挥及应急设备场所。

3 参考《城市轨道交通照明》GB/T 16275—2008第6.2条的规定，车站公共区需设置值班照明，照度值不低于正常照明照度标准值的10％。

14.9 接口设计

14.9.1 做好专业间的接口设计，有利于保证设计的系统性、完整性。

14.9.4 土建施工时做好预留、预埋工作，以免漏做造成返工。

15 通　　信

15.1 一般规定

15.1.3 市域铁路新建通信系统可根据建设管理方或接轨站的主要通信制式，进行业务所需的互联互通工作。

15.1.8 民用通信、公安通信和市域铁路其他通信系统有部分设备和材料的功能是相同的，例如传输系统、视频监视系统、光缆，在建设、使用和运营等因素允许的情况下，可以合并建设，减少投资和运营成本。

15.1.10 民用通信引入系统的建设方式一般由市域铁路建设方与电信运营商协商后确定。一般来说，民用通信引入系统主要负责提供电信运营商网络在地下空间的无线覆盖、配套设施、电信运营商设备设施的引入条件及使用条件，无线基站等设备由电信运营商提供。

15.1.12 对于市域铁路通信系统使用的设备应严格选择，满足国家及行业有关要求，确保通信系统的可靠性和可用性。通信系统的设备必须全面考虑各个环节的防雷措施，确保系统安全。

15.1.13 时钟时间同步系统的功能符合铁路时间同步网有关技术标准的要求。

15.2 传输系统及通信线路

15.2.1 从目前通信传输技术发展水平来看，光纤通信以其大容量、低成本、标准化及高可靠性等明显优势，成为通信传输的主要手段。因此，为满足市域铁路各种信息传输的要求，应建立以光纤通信为主的传输系统网络。传输设备制式呈多样化发展，基于 SDH 的多业务承载平台、IP 光传输都有所应用。因此，应根据市域铁路各种信息传输的要求，结合通信技术的发展，设置相应的传输系统网络。

15.2.4 鉴于市域铁路线路一般较短，采用铁路首尾站或隔站相连组建本线干线传输环网，保证干线传输网的可靠性。

15.2.5 重要的传送业务包括至CTC/ATS的通道、专用电话系统中继通道，至客票中心的客票通道，至专用移动通信系统核心网设备的通道等。不同物理径路的传输系统是指采用不同光缆径路的传输系统，包括新建工程的传输系统或者利用既有的传输系统。

15.2.16 光电缆必须无卤、低烟、阻燃，是为了在火灾情况下，线缆能够尽量避免产生对人身有害的物质，并能有效地防止燃烧。同时，市域铁路采用交流供电，电磁环境复杂，因此，线缆要求具有抗电气化干扰的防护层。

15.3 数据通信网

15.3.3 市域铁路既可独立设置运营控制中心，也可纳入铁路网或城市轨道交通运营控制中心管理，如若运营模式为纳入铁路网或城市轨道交通运营控制中心管理，控制中心间需互联互通，则采用两层网络结构最适宜。

15.4 专用移动通信系统

15.4.1 调度通信是指市域铁路承担各职能的调度员、车站值班员等固定用户与列车司机等移动用户之间的通信手段，满足行车安全、应急抢险的需要。

15.4.2 单独系统是指采用一种无线通信制式来综合承载多种业务，如普通语音通信、调度通信、列车控制信息传送及其他车地间信息传送等业务。

15.4.3 互通运营是指专用移动通信系统制式需要考虑和国家铁路网、城市轨道交通线路接轨时互联互通的需要。

15.4.4 核心网是指由完成呼叫处理、移动性管理、业务控制等一系列功能的物理实体及中继链路组成的网络。GSM-R/LTE制式的物理实体主要包括移动交换子系统设备、移动智能网子系统设备及通用分组无线业务子系统核心设备等；TETRA制式的物理实体主要指中心无线设备。无线网主要包括基站、区间弱场补强、网管等设备。

15.6 专用电话系统

15.6.10 区间电话一般可以使用公务电话的号码，可以与公务电话网内用户进行通话。

15.8 集中告警系统

15.8.1 由于通信子系统较多，并都配置了网管系统，运营人员面对众多网管终端，不太方便对告警和设备状态改变进行统一监视，因此，在有条件的情况下，可以利用集中告警系统帮助运营人员进行集中监视，提高维护效率。

15.9 公安通信系统

15.9.1～15.9.7 市域铁路公安通信系统是公安通信在市域铁路范围的功能延伸，应满足公安管理部门的需求。由于公安通信系统建设的目的是满足公安部门在市域铁路中的通信要求，并与相关公安管理部门网络连接，考虑各地区公安部门的需求会有所不同，因此建设时应本着功能实用的原则，结合经济技术多方面因素统筹考虑。

15.11 通信设备用房

15.11.2 由于车站内安装的设备不易更换和搬迁，故通信机房的面积需要满足通信业务发展的远期要求。

15.12 接口设计

15.12.1 相关业务系统是指有光纤、通道需求的信号、电力监控、防灾、环境与设备监控、综合监控和自动售检票等系统。

16 信　　号

16.1 一般规定

16.1.1 市域铁路连接主城区和郊区或者多个城市组团，一般不是一条孤立的线路，通常需要和其他线路相连，需要结合技术和经济性综合考虑跨线运行列车。例如，在信号制式上考虑统一性，或者考虑多种制式下安全、平稳的制式转换。

16.1.2 信号系统是与行车效率直接相关的重要系统，通常最大的客运输送能力处于远期，但随着线网的形成，最大客流量也可能处于其他时期。此外，客流量大、突发客流强度大是其客运特点，根据不同运营阶段客流增长的需求，根据线路客流分布不均的特点，信号系统的能力要满足客流需求，满足列车正线运营能力、折返站折返能力及对应的出入段能力。

16.1.3 目前国内轨道交通领域，国铁采用 CTCS 制式，如 CTCS-2 级列控系统支持 250 km/h速度等级；地铁采用 ATC 制式，最高运行速度达到了 120 km/h，在选用新的无线通信系统后，速度等级还可以进一步提高。市域铁路的速度等级为 100～160 km/h，CTCS 和 ATC 两种制式可以满足市域铁路对信号系统的需求。此外，《铁路应用-城市有轨交通管理和命令控制系统第一部分：系统原理与基本概念》IEC 62290-1 标准中，将轨道交通运营自动化等级划分为半自动化驾驶（STO，Semi Automated Train Operation）、无人驾驶（DTO，Driverless Train Operation）、全无人驾驶（UTO，Unattended Train Operation）。在 STO 等级下，司机在列车前面驾驶舱观察线路并在危险情况下停车；驾驶和制动是自动的，系统连续监督速度；列车安全发车是操作人员的责任（可自动开门和关门）。国内列车自动运行 ATO 对应 STO 等级。

16.1.7 列车运行控制设备、联锁设备是行车安全自动化保障设备，其系统/设备符合故障导向安全原则，系统的研发、生产过程遵循安全检测、安全认证，并经批准后方可载客运用的原则，是最起码的要求。信号系统/设备故障不能导向安全，属极小概率事件。或者说，信号系统/设备发生故障时，可能发生不安全的事件。故障导向安全贯穿于信号系统/

设备的全生命周期之中，与产品的研究、设计、制造及运用的全过程相关。

16.1.11 参照原铁道部发布的《高速铁路轨道及站后“四电”工程备品备件配置指导意见》（铁建设〔2012〕158号文）规定：

“3. 备品备件配置应符合确保安全、抢修必备、科学合理、资源共享的原则。”

“4. 备品备件配置数量应根据铁路开通初期突发情况或突发故障的抢修，按必备、易损、易耗的要求合理确定。”

16.1.12 市域铁路线路长度相比国铁要短，简化维修组织层级适合市域铁路线路相对简单的特点，并能提高组织效率。一个工区负责的线路长度超过10 km或者管辖的车站数超过5个，可能影响维修响应的及时性。维修工区结合车站、车辆基地设置，可以充分利用站房等资源，方便管理。

16.2 地面固定信号

16.2.1 《铁路信号设计规范》TB 10007—2017对CTCS制式的进站信号机有相应规定，例如3.2节明确了设置原则，3.3节明确了显示要求，3.4节对信号机构及灯光配置做了规定。ATC制式设置的进站信号机，参考CTCS制式信号机构的要求进行设置，可以避免制式不统一，同时满足CTCS制式列车跨线运行。

16.2.2 《铁路信号设计规范》TB 10007—2017第3章和《城际铁路设计规范》TB 10623—2014对出站信号机的机构有明确要求，因此本规范未重复规定。矮型单机构“红—绿—白”三灯位或“绿—红—黄—白”四灯位的机构型式适合市域铁路“全封闭、全立交”设计的特点。ATC制式下，受各地既有情况影响，出站信号机并无全国统一性的要求，单机构“红—绿”两灯位或“红—绿—黄”三灯位的机构型式，高度为1.5 m的信号机构使用较多。

同样，车辆基地出站信号机，根据《铁路信号设计规范》TB 10007—2017规定，可以选用的有矮型单机构“红—绿—白”或“红—黄—白”三灯位的机构型式，或“绿—红—黄—白”四灯位或“黄—红—白”三灯位的机构型式。

16.3 轨道占用检查装置

16.3.1 采用ATC制式时，正线轨道占用检测采用计轴轨道占用检查装置可以减少轨旁设备。车辆基地采用的轨道占用检查装置，要综合考虑建设成本，确定采用计轴轨道占用检查装置或轨道电路。

16.3.2

6 ZPW-2000 系列轨道电路传输电缆的理论长度可以达到 10 km，电缆越长维护能力要求越高，适度减少线缆的长度有利于后续维护。考虑市域铁路线路及站间距特点，轨道电路传输电缆的长度不超过 7.5 km，有利于保持轨道电路的技术特性。结合线路上每隔 15 km 左右设置故障列车停车线，轨道电路传输电缆的长度可能达到 10 km，但相应的轨道电路特性有一定影响，对维护人员的水平要求也进一步提高。

16.3.3 《城市轨道交通信息号系统用户需求书(范本)》(中城装备〔2015〕013 号)第二部分 2.2.3.2 条第 9 款规定：

“9) 计轴设备的可靠性要求：正确的计轴数平均$\geqslant 1\times 10^9$轴；无故障工作时间$\geqslant 1.75\times 10^5$ h。”

《铁路信号计轴设备通用技术条件》TB/T 2296—2011 规定：

“5.5 可靠性技术要求

5.5.1 正确计轴平均数不应小于5×10^7。

5.5.2 平均故障间隔时间(MTBF)不应小于1×10^5 h。”

市域铁路运行密度较大，与城市轨道交通更贴近，要求更高。参照《城市轨道交通信息号系统用户需求书(范本)》标准进行设计，更能满足市域铁路公交化运营的特点。

16.4 列车运行调度指挥

16.4.2 车辆基地 ATS 设备对车辆基地的监视功能是最基本的要求，车辆基地 ATS 设备可根据运营调度体制及管理需要，考虑是否设置控制功能。

16.4.5 随着计算机技术及控制技术的发展，并考虑到不同线路同时建设或改、扩建，调度中心可以多条运营线路共用，实现相关线路的统一指挥，并且也有利于实现资源共享。

16.5 列车运行控制

16.5.6

1 当采用 ATC 制式时，列车自动防护系统只读取应答器的基本信息，对 LEU 无特别要求。点式系统为 ATC 提供后备降级模式，需要读取有源应答器的信息，此系统下的 LEU 不考虑冗余配置可以降低建设成本。

2 LEU 电缆极限长度 2 500 m 是参照原铁道部科技司《列控中心技术规范》(科技运〔2010〕138 号)第 5.5.5 条进行规定的。该条原文为：“有源应答器电缆传输长度超过

2.5 km时，应将LEU设备放置异地。”

《列控中心技术条件》TB/T 3439－2016规定了列控中心设备的系统需求、技术要求、可靠性与安全性、电磁兼容与雷电防护以及运行环境要求等内容。

16.5.8 列车自动防护系统的超速防护或系统故障造成列车停车属安全行为，车地连续通信中断、列车超速、列车的非预期移动、车载设备重要故障是涉及行车安全的重要故障，通过安全性制动实现停车，属列车运行中的安全措施。

16.5.9 紧急制动停车过程中不得缓解紧急制动是出于行车安全的考虑，并在列车停车后，司机履行一定的操作手续后，方能缓解紧急制动。

16.5.10 运营列车首尾两端各设一套车载设备，目的是实现热备，提高系统的可用性。如每端设备采用三取二或二乘二取二结构，已经实现了热备。

16.5.18

2 采用ATO定点停车时，其停车精度控制在±0.3 m以内，利于旅客安全快速乘降。对于列车自动防护系统而言，一般其允许误差在0.5 m内允许开门。此外，此处所指精度，是基于国内的站台门、车门通常宽度。

16.6 联 锁

16.6.3 市域铁路一般采用公交化运行方式，行车密度大，线路范围内的道岔纳入联锁控制，能够最大程度保证安全运营，也有利于最大限度地发挥线路的运输能力。工区部分道岔不纳入联锁，可以在一定程度上节约成本。是否纳入联锁集中控制，要根据需要综合考虑。

16.6.4 接近锁闭区段长度和延时解锁时间过短可能导致进路解锁后列车进入已解锁的进路，接近锁闭区段长度和延时解锁时间过长将影响故障恢复时间，因此需考虑ATO等控制系统余量等最不利因素，确定合理的接近锁闭区段长度和延时解锁时间。

16.6.8 结合以往实际，防淹门由人工控制，在完成各项工作如关闭信号、清除列车等之后，才关闭防淹门。实际中可能存在防淹门意外动作的情况。防淹门通常有门关闭、门动作、门开启三种状态信息，对信号系统而言，门关闭和门动作都是非安全状态，需要对通向防淹门的防护区域方向进行防护。若人工关闭防护信号，信号系统提供人工紧急关闭信号手段。

16.6.9 采用CTCS制式时，根据需要采集站台门状态信息并与车载设备配合实现车门与站台门的联动，可以提高运营效率。

16.8 数据传输网络

16.8.8 《信息安全等级保护管理办法》(公通字〔2007〕43号)、《中华人民共和国计算机信息系统安全保护条例》(国务院令第147号)和《信息系统安全保护等级保护实施指南》GB/T 25058—2010对信息安全等级保护有明确的要求，按照国家相关要求开展信息安全等级保护工作，有利于市域铁路信号系统稳定运行。运行调度指挥系统与外部有接口，加强相关的数据传输网络的信息安全防护非常有必要。

16.9 信号电源

16.9.4 UPS容量及供电时间的要求参照了原铁道部《关于客运专线信号系统若干问题的指导意见》(铁运〔2008〕19号)中的有关内容。

16.10 道岔融雪

16.10.1 道岔融雪装置的设置，与本地区降雪量及频次、运行交路、行车密度等情况综合相关。随着近几年气候的变化，南方也有暴雪、冻雨等天气。道岔融雪装置不再局限于用于北方，维护成本也是一个衡量的点，是否设置要综合实际情况考虑。

16.10.2 《严寒地区道岔融雪系统现场调研会议纪要》(鉴信〔2010〕311号)提出：

"一、与寒冷地区相比严寒地区道岔融雪需要提高加热功率才能满足严寒地区大雪情况下的道岔融雪要求。"

"1. 尖轨自尖端起3～5 m范围内加热功率按700 W/m配置，能够满足严寒地区大雪气候条件以下的融雪要求，比寒冷地区(400 W/m)增加300 W/m。"

"2. 心轨部位加热功率按350瓦/米左右配置能够满足严寒地区大雪气候条件以下的融雪要求，比寒冷地区通常情况略大。"

16.10.3 《严寒地区道岔融雪系统现场调研会议纪要》(鉴信〔2010〕311号)提出：

"三、自动控制轨温方式和应急情况人工手动控制……"

"……人工手动控制方式可作为应急情况下的辅助措施。"

16.11 光电缆线路和防护

16.11.1 在室外设置的光电缆，存在紫外线伤害，采取必要的防护措施可以有效延长光电缆使用寿命。

16.11.3 《铁路工程设计防火规范》TB 10063－2007 规定：

"9.2.4 铁路通信、信息室内敷设的各类光缆、电缆及电线的绝缘、护套及机械防护材料，应采用低烟、无卤难燃烧材料。"

"9.2.5 引入信号机械室内的信号电缆和信号设备的室内配线应选用难燃烧材料，……"。

16.12 防雷和接地

16.12.1 信号设备所用的保护地线、屏蔽地线和防雷地线等，系指信号系统常用的地线种类。

16.12.2 接触网由牵引变电所经供电线获得单相 50 Hz 交流电，其额定电压为 25 kV，牵引变电所二次侧母线额定电压为 27.5 kV。部分信号设备与接触网的高度相接近，为了防止维修人员发生触电危险，规定信号设备导体部分外缘距接触网带电部分的距离不小于 2 m。根据有关资料记载，2 m 的规定是考虑维修时人的手臂长加所携工具的长度而定。

16.12.3 本条参考《城际铁路设计规范》TB 10623－2014 第 15.11.2 条。

接触网中的电流通过感性耦合(互感)在信号导线上产生感应纵电动势。当人体受到一定程度的电击时，会有一定的电流流过心脏，不同电流强度下触电后人体的生理反应不同。CCITT 建议的流经人体的安全电流值为 15 mA。感应电压的容许值 U 为通过人体的安全电流值 I 与导线大地间的总阻抗 Z 相乘。总阻抗 Z 是由人体阻抗和人与大地间的接触电阻组成的。参考有关文献资料，人体阻抗一般采用 2 000 Ω，以 CCITT 建议的通过人体电流为15 mA的情况下，推算 60 V 的总阻抗为 4 000 Ω，则接触电阻总取值2 000 Ω。

接触网短路故障时间短，按理容许电流要取比较高的数值，由于有关因素较多，目前尚无具体定值。

信号电缆敷设在地下，要使用几十年，随着时间的增加，电缆绝缘介质老化，同时电缆通信容量大，影响面广，对电缆的标准要求严格，所以电缆瞬间危险纵电动势取值为直流耐压试验电压的 60％和交流耐压试验的 85％(电缆的交流耐压为 1 800 V)。

16.13 信 号 房 屋

16.13.3 信号机房面积与信号系统制式、系统结构、系统配置等相关。信号机房面积预留一定余量，可以满足未来设备增加、更新倒换的需要。

16.13.5 《电子信息系统机房设计规范》GB 50174－2008 对电子信息系统机房的设备布置间距要求规定如下：

“4.3.1　电子信息系统机房的设备布置应满足机房管理、人员操作和安全、设备和物料运输、设备散热、安装和维护的要求。”

“4.3.4　主机房内通道与设备间的距离应符合下列规定：

1　用于搬运设备的通道净宽不应小于 1.5 m；

2　面对面布置的机柜或机架正面之间的距离不宜小于 1.2 m；

3　背对背布置的机柜或机架背面之间的距离不宜小于 1 m；

4　当需要在机柜侧面维修测试时，机柜与机柜、机柜与墙之间的距离不宜小于 1.2 m；

5　成行排列的机柜，其长度超过 6 m 时，两端应设有出口通道；当两个出口通道之间的距离超过 15 m 时，在两个出口通道之间还应增加出口通道。出口通道的宽度不宜小于 1 m，局部可为 0.8 m。”

“6.1.3　主机房净高应根据机柜高度及通风要求确定，且不宜小于 2.6 m。”

17 信　　息

17.1 一般规定

17.1.2 不同地区的市域铁路线网规模、构成各有不同，可能会采用不同的运营管理模式，信息系统所采用的技术制式要符合所属线网的特点和总体规划，并满足运营管理模式的要求。

17.2 自动售检票系统

17.2.1 城市轨道交通单程票和储值卡一般均采用非接触式 IC 卡；铁路单程票采用磁介质、纸质热敏票，在佛肇城际、海南东环及广珠城际铁路储值卡票采用中铁银通卡，中铁银通卡也是一种非接触式 IC 卡。为了给旅客提供方便、快捷的服务，当市域铁路接入本地城市轨道交通网时，市域铁路自动售检票系统需要考虑与当地城市轨道的自动售检票系统衔接，采用当地城市公共交通卡。当市域铁路接入铁路线网时，应考虑采用和铁路一致的票制，从而满足一票通、一卡通的应用需求。

17.2.5 一般当市域铁路所在城市线网规模较小或建设第一条市域铁路的情况下，可以采用合设清分系统和中心级自动售检票系统的建设方案，以节省投资。

17.2.6 城市公共交通卡一般作为储值票在城市公交和轨道交通中使用，同时涵盖小额消费等应用领域。当市域铁路采用当地城市公共交通卡作为储值卡时，自动售检票系统可以通过与城市公共交通卡之间的清分清算系统接口，进行数据交互、费用结算等。

17.2.12

2 宽通道自动检票机主要便于残疾人及携带大件行李的旅客通过。

17.3 旅客服务信息系统

17.3.3

2 目前在国铁建设中，旅客服务信息系统设置集成管理平台，对广播、综合显示系统等子系统进行集成,对旅客服务信息系统设备及数据进行集中管理,在正常情况下,各中小型客运站旅客服务信息系统可以实现无人值守,提高了客运管理效率。

17.3.4

1 中心级集成管理平台的集中监控及管理是指操作员在运营控制中心,通过旅客服务信息系统对管辖范围内各车站广播、综合显示等各种旅客服务信息系统设施进行集中管控。

17.3.6

3 综合显示系统显示终端设备一般采用LED显示屏或LCD显示屏,也可以根据技术发展情况,选择技术先进、运行可靠、安全性高的设备。

17.4 综合监控系统

17.4.3 采用机电系统综合监控管理模式的市域铁路,一般会设置综合监控系统。综合监控系统集成机电设备监控和站台门是综合监控系统的主体。火灾自动报警系统是否集成到综合监控系统主要由当地消防管理部门确定。将列车自动监控系统集成到综合监控系统是技术发展趋势,在工程中的具体应用要根据维护管理的要求及产品成熟与否而定。一般广播、综合显示系统可以通过互联的模式由综合监控系统进行监控,一般不再设置旅客服务信息系统集成管理平台。

17.4.10 分层是指从实时数据流角度而言,将软件按照数据接口层、数据处理层、数据应用层等层次结构划分,可以与物理硬件相匹配。综合监控系统软件能够通过不同层的软件部署,适应硬件的配置,使系统的性能达到合理水平。

监控对象的地理位置分散和至少两级(中心、车站)监控的特征决定系统采用分布式结构。

18 灾害监测

18.0.1 本条依据原铁道部《铁道部关于铁路防灾安全监控系统有关设施设置要求的通知》(铁建设〔2012〕149 号)中的有关内容确定,其有关内容如下:

"1. 艰险山区铁路易发生滑坡、泥石流及危岩、落石或崩塌地段应以工程主动防护措施为主,配套设置地面雨量监测系统。

2. 时速 200 公里客货共线铁路应设置防灾安全监控系统。

3. 时速 200 公里以下铁路路基地段应设置雨量监测系统。

4. 时速 200 公里客货共线铁路防灾安全监控系统原则上参照高速铁路防灾安全监控系统的设计原则和要求执行;艰险山区地段及时速 200 公里以下铁路路基地段,雨量监测系统应结合线路特点及现场地质、地形地貌等因素合理确定,并参照高速铁路防灾安全监控系统雨量监测系统的设置要求执行。"

在有路基地段的市域铁路设置雨量监测点。由于市域铁路的设计速度为 100～160 km/h,对于风、雪、地震等自然灾害,根据市域铁路沿线自然灾害发生的强度和频度合理选择需要监测的对象;对于上跨铁路的公(道)路桥梁,根据桥梁的护栏防撞性能、设计车速及两端的线性、路侧情况等交通条件,确定是否设置异物侵限监测。

18.0.5～18.0.9 有关现场采集设备设置条件及监测点设置间距等要求参照了原铁道部《高速铁路自然灾害及异物侵限监测系统总体技术方案(暂行)》(铁科技〔2013〕35 号)以及铁路总公司《铁路自然灾害及异物侵限监测系统工程设计暂行规定》(铁总建设〔2013〕86 号)的有关规定。

18.0.10 仅设置雨量监测系统时,为节省工程投资,采用无线方式传输雨量监测信息。无线方式包括公众移动通信网和市域铁路专用移动通信网等方式。

19 车辆基地

19.1 一般规定

19.1.3 车辆按采用车型确定检修修程和周期，目前国内 120 km/h 速度等级的地铁快线大多采用地铁设计规范指标，部分城市大修里程提高至 150 万 km，故窄体车辆大修里程建议取 120 万～150 万 km，窄体车辆修程和周期暂按说明表 19.1.3-1。宽体车辆参照温州市域车辆制造厂商提供的资料，根据线网规模及开行情况，宽体车辆五级修里程建议取 180 万～240 万 km，宽体车辆修程和周期暂按说明表 19.1.3-2。

说明表 19.1.3-1 窄体车辆修程和周期

类别	检修修程	检修周期		检修时间(d)
		走行里程(万 km)	时间间隔	
定期检修	大修	120～150	8～10 年	35
	架修	60～75	4～5 年	20
	定修	15～20	1～1.25 年	8
日常维修	三月检	3～4	3 月	2
	双周检	0.5～0.6	0.5 月	0.5
	列检	—	每天或两天	—

说明表 19.1.3-2 宽体车辆修程和周期

类别	检修修程	检修周期		检修时间(d)
		走行里程(万 km)	时间间隔	
定期检修	五级修	180～240	12 年	45 天
	四级修	90～120	6 年	35 天
	三级修	45～60	3 年	15 天
日常维修	二级修	1.5～20	1～12 月	8 小时
	一级修	0.15	2 天	2 小时

19.1.4 车辆检修基地与车辆段区别在于需要承担一条线或多条线的高级修(三级修～五级修或架大修)任务。

19.1.8 由于车辆出入段频繁，如采用折角方式出入段，则影响出入段能力，尤其在早晚出入段高峰时段，会造成车辆出不去、进不来的现象；如果出入段线切割正线，不仅影响正线通过能力，还容易造成事故。因此，作此条规定。

19.2 总平面布置

19.2.1 由于车辆检修基地占地较大、投资高。因此，在满足运输需要的前提下，设计规模要统一规划、分期实施，以节约投资。对于今后扩建不影响正常生产和周围环境时，其股道、房屋建筑和机电设备等按近期需要设计；总平面布置要考虑工艺布局及运用管理的需要；用地范围按远期规模确定，以免远期工程实施时征地困难，影响整体布局。

19.2.2 车辆基地平面布置形式一般有纵列式和横列式两种(见说明图 19.2.2-1、说明图 19.2.2-2)。采用何种型式，根据车辆检修基地总规模(指远期规模)和地形条件两方面的因素确定。一般情况下，考虑用地因素，将到发存车线群与检修线群横列配置，使得总平面结构紧凑，并且在经济上也比较有利。当车辆检修基地总规模较大、存车数较多时，考虑到列车的到发次数以及检修车在检修线群和存车线群之间的转线次数增多，为缩短段内作业时间，用地条件较好的情况下，采用纵列式布置形式。

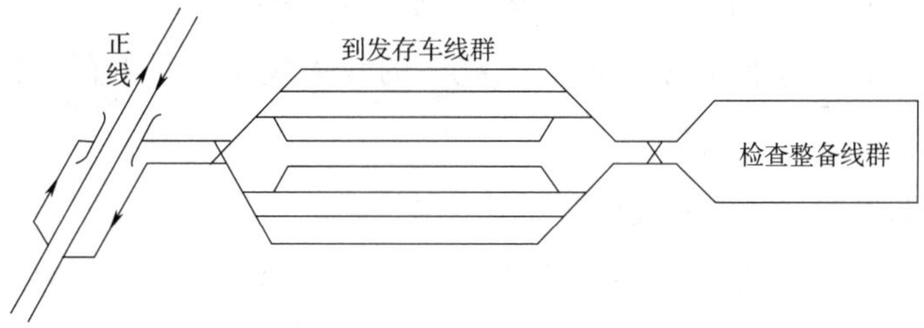

说明图 19.2.2-1 纵列式布置

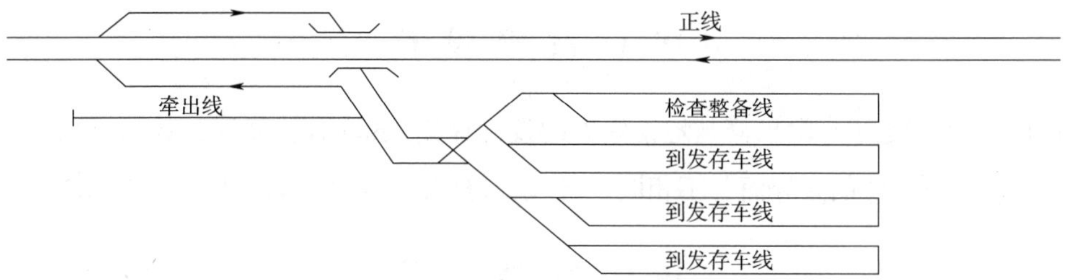

说明图 19.2.2-2 横列式布置

19.3 运用整备设备

19.3.7

1 关于临修库长度，临修库作业包括转向架、车下部部件、车顶受电弓、空调等更换作业，其长度除考虑进行转向架或车下部部件更换作业外，还需考虑相邻车的车顶部件更换作业，所以工程设计中，临修库长度一般不小于 60 m。

2 临修库的高度主要根据库内起重机轨顶标高及其安装高度确定，起重机轨顶标高一般不小于 8.4 m。

4 临修库如按满足一列车长临修作业设计，考虑列车出入库牵引方便性，一般需在库内挂网，接触网采用活动式刚性接触网侧移及控制设备，且与起重机设备联锁，当接触网侧移至侧墙后，起重机方可运行，同时为了保证车顶作业安全，当接触网引入库内时，必须设置安全联锁门禁系统，确保登顶作业时，库内接触网处于无电状态；临修库如按满足单节车作业设计，作业过程中列车对位牵引作业比较频繁，设置活动式刚性接触网侧移及控制设备牵引列车的作业效率较低，故接触网一般不引入库内，车辆的走行采用公铁两用牵车机牵引。

19.3.9 由于车体外皮清洗装置用水量大，洗刷水回收利用可节约水资源，符合建设节约型社会的要求，但清洗水回收率目前尚无统一的数量规定。在工程设计中，建议不低于 60%。

19.3.10 轮对诊断装置布置方式目前各国不尽相同，一般采用贯通式布置，设在入段或入库通道上。由于受电弓检测设备需设置在车顶，规定“受电弓动态检测设备宜与轮对踏面诊断设备合设在一处”，可利用轮对诊断遮光棚顶布置，便于安装管理，也节省安装费用。

19.4 检 修 设 备

19.4.4 本条规定了车辆检修基地检修库的设计原则及范围，检修库具体尺寸由于检修工艺、检修车型尺寸的差异而各不相同。各段检修库的高度根据各自的工艺确定。

19.5 其 他 设 施

19.5.2 车辆检修基地设培训中心，负责组织和管理职工进行市域线网车辆运用检修管理培训，对于部分城市市域线网规模较小，未规划车辆检修基地或首条线不设车辆检修基地的工程设计中,为了保证先期建设项目的培训工作,也可在先期建设线路的车辆段中设置培训中心。

19.5.6 车辆基地主要附属房屋主要有综合楼、信号楼、食堂和浴室、员工公寓、污水处理站、给水加压站、动调试验间等。

20 综合维修

20.1 一般规定

20.1.2 借鉴国内外先进的维修管理模式，结合市域铁路的实际情况，在维修机构设置和管理模式设计中，应遵循以下原则：

1 按照精干高效、管理扁平化、集约化，减少中间层次的原则，综合维修机构按两级模式进行设置。

2 着眼于市域铁路发展的目标，综合维修机构应具有可扩展、可持续发展的特点。

20.1.6 综合维修管理信息系统是运营调度系统的重要组成部分，通过与供电系统、通信系统、信号系统、视频监控系统、防灾安全监控系统、基础设施监测系统、车辆检修作业管理系统、客运服务系统、票务系统等实现信息共享，及时掌握设施、设备的状态信息，统一调度安排巡检、养护、设备维修、抢修等作业，也为综合维修管理等提供数据分析依据。

20.2 维修设施

20.2.1 本条给出了综合维修中心的设计规定。

4 市域铁路的线路、桥隧、房屋建筑和机电、自动化设备的大修工作专业性较强，需要配备齐全的专业设施、设备及人员，而相对来说其工作量不大，如果完全由综合维修中心负责，则会造成一定浪费。因此综合维修中心设计时，该部分任务应优先考虑外委，以节省投资。

9 强调各种大型检测、维修车组的配备应综合考虑线网的资源共享，避免重复配置。

20.2.2 本条给出了综合维修工区的设计规定。

2 综合维修工区场址应保证在发生紧急情况时，维修人员能及时赶到现场，结合市域铁路的特点，考虑工区出入的便利性，宜与停车场同址设置。

20.3 物 资 总 库

20.3.2 市域铁路线网形成一定规模后，对各站物资、设备、材料等的需求量会很大，如果每条市域铁路均设物资总库，则会造成投资巨大、使用率不高等问题。基于以上原因，随着计算机信息管理技术的不断发展，应对整个线网物资存储和供应进行统筹规划，可集中设置线网性的物资总库。

21 给水排水

21.1 一般规定

21.1.2 根据排水的性质可分为生活污水、生产废水、以及需处理的初期雨水等。针对市域铁路工程，生活污水主要包含：普通生活污水、粪便污水、食堂含油污水等；生产废水主要包含：生产含油废水、洗涤废水、消防废水、地道废水、隧道废水等；需处理的初期雨水主要指：在部分发达城镇，制定了对初期雨水的排放标准，要求进行预处理后方可排放的初期雨水。

21.1.6 除本规范已明确的外，还须符合《室外给水设计规范》GB 50013、《室外排水设计规范》GB 50014、《建筑给水排水设计规范》GB 50015、《铁路给水排水设计规范》TB 10010等国家规范、标准的规定。

21.2 给　　水

21.2.2 消防用水应符合国家标准《建筑设计防火规范》GB 50016、《消防给水及消火栓系统技术规范》GB 50794及《铁路工程设计防火规范》TB 10063的有关规定；绿化、道路及汽车冲洗用水等应符合国家标准《建筑给水排水设计规范》GB 50015等的有关规定。

21.3 排　　水

21.3.2 《地铁设计规范》GB 50157—2013第14.3.1条第5款同时规定包含了高架区间。考虑到高架区间雨水主要为桥面雨水，地势较高，一般情况下不需要集中收集后设置雨水泵站排放，就近、分散排放更利于减少工程投资和维护管理费用，本规范据此进行修改调整。

21.3.4 洞口雨水指敞开出入口、敞开风井及隧道洞口等处防止雨水进入时，进行截流的雨水。

21.4　消防给水及灭火装置

21.4.2　站房内与公共区相邻的配套商业设施一般为独立防火分区且与公共区之间有加强的防火分隔措施，独立疏散。站房主体执行《地铁设计规范》GB 50157，配套商业设施按《建筑设计防火规范》GB 50016 设置自动喷水灭火系统。

21.4.3　《地铁设计规范》GB 50157—2013 第 28.3.8 条第 9 款规定“当消火栓系统由消防水泵加压供给时，消火栓处应设水泵启动按钮”，但 2014 年实施的《消防给水及消火栓系统技术规范》GB 50974—2014 第 11.0.19 条规定“消火栓按钮不宜作为直接启动消防水泵的开关，但可作为发出报警信号的开关或启动干式消火栓系统的快速启闭装置等”，且对消防给水系统的控制与操作有明确的相关规定。

21.4.4　无地下站的单体区间隧道指不与地下站相连通的区间隧道。

21.5　接口设计

21.5.2　站房内的部分配套商业设施存在用水需求，若不预留给水、排水接入条件，后期实施较困难。

22 房屋建筑

22.1 一般规定

22.1.1 其他生产房屋及附属房屋主要包括：变电所、运营控制中心、公安用房，以及车辆基地与综合维修设施配备的生产办公房屋、仓库及配套的食堂、浴室、公寓、宿舍等生活附属房屋。

22.1.2

3 车站的运输组织模式和运营管理方式不同，客流组织也会有所区别，站厅公共区存在通过式空间和等候式空间不同的配备形式。采用大站停越行模式的车站，存在站厅候车(候车厅)的需求。对于站台候车的车站，从以人为本的角度出发，结合气候环境条件，局部设空调候车室。

4 超高峰小时客流量应为该站预测远期高峰小时客流量或客流控制期高峰小时客流量乘以 1.1～1.4 超高峰系数，是考虑高峰小时内进出站客流量存在不均匀性。对于站房的候车(厅)室面积，应根据大站停越行模式的车站行车间隔确定聚集人数，并按 1.0～1.2 m^2/人计算确定。

9 市域铁路站房设计应考虑大型设备的运输通道和路径。设备运输路径上的土建结构应能承受设备运输、运行过程中动、静荷载的要求；综合管线布置应满足设备运输要求；设备如需通过吊装孔运输，吊装孔的尺寸应满足最大设备的需要，其上方应设吊钩(环)。

站房有些部位在作业条件下进行检修和维护保养时安全风险较大，因此要求设置便于检修和维护保养的设施，该类设施指一般检修通道、马道、爬梯、安全绳挂钩、登高车等。

22.1.5 市域铁路站房的层数以及每层的功能布局与地铁站类似，其客流组织以及进出站流线也与地铁站相似，建筑防火按照《地铁设计规范》GB 50157 中有关防火分区划分、安全出口设置、防火分隔、疏散距离及宽度的规定进行设计。同时还应满足《铁路工程防火设计规范》TB 10063 相关规定。

22.1.6 地下车站出入口、消防专用出入口、无障碍电梯及敞口低风井等口部设计，应满足当地防洪排涝要求。出入口的地面平台标高应高出室外地面 300～450 mm，并应满足当地防淹要求，当无法满足时，应设防淹闸槽，槽高可根据当地最高积水位确定。

22.1.7 站房结合物业开发设计，可利用车站集聚客流促进其物业开发的经济效益提升，同时提高车站综合服务功能。因车辆基地占地较大，从节约土地资源角度出发，其盖上空间可开发利用。

22.2 站 房

22.2.1 站厅、站台公共区由候车、售检票、安检、公共通道和商业服务等空间组成。

22.2.3 车站用地内应设置少量车站办公人员停车位。根据城市《轨道交通衔接规划》中明确的社会车停车位、泊车位数量及选址要求，考虑车站与其衔接条件。

22.2.4 换乘形式分为付费区换乘和非付费区换乘方式。同一票制的线网间换乘，结合线路敷设方式，可采取在付费区内同车站平行换乘，同站台平面换乘，站台上下平行换乘，站台间的“十”字形、“T”形、“L”形、“H”形等换乘及通道换乘。换乘路线或节点应能有效疏导集中客流。对预留节点处空间留出适当放大量，是为了换乘线远期实施时对线路、站位有可微调的余地。

22.2.6 市域铁路站房以站台候车为主，基本站台宽度受上下车客流及行车间隔设计确定，与地铁类似，因此参照《地铁设计规范》GB 50157 基本站台宽度计算公式。

22.2.7 站房公共区出入口通道、换乘通道、楼梯、自动扶梯和检票机的通过能力应满足消防疏散要求是指以上各部位通过能力应满足当发生火灾时在 6 min 内将远期或客流控制期超高峰小时一列进站列车所载的乘客及站台上的候车人员全部撤离站台到达安全区的要求。

站房公共区出入口通道、楼梯、自动扶梯和检票机的通过能力需根据超高峰小时客流量、各部位最大通过能力及《地铁设计规范》GB 50157 中小于 6 min 的疏散公式进行校核，并留有一定裕量。

检票机的通过能力指检票机通道及隔断上的平开栅栏门在消防疏散时全部打开的总宽度。

22.2.8 相关设施通过能力是以行业标准值提供的理论输送能力为基础、比对站房现场采集的数据以及行人仿真模拟得来。主要因为乘坐市域铁路出行距离较远的乘客、会携带较大行李的少量乘客及部分不熟悉通行环境的乘客，造成通行速度减缓。其部分数值低于地铁标准，高于城际铁路标准。

22.2.11 站房公共区空间开敞、通透有利于旅客对空间布局的了解，空间功能可视化可以增强对客流的引导，结合明确的导向标识，提高旅客通过效率。但空间高度过高，不利于建筑节能、维修保养，也增加了建设投资和运营费用。站房公共空间的高度需在具体设计中综合考虑这些因素合理确定。

22.3 建筑设备

22.3.1 本条给出了车站自动扶梯、自动人行道、电梯、轮椅升降机的设计规定：

2 公共交通型自动扶梯和自动人行道具有以下特征：在高强度下使用，即每天连续运行不少于 20 h，每周运行不少于 140 h，且在任何 3 h 的间隔内，载荷达 100%制动载荷的持续时间不少于 1 h，其余 2 h 载荷至少为制动载荷的 60%。自动扶梯和自动人行道的制动载荷应按国家标准《自动扶梯和自动人行道的制造与安装安全规范》GB 16899 执行。自动扶梯当采用 0.5 m/s 的额定运行速度时，水平梯级长度不应小于 1.2 m，相应上、下水平梯级数量不应少于 3 块；当采用 0.65 m/s 的额定运行速度时，水平梯级长度不应小于 1.6 m，相应上、下水平梯级数量不应少于 4 块；否则，容易发生人身危险。

8 在实际工程建设中，枢纽型车站的电梯额定载重可按 1 350 kg 或 1 600 kg 等规格设计。

10 电梯与车站控制室之间应能实现召唤或救援对讲功能。同时，电梯自身设备维修时，应能实现轿厢、轿顶、底坑、控制（检修）柜之间的紧急报警对讲功能，具体要求应按国家标准《电梯制造与安装安全规范》GB 7588 执行。

12 梯级、梳齿板、扶手带、传动链、梯级链、传动机构等是自动扶梯和自动人行道的重要传输设备，为防止燃烧，造成事故，同时结合国家标准《自动扶梯和自动人行道的制造与安装安全规范》GB 16899 的有关规定，要求其传输设备应采用阻燃材料。

22.3.2 本条给出了站台门的设计规定：

2 列车的运行模式、过站速度，直接影响站台门的建筑限界以及站台门承受的风压荷载要求，列车过站形成的噪声对乘客候车舒适度也有较大影响，因此为保证运营安全、站台门结构安全、乘客候车舒适度，站台门门体距站台边缘的距离应综合考虑列车运行模式、列车运行速度、限界要求、风荷载、噪声以及旅客安全等因素确定。

3 行业标准《城市轨道交通站台屏蔽门系统技术规范》CJJ 183 有如下分类：全高密闭型屏蔽门对应于本规定之“高站台门”；半高屏蔽门对应于本规定之“低站台门”。

6 站台门在结构上应能满足各种工况下极端负载的叠加，而不产生过大的变形或者破坏。极端负载是风荷载，人群挤压、冲击力，以及地震烈度等外力的叠加。

7 站台门的安装不能侵入站台门的建筑限界，为防止乘客被夹入站台门与列车之间的间隙而产生危险，应在站台门与列车之间设置相应的安全防护措施。

9 站台门系统在紧急情况下必须保证不影响乘客的安全疏散，除电源采用两路之外，还应配置后备电源，后备电源容量应至少满足在 30 min 内对每侧站台门的滑动门开/关操作 3 次的要求。

22.4 接口设计

22.4.2 市域铁路线路多位于中心城区周边待开发还未开发区域，市域铁路开通运营前期，车站选址周边的市政道路和设施未完全实现，近期需实施引入车站道路，以便线路正常运营。同时应考虑近期道路与规划远期引入车站道路的衔接，避免废弃工程。

22.4.4 设施末端主要包括风口、消防设施（消防水泡、消防栓、电话、报警、喷淋头等）、电力设施（灯具、开关箱、疏散指示灯、插座等）、信息设施（动静态标识、广播、监控、电视等）、广告牌等。

23　供暖、通风与空调

23.1　一 般 规 定

23.1.3　《地铁设计规范》GB 50157—2013 规定满足以下 2 种条件时，地下线路采用空调系统："1、夏季当地最热月的平均温度超过 25℃，且高峰时间内每小时的行车对数和每列车车辆数的乘积不小于 180；2、夏季当地最热月的平均温度超过 25℃，全年平均温度超过 15℃，且高峰时间内每小时的行车对数和每列车车辆数的乘积不小于 120。"按此规定，若市域铁路远期为 6 节编组，当高峰时间内每小时的行车对数大于 20 对时，才需设置空调系统，显然已不能满足市域铁路运营特点及现实需求。结合市域铁路的客流特征以及对候车环境舒适度的要求，本条规定夏季当地最热月的平均温度超过 25℃时，即采用空调系统。

《地铁设计规范》GB 50157—2013 规定："地上车站的公共区应采用自然通风。必要时，站厅中的公共区可设置机械通风或空调系统。"。但针对目前国内一些城市轨道交通项目的调研，部分城市由于车站造型需求，地上车站公共区较封闭，自然通风效果差，夏季温度高，不能为乘客提供"过渡性舒适"的环境，因此有设置空调系统的实际需求。

23.1.5　引用《城际铁路设计规范》TB 10623—2014 第 22.1.4 条。车站公共区与设备区、办公区通风空调设计标准、使用时间不同，因此建议独立设置。

23.1.6　引用《城际铁路设计规范》TB 10623—2014 第 22.1.5 条。本条规定车站旅客服务用房预留通风、空调与供暖设施设置的供电、土建等实施条件，为后期旅客服务用房正常运营做好基础工作。

23.1.7　市域铁路有别于地铁，采用市域铁路车辆，无地下站的单体区间隧道参考《铁路隧道运营通风设计规范》TB 10068、《铁路隧道防灾救援疏散工程设计规范》TB 10020、《铁路工程设计防火规范》TB 10063 设计是合适的。

23.2　设 计 标 准

23.2.1　本节除第 23.2.1 条第 1 款外，其他条款均参照《地铁设计规范》GB 50157—2013。

1　各类交通建筑均会出现旅客发送高峰时间，仅《地铁设计规范》GB 50157—2013要求采用当地近20年晚高峰的室外空气计算参数，《铁路旅客车站建筑设计规范》GB 50226—2007(2011版)、《交通客运站建筑设计规范》JGJ/T—2012和《民用机场工程项目建设标准》JB 105—2008等其他交通建筑设计规范均未要求采用高峰时间室外空气计算参数，故本规范与以上3种规范要求一致，站房公共区室外空气计算参数采用当地现行的地面建筑设计标准。

23.3　站房的通风、空调与供暖

23.3.2　《铁路旅客车站建筑设计规范》GB 50226—2007(2011版)第8.2.5条，客运专线旅客车站的普通候车区最大人员密度为0.67人/m^2。

23.4　防烟、排烟与事故通风

23.4.1　市域铁路有别于地铁，采用市域铁路车辆，无地下站的单体区间隧道参考《铁路隧道运营通风设计规范》TB 10068、《铁路隧道防灾救援疏散工程设计规范》TB 10020、《铁路工程设计防火规范》TB 10063设计是合适的，而连接地下站的区间隧道参考《地铁设计规范》GB 50157设计。

23.4.2　本规范第5.1.3条市域铁路宽体车辆为市域D型和CRH市域型，上述车辆均为动车组平台基础上改进型。根据《铁路隧道防灾疏散救援工程设计规范》TB 10020(报批稿)规定“火灾规模应按线路运行的列车类型确定，动车组可采用15 MW，普通旅客列车可采用20 MW。”因此确定宽体车辆火灾热释放量采用15 MW。

23.4.3　参照《建筑设计防火规范》GB 50016—2006第9.3.2条“防烟楼梯间及其前室设置机械加压送风系统，开启门时，通过门的风速不应小于0.7 m/s”的规定编制。

24 综合接地

24.1 一般规定

24.1.1 本规范规定的综合接地系统是交流牵引供电制式下的接地系统。高速铁路、城际铁路等的运用经验表明，综合接地系统对人身安全和设备安全是有保障的。从技术经济方面看，综合接地也是优于分散接地的。对于在人口密集区通行的市域铁路，推荐采用综合接地系统是合适的。

24.1.2 参考了《铁路防雷及接地工程技术规范》TB 10180—2016 中第 4.1.1 条的规定，给出了综合接地系统的基本构成内容。

24.1.3 等电位连接是接地系统设计的基本原则，对抑制电磁干扰的作用，有利于设备正常工作和人身安全防护。

24.1.4 参考了《铁路防雷及接地工程技术规范》TB 10180—2016 中第 4.1.3 条的规定，对铁路沿线路设备和设施的接地范围作出规定。

24.1.5 参考了《铁路防雷及接地工程技术规范》TB 10180—2016 中第 4.1.4 条的规定。铁路建筑物构筑物的接地装置与综合接地系统等电位连接，可避免不同接地装置之间的电位差或地电位反击造成的设备物理损害及人身伤害。

24.1.6 参考了《铁路防雷及接地工程技术规范》TB 10180—2016 中第 4.1.6 条的规定，铁路各专业设备对接地电阻的要求有 1 Ω、4 Ω、10 Ω 等，因此确定综合接地系统接入处的接地电阻值为不大于 1 Ω。

24.2 贯通地线

24.2.2 贯通地线在作为综合接地系统接地干线的同时，和钢轨、保护线、回流线以及大地共同组成了牵引回流系统。牵引回流系统和接触网、正馈线形成了多重强电磁耦合平行支路和吸上线、自耦变压器等多重垂直支路共同组成的复杂电气网络。各类导体的阻抗及耦合关系决定了导体的电流分配关系，从而决定了各类导体的截面。对单一导体流过的电流值而言，一种为正常工作负荷电流，另一种为短路故障电流。导体的截面选择应同时符合正常牵引负荷的长期载流和瞬间短路情况下的动热稳定要求。

24.3 接地体和接地端子

24.3.6 地下车站建筑物的接地装置一般有两种做法，一是利用车站结构钢筋或变电所结构基础钢筋等自然接地极作为的接地装置，二是敷设以水平接地极为主的人工接地网。

24.4 接地及等电位连接

24.4.1

1 本款参考了《铁路电力牵引供电设计规范》TB 10009—2016 中第 4.12.12 条和第 4.13.9 条的规定。

2 本款参考了原铁道部《铁路信号设备雷电及电磁兼容综合防护实施指导意见》(铁运〔2006〕26 号)第 3.5.10 条和第 3.5.11 条有关规定，避雷带的引下线在环形接地装置上的连接点，与接地汇集线在环形接地装置上的连接点间距应大于 5 m。为避免强、弱电接地在同一点入地可能会造成大电流反击而作此规定。

24.4.3

3 本款参考了《轨道交通 地面装置 第 1 部分：电气安全和接地相关的安全性措施》GB/T 28026.1—2011 第 5.3.2 条的规定："对于交流牵引系统，如果其水平方向长度不超过 2.0 m 的导电结构不含有或支持电气设备时，则没有必要采取任何防护措施"。

24.4.6 《地铁设计规范》GB 50157—2013 第 15.7.15 条规定："直流牵引供电系统应为不接地系统，牵引变电所中的直流牵引供电设备必须采取绝缘安装"。由于直流牵引供电系统对钢筋存在腐蚀情况，当市域铁路与城市轨道交通互联互通时，因交流牵引供电系统条件下的综合接地系统主要利用沿线建构筑物内结构钢筋等作为自然接地体，综合接地系统与直流牵引供电系统之间采取绝缘措施，有利于结构主体钢筋腐蚀防护。在工程经验中，绝缘措施一般有钢筋绝缘卡、橡胶垫和绝缘法兰盘等方式。

25 环境保护

25.1 一般规定

25.1.1 环境保护是我国的一项基本国策，也是铁路工程建设领域中一个不可或缺的组成部分。环境保护工作贯穿于铁路工程建设全过程，应全面贯彻、落实国家环境保护法律、法规。

25.1.2 环境保护选址、选线要依据国家保护资源、环境、文物等法律、法规及有关管理部门的规定，结合铁路工程建设项目的实际情况，加以综合权衡，依法合规合理确定铁路线路的实际走向和站、段、场、所等的位置。本条依据《自然保护区条例》、《风景名胜区条例》、《水污染防治法》等国家法律法规的相关规定提出了工程选线、选址需要遵守的原则。

25.1.3 环境保护为一综合性专业，污染防治工程内容主要包括噪声、振动、污水、废气污染治理、固体废物处置、电磁环境保护等，需要有关专业在设计中贯彻落实；生态保护与恢复工程要以生态敏感区为主要对象，以植被与生态环境恢复、重要野生动物栖息地和迁徙通道保护以及水土保持为重点，根据工程影响情况，分别提出保护生态的规划、选址措施，改善和恢复生态的生物措施，保护水土资源及其他生态要素的工程措施，保护景观的工程优化和美化措施，施工方法和施工组织优化措施，管理和监督措施等。污染防治及生态保护与恢复工程设计应满足环境影响报告书及其批复意见的要求；符合国家和《铁路工程环境保护设计规范》等行业有关标准的规定。

25.1.4 《环境保护法》第十六条"省、自治区、直辖市人民政府对国家污染物排放标准中未作规定的项目，可以制定地方污染物排放标准；对国家污染物排放标准中已作规定的项目，可以制定严于国家污染物排放标准的地方污染物排放标准"；第四十二条"排放污染物的企业事业单位和其他生产经营者，应当采取措施，防治在生产建设或者其他活动中产生的废气、废水、废渣、医疗废物、粉尘、恶臭气体、放射性物质以及噪声、振动、光辐射、电磁辐射等对环境的污染和危害"。因此，铁路工程排放污染物应符合国家排放标准的规定，如市域铁路建筑施工场界环境噪声排放执行《建筑施工场界环境噪声排放标准》GB 12523，铁路运营其边界噪声执行《铁路边界噪声限值及其测量方法》GB 12525，车辆基地、主变电所等厂界噪声执行《工业企业厂界环境噪声排放标准》GB 12348；工程污水排放执行《污水综合排放标准》GB 8978；在有地方排放标准的地区，尚需执行地方污染物排放标准。

《环境保护法》第四十四条“国家实行重点污染物排放总量控制制度。重点污染物排放总量控制指标由国务院下达，省、自治区、直辖市人民政府分解落实。企业事业单位在执行国家和地方污染物排放标准的同时，应当遵守分解落实到本单位的重点污染物排放总量控制指标”。因此，铁路工程排放污染物在符合国家或地方现行排放标准的基础上，还需满足国家或地方人民政府分解到铁路企业的重点污染物总量控制指标的要求。

25.2 噪声治理

25.2.1 《中华人民共和国环境噪声污染防治法》第六十三条“噪声敏感建筑物集中区域”是指医疗区、文教科研区和以机关或者居民住宅为主的区域。

环境噪声包括市域铁路噪声和背景噪声，在市域铁路噪声贡献值超过《声环境质量标准》GB 3096 中的相关标准的条件下，不论背景噪声是否超过《声环境质量标准》GB 3096 中的相关标准，市域铁路噪声叠加背景噪声后的环境噪声均超过《声环境质量标准》GB 3096中的相关标准，这时设置声屏障或采取综合治理措施是必需的。但对于市域铁路噪声贡献值和背景噪声均未超过《声环境质量标准》GB 3096，二者叠加值有可能超过《声环境质量标准》GB 3096；或者市域铁路噪声贡献值未超过《声环境质量标准》GB 3096，但背景噪声超过《声环境质量标准》GB 3096，二者叠加的环境噪声值就超过《声环境质量标准》GB 3096 中的相关标准且有增量，这两种情况可根据市域铁路项目环境影响报告书及其批复意见，采取相应的治理措施。

铁路各主要设计院都曾对声屏障设置条件进行过较长时间的探索、研究和实践。为统一设置条件，2014 年中国铁道学会环境保护委员会环境评价学组在召开的学术年会上，经过铁道科学研究院、铁路各主要设计院等环评单位的研究后确定设置声屏障的必要条件为：“在线路纵向连续长度 100 m、距外侧轨道中心线 80 m 区域内，居民户数不小于 10 户，并在距线路外侧轨道中心线 80 m 区域内，分布有学校、医院（疗养院、敬老院）”。此后，铁路各设计单位均统一按此条件进行声屏障设置。实践证明，此必要条件符合当前铁路噪声控制设计经济技术要求。

声屏障与线路中心线的距离须满足工务作业时安全与空间距离等要求，在符合限界及曲线段加宽等条件下，路堤声屏障一般设于路肩上，桥梁声屏障一般设于作业通道栏杆处。

25.2.2 声屏障的插入损失目标值一般按 8～10 dB(A)确定。声屏障的设计目标值大于 10 dB(A)时，噪声治理应考虑采用建筑隔声、敏感建筑物功能置换、声屏障和建筑隔声组合等治理措施。必要时考虑采用进一步增加声屏障高度、采用半封闭式或全封闭式声屏障的措施。敏感建筑物功能置换是指将该建筑物改为非噪声敏感用途的行为，该建筑物仍可对后排建筑物起到遮挡作用。

声屏障附加长度为遮住声环境敏感目标后，再往两端的延伸长度。对距最外侧线路中心线 80 m 内、沿线路长度方向最边缘处的噪声敏感建筑物，需在其建筑物最外端向外延长 50 m 的附加长度。当 50 m 附加长度仍无法满足降噪要求，一般通过声学计算确定所需附加长度。声屏障附加长度的计算方法可采用《声屏障声学设计和测量规范》HJ/T90 中的无限长线声源、有限长声屏障绕射衰减量计算公式进行计算。

25.2.6 《铁路防雷及接地工程技术规范》TB 10180 规定，在接触网支柱及距接触网带电部分 5.0 m 范围内的金属结构物须接地。因此，有综合接地系统的，声屏障接地导线应接入综合接地系统，无综合接地系统的应单独设置接地系统。

25.3 振动控制

25.3.3 目前源头减振、隔振技术措施主要有减振扣件、减振轨道垫板、隔振减振基础等，传播途径减振措施有地下隔振沟、隔振墙、隔振桩管等，敏感目标减振措施有隔振减振基础等，这些措施在铁路行业尚未大规模采用，随着技术的进步，也可能会出现更先进、成熟的减、隔振措施。